本书为教育部哲学社会科学研究后期资助项目"中外交汇:'古史辨运动'的学术渊源研究"(18JHQ052)的最终成果

中外交汇

"古史辨运动"的学术因缘研究

李长银 著

人民出版社

目　录

前　言

　　在中国传统学术转型史上，"古史辨运动"的兴起与发展无疑是一个标识性事件。简而言之，这场运动既打破了传统三皇五帝的古帝系谱，又推倒了孔子与儒家经书的神圣不可侵犯的崇高地位，还复原了诸子的学术价值，从而在相当大的程度上推动了中国传统学术的现代转型。

　　那么，这场运动何以能够在中国学坛兴起的呢？一般来讲，任何学术的兴起与发展，都受所处时代的制约。新文化运动以来，中国即进入"中外交汇"的时代，而正是这一时代造就了中国现代学术。因此，或只有将我们的问题置于这一视角下进行考量，才能获得有效的解释。

　　最能支持这一判断的证据，无疑是主要历史当事人顾颉刚的现身说法。早在1926年，顾颉刚在《古史辨》第一册《自序》中就坦言，自己学术思想的形成，除了民俗学的启发之外，主要得益于以章太炎、康有为等为代表的晚清今古文经学之争，胡适的"研究历史的方法"，以郑樵、姚际恒、崔述等为代表的历代辨伪学，钱玄同对经书辨伪的认识以及罗振玉、王国维的著述。①1947年，顾颉刚在由其主撰的《当代中国史学》中表示，"古史辨"的出现，与"西洋的科学治学方法和新史观的输入"以及"清代中叶以来疑古学的渐次兴起"密切相关；与此同时，域外汉学研究成绩的传入与考古学的抬头，都促进了古史研究的兴起。②20世纪60

---

　　①　顾颉刚：《自序》，《古史辨》第1册，海南出版社2005年版，第1—57页。

　　②　顾颉刚：《当代中国史学》，《顾颉刚古史论文集》第12卷，中华书局2011年版，第323—324、427—428页。

年代，顾颉刚在读书笔记中则表示，自己的"疑古"思想，"首先植根于姚际恒、康有为、夏曾佑之书；其后又受崔述、崔适、朱熹、阎若璩诸人之启发"①。至1980年，顾颉刚在《我是怎样编写〈古史辨〉的?》中强调说，《古史辨》的指导思想，一方面起源于郑樵、姚际恒、崔述三人的思想，另一方面是"受了胡适、钱玄同二人的启发和帮助"。此外，自己在北大图书馆和研究所工作时"得意最多的是罗振玉和王国维的著述"②。归纳起来，顾颉刚以及"古史辨运动"的学术渊源，不仅受到了域外之学的影响，更与本土学术密不可分。

　　除了顾颉刚之外，其他"古史辨"当事人也对此发表过类似看法。20世纪40年代，周予同在对"五十年来中国之新史学"进行回顾时指出，以胡适、顾颉刚为代表的"疑古"派"继承今文学的思想体系，采用古文学的治学方法，接受宋学的怀疑精神"，从而摆脱了传统经学的羁绊，建筑了"新史学"。③与周予同略有不同，齐思和在回顾"近百年来中国史学的发展"时则认为，顾颉刚"一方面受了晚清今文家的影响，而怀疑古史的真实性，另一方面又受了胡适先生讲授哲学史的影响，更得到了西洋人研究历史的方法，遂更坚信了上古史靠不住的观念"④。20世纪50年代，童书业在对"古史辨"派进行批判时，先是强调说，"'疑古派史学'是美国实验主义传到中国后的产物"⑤，之后又指出这一派史学的来源共有三个，分别是"胡适的实验主义的'考据学'"、"康有为一派的今文经学"及"乾嘉考据学派的支流崔东壁的'疑古'史学"⑥。与童书业相类似，杨向奎认为，"古史辨"派接受了公羊派的学说、实验主义的方法以及清代考据学派的方法，从而造成了推翻古史的"疑古"

　　① 顾颉刚：《疑古思想由于封建势力之下降而产生》，《顾颉刚读书笔记》第9卷，中华书局2011年版，第206—207页。

　　② 顾颉刚：《我是怎样编写〈古史辨〉的?》，《顾颉刚古史论文集》第1卷，第159、161页。

　　③ 周予同：《五十年来中国之新史学》，朱维铮编校：《周予同经学史论》，上海人民出版社2010年版，第377—381页。

　　④ 齐思和：《近百年来中国史学的发展》，《燕京社会科学》1949年第2期。

　　⑤ 童书业：《"古史辨派"的阶级本质》，《文史哲》1952年第3期。

　　⑥ 童书业：《批判胡适的实验主义"考据学"》，《光明日报》1955年2月3日。

运动。①

　　能够证明上述学术判断的，还有"他者"的考察与分析。这些考察与分析涉及研究成果众多，下面仅就其中较有代表性的论著略作述评。

　　刘起釪的《顾颉刚先生学述》率先对顾颉刚的学术来源进行了全面阐述，认为顾颉刚既涵泳承受了汉学本身丰富的内容和它的发展趋势，又深刻感受了对汉学中伪书伪事进行疑辨的历史要求，还承受了经学变为史学这一历史使命，从而走上了疑古辨伪的学术道路。此外，该书认为，顾颉刚还受到了胡适、钱玄同的影响。② 此后，对顾颉刚的学术渊源进行全面考察的还有顾洪、王煦华、刘俐娜、黄海烈等。③

　　与刘起釪等人不同，台湾学者王汎森在《古史辨运动的兴起》中第一次以专题研究的形式对"古史辨运动"的来源进行了分析，认为以康有为为代表的"清季今文家的历史解释"是促成这场学术运动兴起与发展的关键性因素，并对二者之间的具体学术关联进行了详细的论证。④ 彭明辉则在该书观点的基础上有所延展。⑤ 不过，陈志明认为这一观点"并不尽然"。⑥ 此外，朱浩毅、陈壁生也对晚清今文经学与"古史辨运动"之间的学术关联进行了具体考察。⑦

　　继王汎森之后，路新生则在《崔述与顾颉刚》中首次对顾颉刚与崔述之间的学术关联进行了专题研究，认为顾颉刚虽然自称在治学上受郑樵、

　　① 参见杨向奎：《"古史辨"派的学术思想批判》，《文史哲》1952 年第 3 期。

　　② 参见刘起釪：《顾颉刚先生学述》，中华书局 1986 年版，第 1—84 页。

　　③ 参见顾洪：《论古史辨学派产生的学术思想背景》，《中国文化研究》1995 年第 2 期；王煦华：《试论顾颉刚的疑古辨伪思想》，《中国哲学》第 17 辑，岳麓书社 1996 年版；刘俐娜：《顾颉刚学术思想评传》，北京图书馆出版社 1999 年版，第 111—162 页；黄海烈：《顾颉刚"层累说"与 20 世纪中国古史学》，中华书局 2016 年版，第 1—48 页。

　　④ 参见王汎森：《古史辨运动的兴起——一个学术史的分析》，允晨文化实业股份有限公司 1987 年版，第 209—291 页。

　　⑤ 参见彭明辉：《疑古思想与中国现代史学的发展》，台湾商务印书馆股份有限公司 1991 年版，第 15—43 页。

　　⑥ 参见陈志明：《顾颉刚的疑古史学》，商鼎文化出版社 1993 年版，第 311 页。

　　⑦ 参见朱浩毅：《论顾颉刚对崔适"终始五德"学说的推阐与修正》，《中国历史学会史学集刊》2011 年第 43 期；陈壁生：《今文经学的变异与"古史辨"的兴起》，《中原文化研究》2014 年第 3 期。

崔述、康有为、胡适等人影响，但无论从方法还是内容上，都是对崔述及其《考信录》的继承与发展。因此，对顾颉刚的影响最大的是崔述。① 邵东方对此则持不同意见，认为崔述只是顾颉刚疑古辨伪思想的来源之一，而且二者之间存在"根本不同"。②

此后，李锐在《经史之学还是西来之学："层累说"的来源及存在的问题》中提出了一个较有新意的观点，即顾颉刚在建构"层累说"之际提出的"商周不同源说"，或与乾嘉考据学家戴震的看法存在一定的学术关联。③

不过，若是说到新时期以来顾颉刚及"古史辨运动"的学术渊源研究，争议最大的问题可能是这场学术运动在兴起之际有没有受到日本"疑古"思潮的直接影响。这一争议直接导源于廖名春的《试论古史辨运动兴起的思想来源》。此文认为，"古史辨运动"的兴起起源于白鸟库吉的"尧舜禹抹杀论"。④ 此文发表之后，在学术界引起了较大反响。吴锐针锋相对，认为二者之间并不存在实质性的关联。⑤ 此后，钱婉约、李孝迁、陈学然、虞云国等学者都撰文直接或间接参与了这一问题的讨论。⑥

与前一课题相近，李孝迁在《域外汉学与古史辨运动》中对西方汉学与"古史辨运动"之间的复杂关系进行了详尽的梳理与分析，认为夏德的"疑古"论是胡适、顾颉刚古史观念形成的来源之一，而高本汉的《左传

---

① 路新生：《崔述与顾颉刚》，《历史研究》1993 年第 4 期。

② 邵东方：《崔述与中国学术史研究》，人民出版社 1998 年版，第 241—252 页。

③ 李锐：《经史之学还是西来之学："层累说"的来源及存在的问题》，《学术月刊》2009 年第 8 期。

④ 廖名春：《试论古史辨运动兴起的思想来源》，《原道——文化建设论集》第 4 辑，学林出版社 1998 年版。

⑤ 吴锐：《论钱玄同先生在古史辨运动中的地位并原廖名春的"难言之隐"》，吴锐等编：《古史考》第 5 卷，海南出版社 2003 年版，第 523—559 页。

⑥ 参见钱婉约：《"层累地造成说"与"加上原则"——中日近代史学上之古史辨伪理论》，冯天瑜主编：《人文论丛》（1999 年卷），武汉出版社 1999 年版，第 436—447 页；李孝迁：《日本"尧舜禹抹杀论"之争议对民国古史学界的影响》，《史学史研究》2010 年第 4 期；陈学然：《中日学术交流与古史辨运动——从章太炎的批判说起》，《中华文史论丛》2012 年第 3 期；虞云国：《古史辨"剽袭"案的再辩诬》，《文汇报》2014 年11 月 28 日。

真伪考》则直接导致了"古史辨"派的内部分化。①

与上述讨论同时，部分学者还对以顾颉刚为代表的"古史辨"派与"古史重建"派之间的复杂学术关系进行了专题探讨。杜正胜提出，傅斯年才是"疑古"的先锋队，并从"疑古"走向了"重建"，从而完成了"史学革命"。② 王学典对此进行了批驳，认为此说是"门户之见"。③ 赵利栋则主要分析了顾颉刚与王国维的学术差别与学术分歧④，曹书杰、杨栋又认为二者之间是一种学术交融的关系。⑤

此外，还有部分学者专门探讨了顾颉刚与以李大钊、郭沫若为代表的唯物史观派之间的学术关系。张京华率先对顾颉刚与李大钊的交往与学术关系进行了介绍与分析，认为李大钊的"解喻"史观与顾颉刚的"疑古"思想之间存在"一种内在的因果照应"。⑥ 周文玖则主张二者之间"并没有直接的关联"，但二者的古史观不乏"共同性"。⑦ 与此略为不同，杜蒸民率先指出，郭沫若对顾颉刚及"古史辨"派进行了"科学批判"，从而实现了学术超越。⑧ 持类似观点的还有周书灿。⑨ 程鹏宇则进一步分析了双方在古史观上的分歧。⑩

---

① 李孝迁：《域外汉学与古史辨运动——兼与陈学然商榷》，《中华文史论丛》2013 年第 3 期。

② 杜正胜：《从疑古到重建——傅斯年的史学革命及其与胡适、顾颉刚的关系》，《中国文化》1995 年第 2 期；杜正胜：《无中生有的志业：傅斯年的史学革命与史语所的创立》，《新学术之路》上册，"中央"研究院历史语言研究所 1998 年版，第 1—42 页。

③ 王学典：《"二十世纪中国史学"是如何被叙述的——对学术史书写客观性的一种探讨》，《清华大学学报（哲学社会科学版）》2008 年第 2 期。

④ 赵利栋：《〈古史辨〉与〈古史新证〉——顾颉刚与王国维史学思想的一个初步比较》，《浙江学刊》2000 年第 6 期。

⑤ 曹书杰、杨栋：《疑古与新证的交融——顾颉刚与王国维的学术关联》，《文史哲》2010 年第 3 期。

⑥ 张京华：《顾颉刚与李守常》，《长沙理工大学学报（社会科学版）》2009 年第 3 期。

⑦ 周文玖：《顾颉刚与朱希祖、李大钊的学术关系——以〈顾颉刚日记〉为中心的探讨》，《淮阴师范学院学报（哲学社会科学版）》2013 年第 5 期。

⑧ 杜蒸民：《郭沫若对顾颉刚和〈古史辨〉史学的科学批判》，《郭沫若学刊》2002 年第 1 期。

⑨ 周书灿：《郭沫若对〈古史辨〉的超越》，《郭沫若学刊》2009 年第 1 期。

⑩ 程鹏宇：《顾颉刚与唯物史观派在古史观上的分歧》，《云梦学刊》2017 年第 1 期。

当然,学术界在进行上述专题研究的同时,没有忽略综合性的考察。吴少珉、赵金昭主编的《二十世纪疑古思潮》对"古史辨"派的学术渊源进行了迄今为止最为全面的梳理,认为此派学人既继承了"传统学术中疑古辨伪思想",又受到了"晚清今文学派疑经辨伪思想的影响"及"经学子学互动"的刺激,还接受了"进化论与实用主义"。①

不过,更为值得注意的是台湾学者林庆彰新近出版的《顾颉刚的学术渊源》。该书有本于顾颉刚在《我是怎样编写〈古史辨〉的?》中的自我陈述,对顾颉刚与郑樵、姚际恒、崔述以及钱玄同、胡适之间的学术关联分别进行了较为深入的具体分析。②

经过上面的简要回顾,我们的答案似乎已比较清楚。从中国本土学术的角度来讲,"古史辨运动"主要受到了宋代文献辨伪学、清代考据学、晚清今文经学的学术启发以及"古史重建"派与唯物史观派的间接助力;从域外学术的角度来讲,这场运动则主要受到域外治学方法与新的影响以及域外汉学研究成果的"刺激"。要而言之,"古史辨"学人正是在有效汲取上述这些中外学术资源的基础上,进而凭借着自身的努力,从而打造出了这场足以推动中国传统学术转型的学术思潮。如此一来,我们的问题似乎已无需继续探讨。

但事实上,上述学术论著至少还存在以下两个问题:第一,在整体研究思路上,刘起釪、吴少珉等的论著虽然对顾颉刚的学术思想以及"古史辨"派的学术渊源进行过全面的梳理,但除了林庆彰的专著外,均未能对这些学术资源与"古史辨运动"之间的具体关联进行分析与考察,而林庆彰的专著又仅限于顾颉刚的学术渊源,且并不全面。第二,在具体研究内容上,王汎森、路新生、廖名春、李孝迁、曹书杰、周文玖等虽然对顾颉刚或"古史辨运动"与康有为的晚清今文家言、崔述的考信之学、域外汉学、"古史重建"派以及唯物史观派之间的学术关联进行了各自的具体个案考察,但始终没有对宋明文献辨伪学、乾嘉正统考据学、崔适的晚清今

---

① 吴少珉、赵金昭主编:《二十世纪疑古思潮》,学苑出版社2003年版,第1—111页。

② 林庆彰:《顾颉刚的学术渊源》,万卷楼图书股份有限公司2017年版。

文家言以及清末民初"新史学"与"古史辨运动"之间的学术渊源进行过专题研究，而且这些学者提出的观点尚存在不尽之处甚至有待商榷之处。① 要而言之，关于"古史辨运动"的学术因缘，"人人认为应知，且往往感觉已知，实则所知不详或不确"②。

　　有鉴于此，本书拟以"中外交汇"的视角对"古史辨运动"的学术因缘进行一次贯通性的专题研究，依次探讨西方汉学、日本"疑古"思潮、宋明文献辨伪学、清代乾嘉考据学、晚清今文经学以及清末民初"新史学"、民国"古史重建"派以及民国唯物史观派与"古史辨运动"之间具体的学术关联。具体的操作程序是，按照"古史辨运动"兴起与发展的内在逻辑，将运动的历程归纳为古史考辨、孔子与经学研究、诸子丛考以及古史再考辨四个阶段，然后将上述学术形态中的学说、论著等与运动的各个历程结合起来，从而揭示其中的具体学术关联。通过这样系统的专题研究之后，希望得出这样一个简要的结论，即"古史辨运动"的兴起与发展，绝不是任何一个单一线索能够解释的，而是中国本土学术与域外之学交汇的一个学术产物。

　　最后，需要说明的是，本书共计八章，每章都是将上述学术形态中的一个与"古史辨运动"对应起来，故在涉及运动历程时往往出现"前后屡出"之处，作者虽然进行了一定的技术性处理，但仍然无法从根本上摆脱这一纪传体式的客观缺憾。因此，作者只能借"倘真理不重复，则错误必重复"这一哲人之言，寻求些许心理安慰，并希望读者予以"了解之同情"。

---

　　①　详参各章节的相关学术史回顾，兹不赘述。
　　②　罗志田：《重访家庭革命：流通中的虚构与破坏中的建设》，《社会科学战线》2020年第1期。

第一章　西方汉学与"古史辨运动"

在中国学术由传统向现代过渡与转型的历程中，西方汉学可以说扮演了一个"他山之石"的重要角色。"古史辨运动"的兴起与发展，即是一个较为显著的例证。1947 年，顾颉刚在由其主撰的《当代中国史学》中直言不讳地说："民国以来，西洋的治学方法和新史观不断的输入，更予人们以莫大的启示"，自己"身逢其会，便开始提出古史上诸问题加以讨论，'古史辨'便在这种情态之下出现了"。① 不过，较之抽象层面的"西洋的治学方法和新史观"，西方汉学的影响来得或更加直接。顾颉刚还说，近来欧美学者"对于汉学的研究，极有贡献，他们的成绩传入中国，很与国内学者以刺激，使中国的史学也随之而进步"②。而"古史辨运动"即是"随之而进步"的重要一环。

关于这一课题，过往学界已取得了一定的研究成果。其中，最有代表性的专题论文为李孝迁的《域外汉学与古史辨运动》，该文以较为翔实的材料对域外汉学与"古史辨运动"之间的复杂关系进行了系统的探讨，极大地推进了这一课题的研究进度。③ 之后，此文又被增订为《域外汉学与古史研究》，作为一章，收入《域外汉学与中国现代史学》一书中。④ 不过，

---

① 顾颉刚：《当代中国史学》，《顾颉刚古史论文集》第 12 卷，第 428 页。

② 顾颉刚：《当代中国史学·引论》，《顾颉刚古史论文集》第 12 卷，第 324 页。

③ 李孝迁：《域外汉学与古史辨运动——兼与陈学然先生商榷》，《中华文史论丛》2013 年第 3 期。

④ 李孝迁：《域外汉学与中国现代史学》，上海古籍出版社 2014 年版，第 50—119 页。

这一研究成果至少存在以下几个问题：第一，在研究对象上，主要侧重于夏德等的"疑古"论与高本汉的《左传真伪考》，忽视了安特生的考古结论和恒慕义的绍介。第二，在具体问题考察上，一方面未能有效地论证西方汉学如迈尔的"疑古"论与"古史辨运动"之间的学术关联，另一方面则高估了高本汉的《左传真伪考》的作用，存在一定的认识偏差。有鉴于此，本章拟对这一课题进行了一次系统的再探讨，以期进一步探索"古史辨运动"的学术因缘，并揭示西方汉学对中国现代学术的影响。

第一节　夏德等的"疑古"论与胡适的"东周以前存疑论"

从古史研究的角度来讲，"古史辨运动"的兴起最迟可以追溯到"东周以前存疑论"的提出。钱穆即指出："古史之怀疑，最先始于胡氏。其著《中国哲学史》，东周以上，即存而不论，以见不敢轻信之意。近数年来，其弟子顾颉刚始有系统见解之发表。"[1] 因此，考察这场运动的发生与兴起，有必要对该论进行一番简要介绍。

1919 年 2 月，胡适在上海商务印书馆出版《中国哲学史大纲》，并在该书"导言"中对中国上古史提出了尖锐的质疑："以现在中国考古学的程度来看，我们对于东周以前的中国古史，只可存一个怀疑的态度。"[2] 此论被称为"东周以前存疑论"。此后，胡适在不同的场合对此论进行了宣传。受胡适的影响，顾颉刚进一步断言："照我们现在的观察，东周以上只好说无史。"[3] 此后，顾颉刚则以此论为基础开始了对传统上古史体系的瓦解。因此，"东周以前存疑论"可以说是"古史辨运动"兴起的一个原

---

①　钱穆：《国学概论》，《钱宾四先生全集》第 1 册，联经出版事业公司 1998 年版，第 372 页。

②　胡适：《中国古代哲学史·导言》，《胡适全集》第 5 卷，安徽教育出版社 2003 年版，第 214 页。

③　顾颉刚：《自述整理中国历史意见书》，《古史辨》第 1 册，第 45 页。

始性起点。

有论者认为，此论滥觞于胡适。① 但其实，仅从域外汉学的角度来讲，胡适、顾颉刚之所以能够提出或主张此论，最迟可以追溯到《迈尔通史》。该书作者是美国历史学家迈尔（Philip Van Ness Myers，1846—1937），长期担任辛辛那提大学历史学与政治经济学教授。该书分为上中下三个世记，其中上世记三卷，"自地球最初各国事迹可考之日为始，迄于西历四百七十六年西罗马之亡"。笔述者张在新指出，该书不仅在体裁上兼采众家之长，而且"议论之纯正，取材之精审，文字之茂美，尤为读者所共赏"，称得上"简不病略，详不伤烦"。总之，该书在美国高等学堂教科书中被推为善本。因此，英国著名传教士李提摩太经始山西大学堂，首举是书，并嘱咐黄佐廷与张在新将该书翻译成中文，以备我国学校之用。②1905年，该书由黄佐廷口译、张在新笔述，山西大学堂译书院出版。此外，该书原本被商务印书馆翻印。而研究成果表明，该书英文原本和中文译本曾一度成为国内许多大学和中学的西洋历史教科书，在民国历史教育界产生了不小影响。③

值得关注的是，《迈尔通史》对中国的"可考之日"进行了质疑，认为"其邃古之事，载于简册者，多涉神鬼，言不雅驯，不尽可信，直至西历前第七八周时，始渐有信史"④。对照之下，此论与"东周以前存疑论"如出一辙。李孝迁已经注意到这一点。⑤ 但稍显遗憾的是，其未能进一步提供胡适、顾颉刚在提出或主张"东周以前存疑论"之前是否看过此书的具体证据。因此，关于二者之间的学术关联，仍需调查取证。

---

① 李扬眉：《"疑古"学说"破坏"价值的再估量——"东周以上无史"论平议》，《文史哲》2006年第5期。

② 张在新：《迈尔通史序》，山西大学堂译书院1905年版，第2页。

③ 参见李孝迁：《域外汉学与中国现代史学》，第54页；章可：《中国"人文主义"的概念史（1901—1932）》，复旦大学出版社2015年版，第72—73页。

④ [美]迈尔：《迈尔通史》，黄佐廷口译，张在新笔述，第7页；原文见 P. V. N. Myers，*A General History For Colleges And High Schools*，Boston，1890，p.13.

⑤ 参见李孝迁：《域外汉学与中国现代史学》，第54页。

　　前文已指出，该书在出版后即被我国学校采用。早在该书出版不久后的 1906 年，时在上海澄衷学堂求学的胡适即购买了一本。① 是时的胡适已意识到"上古史皆附会神鬼"的一般世界史教科书"无稗学术"②。以此推之，此时的胡适很有可能从《迈尔通史》中得到了某种暗示，后来则进一步明确提出了"东周以前存疑论"。与胡适相比，顾颉刚接触到《迈尔通史》要略晚一些。1913 年 4 月，顾颉刚考入北京大学预科。而据与顾颉刚同时考入北大预科的茅盾回忆，其第一学期有一位英国教员教授世界史，所用课本即是《迈尔通史》英文原本。③1914 年，顾颉刚还专门购买过一本英文版《迈尔通史》。④ 因此，我们有理由推断，顾颉刚对于迈尔的"疑古"论也有所了解。要而言之，胡适、顾颉刚都是在读过《迈尔通史》之后进而主张"东周以前存疑论"的。

　　除了《迈尔通史》之外，胡适、顾颉刚之所以主张"东周以前存疑论"，还与德国汉学家夏德（Friedrich Hirth, 1845—1927）的《中国古代史》（The Ancient History of China）密切相关。1870 年，夏氏"始供职于中国海关"，1878 年至 1888 年"任职上海统计局"，1886 年全 1887 年"并为英国皇家亚细亚学会华北支部总裁"，前后留华 25 年，1895 年去职回国。1902 年，"应美人聘为哥伦比亚大学第一任汉学教授"。《中国古代史》即是其在美国哥伦比亚大学任教时出版的讲义。⑤1908 年，该书在哥伦比亚大学出版社出版。该书出版后，在国际汉学界引起了较大的影响。1931 年，雷海宗指出，此书是"西人讲中国古史最早的名著"，最大的贡献在于认为"周以前的历史都属半神话的，不可凭信"，故"把信史断自周灭殷"。⑥ 李孝迁则进一步对该书中的"疑古"论进行了较为系统的概述，并指出夏德的

　　① 胡适：《日记（1906～1914）》，《胡适全集》第 27 卷，第 10 页。

　　② 胡适：《日记（1906～1914）》，《胡适全集》第 27 卷，第 4 页。

　　③ 茅盾：《我走过的道路》上册，人民文学出版社 1997 年版，第 108 页。

　　④ 《顾颉刚文库古籍书目》"京舍书目"载："Myers' Ancient History 一册再版，Philip Van Ness Myers 著，1904 年改正，英美 Ginn 公司发行，甲寅购一类课本。"顾洪、张顺华编：《顾颉刚文库古籍书目》第 2 卷，中华书局 2011 年版，第 910 页。按，甲寅年即是 1914 年。

　　⑤ 梁绳祎：《外国汉学研究概观（再续）》，《国学丛刊》1942 年第 7 期。

　　⑥ 雷海宗：《夏德〈中国上古史〉》，《社会学刊》1931 年第 2 卷第 4 期。

"疑古"论一方面渊源于理雅各，另一方面则深受沙畹的影响。①由此而言，夏德的《中国古代史》不仅是"西人讲中国古史最早的名著"，在当时还可算是一部集西方"疑古"论之大成的著作。

然而，需要指出的是，此中尚有进一步挖掘的空间。其中，最为重要的一点是夏德对《诗经》的认识。在谈到周幽王时，夏德引用了《诗经·小雅·十月之交》的前四节，明言书中记载的"日食"发生在公元前776年8月29日。②"这次日食是以天为佐证来确定古代中国该年代的最有力的事实；在我所知道的范围内，中国史学家和天文学家对于这个，都没有什么异议。……据中国所有的年代学家的考据，这次日食发生于幽王六年；这日期实如李该（Legge）所说可以称为'毫无讨论余地的中国史上最早的日期'，所以在这以前的年代，只按推算来决定而已。"③

承前所述，胡适率先提出"东周以前存疑论"。这里要进一步指出的是，胡适之所以主张"东周以前存疑"，主要在于其认为"古代的书只有一部《诗经》可算得是中国最古的史料"。而《诗经》之所以"可靠"，不仅在于中国古代的"历学家"、考据学者推定《诗经·小雅·十月之交》中的"日食"在周幽王六年十月辛卯朔，还在于近来西洋学者也说《诗经》所记月日，中国北部可见日蚀。而有此"铁证"，《诗经》可算是最古的史料。④今按，胡适此处言及的"西方学者"，具体所指即包括夏德。而当年尚在美国哥伦比亚大学求学的胡适与夏德素有交往，还选修过夏德的"汉学"⑤。如此而言，胡适当阅读过夏德的《中国古代史》。

与胡适相较，顾颉刚受夏德这一"疑古"论的影响则较为间接。李孝迁认为，夏德的《中国古代史》是胡适"疑古"论的来源之一，胡适又催

①　详参李孝迁：《域外汉学与中国现代史学》，第60—63页。

②　这一看法与以理雅各为代表的大多数西方汉学家不同，理雅各等认为这次"日食"发生在公元前775年，因而此说可视为夏德的一个"创见"。参见 F. Hirth, *The Ancient History of China*, New York: Columbia University Press,1908, p.174。

③　转引自陈遵妫：《中国古代天文学简史》，上海人民出版社1955年版，第56页，注6. 原文见 F. Hirth, *The Ancient History of China*, pp.173—175。

④　胡适：《中国古代哲学史·导言》，《胡适全集》第5卷，第215页。

⑤　胡适：《胡适口述自传》，《胡适全集》第18卷，第243页。

生了顾颉刚"疑古"观念的形成。换言之,顾颉刚的古史观念间接受到了夏德的影响。① 这一看法大体可以成立,但可略为补充的是,顾颉刚受夏德的"疑古"论的影响并非是单一维度的。《中国古代史》虽无中译本,但在中国学界有一定影响。比如,柳诒徵在《中国文化史》中数次引用此书,其中一处转引是,夏德引法国汉学家毕瓯对大禹治水表示了怀疑,认为"此等具有怪力之禹,殆非人间之人也"②。而早在《中国文化史》出版之前的 1922 年 6 月,顾颉刚即得到了该书稿本,并进行了仔细研读。③更值得指出的是,顾颉刚在古史讨论中还表达了与夏德类似的看法。其在《答刘、胡两先生书》一文中说:"若禹是人而非神,则我们看了他的事业真不免要骇昏了。"④ 准此而言,顾颉刚对禹的怀疑还应该从这一文本中得到了某种暗示。

如上所述,早在 20 世纪初,先是美国学者迈尔提出了中国"直至西历前第七八周时,始渐有信史"之说,后有德国汉学家夏德说《诗经》所记日月,中国北部可见日蚀"。而胡适、顾颉刚师徒二人正是通过直接或间接的学术交流或文本阅读,接触到了迈尔与夏德的"疑古"论,然后坚决主张"东周以前存疑论",从而为"古史辨运动"的兴起奠定了原始基础。

当然,此论提出之后,遭到了当时学者乃至后世学者的尖锐批评。但必须指出的是,最迟在 1922 年 11 月,胡适因接触到了罗振玉、王国维的甲骨文整理与研究成果之后,便放弃了"东周以前存疑论",转而公开承认"殷商一代有史"。⑤ 不过,胡适、顾颉刚二人的基本"疑古"立场并没有随之改变,并在不久之后提出了一个新的"疑古"论断。

---

① 李孝迁:《域外汉学与中国现代史学》,第 74 页。
② 柳诒徵:《中国文化史》上册,钟山书局 1932 年版,第 77 页。
③ 顾颉刚:《顾颉刚日记》第 1 卷,中华书局 2011 年版,第 240、250、254—255、260 页。
④ 顾颉刚:《答刘、胡两先生书》,《古史辨》第 1 册,第 112 页。
⑤ 陈以爱:《胡适对王国维"古史新证"的回应》,《历史研究》2008 年第 6 期。

第二节　安特生的考古结论与胡适的"商代 犹是石器时代的晚期"论

如果说，西方汉学的"疑古"论的提出，已经尖锐地质疑了传统的中国上古史系统，那么，西方汉学的考古研究成果则进一步改变了国人的古史观念。1936 年，顾颉刚在《三皇考·自序》中明确指出，自秦汉以来，上起三皇五帝，再到三王五霸的上古史体系逐渐被建立起来，并且深入人们的骨髓。但近代以来，受了"海通的影响"，这个好梦再也做不下去了。西洋学者不安于《创世纪》的说法，有的研究地质学，有的研究生物学，有的研究人类学，有的研究社会学，从而弄清了"人类的由来和进化"，使人们知道"古代的真相"。而考古学者更是"挖出许多地下遗物，从古人的用器来证明当时的文化"，并显示出古时根本不是"黄金时代"，而是"野蛮的古代"。原来的古史观念遂由此彻底改变。而受这种西学的影响，在清末就相继出现了康有为在《孔子改制考》中提出的"上古茫昧无稽"和夏曾佑在《中国历史教科书》中将由开辟至周初视为"传疑时期"的看法。①

但遗憾的是，康、夏二氏的说法并没有引起足够的关注。据顾颉刚观察，除政治关系外，还在于"没有考古学的辅助"。清末殷墟甲骨文的发现与研究则为其提供了深厚的力量。从甲骨文来看，商代的生产只是畜牧、渔猎，文化只是祭祀、占卜，地域是这样小，社会是这样简单。继此之后，"地质调查所发掘了仰韶遗址，出了不少的彩陶，没有一个文字，随着挖出来的没有一些铜器，这文化是我们在古书里完全没有瞧见过的，又是一种面目"。因此，"大家说，殷墟是铜器时代的初期，而仰韶是石器时代的后期"，而"这样一再的大发现，就把我们从向日的儒家、道家的历史观念里拖了出来，知道书本的记载确是大有问题。岂但'传疑'，直

---

① 顾颉刚：《三皇考·自序》，《古史辨》第 7 册，第 273 页。

是作伪！”① 就这样，在“考古学的辅助下”，以“层累说”为中心理论的“古史辨运动”再进一程。

从现有资料来看，顾颉刚提到的仰韶遗址的发掘，无疑与瑞典著名地质学家、考古学家安特生（J. G. Andersson，1874—1960）有着直接关系。1914 年 5 月，安特生受北洋政府的邀请来到中国，担任农商部矿政顾问。②1918 年 10 月和 1921 年 4 月，安特生两次调查河南仰韶村古遗址，认为“是属于石器时代的”。而为了进一步搞清楚遗址的内涵和文化特征，安特生打算再进行一次科学的发掘，并向当时农商部部长张国淦和地质调查所所长丁文江递交了报告。1921 年 10 月，安特生在得到中国政府的正式批准之后，同地质调查所的 5 位工作人员，对仰韶村进行了挖掘，到 12 月 1 日结束，共挖掘了 17 个地点，获得了一大批珍贵的遗物。1923 年，安特生的第一本中国考古学专著——《中华远古之文化》（*An Early Chinese Culture*）出版。③ 该书系用英文写作，最初发表在《地质汇报》第 5 号上，并载有袁复礼的节译。安特生在该书中首次提出了“仰韶文化”的命名，并对仰韶文化的性质作了初步的阐述，认为“从仰韶遗址全部而论，似当为新石器时代之末期”④。这就纠正了以往学界“中国无石器时代”的观点。此外，安特生还提出了“仰韶文化西来说”的观点。这些观点在当时的学术界引起了极大的关注。

胡适与安特生交往密切⑤，且非常关注安特生的研究。胡适不仅在日

① 顾颉刚：《三皇考·自序》，《古史辨》第 7 册，第 273—274 页。

② 有论者指出：“安特生之称为年轻共和国的少数几个外国顾问之一，部分是由于时在山西太原的瑞典地质学家额克立·尼斯特龙的鼓动。尼氏多年来不仅是新成立的山西大学的骨干分子，也是北京尼氏研究所（中瑞科学研究所）的创立者。”马思中、陈星灿编：《中国之前的中国：安特生、丁文江和中国史前史的发现》，瑞典斯德哥尔摩东方博物馆 2004 年版，第 17 页。

③ 参见严文明：《仰韶文化研究》，文物出版社 1989 年版，第 329—330 页。

④ ［瑞典］安特生：《中华远古之文化》，袁复生节译，《地质汇报》1923 年第 5 号第 1 册；原文见 J.G.ANDERSSON, *"An Early Chinese Culture"*, *Bulletin of the Geological Survey of China,1923,5(1)*。

⑤ 已有论者专门对二人的交往进行了梳理和考察。参见陈星灿、马思中：《胡适与安特生——兼谈胡适对 20 世纪前半叶中国考古学的看法》，《考古》2005 年第 1 期。

记中对仰韶村挖掘出的古物进行了详细的记载，而且认为安特生的"方法很精密"，"断案也很慎重"。① 因此，胡适接受了安特生的部分结论，进而以此推动其正在提倡的"疑古"。如所周知，顾颉刚于 1923 年 5 月 6 日发表《与钱玄同先生论古史书》，提出了著名的"层累说"，并认为"禹"是"从九鼎上来的"②。胡适虽然认可"层累说"，但并不同意"禹"是"从九鼎上来的"。5 月 30 日，胡适致函顾颉刚，认为"九鼎"是一种"神话"。"铁固非夏朝所有；铜（bronze）恐亦非那时代所能用。发现渑池石器时代文化的安特森近疑商代犹是石器时代的晚期（新石器时代）。"这一"假定"颇为"近是"。③ 然后，胡适进一步阐述了自己关于"信史的建设"的意见。④

这些看法得到了顾颉刚的基本认可。顾颉刚先是立即回复胡适说："九鼎的来源固是近于神话，但不可谓没有这件东西。""九鼎不见于《诗》《书》，兴国迁鼎的话自是靠不住。或者即是周朝铸的，置于东都，以耀威仪；后人不知其所自来，震于其大，遂编造出许多说话耳。"⑤ 之后，顾颉刚又在《讨论古史答刘、胡二先生》中谈到"禹的来源在何处"时表示，关于"禹为动物，出于九鼎"这一假设，"前半还以为不误，对于后半便承认有修正的必要"。因为，"九鼎不铸于夏代"。然后，顾颉刚转引了胡适信中所言，并进一步申说："本来夏代彝器从没有发见过；即学者考定的商代彝器亦并无确实出于商代的证据，不过比较了周器，把语句简单的、字体特异的归在商代罢了。商器尚如此茫昧，夏至尚未进于铜器时代自不

　　① 胡适：《日记（1919～1922）》，《胡适全集》第 29 卷，第 561 页。

　　② 顾颉刚：《与钱玄同先生论古史书》，《古史辨》第 1 册，第 78 页。

　　③ 胡适：《论帝天及九鼎书》，《古史辨》第 1 册，第 169 页。当然，胡适与安特生在学术上并非没有分歧。比如，胡适就不同意安特生提出来的"仰韶文化西来说"，认为"与其用相互影响说，不如用平行发展说"，因为"前者可以解释那相似的花样与相同的用轮作陶器之法，而终不能解释那中国独有之空脚鬲"，但"后说则既可以用'有限可能'之理说明偶合，又可以用独有之样式为其佐证"。胡适：《日记（1923～1927）》，《胡适全集》第 30 卷，第 1 页。

　　④ 转引自顾颉刚：《答刘、胡两先生书》，《古史辨》第 1 册，第 103—105 页。

　　⑤ 顾颉刚：《致胡适·六〇》，《顾颉刚书信集》第 1 卷，中华书局 2011 年版，第 393—394 页。

必说,哪里能铸出九鼎!"① 要而言之,在胡适、顾颉刚看来,殷商一代的历史虽有甲骨得以证明,但殷商一代"犹是石器时代的晚期"。

但是,这一观点发表后,便遭到了时人的批评。1926 年 12 月,陆懋德在《评顾颉刚〈古史辨〉》一文中首先转引了胡适所认为的"商代犹是石器时代的晚期"的说法,之后表示"未敢赞同",认为"此不过外人一时假定之语"。其实,安特生在《中华远古之文化》一书中并未证明此项石器的确属于商代。"盖河南为商代都城所在,此是一事;河南发现石器,此又是一事;而此石器是否为商人遗物,此又是一事";三者"不可混而为一"。而且,"殷墟发见之甲骨文字,刻画工整,极为可观",不当是石刀石斧所能为。② 与陆懋德相近,缪凤林对胡适、顾颉刚的这一"疑古"论也持反对态度。1929 年 7 月,缪凤林在《评马衡〈中国之铜器时代〉》一文的"附记"中不无调侃地说,胡适、顾颉刚的"以商为新石器时代"之说,"是虽信甲骨文字,而不信其为金属器刻成",特不识胡君等"有本领制造刻甲骨文字之石器否耳"③。

除陆懋德、缪凤林之外,对这一观点持有异议的还有郭沫若、李季等。1930 年,郭沫若在《中国古代社会研究》"附录"中指出,胡适关于"信史的假设"之大意虽然"也有些新颖的见解",但"在术语的使用上有很大的错误"。因为,"发现仰韶辛店等时期的安特生疑商代是石器时代的晚期,是说的新石器时代的晚期;在这时候已经有铜器的使用"。在考古学上,这一时期一般称为"金石并用时代"。但是,胡适"漫然地引为石器时代",并于"石器时代的晚期"之下注以"新石器时代",这是"大谬"。总而言之,在目前科学的发掘方在萌芽之时,自然谁也说不出"中国的地质学上的时代"的定限,然而却可以断言"殷代是新石器时代的末期,即金石并用时代"④。1932 年,李季在《对于中国社会史论战的贡献与批评》中则批评说:"这种根据出土的器具的判断,只有丝毫不懂中国古代典籍

---

① 顾颉刚:《讨论古史答刘、胡二先生》,《古史辨》第 1 册,第 117—118 页。
② 陆懋德:《评顾颉刚〈古史辨〉》,《古史辨》第 2 册,第 269 页。
③ 缪凤林:《评马衡〈中国之铜器时代〉》,《古史辨》第 2 册,第 34 页。
④ 郭沫若:《中国古代社会研究》,河北教育出版社 2000 年版,第 290—291 页。

的安特生才作得出，也只有丝毫不懂古代社会一般的发展情形的胡博士才肯加以赞成"①。

于今来讲，除了李季之外，其他几位学人的批评都有一定的道理。其实，随着考古的新发现与研究，胡适、顾颉刚在这一问题的认识上也有所修正。1930 年 12 月，胡适在中央研究院历史语言研究所的茶会上即表示，自己曾根据渑池发掘的报告，认为商代在铜器之前，而现在安阳发掘的成绩足以纠正这一错误。②1936 年 1 月，顾颉刚在前引《三皇考·自序》中则肯定地说："殷墟是铜器时代的初期，而仰韶是石器时代的后期。"③ 要而言之，最迟至 20 世纪 30 年代，胡适、顾颉刚均不再主张"商代犹是石器时代晚期"，而是认为商代已进入铜器时代。

不过，二人在这一学术观点上的修正并不影响我们的总体判断，即在"古史辨运动"的兴起之际，胡适、顾颉刚在很大程度上正是得到西方地质学家、考古学家安特生"考古学的辅助"，才大胆地认为"商代犹是石器时代晚期"这一"疑古"之说，进而推动了"古史辨运动"的兴起。

第三节　恒慕义的绍介与"《古史辨》不胫走天下"

1935 年 12 月，钱穆在为即将出版的《崔东壁遗书》作序时指出，清代学者崔述的学术本来"浮沉淹没于书海之底"，"迄于今而始大显"。这主要归功于胡适、钱玄同、顾颉刚三人的大力提倡。其中，尤以"疑古"著者为顾颉刚，其"深契东壁之治史而益有进，为《古史辨》，不胫走天下，疑禹为虫，信与不信，交相传述，三君者或仰之如日星之悬中天，或畏之

---

①　李季：《对于中国社会史论战的贡献与批评》，《读书杂志》1932 年第 2 卷第 2、3 期合刊。

②　胡适：《日记（1928～1930）》，《胡适全集》第 31 卷，第 814 页。

③　顾颉刚：《三皇考·自序》，《古史辨》第 7 册，第 274 页。

如洪水猛兽之泛滥纵横于四野，要之凡识字之人几于无不知三君名"①。这一判断并非空穴来风。其实，顾颉刚与《古史辨》的声光并不囿于本土，甚至在域外都有着较高的知名度。

从书籍流传的角度来看，西方汉学家有系统地了解到"古史辨"，并非源于1926年6月出版的《古史辨》，而是一部题为《古史讨论集》的书。此书编辑者为曹聚仁，是时正攻治"国故"，编辑"国故学丛书"，故将此书列入"国故学丛书之三"，由上海梁溪图书馆出版。曹聚仁在该书"编辑者序"中首先表达了编辑此书的本意："这件事是完成我印行'国故学丛书'的本意，也来继续《考信录》考正古史的伟业。"而完成"国故学"，需要五个阶段，依次是"辨伪"、"校勘"、"诂释"、"整理"及"探究"。接着，又对《古史讨论集》的内容进行了说明，认为顾颉刚的考订古史有两点胜过前人。第一，在考史态度上，顾颉刚"已从功利的态度进而为纯客观的态度"。第二，在考史方法上，顾颉刚自觉地运用了"历史演进的方法"，此法比刘掞藜的"参之以情，验之以理，断之以证"则"高明得多"。而在古史大论战中，十分重要的还有胡适《古史讨论的读后感》，此文中提出的"影响人心"的问题，可以说是"治国故者的对症药"。此外，钱玄同关于《六经》性质的看法则是"有胆识的意见"②。平实而论，这一长达18页的序言虽不如顾颉刚后来撰写的《古史辨》第一册《自序》来得酣畅淋漓，但不失为对"古史辨"的一种简要介绍。

此外，这里还要指出的是，诚如顾颉刚所言："上海印本错字很多，印刷很粗劣"，但唯不应因此忽略该书的影响。1925年8月，《民国日报·觉悟》专门刊登了此书广告，其广告语是"顾颉刚先生拆孔丘的台，尧、舜不过是一个箭跺"③，可谓简要明了，颇中肯綮。更值得关注的是，该书出版不久，便被北京华文学校(College of Chinese Studies)选作历史课本。④该

---

① 钱穆：《崔东壁遗书序》，《中国学术思想史论丛（八）》，载《钱宾四先生全集》第22册，第431—432页。

② 曹聚仁：《古史讨论集·序》，梁溪图书馆1925年版，第1—18页。

③ 《古史讨论集》，载《民国日报·觉悟》1925年8月21日。

④ 参见顾颉刚：《顾颉刚日记》，第748页。

校前身为华北协和华语学校（North China Language School），正式成立于1913年。1925年夏，该校与燕京大学合并，易名为燕京华文学校（Yenching School of Chinese Studies），简称"华文学校"，成为燕京大学的一部分。1927年，与燕京大学脱离关系，成为一所独立学校。学校一直维持到解放前后。在学校里，有一批一流的外籍教职员，这些教职员大多是久居中国的资深教士或汉学家，如裴德士、恒慕义、博晨光等。① 其中，负责教授中国历史的是恒慕义，由此或可推断，早在《古史辨》第一册出版之前，恒慕义即注意到了"古史辨"②，故将《古史讨论集》作为历史课本，向华文学校的学生进行宣传。

这一宣传得到了该校学生的积极响应。华文学校与燕京大学在1925年合并后，有意将学校建成汉学研究中心。广邀中外著名人士演讲即是其中一项重要举措。1926年5月11日，是时在华文学校兼课的冯友兰找到顾颉刚，言及华语学校中人都读其发表的文章，"甚思一见"。于是，"因约下星期四同去"。5月20日，顾颉刚与冯友兰一起如约前往华文学校。在此行中，顾颉刚结识了汉学家恒慕义、博晨光，并约定6月1日进行演讲。6月1日，顾颉刚与潘家洵、冯友兰一起前往华文学校，由顾"演讲论文，由博晨光翻译"。③ 关于此次演讲，该校学生是否反响良好尚不可考，但可以肯定的是，该校教员恒慕义十分欣赏这篇申说"打破地域向来一统的观念"的演讲稿——《秦汉统一的由来和战国人对于世界的想象》。7月12日，其将此文译成英文之后，向华文学校的学生再次宣读了这篇"疑古"文章。④ 可以说，在西方汉学与"古史辨"的互动上，曹聚仁编辑的《古史讨论集》是不可或缺的一环。

其实，《古史辨》第一册的出版也与《古史讨论集》有着直接的关系。

---

① 参见李孝迁：《域外汉学与中国现代史学》，第326—327页。

② 1926年11月，恒慕义在介绍《古史辨》第1册的文章中即提到《古史讨论集》。参见 Arthur W. Hummel, *Ku Shi Pien*（*Discussions in Ancient Chinese History*），Vol.1，《古史辨》第2册，第263页。

③ 顾颉刚：《顾颉刚日记》第1卷，第745、748、750、753页。

④ 顾颉刚：《顾颉刚日记》第1卷，第767页。

本来，早在 1923 年 6 月 30 日，顾颉刚就萌生了编辑《古史辨》的想法。①
但是，由于种种原因，该书的编辑工作一直没有提到日程上来。直到曹聚
仁编辑的《古史讨论集》出版之后，顾颉刚才在朴社同仁的催促之下，再
次将编辑《古史辨》提到日程上来。② 至 1926 年 6 月 11 日，《古史辨》第
一册出版，立即风靡整个学术界、知识界，在仅仅半年多的时间里即重印
了 3 版。与此同时，学术界还刊发了 6 篇文章对该书进行绍介和评价③，
其影响之大，难以估量。

　　当然，《古史辨》第一册的成功出版，主要归功于这一文本的独特魅
力，但并不能因此而忽略编著者顾颉刚“推销”此书的“策略”。大范围
地赠书是其中的主要“策略”之一。④《古史辨》第一册出版之后，颇注
重与域外学者交往的顾颉刚在第一时间即将该书邮寄给了博晨光、恒慕
义、裴德士、马尔智等几位任职于华文学校的汉学家，还赠送华文学校图
书馆一册。⑤

　　以历史的后见之明来看，这一“策略”的成效非常显著。1926 年 11 月，
恒慕义即用英文在《中国科学美术杂志》（*The China Journal of Science
and Art*）⑥ 第 5 卷第 5 期上发表《〈古史辨〉第一册——关于中国古史的
讨论》，向西方汉学界大力推荐《古史辨》第一册。恒慕义在此文中引
用了胡适的观点，即《古史辨》是一部革命的书，替中国历史研究开了
一个新纪元，并且认为但凡能读懂现代中国的人都不得不同意胡适的这

---

　　① 顾颉刚：《顾颉刚日记》第 1 卷，第 373 页。

　　② 顾颉刚：《自序》，《古史辨》第 1 册，第 1 页。

　　③ 依时间顺序，这 6 篇文章分别是周予同《顾著〈古史辨〉的读后感》、胡适《介绍
几部新出的史学书》、孙福熙《〈古史辨〉第一册》、王伯祥《读〈经今古文学〉和〈古史辨〉》、
恒慕义《〈古史辨〉第一册——关于中国古史的讨论》、陆懋德《评顾颉刚〈古史辨〉》，均
收入《古史辨》第 2 册下编。

　　④ 参见本书附录《学术媒介与“古史辨运动”的兴起》。

　　⑤ 顾颉刚：《顾颉刚日记》第 1 卷，第 800 页。

　　⑥ “《中国杂志》（*The China Journal*）原名《中国科学美术杂志》（*The China Journal
of Science and Art*），文学及美术方面由美人 John C. Ferguson 编辑，科学方面由 A. de C.
Sowerby 编辑。1923 年创刊于上海，初为两月刊，1925 年起改为月刊，1926 年始分一年为
二卷，1927 年改今名。”梁绳祎：《外国汉学研究概观（再续）》，《国学丛刊》1942 年第 7 期。

一判断。接着，恒慕义简要介绍了"古史辨"的由来和顾颉刚的主要观点，进而强调说，由顾颉刚撰写的这些文章的最重要之处不仅在于其得出的结论，更在于其获得这些结论的方法、广博而且坚实的证据、建立一个新假设的胆识和独立意识、欢迎批评以及毫不犹豫地摒弃被自己或者论争对手已经证明不成立的观点的诚恳态度。恒慕义还指出，《古史辨》第一册《自序》是最应该读的部分，这一《自序》不仅是一个人 30 年中的历史，而且是中国近 30 年中思潮变迁的最好记载。① 就这样，恒慕义将顾颉刚及其编著的《古史辨》第一册首次向西方汉学界进行了系统介绍。

此后，恒慕义还在一个更为重要的场合——美国史学联合会（American Historical Association）上介绍了"古史辨运动"。1927 年，由于当时中国时局不稳，恒慕义辞去华文学校的教职而返回美国，后供职于美国国会图书馆。1928 年 12 月 31 日，美国史学联合会在印第安纳州首府印第安纳波利斯举办，恒慕义在此次会议上宣读了一篇题为"中国史学家研究中国古史的成绩"（*What Chinese Historicans Are Doing in Their Own History*）的文章。恒慕义指出，现在中国所谓"新文化运动"的一种重要趋向，就是坚决地要求用科学方法，把本国文化的遗产重新估价一次。而"最近的史学运动之一特色就是，宁可以怀疑的态度，不可以相信的态度来迫近这些被人尊崇的最古经典，因此打倒一切自绝于知识的障碍"。所谓这一"史学运动"，即是以"层累说"为中心理论的"古史辨运动"。这场运动的直接导火索是顾颉刚主持的古史大论战。这位年仅 31 岁的主持者一方面"接受了本国学术界的最好遗教"，另一方面"又学会了西洋的种种方法"，故能用最严格的科学精神来主持这次论战。这些古史大论战的文章都收在一本著名的著作——《古史辨》中。因此，恒慕义认为，"如果要举一个好例来说明现代中国的史学批评，并要纪念中国过去十年里面的'新文化运动'，实在该把这一本书译成

① 参见 Arthur W. Hummel，*Ku Shi Pien* (*Discussions in Ancient Chinese History*)，Vol.1，《古史辨》第 2 册，第 263—266 页。

英文"①。此文后发表在《美国史学评论》(*The American Historical Review*)第 34 卷第 4 期（1929 年 7 月）。如所周知，无论是美国史学联合会，还是《美国史学评论》，均代表的是整个主流美国史学界的声音，故恒慕义的文章无疑将"古史辨运动"成功地推向了美国史坛。

恒慕义对《古史辨》的绍介可谓不遗余力。《古史辨》第一册出版于 1926 年 6 月 11 日。翌日，顾颉刚便赠送恒慕义一册，而此时尚在北京的恒慕义在阅读后即打算将该书的《自序》译成英文。因为，这篇洋洋洒洒 6 万余言的《自序》不仅是"一位现在中国史家的自述"，更是"过去三十年来风行中国的思潮最好的评述"②。1927 年，恒慕义返回美国后，一度想将整个《古史辨》翻译成英文，在美国出版。为此，顾颉刚专门致函恒慕义："劝其节译《古史辨》，因零碎材料或为欧美人士所不易理解"③。1930 年，在荷兰汉学家戴文达的支持下，恒慕义将《古史辨》第一册《自序》译成英文，题为 *The Autobiography of a Chinese Historian*，并作了大量的注释，以此获得荷兰莱顿大学博士学位。1931 年，这篇博士论文作为荷兰莱顿大学汉学研究书系（Sinica Leidensia）第一种在荷兰出版。而这本书堪称"向西方汉学界介绍《古史辨》的主要代表作"，被广泛引用，数次再版，对西方汉学界产生了极大的影响。④

如上所述，在"古史辨运动"兴起之际，经过西方汉学家尤其是恒慕义的绍介，西方汉学家渐知顾颉刚——这位《古史辨》第一册的编著者、从事古史研究的中国史学家，《古史辨》遂因此在西方汉学界占有一席之地。在一定程度上甚至可以这样说，凭借一部《古史辨》，中国史学界在"把汉学中心夺回中国"的艰难道路上迈出了重要一步。

这里想进一步指出的是，现代中国处于西方话语占绝对优势的时代，

---

① [美] 恒慕义：《中国史学家研究中国古史的成绩》，王师韫译，《古史辨》第 2 册，第 310—316 页；原文见 Arthur W. Hummel, "What Chinese Historians Are Doing in Their Own History", *American Historical Review*, July 1929, Vol.34, No.4.

② [美] 恒慕义：《近百年来中国史学与古史辨》，郑德坤译，《史学年报》1933 年第 1 卷第 5 期。

③ 顾颉刚：《顾颉刚日记》第 2 卷，第 128 页。

④ 刘起釪：《顾颉刚先生学述》，第 289—291 页。

而《古史辨》又在很大程度上得到了西方汉学界的认可，这就为"古史辨运动"的发展提供了不容小觑的外部助力。进而言之，恒慕义在《中国科学美术杂志》上发表《〈古史辨〉第一册——关于中国古史的讨论》之时，"古史辨运动"的声名尚是毁誉参半；而其在《美国史学评论》推出《中国史学家研究中国古史的成绩》之际，这场运动更被认为处于一个"沉寂期"①，故此文立即被翻译成中文，并刊载在《国立中山大学语言历史学研究所周刊》上。此后，这两篇文章还被收入《古史辨》第二册。这一举动无疑可以被视为顾颉刚"转借"西方话语来"推销"《古史辨》的具体"策略"。由此来讲，"古史辨"学人不仅借鉴了西方汉学家的"疑古"论和考古结论，还借助西方汉学家的介绍、评价推动了"古史辨运动"。

第四节　高本汉的《左传》研究与"古史辨"学人的经学研究

当然，西方汉学的研究成果并非都直接有利于"古史辨运动"。如所周知，"古史辨运动"与晚清今文经学有着极为密切的学术关联。应当说，晚清今文经学确实起到了为《古史辨》"张目"的作用，但也因此招致了严厉的批评。有学者即采取以批评今文经学的方式来打击《古史辨》。其中，最有代表性的例子莫过于钱穆的《刘向歆父子年谱》。诚如钱穆晚年的夫子自道，此文虽旨在批评康有为，但不啻与顾颉刚争议。因此，傅斯年在接待外国学者如伯希和的宴会时，必邀钱穆为座上宾，并介绍其为《刘向歆父子年谱》之作者，而此文足以破当时经学界之今文学派以及史学界之"疑古派"②。

---

① 1931年，时人在评介《古史辨》第二册时指出："近年来，国内著述家出版界对于先前那种热烈地讨论古史的态度，又已转向沉寂了。"胡家深：《又是一本下过苦工的古史辨》，《中国新书月报》1931年第1卷第3号。

② 钱穆：《八十忆双亲师友杂忆合刊》，《钱宾四先生全集》第51册，第154、172页。

与钱穆的学术境遇相类似，一位来自域外的汉学家也因在“古史辨运动”兴起之际刊发了一部批评康有为《新学伪经考》的作品，而被傅斯年引为同道，此即被胡适称为“西方今日中国学大师”的高本汉。高本汉（Bernhard Karlgren，1889—1978），瑞典汉学家，“1910 年到 1912 年的三年当中，曾经住在山西太原学习中文，并曾在山西大学住过一个短时期”。1915 年，前往法国，“跟法国大汉学家 Chavannes（沙畹）研究中国文字，得到极多益处和进步”。同年，获得乌普萨拉大学（Uppsala University）的文学博士学位。1918 年，任哥德堡大学（Goteborg University）远东语言文化教授，继任该大学校长。[1] 高本汉的主要研究工作是在中国语文学，尤其在语言音韵方面有很多特殊的贡献，堪称西方中国语言音韵学的集大成者。[2]

高本汉著述丰富，其中部分被翻译成了中文。[3] 在这些撰述中，除《中国音韵学》外，对中国学术界产生巨大影响的莫过于《论左传之真伪及其性质》（*On the Authenticity and Nature of the Tso Chuan*）。该书作为哥德堡大学丛刊第 32 种，出版于 1926 年 3 月。此时的高本汉已与很多中国主流学者建立了密切的联系，故该书很快传到中国，并由陆侃如口译、卫聚贤笔录，首先发表在《北京大学研究所国学门月刊》1927 年第 1 卷第 6—8 期上。同年，该书中译本《左传真伪考》继而在新月书店出版。1936 年 4 月，该书增订为《左传真伪考》在商务印书馆出版。[4]《左传真伪考》分上、下两篇，上篇专论《左传》的真伪，驳斥康有为的《新学伪经考》，证明《左传》不是刘歆伪造，而是秦焚书之前的著作；下篇从文法上证明《左传》非鲁国人所作，其文法与鲁国文法不同，但是前三世纪以前的著作。[5] 与钱穆的《刘向歆父子年谱》类似，该书不仅批驳了顾颉刚，甚至与其争议，故立即在中国学术界产生了很大反响。

当时主流学者纷纷撰文参与讨论，并持与高本汉类似的观点，即是

---

① 汪家正：《访瑞典汉学家高本汉》，《教育通讯》复刊 1948 年第 5 卷第 9 期。

② 张世禄：《介绍高本汉先生》，《说文月刊》1939 年第 1 卷第 4 期。

③ 李孝迁：《域外汉学与中国现代史学》，第 98—99 页。

④ 参见《左传真伪考·译者引言》，商务印书馆 1936 年版，第 1—2 页。

⑤ ［瑞典］珂罗倔伦：《左传真伪考》，陆侃如译，新月书店 1927 年版，第 1—107 页。

显著的例证。1947 年，顾颉刚在由其主撰的《当代中国史学》中即指出，继高本汉《左传真伪考》传入国内之后，冯沅君、童书业、孙海波、杨向奎等国内学者都曾对此问题作"比较研究"。冯沅君作《左传与国语的异点》一文，"比较二书共说一事而文不同的凡十五则，并从'於''于'与'与''及'等字的用法上证明二书全不相干"；孙海波在《燕京学报》发表《国语真伪考》，"认二书记一事而事实多不同，又以为司马迁曾据《左传》而未引《国语》，《国语》在当时尚未成书"；童书业发表《国语与左传问题后案》，"承认《左传》并非《春秋》的传，又把《史记·周本纪》所载《国语》之语与《国语》对照，知道《郑语》等篇在《史记》前已成立，又从记事上、文法上、古史传说上证明《左传》《国语》非一书分化，而《国语》中的《齐语》《越语》等篇是晚出的"；杨向奎发表《论〈左传〉之性质及其与〈国语〉之关系》，"又反驳晚清今文家的主张，认为《左传》确是《春秋》的传，而《国语》与《左传》非一书的割裂"①。除顾颉刚所归纳与总结之外，当时认为《左传》与《国语》并非一书的还有卫聚贤、孙次舟等。②有鉴于此，李孝迁认为，高本汉《左传真伪考》得到当时学界的广泛支持，"疑古"气势受到沉重打击，"古史辨"派内部甚至因此而分化。③于今来看，这一看法存在商榷之处。

　　第一，高本汉《左传真伪考》虽然得到了上述学者的支持，但并不能代表其观点已成为不刊之论。早在上述学者撰文之前，胡适率先对高本汉的观点提出了质疑。1922 年，高本汉就与胡适有书信上的来往，故善于与中国学者交往的高本汉在《论左传之真伪及其性质》出版后，就将该书寄给了胡适。1927 年 4 月 17 日，胡适在阅读该书后的第一时间即写了摘要，寄给顾颉刚，并请其转寄给钱玄同，希望他们在阅读后发表感想，与此信同时发表，供"大家的讨论"。这封信后来发表在《国立中山大学语言历史所周刊》第 1 集第 1 期上，题为《论左传之可信及

　　①　顾颉刚：《当代中国史学》，《顾颉刚古史论文集》第 12 卷，第 430—431 页。

　　②　参见卫聚贤：《左传之研究》1927 年第 1 卷第 1 号；孙次舟：《〈左传〉〈国语〉原非一书证》，《责善半月刊》1940 年第 1 卷第 4、6、7 期。

　　③　李孝迁：《域外汉学与中国现代史学》，第 101—103 页。

其性质》。不过，由于顾颉刚此时已离开厦门大学，故未能及时看到此信。10月4日，胡适又为即将出版的《左传真伪考》作了"一篇提要式的序文"——《〈左传真伪考〉的提要与批评》。这里有必要指出的是，高本汉《左传真伪考》下篇有这样一个结论："在周秦和汉初书内，没有一种有和《左传》完全相同的文法组织的。最接近的是《国语》，此外便没有第二部分在文法上和《左传》这么相近的了。"胡适在引用这一结论后直言："这种结果大可帮助今文家的主张。"因为，"今文家说割裂《国语》，造为《春秋左氏传》；今本的《国语》只是刘歆割裂的残余了"。而高本汉从文法比较上证明"这两部书的文法组织很是相同"，这无疑为晚清今文家寻得了"有力的新证据"①。胡适的看法由此略见一斑。

　　支持胡适看法的还有钱玄同。前已指出，由于顾颉刚离开厦门大学，顾颉刚、钱玄同在《左传真伪考》出版之前皆没有看到胡适的信。《左传真伪考》出版之后，胡适则将该书寄给钱玄同，希望其能够继续高本汉的工作，把《左传》与《国语》再作一番更精密的比较，对于这一问题下一个最后的结论。1928年4月6日，钱玄同在致胡适的信中表示，高本汉的《左传真伪考》"所说还不足以解决这问题"。因为，"《左传》虽非《春秋》的传而必是一部战国时人做的历史，此不但'伪今文家'如鄙人者这样说，就是真今文家也未尝不如此说；不信它是历史者惟廖平一人，然此乃妄人之尤者耳，其说本无成立之价值也。今所当问者，它是否《春秋》的'传'耳"②。1931年11月，钱玄同在《新学伪经考》的序文中谈到《左传》时强调，"左氏不传春秋"之说，刘逢禄发挥得最为精核，其《春秋左氏传》考明《左传》与《春秋》没有关系。康有为于此更进一步，谓《左传》原书实为《国语》之一部分，此为不易之论。与胡适一样，钱玄同在转引高本汉《左传真伪考》中的结论之后说："这也是《左传》和《国语》本是一部书的一个很强有力的

　　① 胡适：《〈论左传之可信及其性质〉摘要》，《古史辨》第5册，第171—182页。
　　② 钱玄同：《致胡适》，《钱玄同文集》第6卷，中国人民大学出版社1999年版，第120—121页。

证据。"① 如此一来，高本汉的结论反倒成为了"古史辨"派申说今文家言的证据。

与钱玄同相近，顾颉刚也赞同胡适的看法。1930年6月，顾颉刚在《清华学报》发表《五德终始说下的政治和历史》，先是转述了胡适关于高本汉《左传真伪考》的意见，之后则道及："高先生虽因今古文问题的纠缠，在审择历史材料上有些太宽泛的地方，但其证明《左传》是焚书以前存在的，而不主张此书从孔门产出及其与鲁国有何关系，则甚可把传统的记载打破，而与今文家的说话相印证。"②

除上述著名的"疑古"三君外，持类似看法的还有"古史辨"派的张西堂。1931年8月，张西堂先是在《穀梁真伪考》一书的"自序"中说："左氏之不传春秋，自西汉已有是说，近如南海康氏，尤能灼见其源；瑞典珂罗倔伦，更据文字考之，盖足为定谳。"之后，又在该书"后序"中强调说："《左传》经过许多学者的论辩，和近来珂罗倔伦的《左传真伪考》用文法上统计的证明，《左氏》不传《春秋》，总可以相信了。"③1932年11月，张西堂又在《〈左氏春秋考证〉序》中指出，此时研究《左氏春秋》应当注意的两个重要问题，其中之一即是《左氏春秋》与《国语》的关系问题。在张西堂看来，高本汉与康有为的看法是一致的，"《左氏》是由《国语》分化出来的"，因为"《左氏》的文字和《国语》最为相近"④。在这里，高本汉的结论已经"沦为"今文家言了。

如上所述，高本汉《左传真伪考》的立意尽管是驳斥康有为的《新学伪经考》，证明《左传》不是刘歆伪造，而是秦焚书之前的著作。然而，心理事实不等于历史事实，其论证这一观点的具体结论——《国语》是唯一一部与《左传》在文法组织上接近的著作，却被胡适、钱玄同、顾颉刚、张西堂等"古史辨"学者视为一个有力的新证据，并拿来印证晚清今文家

---

① 钱玄同：《重论经今古文学问题》，《古史辨》第5册，第40—41页。

② 顾颉刚：《五德终始说下的政治和历史》，《古史辨》第5册，第320—322页。

③ 张西堂：《穀梁真伪考》，知识产权出版社2016年版，第1、97页。

④ 张西堂：《〈左氏春秋考证〉序》，《古史辨》第5册，第166—170页。

言。① 由此而言,"疑古"自身的声势不仅没有沉重打击,反而更加"如虎添翼"了。②

第二,童书业、杨向奎等"古史辨"派学人虽然在《左传》问题上与胡适、钱玄同、顾颉刚、张西堂等人持截然不同的态度,但其实正是这种"古史辨"派的所谓"分化",成就了"古史辨运动"。简单地说,"古史辨运动"本来就是"古史辨"派学人之间切磋问学的产物。这里可以举一个与此相关的例子。前已指出,钱穆的《刘向歆父子年谱》与高本汉的《左传真伪考》在打击今文经学上有异曲同工之效。因此,傅斯年常邀其为座上宾。但事实上,《刘向歆父子年谱》虽不啻与顾颉刚争议,但立意则在"为顾先生助攻那西汉今文家的一道防线,好让《古史辨》的胜利再展望一程"③。进而言之,钱穆与顾颉刚在精神意气上"仍同一线,实无大异"④。这决非钱穆一厢情愿。实际上,顾颉刚也将钱穆视为志同道合的"论敌""战友"。1930 年 8 月 6 日,顾颉刚在致钱玄同的信中坦言,自己想在《燕京学报》上"很想重激起今古文问题的战争"。因为,"一种学问,必须有两派人各执己见,长期的斗争下去,方可有进步"。而"钱君下半年到此(燕大国文系专任讲师),我辈得有论敌,今古文问题或能逼上解决之路也"。⑤ 今按,钱穆在《燕京学报》第 7 期发表《刘向歆父子年谱》。

① 除"古史辨"学人之外,认为"《左氏》《国语》原系一书,后经刘歆割成二书"的还有林语堂。更值得注意的是,林语堂虽然认为高本汉"以欧西考订学的方法,研究《左传》真伪问题",从而为中国考订古书开了"先例",但其则通过语言学的分析而得出了与今文家说相符的结论:"《左氏》通假字上完全与《国语》相同,不但异音的异文同,同音的异文也同。"而用林语堂的话说,这"不一定须用今文家说来解释","但在今文家也可将这种文法,方音及用字上的一致,算为证据中之一种辅证"。林语堂:《〈左传〉真伪与上古方音》,《语丝》1928 年第 4 卷第 27 期。

② 当时学人即已认识到了这一点。主张《左传》与《国语》并非一书的冯沅君即指出:"瑞典珂罗倔伦的《论左传之真伪及其性质》就文法上证明在先秦的许多著作中,另有《国语》与《左传》最近;林语堂先生就古音上证明《国语》与《左传》是同一方音。珂、林两先生虽未断定《左传》与《国语》就是一书,但无形中给刘逢禄一派人添了些富有科学性的证据。"冯沅君:《论〈左传〉与〈国语〉的异点》,《新月》1928 年第 1 卷第 7 期。

③ 钱穆:《评顾颉刚〈五德终始说下的政治和历史〉》,《古史辨》第 5 册,第 364 页。

④ 钱穆:《八十忆双亲师友杂忆合刊》,《钱宾四先生全集》第 51 册,第 171 页。

⑤ 顾颉刚:《致钱玄同·三一》,《顾颉刚书信集》第 1 卷,第 564 页。顾颉刚还表示,

此后不久，顾颉刚即在《清华学报》发表《五德终始说下的政治和历史》。更值得关注的是，在顾颉刚鼓动下，钱玄同分别为《左氏春秋考证》《新学伪经考》撰写跋和序文。《古史辨》第五册上编之由来，与此举密切相关。

与顾颉刚、钱玄同、钱穆的"今古文学之争"相类似，关于《左传》与《国语》的关系问题，"古史辨"派内部的所谓"分化"，其实也旨在将这一问题"逼上解决之路"。事实证明，"古史辨"派在一定程度上达到了这一目的。顾颉刚在归纳民国学者关于《左传》问题的看法后指出："关于这个问题到现在还没有得到定论"，但"《左传》和《国语》二书决非春秋时代的作品，是可以无疑的了"①。由此来看，或可以这样说，正是当时学者之间的剑拔弩张、"古史辨"派内部的所谓"分化"，方才成就了"古史辨运动"中关于《左传》与《国语》关系问题在一定程度上的解决。西方汉学家高本汉的《左传真伪考》与"古史辨运动"的关系由此可见。②

综上所述，"古史辨运动"的兴起与发展，与西方汉学有着较为密切的学缘关系。简要言之，在运动发生之际，胡适、顾颉刚提出的"东周以前存疑论"即是从美国学者迈尔与德国汉学家夏德等人的"疑古"论中得到了一定的启发；而二人继而主张的"商代犹是石器时代的晚期"之论则是直接受到了瑞典考古学家安特生《中华远古之文化》的影响。在"古史辨运动"兴起之际，美国汉学家恒慕义对《古史辨》第一册的绍介与评价，

其编《古史辨》拉上钱穆，与办《禹贡》拉上谭其骧的性质是一样的（顾颉刚：《致谭其骧·二》，《顾颉刚书信集》第 2 卷，第 553 页）。二人之间的"战友"关系也由此可见。

① 顾颉刚：《当代中国史学》，《顾颉刚古史论文集》第 12 卷，第 431 页。

② 与高本汉遭遇相类似的还有美国学者卜德。1934 年，美国学者卜德发表《左传与国语》，主要从《左传》与《国语》两书引《诗》《书》的多寡、称"帝"与"上帝"的多寡、两书中有同事而同文、同事而异文等方面证明两书非一书。参见卜德：《左传与国语》，《燕京学报》1934 年第 16 期。不过，此文发表之后，即遭到了学术界的批评。其中，张西堂即在《经学史讲义》中进行了系统的批驳；参见张西堂：《经学史讲义》，载张铭恰主编：《长安学丛书·张西堂卷》，三秦出版社 2011 年版，第 130—132 页；童书业虽然认为《左传》与《国语》并非一书，但认为其两个理由实不充足。参见童书业：《国语与左传问题后案》，《浙江省立图书馆馆刊》1935 年第 4 卷第 1 期。由此可见，卜德并未对"疑古"的声势造成沉重打击，自己的学术声誉反而受到了一定影响。

无疑起到了不可替代的推动作用。历史或最为诡异的是，瑞典汉学家高本汉旨在驳斥康有为《新学伪经考》的《左传真伪考》，反倒被"疑古派"拿来证明晚清今文家言，以推进"古史辨运动"中关于今古文学问题的讨论。

然而，我们并不能过于高估西方汉学在这场学术运动中的作用。在"古史辨运动"兴起之际，胡适、顾颉刚之所以主张"东周以前存疑论"，一方面是受到了迈尔、夏德等人"疑古"论的启发，但另一方面则是受到了康有为"上古茫昧无稽"论、夏曾佑"传疑时期并无信史"论的影响，而且其在接触到罗振玉、王国维的"古史新证"之后便承认"殷商一代有史"了。而二人继而因受安特生《中华远古之文化》的结论而主张"商代犹是石器时代的晚期"，但此后则根据安阳发掘的成绩足以纠正这一观点，而主张"殷墟是青铜时代的初期"。恒慕义对《古史辨》第一册的绍介与评价，推动了"古史辨运动"的兴起，但同时也可以反证运动对西方汉学的影响。至于高本汉旨在驳斥康有为《新学伪经考》的《左传真伪考》，前已指出，反倒被"疑古派"拿来证明晚清今文家言，以推进"古史辨运动"中关于今古文学问题的讨论。因此，如果用一句俗语来表述二者之间的这一学缘关系，"他山之石，可以攻玉"或是一个较为贴切的写照。

第二章　日本"疑古"思潮与"古史辨运动"

与西方汉学相比较，日本汉学对中国现代学术的影响并不逊色，甚至可以说有过之而无不及。诚如有论者在对"近代中国学者论日本汉学"进行系统整理之后指出的，现代"近代学术新旧递嬗之际的观念、方法、工具及焦点的变迁，都或多或少地借助了日本的经验"[①]。不过，一般不能取代特殊，整体不能取代个体。如果具体到一些个案研究，日本汉学虽然早于中国学术，但影响并非是直接的，而是间接的，甚至可以说是微乎其微。

日本"疑古"思潮与"古史辨运动"之间的学术关系即是一个颇有代表性的例证。自20世纪初，日本汉学界先后有那珂通世印行《崔东壁遗书》，白鸟库吉提出"尧舜禹抹杀论"，新城新藏、饭岛忠夫等进行先秦天文历法论战，从而引发了一场"疑古"思潮。[②] 无独有偶，至20世纪20年代，由顾颉刚等人领导与推动的"古史辨运动"登上现代中国学术舞台。或由于这一时间的落差，早在"疑古"之风尚未淡出之际，部分中日学者即推论，"古史辨运动"的兴起受到了日本"疑古"思潮的直接影响。这一推论在"走出疑古"思潮下愈演愈烈。与此同时，也有一些学者对这一推论予以反驳或辨析。[③] 不过，由于主观判断与材料的客观限制，这一学术公案时至当下仍未能盖棺论定。因此，本章拟对这一

---

① 贾菁菁：《近代中国学者论日本汉学·前言》，上海古籍出版社2018年版，第2页。

② 参见贺昌群：《日本学术界之"支那学"研究》，《大公报·图书副刊》1933年第3期。

③ 涉及的相关学者及研究成果，将在正文予以述评。

反映中日"疑古"思潮纠葛的学术公案进行一番彻底的检讨，以期澄清"古史辨运动"的日本学术因缘，并揭示日本汉学与中国现代学术之间的复杂关系。

第一节　《崔东壁遗书》的日本刻本与"古史辨运动"的发生

《崔东壁遗书》在日本的印行，是日本"疑古"思潮的直接源头之一。①该书作者崔述（1740—1816），字武承，号东壁，直隶大名府人。由于其身"居处僻乡，少与中朝人士往还"，其学主要在"疑古"与"辨伪"，与乾嘉正统考据学格不相入，"故生前名不甚彰，卒后声闻亦不甚著"②。两部《皇清经解》不收其书，有甚者则痛下针砭。幸赖其弟子陈履和将其生前著作，汇刻为《崔东壁先生遗书》，其学才得以传世。

然而，崔述之学却受到了日本学界的注意。这一注意导源于李元度的《国朝先正事略》。内藤湖南在《中国史学史》中说："即便在日本，地方大学者中也有崔述的崇拜者。"因为，《国朝先正事略》不仅"比较详细地记载了他的情况，而且大体摘要了他的观点"。因此，日本人便注意到了崔述。从德川时代起，崔述"就有这种热心的信服者，他的书在日本有很多抄本"。其中，"内藤耻叟先生就因为从《先正事略》知道了《考信录》而寻得，很早就读过此书"③。这一说法还可以从其弟子神田喜一郎的回忆中得到证实。内藤湖南曾直接对神田喜一郎说："早在幕府（指的是德川幕府——引者注）末期伊势的藤堂藩文库中就已收藏了《考信录》的刊本，

_____

①　参见贺昌群：《日本学术界之"支那学"研究》，《大公报·图书副刊》1933年第3期。

②　容媛：《国内学术界消息·崔东壁遗书引得》，《燕京学报》1936年第20期。

③　[日]内藤湖南：《中国史学史》，马彪译，上海古籍出版社2008年版，第308页；日文见内藤湖南：《支那史学史》，《内藤湖南全集》第11卷，筑摩书房1970年版，第393—394页。

这在部分学者中间似乎已经不是新闻。"①由此可知，最迟至德川时代，部分日人就注意到了崔述的《考信录》，但影响并不大。

直到 20 世纪初，日本汉学家重新"发现"了崔述，才改变了这一情况。这主要归功于三位汉学家。第一位是狩野直喜，日本"京都学派"的开创者，曾两度留学中国，"目睹了清朝灭亡期的实态"。第一次是在 1900 年 4 月，但由于此年 6 月就爆发了义和团运动，故其于 8 月八国联军攻入北京后便返回日本。不过，就是在这次短暂的留学里，狩野从中国带回了遗经楼所刊的《崔东壁遗书·考信录》25 卷。第二位是那珂通世，东洋史学的创立者。狩野将《考信录》带回日本之后，即将该书转赠给了那珂通世。"那珂氏读之，极佩其议论考证之卓越，拟为翻印，其消息露布于《史学杂志》。"这里就得提到第三位汉学家，此即与狩野直喜共同开创"京都学派"的内藤湖南。内藤此时尚在《朝日新闻》工作，见《史学杂志》所载《崔东壁遗书》目录与自己所藏颇有异同，"知狩野所得之书必有残缺"，于是撰文加以指摘。那珂通世在得知这一情况后，决定就内藤所藏，改《考信录》为 36 卷，合《考信翼录》10 卷，其他 9 卷，为 55 卷，提交日本史学会印行，为《史学会从书》之一。②1903 年出版第一至三册，翌年出版第四册，那珂又作《重刊崔东壁先生遗书目录》，加于第一册之卷首。

那珂通世《崔东壁遗书》新校印本的出版，在近代日本史学史上是一件大事。该书出版后，日本学界的"学风为之丕变"，研究目光从此不再囿于传统的学说，"疑古"思潮遂席卷而来。要而言之，无论是白鸟库吉的"尧舜禹抹杀论"、新城新藏与饭岛忠夫的先秦天文历法论战，还是内藤湖南的"加上原则"，都可以追溯到《崔东壁遗书》新校印本的出版。③

那珂通世《崔东壁遗书》新校印本的出版，在东亚学界引起了连锁反应。更准确地说，该书被日本学界重新"发现"不久，即引起了中国学者的注意。"霾照"、刘师培分别在《东方杂志》和《国粹学报》上撰文加以

---

① ［日］神田喜一郎：《敦煌学五十年》，高野雪等译，北京大学出版社 2004 年版，第 55 页。

② 贺昌群：《日本学术界之"支那学"研究》，《大公报·图书副刊》1933 年第 3 期。

③ 贺昌群：《日本学术界之"支那学"研究》，《大公报·图书副刊》1933 年第 3 期。

介绍。此外，《国粹学报》第 7 卷第 8—13 期还刊载了《戚鹤泉复崔东壁书》和《戚鹤泉再与崔东壁书》。不过，由于《崔东壁遗书》并不十分契合当时的国内思潮，故该书一时间并没有引发出类似于日本当时的“疑古”思潮。

　　直到新文化运动之后的 1920 年，《崔东壁遗书》才正式登上中国学术的舞台，点燃了现代中国的“疑古”思潮——“古史辨运动”①。1920 年11 月，胡适致函顾颉刚，向其询问姚际恒的著述情况。②此后，顾颉刚先是以其“不苟且”的治学态度，由姚际恒的《古今伪书考》又牵引出宋濂的《诸子辨》、胡应麟的《四部正讹》等“辨伪书”的著作，此后又牵引出了“辨伪史”的《崔东壁遗书》。12 月 15 日，顾颉刚在写给胡适的信中即表示，自己有两种“清代人辨证古史真伪的”书没有看过，其一便是崔述的《东壁遗书》。③胡适回信说，《崔东壁遗书》有那珂通世的新校印本，自己已托人去寻。④此后，二人开始寻找《崔东壁遗书》。此书遂由此成为“古史辨运动”的源头之一。

　　根据上述材料，李庆认为，顾颉刚在写这封信之前并没有读过《崔东壁遗书》，其是在考虑对“伪书”考订的过程中才开始关心此书。较之顾颉刚，胡适则已知此书有日本刻本，并“推测”了他何以得知这一情况的“可能性”。第一，胡适可能读过前述《东方杂志》《国粹学报》上的文章。而刘师培之所以要在《东方杂志》发表《崔述传》，“或是受到日本出版《东壁遗书》的刺激”；第二，胡适可能通过青木正儿等“从日本来中国留学

----

　　① 其实，早在“古史辨运动”之前，崔述的《考信录》就已经在一定程度上参与了近代“疑古”思潮。具体而言，康有为在《孔子改制考》中两次提及崔述的《考信录》。康有为：《孔子改制考》，《康有为全集》第 3 集，中国人民大学出版社 2007 年版，第 4—5 页。由此而言，康有为比较熟悉崔述《考信录》的观点——“考信于六艺”，并由于对其“考信于六艺”的不满，才在《考信录》的基础上进一步加工，提出了“上古茫昧无稽”这一“非常异义可怪之论”。而胡适、顾颉刚则进一步提出了“东周以前存疑论”，进而引发了“古史辨运动”。

　　② 胡适：《询姚际恒著述书》，《古史辨》第 1 册，第 1 页。

　　③ 顾颉刚：《告拟作〈伪书考〉跋文书》，《古史辨》第 1 册，第 12 页。

　　④ 胡适：《告拟作〈伪书考〉长序书》，《古史辨》第 1 册，第 13 页。

访问的学者"得知了这一情况。① 比如，1921 年 2 月 4 日，胡适曾致函青木正儿："听说日本文学会曾出了一部《东壁遗书》的'点读加引号'的本子，校刻的很好。"② 此后，李孝迁认为，胡适、顾颉刚等积极整理《崔东壁遗书》，"正是受到了日本学界的影响"③。

上述观点均不能完全成立，甚至存在可商榷之处。第一，根据现有资料，胡适并没有看过《东方杂志》《国粹学报》上的文章。第二，青木正儿此时尚未到过中国，而且从二人通信来看，胡适是对青木正儿说自己"听说"，而非青木正儿对其说。那么，胡适是从何处得知《东壁遗书》有日本新校印本的呢？ 1920 年 1 月末，钱玄同曾致函胡适，问其是否买了一部《东壁遗书》，并介绍了此书的三种本子，一种是不完全的《畿辅丛书》本，一种是道光二年（1822）陈履和的刻本，一种是"翻陈本"的"日本史学会铅印本"，共计四巨册，不仅"加上句读和引号"，还"做上索引"④。此信虽然写于 1920 年 1 月末，但胡适当在此前询问过钱玄同。由此而言，胡适最有可能是通过钱玄同获知了《东壁遗书》的日本新校印本。

此外，诚如李庆指出的，顾颉刚在写信之前并没有读过《崔东壁遗书》，但其并非是在考虑对"伪书"考订的过程中才开始关心此书。1926 年，顾颉刚在《古史辨》第一册《自序》中表示，自己以前读《国朝先正事略》，即知道"崔述的《东壁遗书》整理古代史实，刊落百家谬妄"，但并没有见过这部书。⑤1980 年，顾颉刚在《我是怎样编写〈古史辨〉的？》中则进一步补充说，自己在十二三岁时曾找出了一部残缺的《国朝先正事略》，其中有《崔东壁先生事略》一篇，说他著有《补上古考信录》等，对"西周以前的历史和孔子个人的历史"进行了"细密的考辨"⑥。由此而言，顾颉刚早在十二三岁时便注意到了这部"考辨"的《崔东壁遗书》，然后在

---

① 李庆：《〈崔东壁遗书〉和二十世纪初中日两国的"疑古"思潮》，《学术集林》第 10 卷，上海远东出版社 1997 年版，第 317 页。

② 胡适：《致青木正儿》，《胡适全集》第 23 卷，第 301 页。

③ 李孝迁：《域外汉学与中国现代史学》，第 77 页。

④ 秦素银：《钱玄同致胡适信、片四十七通》，《鲁迅研究月刊》2016 年第 12 期。

⑤ 顾颉刚：《自序》，《古史辨》第 1 册，第 25 页。

⑥ 顾颉刚：《我是怎样编写〈古史辨〉的？》，《顾颉刚古史论文集》第 1 卷，第 154 页。

走上"疑古"与"辨伪"之路后,便想到了这部此前"知道"但又没有看过的书。

问题尚不止如此。胡适、顾颉刚等最早找到的《崔东壁遗书》并非是那珂通世的新校印本,而是《畿辅丛书》的不完全本。最先找到此书的是钱玄同。1921 年 1 月 11 日,钱玄同"购得《崔东壁遗书》",认为"其辨斥传记传说之不足信,精当处极多,其辟妖异尤具只眼"。但是,"彼对于经,信为确实事实,且动辄用主观的尊圣之见评判",然两千年来之学者皆有"此等毛病"。总之,"此书实与《新学伪经考》同有摧陷廓清之功,而亦同有学圣之病"①。然后,或在钱玄同的引导下,胡适才购得了此本。胡适读完之后,数次致信顾颉刚,认为崔述的"《考信录》有全部翻刻的价值",其书虽"太信经",但"伪史考"正可继之而起,并陆续将《考信录》寄给顾颉刚。②顾颉刚则表示,自己可以担任此书的标点工作③,而此书"虽但疑史传而信经",但经少、史传杂说很多,我们"知道各种传说的所由始"之后,正可"由此加功"④。由此来讲,胡适、顾颉刚之所以认可《崔东壁遗书》,并表示继之而起,与《崔东壁遗书》的日本校印本并没有关系。

如上所述,进入 20 世纪之后,日本汉学家公开"发现"崔述并整理《崔东壁遗书》的时间确实要早于胡适、顾颉刚等。不过,早在 1904 年或 1905 年,顾颉刚即通过李元度的《国朝先正事略》间接了解到"考辨"的《崔东壁遗书》。胡适虽然知晓一些《崔东壁遗书》的日本刻本,但最先购到的是《畿辅丛书》本。胡适、顾颉刚师徒则正是阅读此本后,决定"由此加功",进而推动了"古史辨运动"的兴起进程。要而言之,胡适、顾颉刚等人之所以能够发现"崔述",与《崔东壁遗书》的日本新校印本并没有实质性的关联。即便退一步讲,胡适、顾颉刚等人受到的仅仅是间接影响,可谓微乎其微。

---

① 杨天石主编:《钱玄同日记(整理本)》上册,北京大学出版社 2014 年版,第 370 页。

② 胡适:《告得〈东壁遗书〉书》,《古史辨》第 1 册,第 25 页;胡适:《自述古史观书》,《古史辨》第 1 册,第 29 页。

③ 顾颉刚:《论伪史及〈辨伪丛刊〉书》,《古史辨》第 1 册,第 27 页。

④ 顾颉刚:《论伪史例书》,《古史辨》第 1 册,第 39 页。

第二节 白鸟库吉的"尧舜禹抹杀论"与
钱、顾的"疑古"思想

1909 年，白鸟库吉在《东洋时报》第 131 号上发表《支那古传说之研究》，提出了著名的"尧舜禹抹杀论"，直接引发了日本"疑古"思潮。此说的要点在于，认为尧、舜、禹并非是"历史存在"，其传说是儒家根据天地人三才说"构成"的。① 日本学者青木富太郎认为，自从白鸟库吉发表这个"新学说"之后，使得日本古代史研究界"一脱向来以儒学者的见地研究古代史的错误，成为完全科学的研究"②。

较之日本学界的这篇"疑古"名文，顾颉刚的《与钱玄同先生论古史书》与钱玄同的《答顾颉刚书》着实晚了"一旬"，故曾留学日本的胡秋原早在1973 年即推论，白鸟库吉的"尧舜禹抹杀论"是促成"古史辨运动"兴起的主要力量。③ 由于论证不充分，胡秋原的这一看法并未得到主流学界认可。④ 然而，至"走出疑古"已成为一股强劲思潮的1998 年，廖名春"旧事重提"，在转引胡秋原的看法后进一步论证指出，"古史辨运动"的兴起确实源于"尧舜禹抹杀论"。⑤ 此文一出，立即遭到了一些主流学者的批驳。⑥

---

① ［日］白鸟库吉:《中国古传说之研究》，刘俊文主编:《日本学者研究中国史论著选译》第 1 卷，黄约瑟译，中华书局 1992 年版，第 1—8 页。日文见白鸟库吉:《支那古傳說の研究》，《白鸟库吉全集》第 8 卷，岩波书店 1970 年版，第 381—391 页。

② ［日］青木富太郎:《近五十年来日本人对于中国历史之研究》，毕殿元译，《北华月刊》1941 年第 1 卷第 4 号。

③ 胡秋原:《一百三十年来中国思想史纲》，学术出版社 1973 年版，第 83—84 页。

④ 台湾学者王汎森即认为，这种说法"是深深令人怀疑的"。一方面，"顾氏本人并不懂日文，而且也没有任何的资料显示他曾接触过白鸟氏的作品"；另一方面，"白鸟的说法在当时的中国并没有引起过热烈的讨论"。王汎森:《古史辨运动的兴起》，第 53 页注五十六。

⑤ 廖名春:《试论古史辨运动兴起的思想来源》，《原道——文化建设论集》第 4 辑，学林出版社 1998 年版，第 113—126 页。

⑥ 在北京举办的"20 世纪疑古思潮回顾"学术研讨会上，不仅郭齐家、彭林等人对此持否定意见，就连"走出疑古"的倡导者李学勤也不同意这一看法。参见洛阳大学东方

此后,这一论争遂成为学术界的一个共同话题,时至当下尚未盖棺论定。

据较新的研究成果表明,"古史辨运动"的发起者顾颉刚确实对白鸟库吉有所了解,并接触过其论著,但这并不能证明顾的"疑古"思想是"抄袭"了白鸟库吉的"尧舜禹抹杀论"①。但问题在于:其一,在顾颉刚是否受到白鸟库吉的直接影响这一关键问题上,仅仅是证明了"古史辨运动"兴起之后的顾颉刚对白鸟库吉的论著有所了解,至于之前的情况,则采取了"极有可能"这样一种模糊的说辞。其二,在另一个关键问题——钱玄同是否受白鸟库吉的直接影响上,也未能予以充分的考察,而留下了"尚待证明"的遗憾。

因此,若想有效地解决这一历史公案,有必要直接回答以下两个问题:第一,钱玄同当时究竟有没有接触过白鸟库吉的"尧舜禹抹杀论"?如果接触过,他的"疑古"思想是否由"学舌""尧舜禹抹杀论"而来?第二,顾颉刚当时究竟有没有接触过白鸟库吉的"尧舜禹抹杀论"?如果接触过,他的"疑古"思想是否受到了"尧舜禹抹杀论"的直接影响?

从现有资料来看,钱玄同确实没有直接阅读过白鸟库吉的《支那古传说之研究》一文,但这并不代表白鸟的观点不为其所知。有论者指出:"中文世界虽有许多或详或略介绍'抹杀论'论战经过的文字",但仅有王桐龄在《中国史》中"全面引述白鸟有关中国古史方面的学术观点"②。如其所见,王桐龄在该书写到"三皇五帝"时说:"据白鸟库吉先生所研究,三皇五帝者,未必实有其人,不过汉民族国民思想之反映,臆造之架空的理想人物而已。"具体来说,"三皇者,三才思想之反映";而"所谓五帝者,系阴阳五行家学说之反映"。除此之外,关于三皇五帝之解释,还有"中

文化研究室主编:《疑古思潮回顾与前瞻》,京华出版社2003年版,第1—2、10、167—220、332页。

① 李孝迁:《日本"尧舜禹抹杀论"之争议对民国古史学界的影响》,《史学史研究》2010年第4期;李孝迁:《域外汉学与古史辨运动——兼与陈学然先生商榷》,《中华文史论丛》2013年第3期。

② 李孝迁:《域外汉学与古史辨运动——兼与陈学然先生商榷》,《中华文史论丛》2013年第3期。

国文化本源之解释"说。① 根据该书此章的参考书，这段文字主要参照了白鸟库吉的《东洋史概要》。从文中的论述来看，该书应该是白鸟库吉将"尧舜禹抹杀论"进一步系统化后的作品。要而言之，白鸟库吉提供了"三才五行说"和"追本溯源说"两种关于"三皇五帝"的解释，前者是其"创见"，后者则是沿袭西人的一般讲法。

这里需要指出的是，王桐龄《中国史》虽然晚至1926年方才正式出版，但钱玄同最迟在1914年9月15日便对王桐龄"贩卖"的上述观点有所了解。《钱玄同日记》是日载："王桐龄……真是死做奴隶者，何怪其谓三皇五帝皆无其人。盖不取消自己祖宗，恐为〈谓〉他人父而人不要也。"② 从这段日记来看，钱玄同对王桐龄在北京高等师范学校讲授"三皇五帝皆无其人"的看法有所耳闻，而王桐龄的看法主要源于白鸟库吉的研究成果。③

不过，惟不能因此推论钱玄同即受到了白鸟库吉的直接影响。首先，此时的钱玄同并不赞成王桐龄"贩卖"来的"尧舜禹抹杀论"，而且不认为白鸟氏的看法是什么"非常异义可怪之论"。最迟在1910年1月8日，钱玄同即已知道康有为在《孔子改制考》一书中提出了"尧舜禹汤皆无其人"说。④ 而白鸟库吉的"尧舜禹抹杀论"的"疑古"程度无疑远不及康氏的说法。其次，钱玄同以《说文》解释尧、舜的做法显然是循着顾颉刚的思路而来。顾颉刚在《与钱玄同先生论古史书》中提出，根据《说文》，"以虫而有足粪地，大约是蜥蜴一类"，"禹或是九鼎上铸的一种动物"⑤。溯本追源，二人均是受到了崔适"禹之本义为虫名"之说的启发。⑥ 准此而言，钱玄同虽然通过间接方式接触到了白鸟库吉的"尧舜禹抹杀论"，但受其直接影响之说，难免失之武断。

至于钱玄同是否将间接接触到的"尧舜禹抹杀论"告知顾颉刚，尚

---

① 王桐龄：《中国史》，文化学社1927年再版，第189—196页。

② 杨天石主编：《钱玄同日记（整理本）》上册，第273—274页。

③ 在王桐龄《中国史》正式出版之前的1923年8月24日，钱玄同还为该书题了于右任《读史》的诗。

④ 杨天石主编：《钱玄同日记（整理本）》上册，第204、208页。

⑤ 顾颉刚：《与钱玄同先生论古史书》，《古史辨》第1册，第78页。

⑥ 崔适：《史记探源》，中华书局1986年版，第32页。详参本书第五章第二节。

不可考，但可以肯定的是，顾颉刚当时也通过间接文本接触到了白鸟库吉的“尧舜禹抹杀论”。如所周知，顾颉刚是在编纂《现代初中教科书本国史》的过程中发现了“古史是层累地造成的”这一规律。根据相关资料，顾颉刚在编纂的过程中至少参考了梁启超的《五千年史势鸟瞰》和李泰棻的《中国史纲》。而这些都是顾颉刚由以接触到白鸟库吉“尧舜禹抹杀论”的重要文本。

这两部文本都是由胡适提供给顾颉刚的。1923 年 3 月 23 日，顾颉刚致函胡适，托其寻找梁启超的《五千年史势鸟瞰》。① 大约在 5 月 15 日，胡适将该文寄给了顾颉刚。② 值得关注的是，梁启超在此文中说：“有史以前，谓之神话时代，……神话时代状态之研究，其大部分当以让诸地质学家，非治史者所宜过问。史家有时或以神话为副料，不过藉以推见初民心理，或因其象征所表示而窥其生活之片影。例如盘古剖卵而生的神话，推想吾先民最古之宇宙观，因三皇五帝等神话，推想三才五行说之起原，因燧人神农等名称，推想火及耕稼之发明影响于当时人心者若何深切。神话之辅助历史，其程度上当至是而已。”③ 所谓“因三皇五帝等神话，推想三才五行说之起源”，应该指的是白鸟库吉的“三才五行说”，而“因燧人神农等名称，推想火及耕稼之发明影响于当时人心者何深切”则指的是西方的“追本溯源说”④。如此来看，顾颉刚在胡适的帮助下得到梁启超的《五千年史势鸟瞰》，并间接接触到了白鸟库吉的“三才五行说”。

胡适不仅为顾颉刚找到了梁启超《五千年史势鸟瞰》演讲稿，还给顾寄去了李泰棻的《中国史纲》。值得重视的是，李泰棻在该书中说，关于“三五之说”，有数种说法。其一，“以三才五行解说者”，具体来讲，“三皇者，三才思想之反映，所谓天神，地祇，人鬼者是也”。“而五帝者，亦未必实有其人，盖由五行联想而生。”其二，“以追溯本源解释者”⑤。今按

①　顾颉刚：《致胡适·五二》，《顾颉刚书信集》第 1 卷，第 381 页。

②　参见俞国林编：《顾颉刚旧藏签名本图录》，中华书局 2013 年版，第 374 页。

③　梁启超：《地理及年代》，《梁启超全集》第 6 册，北京出版社 1999 年版，第 3580 页。

④　前引王桐龄在《中国史》详尽介绍了白鸟库吉关于“三皇五帝”的解释，而梁启超曾为该书题了“成一家之言”，作为卷头语。

⑤　李泰棻：《中国史纲》第 1 卷，武学书馆 1924 年版，第 88—89 页。

李泰棻于 1917 年毕业于北京高等师范学校史地部，乃师正是我们前文提过的王桐龄。因此，李泰棻关于"三皇五帝"的解释应该是直接参照了王桐龄"贩卖"来的"三才五行说"与"追溯本源说"，没有提及白鸟库吉的名字大概是唯一的差别。① 根据《顾颉刚日记》，顾颉刚于 1922 年 5 月 19 日阅读了梁启超的《五千年史势鸟瞰》，次日又阅读了李泰棻的《中国史纲》。② 而二者在解释"三皇五帝"的说法上几乎如出一辙。是时，顾颉刚已走上"疑古"道路。因此，我们有理由认为，顾颉刚应该能够注意到梁、李二氏对于"三皇五帝"的解释。

然而，注意并不等于受其直接影响。首先，无论是梁启超还是李泰棻，都不认同白鸟库吉的"三才五行说"。梁启超在《五千年史势鸟瞰》中说："吾侪不敢谓黄帝、尧、舜绝无其人，但至多认为有史以前半开化部落之一酋长，其盛德大业，不过后人理想中之一幻影。古本《竹书纪年》，托始夏禹，当是史官旧文，吾辈遵之可以寡过也。"③ 李泰棻在《中国史纲》中则认为："三五之说，究何以起"，"三才五行说"和"追溯本源说""同属推测"之辞。④ 受二者的暗示，顾颉刚似乎仅接受了"追溯本源说"——这一西方的一般讲法⑤。其次，与钱玄同相类似，顾颉刚大约在 1915 年 3 月就从《不忍杂志》上读到了康有为的《孔子改制考》，对

---

① 细检李泰棻的撰述，早在 1920 年 5 月，李泰棻就在《史学研究法大纲》中就对"三皇五帝"的解释进行了上述绍介，两处文字完全一致。尤其值得注意的是，李泰棻在《大纲》中第一种说法的后面加了一个注释，即"日人白鸟博士之说"。李泰棻：《史学研究法大纲》，武学书馆 1921 年版，第 27—29 页。

② 顾颉刚：《顾颉刚日记》第 1 卷，第 235 页。

③ 梁启超：《地理及年代》，《梁启超全集》第 6 册，第 3580—3581 页。

④ 李泰棻：《中国史纲》第 1 卷，89 页。在《史学研究法大纲》中，李泰棻将这白鸟库吉的"三才五行说"和西方的"追溯本源说"视为"度理"之说，认为这两种方法"均非内外两证所能及"，故曰"度理"。所谓"度理"，就是"以臆造而近乎情理"。此外，李泰棻指出，早在白鸟库吉之前，《淮南子天文训》亦有"三才五行说"。李泰棻：《史学研究法大纲》，第 28—29 页。

⑤ 顾颉刚在《现代初中教科书本国史》中说："大概古代传说的帝王，都可说是文化史上几个重要变迁的象征。近人说，伏羲氏代表游牧时代，神农氏代表耕稼时代，黄帝代表政治组织的时代。""这种见解最为近理。"顾颉刚、王钟麒：《现代初中教科书本国史》，《顾颉刚古史论文集》第 12 卷，第 17 页。

于该书"第一篇论上古事茫昧无稽，说孔子时夏、殷的文献已苦于不足，何况三皇、五帝的史事"的说法"极惬心厌理"，从而萌生了推翻古史的动机。① 而前已指出，白鸟库吉"三才五行说"的"疑古"程度远不及康有为的"尧舜禹汤皆无其人"说。换言之，在顾颉刚看来，白鸟库吉的"尧舜禹抹杀论"并非什么"非常异义可怪之论"。

由上所述，在"古史辨运动"兴起之际，钱玄同、顾颉刚确实通过某种间接方式接触到了白鸟库吉的"尧舜禹抹杀论"，但决未受到该说的直接影响，"抄袭"之说更无从谈起！

第三节　日本先秦天文历法论战与中国古史大论战

其实，关于日本"疑古"思潮与"古史辨运动"的学术纠缠，并不限于此。1909 年，白鸟库吉在《东洋时报》上发表《支那古传说之研究》之后，立即遭到了传统汉学者的批评。尤以林泰辅"辩之最力"，先后于 1910 年至1912 年在《东洋哲学》《汉学》《东亚研究》等刊物上发表一系列文章，批驳白鸟氏的"尧舜禹抹杀论"。双方遂围绕"尧舜禹抹杀论"展开了学术论战。

其中，《尧典》"四中星"记事是双方论争的一个焦点。根据林氏的文章，其反驳白鸟氏最为有力的论据，"大致谓'《尧典》曰四中星'的记事，即系记录当时观察天文的情形，据此可以明了《尧典》所传，确系古代事实，而且西欧的东方学者，如《中国天体论》（*Uranographie Chinoise*）的著者许莱盖尔（Schlegel）等，信之者颇多，即日本那珂氏，主讲中国古代史时，亦未否定此项记事"。1912 年 2 月，白鸟氏的弟子桥本增吉在东洋史谈话会席上发表《虞书之研究》，"根据天文学上的事实，指出《尧典》四中星记事，完全后世伪作，以为其师声援"。同月，白鸟库吉在日本学会例会中，发表《儒学的源流》；在汉学研究会中，发表《尚书的高等批

---

① 顾颉刚：《自序》，《古史辨》第 1 册，第 15、24 页。

判》，驳复林氏。"据彼之说，四中星记事，无待天文学上的研究，已可明了其完全伪作，因其记事渊源于阴阳思想之故。"《尚书的高等批判》载《东亚研究》1912 年第 2 卷第 4 号，林氏又于《东亚研究》2 卷 9 号发表《再谈关于尧舜禹抹杀论》，加以反驳；《儒教之源流》在《东亚之光》1912 年第 7 卷第 9 号发表之后，林氏即在此志 8 卷 2 号刊布《读〈儒教之源流〉》，再加以痛击。①

这场论战又因"涉及《尧典》四中星记事"，其影响所及，遂引发东洋史学派与支那史学派的先秦天文历法论战。②1912 年，饭岛忠夫在《东洋学报》第 2 卷第 1、2 号发表《从汉代历法所见左传的伪作》，引申康有为所谓"刘歆伪作说"。1913 年，京都支那史学派新城新藏则在《艺文》第 4 卷第 5、6、7、9 号发表《支那上代之历法》，"就《尧典》四中星记事，夏小正，以及《礼记》月令记事，从天文学方面，加以研究，同时论及《诗经》《春秋》《左传》，似未能断为后世的伪作"。同年 11 月，桥本增吉又在《东洋学报》第 3 卷第 3 号以及第 4 卷第 1、3 号发表《书经的研究续篇》，反驳新城氏。③至 1918 年，"这场论战复重振旗鼓，新城之文，大多发表于《史林》《艺文》《支那学》《东洋学艺》杂志等，饭岛之文，大多发表于《东洋学报》，此亦可见二氏学风不同之一斑"。从论争的内容来看，"大抵二氏所讨论者，一为儒家经典之制作年代，以《左传》为中心，饭岛氏以《左传》为刘歆伪作，新城氏则左反之。二为新城氏以中国天文历

---

①　王古鲁编：《最近日人研究中国学术之一斑》附录《明治维新以来日人研究中国学术的趋势》，1936 年自刊本，第 218 页。关于这一论战的概况，还可参见［日］青木富太郎：《近五十年来日本人对于中国历史之研究》，毕殿元译，《北华月刊》1941 年第 1 卷第 5 号。

②　在近代日本汉学史上，有两支重要的学术力量，分别是东洋史学派和支那史学派。"东洋史学派以东京帝大教授白鸟库吉氏为中心，其研究态度，不甘为传统的学说束缚，对于中国文化，以精细的目光观察，自由批判解释。市村瓒次郎氏、林泰辅氏与此派虽似相近，但二人见解极为稳健，尚不能完全出于解放自由态度，故有时与白鸟库吉氏等主张不能一致；而支那史学派，则纯粹以京都帝大教授内藤虎次郎氏、狩野直喜等为中心，富于清朝考证学派的色彩。"由于"此二派立场不同，故见解时有相异"。王古鲁编：《最近日人研究中国学术之一斑》附录《明治维新以来日人研究中国学术的趋势》，第 218 页。

③　王古鲁编：《最近日人研究中国学术之一斑》附录《明治维新以来日人研究中国学术的趋势》，第 218—219 页。

法为中国人所自创，又以二十八宿之定先于印度天方，以绌泰西古历东渐之说。饭岛氏则以此学传自西方"。由此而言，"二氏之学风俨然代表日本东西两帝大对于'支那学'研究之态度，即前所谓东洋史学派与支那史学派之对峙也"①。

这场关于先秦天文历法论战，虽然没有得出十分明确的结论，但用顾颉刚的话说，"不仅是争辨着历法之本身，而且牵涉到整个的中国古代文化史"②。因此，在相当长的时期内，这场论战"犹然遗留在一般学子的脑中"，对国内外研究者影响甚大。③ 刘朝阳认为："新城与饭岛之辩驳，与吾国前此由顾颉刚发动之古史论战，堪称无独有偶，且就其问题之性质而言，彼此亦有极密切之关系。"④

其中，中国古史大论战中关于《尧典》的讨论即是一个重要证据。有论者进行了如下考证，梁启超曾在《中国历史研究法》中转引日本天文学者关于《尧典》"四中星"记事的看法，即"《尚书·尧典》所记中星，'仲春日中星昂，仲夏日中星火'等，据日本天文学者所研究，西纪前二千四五百年时确是如此"。因此，"《尧典》最少应有一部分为尧、舜时代之真书"⑤。这正是上述林泰辅、新城新藏的观点。而"梁氏在学界乃执牛耳者，其议论往往被人引为经典"。比如，"顾颉刚与钱玄同讨论中国古史，谓《尧典》之出世应在《论语》之后，刘掞藜非难其说，即引用此段文字"；又如，"胡堇人亦认《尧典》为非春秋以后伪作，其理由之一，为《尧典》所述天象与春秋时代不同而暗合岁差之原理"⑥。因此，中国古史大论战在一定程度上导源于日本学界的先秦天文历法论战。

---

① 贺昌群：《日本学术界之"支那学"研究》，《大公报·图书副刊》1933年第3期。

② 顾颉刚：《新城新藏与饭岛忠夫论中国古代历法》，《顾颉刚读书笔记》第4卷，第249页。

③ [日]长濑诚：《日本之现代中国学界展望》，《华文大阪每日》1939年第2卷第7期。

④ 刘朝阳：《饭岛忠夫〈支那古代史论〉述评》，《国立中山大学语言历史学研究所周刊》1929年第94、95、96期合刊。

⑤ 梁启超：《中国历史研究法》，《梁启超全集》第7册，第4133页。

⑥ 李孝迁：《日本"尧舜禹抹杀论"之争议对民国古史学界的影响》，《史学史研究》2010年第4期。

事实上，梁启超确实与"古史辨运动"有着极为密切的学缘关系，其在《中国历史研究法》中关于《尧典》的论述则是例证之一。①但问题在于，这场运动的发起者顾颉刚在《与钱玄同先生论古史书》中谓《尧典》为晚出之伪作，并未引用梁氏这段话。其实，除前引外，梁启超在《中国历史研究法》中论"辨证伪事之态度"，还有关于《尧典》的两条言说。第一条：《尚书·尧典》"帝曰：'皋陶，蛮夷猾夏'。"此语盖甚可诧。"夏为大禹有天下之号，因禹威德之盛而中国民族始得'诸夏'之名"，帝舜时不当有此语。"此虽出圣人手定之经，吾侪终不能不致疑也"。第二条：《尧典》有"金作赎刑"一语，"吾侪以为三代以前未有金属货币，此语恐出春秋以后人手笔"。要而言之，"时代错连则事必伪，此反证之最有力者也"②。

溯本追源，梁启超的上述观点源自乃师康有为的《孔子改制考》。康有为在该书第十二卷《孔子改制法尧舜文王考》中说："《皋陶》有'蛮夷猾夏'之辞，尧、舜时安得有夏？其为孔子所作至明矣。"③不过，梁启超虽然继承了乃师的具体观点，但却摒弃了《尧典》为孔子所作的这一看法，代之以此为"圣人手定之经"。顾颉刚在《与钱玄同先生论古史书》中引用的即是这一经梁启超改造后的观点。文章指出，根据《诗经》，可以推知"东周的初年只有禹"；而根据《论语》，"东周的末年更有尧舜"。在《论语》之后，尧舜的事迹编造得完备了，于是出现了《尧典》《皋陶谟》《禹贡》等。而"《尧典》的靠不住，如梁任公先生所举的'蛮夷猾夏'，'金作赎刑'都是"④。由此看来，《尧典》被预设为晚出之伪作是"层累说"得以成立的一个关键要素，而这一要素源自梁启超的具体看法。此外，顾颉刚又据《诗经》《论语》举出数项事例，证明《尧典》出于《论语》之后。由此而言，古史大论战的发生可以说与日本学界的先秦天文历法论战没有任何实质性的关联。

①　李长银：《导夫先路：梁启超与"古史辨运动"》，《北京社会科学》2014 年第 12 期。

②　梁启超：《中国历史研究法》，《梁启超全集》第 7 册，第 4137 页。

③　康有为：《孔子改制考》，《康有为全集》第 3 集，第 149 页。

④　顾颉刚：《与钱玄同先生论古史书》，《古史辨》第 1 册，第 78—79 页。

　　不过,在古史大论战中,论争的双方确实就《尚书·尧典》四中星记事的问题展开了讨论。与白鸟库吉的《支那古传说之研究》相类似,顾颉刚的《与钱玄同先生论古史书》一经刊发,立即"成了轰炸中国古史的一个原子弹"①,一些传统学人相继撰文批驳。1923年7月1日,南高史地学派的刘掞藜在《读书杂志》第10期发表《读顾颉刚君〈与钱玄同先生论古史书〉的疑问》,指出梁启超在《中国历史研究法》对于"金作赎刑"尚不敢下否认,"就是我们也没有确实证据证明三代以前无金属货币",只有"蛮夷猾夏"一个证据较为稳妥。但是,不能以这一个证据遂说《尧典》靠不住。比如,梁启超在同一本书中还据日本天文学者对《尧典》四中星的研究,而认定《尧典》最少应有一部分为尧舜时代之真书。之后,刘氏又对顾颉刚的其他证据进行了批驳。简而言之,刘掞藜认为,顾颉刚关于《尧典》出于《论语》之后的看法,"没有个使人满意的证据"。②

　　但是,顾颉刚并不赞成刘掞藜的看法。从现有资料来看,刘掞藜《读顾颉刚君〈与钱玄同先生论古史书〉的疑问》写毕于1923年5月13日,而顾颉刚最迟于22日便读到了此文,③"觉其证据甚薄弱,不难摧陷",④而且认为刘掞藜所引《尧典》四中星的看法,"话说得太简单,不能确断为纪元前二千四百年时确是如此"⑤。不过,由于这一问题有关天文学,顾颉刚又谨慎地表示:"只能提出解决的预望,请求天文学者解答。"⑥因此,顾颉刚在当时并没有公开就《尧典》"四中星"记事发表意见。

　　但刘文发表后,引起了钱玄同的不满。1923年8月,钱玄同发表《研究国学应该首先知道的事》,声援顾颉刚。文章指出,刘掞藜论《尧典》的话全本于梁启超的《中国历史研究法》,其中"蛮夷猾夏"确可认为是《尧典》为伪书的证据,但中星的问题却还不能认为是真书的证据。因为,"比

----

①　顾颉刚:《我是怎样编写〈古史辨〉的?》,《顾颉刚古史论文集》第1卷,第164页。
②　刘掞藜:《读顾颉刚君〈与钱玄同先生论古史书〉的疑问》,《古史辨》第1册,第95—96页。
③　顾颉刚:《顾颉刚日记》,第361页。
④　顾颉刚:《致胡适·五九》,《顾颉刚书信集》第1卷,第392页。
⑤　顾颉刚:《论〈今文尚书〉著作时代书》,《古史辨》第1册,第173页。
⑥　顾颉刚:《致胡适·六二》,《顾颉刚书信集》第1卷,第400页。

较可信的旧史只有《史记》,《史记》的纪年始于周召共和元年,即公历纪元前八百四十一年,这以前的年代便绝无可考。尧舜的时代既无从知道,那就不能因《尧典》所记中星合于公历纪元前二千四五百年时的情形而认他是尧舜时代的真书"①。此文发表后,论争双方没有就这一问题展开进一步的讨论。

由上所述,古史大论战的双方确实就《尧典》"四中星"记事进行过你来我往的讨论。其中,顾颉刚、钱玄同等"古史辨"派学人并不同意日本天文学者新城新藏关于《尧典》"四中星"的观点,在反驳时也未见引用饭岛忠夫的看法。刘掞藜等"信古"派也仅仅是略有提及,而主要对顾颉刚所举的证据予以批驳。要而言之,《尧典》"四中星"记事并非古史大论战的论争焦点,故古史大论战与日本学界的先秦天文历法论战存在"极密切之关系"的说法,难免有些牵强。

第四节 内藤湖南的"加上原则"与顾颉刚的"层累说"

继先秦天文历法论战之后,内藤湖南的系列研究成果进一步推动了日本"疑古"思潮。前已指出,《崔东壁遗书》新校印本就是以内藤湖南所藏日本写本为底本的,故崔述在日本的"被发现",其作用功不可没。但在之后相当长的时期里,内藤湖南并没有真正参与到由《崔东壁遗书》而引发的"疑古"思潮中来。直到 20 世纪 20 年代,内藤湖南相继发表《尚书稽疑》《尔雅的研究》《易疑》《禹贡制作的年代》等一系列文章,从而将"疑古"思潮推向了一个新的高度。

有论者已指出,这些文章或许并非针对"尧舜禹抹杀论"的论争而作。② 这一判断大体正确,但未能给出进一步解释。从目前资料来看,这

---

① 钱玄同:《研究国学应该首先知道的事》,《古史辨》第 1 册,第 107—108 页。

② 参见钱婉约:《"层累地造成说"与"加上原则"——中日近代史学上之古史辨伪理论》,载《人文论丛》(1999 年卷),第 438 页。

些文章之作，与敦煌古书的出土有着直接的关系。内藤的弟子、日本著名汉学家神田喜一郎即表示，京都学派的形成源于敦煌古书的出土，而内藤本人的"中国古典研究最初是以研究敦煌出土的《尚书》隶古定本为出发点的"①。不过，仔细研读这些文章，这位支那史学派核心人物的结论在客观上确实进一步论证了东洋史学派白鸟库吉的观点，而其建立的"加上原则"尤具有方法论意义。

"加上原则"源出于日本江户时代中期哲学家富永仲基的《出定后语》。该书出版后，立即引起了当时日本儒佛两界的强烈反响。②内藤湖南早年热心于日本佛教人物和典籍的研究，因《出定后语》而十分佩服富永仲基的学说，于是"逐渐看了很多人所写的相关书籍，查阅了各种资料"，并开始运用富永仲基的学说来研究中国古史和古书。

《尚书编次考》（后更名为《尚书稽疑》）即是一个显著的例证。在此文中，内藤湖南指出："最初，孔子及其门下以周的全盛为理想，由此产生以继承周统的鲁为王的思想；其次，因为尊孔子为素王，而产生尊殷的思想，但是，另一方面，像墨家，尽管其学派起于殷的末孙宋国，但因为他们把禹推崇为理想人物，所以，尧舜的传说虽不是在孔子之前毫无存在，但祖述尧舜的思想，应该是为了与墨家竞争而产生的。其后，六国时更有祖述黄帝、神农的学派产生，这在《甫刑》中已值得怀疑，还包含了更可疑的尧舜之前的颛顼、黄帝等。'六艺'中比较晚起《易》之'系辞传'，甚至上溯到伏羲。由此来看，《尚书》中周书以前关于殷的诸篇，离孔子及其门下的时代已甚远，而关于尧舜禹的记载不得不认为更是其后附加上去的。"③客观来讲，这一运用"加上原则"考察《尚书》的结论，不仅进一步论证了白鸟库吉的"尧舜禹抹杀论"，而且"已依稀勾勒出学派

---

① ［日］神田喜一郎：《敦煌学五十年》，高野雪等译，第52、142页。

② 参见王孝廉：《中原民族的神话与信仰》，时报文化出版企业有限公司1992年版，第368—373页。

③ 转引自钱婉约：《"层累地造成说"与"加上原则"——中日近代史学上之古史辨伪理论》，载《人文论丛》（1999年卷），第438页。此文中译本，参见江侠庵编译：《先秦经籍考》上册，商务印书馆1931年版，第79—96页。日文见内藤湖南：《尚书稽疑》，《内藤湖南全集》第7卷，第20页。

越晚起，其假托的传说人物就越早的上古史传说体系"①。继此之后，内藤湖南又先后发表《尔雅的研究》《易疑》《禹贡制作的年代》等一系列考证类论文。"其中征引中国历代学者的论述固然不少，却随处可见其运用仲基手法的痕迹"②。所谓富永仲基的"手法"，即是"加上原则"。在内藤湖南的提倡与示范下，"加上原则"遂成为当时日本学者考察中国上古史与古书的一个基本学说。

　　较之内藤湖南的"加上原则"，顾颉刚提出"层累说"的时间要略晚一些。1922 年，顾颉刚在编撰《本国史》的过程中初步建立了"古史是层累地造成的，发生的次序和排列的系统恰是一个反背"的假设。直到1923 年 5 月 6 日，顾颉刚在《努力周报》所附月刊《读书杂志》第 9 期发表《与钱玄同先生论古史书》，并在该文"按语"部分提出了著名的"层累说"。这一学说主要有三层意思：第一，"时代愈后，传说的古史期愈长"；第二，"时代愈后，传说中的中心人物愈放愈大"；第三，在勘探古史时，即使"不能知道某一件事的真确的状况，但可以知道某一件事在传说中的最早的状况"③。一场以"层累说"为中心理论的"古史辨运动"就此正式登上现代中国的学术舞台。

　　由于"层累说"提出在后，并且与"加上原则"存在几分相似之处，故有学者认为，顾颉刚之所以能够提出"层累说"，是受了内藤湖南"加上原则"的直接影响。1965 年，宫崎市定在《内藤湖南与支那学》中说："无独有偶，在中国，顾颉刚等学者也提出了与'加上'学说完全相同的理论并风行于世。然而，此学说果真由顾颉刚创造，还是受到了湖南的影响，对此我依然深怀疑虑。"④1967 年，宫崎市定在《独创的支那学者内藤湖南博士》中再次陈说："作为中国古代史研究家富于盛名的顾颉刚，在其名

①　钱婉约：《"层累地造成说"与"加上原则"——中日近代史学上之古史辨伪理论》，载《人文论丛》（1999 年卷），第 439 页。

②　陶德民：《日本汉学思想史论考》，关西大学出版会 1999 年版，第 137 页。

③　顾颉刚：《与钱玄同先生论古史书》，《古史辨》第 1 册，第 75—76 页。

④　[日] 宫崎市定：《内藤湖南与支那学》，《宫崎市定全集》第 24 卷，岩波书店 1994 年版，第 244 页。

著《古史辨》（1926 年）的自序中，叙述了与'加上'原则完全相同的自我见解。这是否受到了内藤博士的影响尚不清楚，但可能性是存在的。"①所谓与"加上原则""完全相同的理论""自我见解"，指的是顾颉刚提出的"层累说"。简而言之，在宫崎市定看来，顾颉刚之所以能够提出"层累说"，在很大程度上是受到了内藤湖南"加上原则"的影响。而宫崎市定在东洋史学界有着较高的学术地位，再加之此两文皆相继在不同的地方发表，故这一看法在东洋史学界几乎成为一种共识。②

不过，在 30 多年后的 1999 年，中国学者钱婉约发表《"层累地造成说"与"加上原则"》一文③，对宫崎市定的说法提出了质疑，认为"这实际上是一种误导"。简要言之，钱婉约的立论有二：从内证上来看，内藤湖南的"加上原则"侧重于学派继起的线索，而顾颉刚的"层累说"则侧重于传说产生的先后；从外证上来看，内藤湖南在 1925 年之前从未谈及过"加上原则"，故形成于 1922 年、发表于 1923 年的"层累说"不可能受到 1925 年才在日本中国上古史研究领域正式出台的"加上原则"的影响。

于今来看，上述判断是可以成立的，但其立论却颇有不妥之处。从内证上来看，富永仲基的"加上原则"确实是一种宗教史研究中的理论学说，但最初则是"针对中国史研究原生的"。大概在 1730 年前后，富永仲基撰写了一部《说蔽》。此书现已不传，但尚可通过其之后撰写的《翁之文》一书得知该书的主旨，即指出儒道的发展变迁之迹全在"加上"二字。而《翁之文》一书与《说蔽》一样，也是"谈中国的研究学问的原则"。此二

---

① ［日］宫崎市定：《独创的支那学者内藤湖南博士》，《宫崎市定全集》第 24 卷，第 268 页。不过，钱婉约在考察这一问题时，误将此文定为 1965 年。钱婉约：《层累地造成说》与"加上原则"——中日近代史学上之古史辨伪理论，载《人文论丛》（1999 年卷），第 436 页。

② 其实，早在 20 世纪 50 年代，神田喜一郎即在论述"内藤湖南与支那古代史"时特意强调，内藤湖南的"加上说"与"中国古代史学的疑古派顾颉刚的见解一脉相承，但是内藤先生的研究比顾氏的要早数年"。此处虽没有直接表示怀疑，但其要表述的意思不言自明。［日］神田喜一郎：《敦煌学五十年》，高野学等译，第 53 页。

③ 此文后又相继收入《全球化、中国与日本》（2000 年）、《顾颉刚学记》（2002 年）、《疑古思潮回顾与前瞻》（2003 年）、《古史考》第 5 卷（2003 年）、《内藤湖南研究》（2004 年）等论著中，在学术界有一定影响。

书均早于 1745 年出版的《出定后语》。

更值得注意的是，"加上原则"的基本内涵虽然是采取"学派继起"与"历史发展"的关系视角来考察宗教，但内藤湖南并未囿于"据此操作对于中国先秦典籍的考辨与剖析"。内藤湖南撰有《支那上古史》一书，书中即运用"加上原则"对中国上古传说进行了考察。在该书第一章"传说的形成"中，内藤指出，神话传说和民间传说之类毕竟还有两种，分别是"地方传说"和"开天辟地说"或"有关人的先祖的传说"。此二者即形成了神话传说。后来出现一种风气，开始进行传说的统一，即"地方传说"与各种类的传说归纳在一起，使之融会贯通。此即"统一传说"。"这种传说的统一一旦开启，随后就会产生层累的增加"。这样一来，就会产生一种原则，新组合的传说几乎经常被置于古远的时代。这种原则即是"加上说"。这就是传说形成的过程。这一原则肇始于富永仲基的《出定后语》。具体到中国上古史研究，"在传说所具有的形态中，在现在中国的古籍中给予最古老位置的，是最新的传说；而置于比较新的时代的，则是比较古老的传说"①。在论述完这一理论后，内藤湖南在后面的章节据此相继考察了"盘古的传说""三皇五帝的传说""尧舜的传说"等中国上古传说。此外，在考察的过程中，内藤湖南并没有采用"学派继起"与"历史发展"的关系视角。准此而言，内藤湖南《支那上古史》中展现的"加上原则"与顾颉刚的"层累说"皆侧重于传说产生的先后，并无大相径庭之处。

从外证上来看，其实早在发现《翁之文》之前，内藤湖南即谈及过"加上原则"，并正式介绍、引入中国上古史研究领域。这还得从《支那上古史》谈起。该书为内藤湖南在京都帝国大学讲述《东洋史概说》的一部分，原本无讲稿，内藤曾于 1923 年 3 月根据听课者笔记进行过修订。如上所述，内藤湖南在该书中根据富永仲基的《出定后语》对"加上原则"进行了介绍②，并据此原则对中国上古史进行了详尽的考察。而这一时间要比

---

① ［日］内藤湖南：《中国史通论》上册，夏应元等译，社会科学文献出版社 2004 年版，第 18—19 页；日文见内藤湖南：《支那上古史》，《内藤湖南全集》第 10 卷，第 19—20 页。

② 该书中译者特意在"加上"二字后面加了一个"译者注"："加上学说"，即在传说之上再加上新传说，相当于顾颉刚先生的"层累"说，或曰"累加"说。［日］内藤湖南：《中

顾颉刚正式提出"层累说"的时间要略早一些。因此，据内藤湖南正式介绍"加上原则"的时间，来否定"层累说"受"加上原则"直接影响的做法，是不能成立的。

实际上，若想有效地解决这一问题，有必要重审这样一个问题，"古史辨"学人当时有没有接触过内藤湖南的论述？从现有资料来看，胡适当时曾看过内藤湖南的《尚书编次考》《尔雅的研究》。1920 年，《支那学》在京都创刊，在该刊的第 1 至 3 号，刊有青木正儿撰写的长篇论文——《胡适を中心に涡いてある文学革命》（以胡适为中心的文学革命）。青木正儿随即致函胡适，并寄上《支那学》第 1 号。此后，二人多次通信，互赠书刊。其中，《支那学》是青木正儿寄给胡适的主要刊物之一。因此，胡适至少浏览过内藤湖南发表在《支那学》第 1 卷第 7 号上的《尚书编次考》和第 2 卷第 1 号上的《尔雅的研究》。而此两文皆是内藤湖南运用"加上原则"考察中国上古史与古书的成果。不过，此两文似乎并没有引起胡适的注意。除胡适外，在北大学圈中，"只手打孔家店的老英雄"的吴虞也与青木正儿有通信往来，并浏览过载有《尔雅的研究》的《支那学》第 2 卷第 1 号。①

不过，目前尚没有证据表明，顾颉刚曾接触过内藤湖南公开发表的论述，更遑论当时尚未出版的《支那上古史》了。退一步讲，即使顾颉刚通过胡适曾接触过内藤湖南发表在《支那学》上的《尚书编次考》《尔雅的研究》，但确如钱婉约指出的，此两文主要侧重于学派继起的线索，而顾颉刚的"层累说"则侧重于传说产生的先后，更何况"层累说"还包含其他两层含义。因此，从"拿出证据来"的角度来看，宫崎市定的说法只能被认为是一种误导。

经过上面的讨论，我们现在可以得出这样一个结论：在"古史辨运动"兴起之前，日本汉学界掀起了一场"疑古"思潮。由于这一时间的"落差"，

国史通论》上册，夏应元等译，第 18 页注 1。

① 吴虞：《吴虞日记》上册，四川人民出版社 1984 年版，第 662 页。

部分中外学者即推论"古史辨运动"的兴起受到了日本"疑古"思潮的直接影响，甚至认为钱玄同、顾颉刚的"疑古"思想"抄袭"了白鸟库吉的"尧舜禹抹杀论"。但历史的真相应当是，在"古史辨运动"兴起之际，胡适、钱玄同、顾颉刚虽然通过间接方式对《崔东壁遗书》新校印本的出版、白鸟库吉的"尧舜禹抹杀论"、日本学界的先秦天文历法论战以及内藤湖南的"加上原则"等日本"疑古"思潮中的一些情况有所了解，但了解并不等于受其直接影响，"抄袭"之说更是无中生有。

最后，我们还要郑重地声明，"古史辨运动"不仅在学术上没有拾日本学者的牙慧，在政治上更没有充当了日本人帮凶的角色。① 早在1936年1月，顾颉刚在《三皇考·自序》中即强调："我们民族的自信力并不是建筑在三皇五帝上的"，而是应当建立在理性上，"我们正应当把种种不自然的联络打断，从真诚上来结合"。"三皇五帝既经一定不可信，万无维持其偶像之理"，"所以把三皇五帝的成分细细地加以分析，把三皇五帝的演化的历史详详的说明"②。事实证明，顾颉刚等人对"三皇五帝"的分析，并没有"摇动了民族的自信力"，而其"从真诚上来结合"国内各个民族的号召，则进一步促进了中华民族的团结。③ 因此，从政治层面对"古史辨运动"进行的否定，更是居心叵测的欲加之罪。

---

① 廖名春即认为，顾颉刚等人早年接受白鸟库吉"尧舜禹抹杀论"，而"否定尧舜禹，引发对中国历史的怀疑，动摇中华民族的自信心，这正是侵略者想干难以干成的事"。因此，"古史辨运动"在政治上并没有起到正面的作用。廖名春：《试论古史辨运动兴起的思想渊源》，《原道——文化建设论集》第4辑，学林出版社1998年版，第128—129页。

② 顾颉刚：《三皇考·自序》，《古史辨》第7册，第274—275页。

③ 自1937年之后，顾颉刚先后发表《中华民族的团结》《如何可使中华民族团结起来》《中华民族是一个》《我为什么要写"中华民族是一个"》等一系列文章，不仅得到了学界的广泛赞誉，还受到了政界的一定关注。此外，诚如有论者指出的，"七七事变"之后，在其他学者纷纷避走后方或国外之时，顾颉刚却辗转大西北，长期在第一线致力于与抗日有关的工作，这向世人充分展示了一个知识分子如何用实际行动报效国家和民族的情怀。王学典：《把中国"中国化"——人文社会科学的近期走向》，上海人民出版社2017年版，第187页。

第三章 宋明文献辨伪学与"古史辨运动"

作为"宋明学术"的重要分支，宋明文献辨伪学将文献辨伪推向了一个新的高峰。早在先秦之时，疑古辨伪即已萌发，子张即怀疑"纣之不善，不如是之甚"，可谓先声夺人。此后，经秦汉入隋唐，其间著者如马融否定《泰誓》，刘知幾更是作《史通》，直接以《疑古》与《惑经》名篇，矛头直指古代圣王与儒家经典。至宋代，这一疑古辨伪终于形成一股"活泼泼"的思潮。此后，明承宋学，不仅扩大了文献辨伪的范围，还总结了文献辨伪的理论与方法。[①] 至此，文献辨伪终成一门专门的学问。

实际上，宋明文献辨伪学不仅上承先秦以来的文献辨伪，还下启清代以后的文献辨伪。在某种意义上，顾颉刚、胡适、钱玄同等人一方面（如第一章所述）受域外历史观与治学方法以及研究成果的影响，另一方面则汲取了包括宋明文献辨伪学在内的本土学术资源，从而打造出了一场具有革命意义的"古史辨运动"。因此，本章拟对宋明文献辨伪学与"古史辨运动"之间的具体学术关联进行一次较为系统的分析与考察。

[①] 关于中国辨伪学的形成与发展，可参见顾颉刚：《崔东壁遗书序一》，《顾颉刚古史论文集》第 7 卷，第 51—166 页；杨绪敏：《中国辨伪学史》，天津人民出版社 1994 年版。

小引（一）

自北宋庆历之后，文献辨伪逐渐成为一股学术思潮。[①] 这股思潮以"疑经"为主，兼及古史与诸子。[②] 其中著名者，如欧阳修疑《易传》之《系辞》《文言》以下非孔子所作，并疑《史记》黄帝以来世次之谬，苏轼讥《书·康王之诰》为失礼，郑樵认《诗序》为"村野妄人"所作，朱熹说《诗经》之《邶》《庸》《卫》《郑》《陈》各风多"淫泆之辞"，苏辙指《周礼》是秦、汉诸儒以意损益之作，王安石斥《春秋》为"断烂朝报"，李觏、司马光批评《孟子》不明"君臣之义"等。[③] 可以说，正是这些宋儒的共同努力，才将文献辨伪推向了一个新的历史高度。

宋代之后，以顾颉刚、胡适、钱玄同等人为代表的"古史辨"学人不仅积极地继承了宋代辨伪学的怀疑精神，还有选择性地接受了这些宋代辨伪学的研究成果，从而打造了一场轰轰烈烈的"古史辨运动"。不过，过往学界基本上只根据顾颉刚、杨宽等历史当事人的说法[④]，注意到了顾颉刚的"层累说"与《诗经》研究分别受到了欧阳修、郑樵的学术启发与影响[⑤]，而未能对宋代文献辨伪学与"古史辨运动"之间的学术关联进行全面的、实质性的考察。因此，本章首先拟从学术史的角度对这一课题进行一次系统的探讨。

---

① 关于宋代文献辨伪学，可参见张富祥：《宋代文献学研究》，上海古籍出版社 2006 年版，第 246—323 页。

② 参见杨新勋：《宋代疑经研究》，中华书局 2007 年版；杨世文：《走出汉学——宋代经典辨疑思潮研究》，四川大学出版社 2008 年版。

③ 皮锡瑞著，周予同注释：《经学历史》，中华书局 2011 年版，第 156 页；周予同：《五十年来中国之新史学》，《周予同经学史论》，第 379 页。

④ 参见顾颉刚：《自序》，《古史辨》第 1 册，第 26 页；顾颉刚：《我是怎样编写〈古史辨〉的?》，《顾颉古史论文集》第 1 卷，第 159 页；杨宽：《中国上古史导论》，《古史辨》第 7 册，第 59 页。

⑤ 参见王煦华：《试论顾颉刚的疑古辨伪思想》，《中国哲学》第 17 辑，第 490、496—497 页；黄海烈：《顾颉刚"层累说"与 20 世纪中国古史学》，中华书局 2016 年版，第 16—18 页；林庆彰：《顾颉刚的学术渊源》，第 31—33 页。

第一节 宋儒的古史怀疑与顾颉刚"层累说"的证成

在中国现代古史学上，1923 年绝对是一个具有特殊意义的历史年份。这一年 5 月，顾颉刚在《努力周报》所附月刊《读书杂志》第 9 期发表《与钱玄同先生论古史书》，并在该文的"按语"部分提出了著名的"层累说"。这一学说包含着以下三个层面的内容：第一，"时代愈后，传说的古史期愈长"；第二，"时代愈后，传说中的中心人物愈放愈大"；第三，在探讨古史时，我们即使"不能知道某一件事的真确的状况，但可以知道某一件事在传说中的最早的状况"。正文部分则主要对这一学说进行了初步的论证。① 此文一出，宛如"轰炸中国古史的一个原子弹"，整个人文学界"不禁哗然起来"②，从而在现代中国学坛掀起了一场声势浩大的"古史辨运动"。

关于"层累说"的来源，完全可以追溯到宋代学者对古史的怀疑。作为宋代疑古辨伪思潮的引领者，欧阳修在《帝王世次图序》中指出，孔子之时，"周衰学废，先王之道不明，而异端之说并起"。于是，"孔子乃修正《诗》、《书》、史记，以止纷乱之说，而欲其传之信"，故"略其远而详其近，于《书》断自唐、虞以来，著其大事可以为世法者而已"，至于"三皇五帝君臣世次皆未尝道者，以其世远而慎所不知也"。孔子既殁，异端之说复兴，先王之道中绝，奇书异说充斥盛行，其言又往往托之于孔子，"至有博学好奇之士，务多闻以为胜者，于是尽集诸说，而论次初无所择，而惟恐遗之"，司马迁《史记》最为典型。"以孔子之学，上述前世，止于尧、舜，著其大略，而不道其前。迁远出孔子之后，而乃上述黄帝以来，又详悉其世次，其不量力而务胜，宜其失之多也。"③ 对比之下，顾颉刚的"时

① 顾颉刚：《与钱玄同先生论古史书》，《古史辨》第 1 册，第 75—79 页。
② 顾颉刚：《我是怎样编写〈古史辨〉的?》，《顾颉刚古史论文集》第 1 卷，第 164 页。
③ （宋）欧阳修：《欧阳修全集》卷 41《帝王世次图序》，李逸安点校，中华书局 2001 年版，第 591—592 页。

代愈后，传说的古史期愈长"与欧阳修的上述观点基本一致。

早在 1941 年，杨宽在《中国上古史导论》中对"层累说"进行批评时即已指出了这一点。① 后之学者也有所认识。② 但是，这些学者均未提供充分的外证。这里可以补充的是，1921 年 4 月，顾颉刚即表示将《欧阳修集》列为《辨伪丛刊》之一。③ 而《帝王世次图序》即收录在《欧阳修集》中。至 1922 年 2 月，顾颉刚则强调欧阳修"真是一个勇于疑古的人"④，并表示"将来必为作传"⑤。由此可见，顾颉刚之所以能够建构"层累说"，在一定程度上是受到了欧阳修上述观点的启发。

其实，除了欧阳修之外，顾颉刚还受到了宋代学者王柏的启发。王柏在《续国语序》中说："大抵翻空者易奇，核实者难工"。"太史公之为书"，在唐、虞之上增加黄帝、颛顼、帝喾，"论其世次，纪其风绩，惊骇学者，以吾夫子之未及知"。但"学至于吾夫子而止；夫子之所不书，太史公何从而知之"。实则"缺其所不知，不害其为学夫子"。至苏辙始曰"太史公浅近而不学，疏略而轻信"。"朱子称此言，最中其病"。但问题是，及苏辙撰《古史》，"又上及于'三皇'，以伏羲、神农、黄帝充之，若与《大传》同；以少昊、颛顼、帝喾、唐、虞谓之'五帝'，终与《大传》异"⑥。对比之下，顾颉刚的"时代愈后，传说的古史期愈长"之说与王柏的上述观察几乎一致。而且，顾颉刚曾于 1921 年专门将王柏的上述观点摘抄到《读书笔记》之中，并指出"此见解与崔述同"⑦。由此而言，顾颉刚之所以能够建构出"层累说"，还受到了王柏上述观点的直接影响。

当然，这里需要指出的是，顾颉刚与欧阳修、王柏的观点并非完全一致，而是存在巨大的差异。欧阳修对古史的怀疑，尚是出于"崇圣"的心理，并未摆脱"考信于六艺"的观念；而王柏同样不是"因为疑伪史而疑

---

① 参见杨宽：《中国上古史导论》，《古史辨》第 7 册，第 58—59 页。

② 参见王煦华：《试论顾颉刚的疑古辨伪思想》，《中国哲学》第 17 辑，第 496—497 页。

③ 顾颉刚：《答编录〈辨伪丛刊〉书》，《古史辨》第 1 册，第 43 页。

④ 顾颉刚：《欧阳修》，《顾颉刚读书笔记》第 1 卷，第 320 页。

⑤ 顾颉刚：《朱熹评欧阳修说诗》，《顾颉刚读书笔记》第 1 卷，第 327 页。

⑥ （宋）王柏：《鲁斋集》，中华书局 1985 年版，第 59 页。

⑦ 顾颉刚：《王柏疑古》，《顾颉刚读书笔记》第 1 卷，第 155—156 页。

伪史"，而是"因信孔子而辨伪史"①。而顾颉刚一方面继承了二人的"疑古"论，另一方面又摒弃了这种"信孔子"的心理，进而提出了著名的"层累说"，从而掀起了一场波澜壮阔的"古史辨运动"。

第二节　宋儒的经书怀疑与"古史辨运动"的经学研究

在某种程度上，上古史问题导源于经学。因此，《古史辨》第一册出版之后，"古史辨运动"逐渐由古史考辨转向经学研究。《古史辨》第三册的出版，即是这一转向的集中体现。顾颉刚在《古史辨》第三册《自序》中就坦率地说，这册书中的"十分之九都是讨论《易》和《诗》的本身问题的，关于古史的极少"②。要而言之，自从《古史辨》第三册出版之后，"古史辨运动"便开始进入一个经学研究的发展阶段。

从学术渊源的角度来讲，"古史辨"学人的《周易》考辨导源于宋儒的怀疑。最具象征意义的，莫过于《古史辨》第三册"卷首语"。这个"卷首语"是从《朱子语录》《通志》中摘录出来的朱熹和郑樵关于《周易》的看法。顾颉刚在该书《自序》中进一步表示，上编旨在"于《易》则辨明《易·十翼》的不合于《易·上下经》"。进而言之，"于《易》则破坏其伏羲、神农的圣经的地位而建设其卜筮的地位"。更值得关注的是，顾颉刚又说："此等见解都是发端于宋代的，在朱熹的文集和语录里常有这类的话。"③ 准此而言，"古史辨"派的"周易辨"正是承袭宋儒的《周易》考辨而来。二者之间的学术关联主要体现在以下两个方面。

其一，对《易传》的"破坏"。其中，较有代表性的论文是钱穆的《论〈十翼〉非孔子作》。在这篇文章中，钱穆共计提出了"《十翼》非孔子作"的十个证据。第一，汉家书有《易经》两篇，与现在的《周易·上下经》同，

①　顾颉刚：《王柏疑古》，《顾颉刚读书笔记》第 1 卷，第 156 页。

②　顾颉刚：《自序》，《古史辨》第 3 册，第 3 页。

③　顾颉刚：《自序》，《古史辨》第 3 册，第 1 页。

但是没有《十翼》。第二，《左传》鲁襄公九年（前564）鲁穆姜论元亨利贞四德与今《文言》篇首略同，以文势论，是《周易》钞《左传》。第三，《论语》"曾子曰，君子思不出其位"，今《周易·艮卦·象传》也有此语。如果孔子作《十翼》，记《论语》的人不应误作"曾子曰"。第四，《系辞传》中屡称"子曰"，明非孔子手笔。第五，《史记·自序》引《系辞》称《易大传》，并不称经，并不以为孔子语。第六，今《系辞》中详述伏羲神农制作，《史记》托始黄帝，更不叙及伏羲、神农，可证在史公时尚不以《系辞》为孔子作品。第七，《论语》无孔子学易事，只有"加我数年五十以学易可以无大过矣"一条。但据《鲁论》，"易"字当作"亦"。第八，《孟子》书内常称述《诗》《书》而不及《易》。今《系辞》里有"继之者善，成之者性"的话，《孟子》论性善也并不引及。《荀子》也不讲《易》。第九，秦人烧书，不烧《易经》，以《易》为卜筮书，不和《诗》《书》同样看待。若是孔子作《十翼》，《易》为儒家经典，岂有不烧之理。第十，《论语》和《易》思想不同。①

这十个证据并非都是钱穆的发现。钱穆交代说，这十个证据中的前六证"前人多说过"，后四项为其"进一层说"。根据调查取证，"前人"中的第一位即是欧阳修。在宋代，"真正由研究文本而在辨伪学上发生了重要影响的"，当是欧阳修对《易传》的考辨。②欧阳修曾提出这样一个"非常异义可怪之论"："何独《系辞》焉，《文言》《说卦》而下，皆非圣人之作，而众说涌乱，亦非一人之言"。第一，《易传》中有"繁衍丛脞"之言和"自相乖戾"之说。第二，《文言》《系辞》之中多处标明"子曰"，"若《文言》者，夫子自作，不应自称'子曰'"。第三，传世《系辞》是"讲师之传"，应称《易大传》。第四，《文言》之"四德"，"此鲁穆姜之所道也"，"在襄公之九年"，"后有十有五年，而孔子始生"，故"四德非《乾》之德，《文言》不为孔子之言"。因此，"《文言》《说卦》而下，皆非圣人之作"。③比对

---

① 钱穆：《论〈十翼〉非孔子作》，《古史辨》第3册，第59—60页。

② 参见张富祥：《宋代文献学研究》，第254页。

③ 参见（宋）欧阳修：《欧阳修全集》卷61《易或问》，卷65《传易图序》《易童子问》，第879、946—947、1119—1123页。

之下,钱穆所举的第二、三、五项证据均有本于欧阳修对《易传》的怀疑。而且,钱穆在撰写此文之前,已知晓欧阳修的上述观点。① 因此,钱穆之所以敢于指出"《十翼》非孔子作",首先是受到了欧阳修的启发。

除钱穆之外,受欧阳修直接影响的还有顾颉刚、李镜池等人。1930年10月,顾颉刚在《燕大月刊》发表《论〈易·系辞传〉中观象制器的故事》,指出"《易传》不出于孔子,也不是一人的手笔,欧阳修的《易童子问》里说得很透澈"。之后,便大段地转引了欧阳修的《易童子问》。② 同年11月,李镜池在《史学年报》发表《〈易传〉探源》,指出早在宋初,欧阳修就怀疑"《易》传之非孔子作"。然后,便大段转引了欧阳修的《易童子问》,并表示其"怀疑《系辞》而下非孔子作,理由却很充足"③。由此来看,欧阳修对《周易》的怀疑可谓是"古史辨"考辨《易传》的起点。

其二,恢复《周易》的本来面目。这一恢复工作是由钱玄同首倡的。1923年6月10日,钱玄同在《答顾颉刚先生书》中指出,《易经》的作用是"卜筮"。④ 此后,钱玄同在《重论经今古文学问题》中则强调说:"《易经》明明是一部卜筮之书。"⑤

溯本追源,"《易》是一部卜筮之书"这一说法最迟可以追溯到《汉书》,但钱玄同的观点则直接导源于朱熹。朱熹曾一再强调,"《易》本卜筮之书"。比如,其在《答张敬夫》中说:"卦爻之辞,本为卜筮者断吉凶而因以训诫。"⑥ 而钱玄同在发表《答顾颉刚先生书》之前已研读过《朱子

---

① 钱穆在《国学概论》第一章《孔子与六经》中指出:"至《十翼》不出孔子,前人辩者已多,则《易》与孔子无涉也。"然后,钱穆即专门罗列了马端临《文献通考》中的一段话:"欧阳公《童子问》上下卷,专言《系辞》《文言》《说卦》而下,皆非圣人之作。"钱穆:《国学概论》,《钱宾四先生全集》第1册,第7页。由此来讲,"前人"之一即是欧阳修。

② 顾颉刚:《论〈易·系辞传〉中观象制器的故事》,《古史辨》第3册,第28—29页。

③ 李镜池:《〈易传〉探源》,《古史辨》第3册,第64—65页。

④ 钱玄同:《答顾颉刚先生书》,《古史辨》第1册,第86页。

⑤ 钱玄同:《重论经今古文学问题》,《古史辨》第5册,第34页。

⑥ (宋)朱熹:《文集》卷33《答吕伯恭》,《朱子全书》第21册,上海古籍出版社2002年版,第1465—1466页。

语类》。① 此后，钱玄同在《重论经今古文学问题》中则直接引用了朱熹《答张敬夫》中的说法，认为此为"极精"之语。②

如上所述，无论是对《易传》的破坏，还是恢复《周易》的本来面目，"古史辨"学人都在相当大的程度上承袭了欧阳修、朱熹等宋儒的《周易》考辨。不过，必须指出的是，二者之间存在本质性的区别。比如，欧阳修仍然是今文家的见解，不仅"相信河图、洛书的神话，孔子作《易》的故事"，还"未敢怀疑《彖传》《象传》"；而朱熹则坚信"《易》为圣人所作"③。进而言之，宋儒怀疑《周易》，目的是更好地尊崇《周易》，以致在《周易》的考辨上并不彻底。"古史辨"学人则完全摒弃了这一"尊经"的观念，在"孔子与《易》无关"的前提下主张《易经》是卜筮之书，进而对《易传》进行了彻底的破坏，并进一步恢复了《周易》的本来面目。

除《周易》研究外，导源于宋儒的还有"古史辨"学人的《诗经》研究。最为显著的例证是，《古史辨》第三册"卷首语"即是从《朱子语录》《通志》中摘录出来的朱熹和郑樵关于《诗经》的看法。这一学术举动极具象征意义，无疑在向学术界声明，他们的《诗经》研究并非是无源之水，而是导源于朱熹、郑樵的"废《序》说《诗》"。

历史当事人的现身说法则进一步论证了这一学术判断。1931年，顾颉刚在《古史辨》第三册《自序》中说："这一册的根本意义，是打破汉人的经说"。其中"于《诗》则辨明齐、鲁、韩、毛、郑诸家《诗说》及《诗序》的不合于《三百篇》"。进而言之，"于《诗》则破坏其文、武、周公的圣经的地位而建设其乐歌的地位"。当然，"此等见解都是发端于宋代的，在朱熹的文集和语录里常有这类的话"④。由此来看，"古史辨"学人的"《诗经》辨"正是承袭了宋儒对《诗经》的怀疑。这一学术关联主要体现在以下四个方面。

其一，孔子未曾删《诗经》。要想打破《诗经》的神圣性，最先的工

---

① 参见杨天石主编：《钱玄同日记（整理本）》上册，第387页。

② 钱玄同：《重论经今古文学问题》，《古史辨》第5册，第34—35页。

③ （宋）朱熹：《文集》卷31《答张敬夫》，《朱子全书》第21册，第1350页。

④ 顾颉刚：《自序》，《古史辨》第3册，第1页。

作无疑是切断孔子与《诗经》的关系。① 较早自觉担负起这一工作职责的是张寿林。张寿林在《〈诗经〉是不是孔子所删定的?》一文中综集了过往学人的"疑点"，进而指出孔子删《诗经》之说不能成立。这些疑点共计六种。其中，第二种是"如果古诗有三千多篇，孔子仅存三百篇，十分删去九分，所删太多，恐不合理"。而"持怀疑史迁之说的"，即有郑樵。② 郑樵在《六经奥论》中首先转引了孔颖达的观点："书传所引之诗，见在者多，亡逸者少，则夫子所录不容十分去九"，然后指出孔子删《诗》之说，皆汉儒倡之。③ 第五种是"《论语》《荀子》《庄子》《墨子》诸书都曾几次称'诗三百'，未尝提及三千，是迁言不可信"。而"倡这这种说法的，有叶适"④。叶适在《习学记言》中指出："《论语》称'诗三百'，本谓古人已具之诗，不应指其自删者言之。"⑤ 因此，孔子未曾删《诗》。由此可见，张寿林之所以认为孔子并未删《诗》，在相当程度上是接受了郑樵、叶适等宋儒的怀疑成果。

继张寿林之后，致力于切断孔子与《诗经》关系的还有张西堂。20世纪 30 年代，张西堂在《采诗删诗辨》中指出，自孔颖达以来，古人即开始怀疑孔子删《诗》之说，宋代有朱熹、叶适，此后则有朱彝尊、赵翼、崔述、魏源等。对于朱熹与叶适的观点，张西堂认为"还不能深破《史记》孔子删《诗》之说"，于是其又提出了五个理由。⑥ 由此来看，张西堂之所以主张孔子未尝删《诗》，完全可以追溯到宋儒的怀疑。

其二，《诗序》非子夏所作。要想将《诗经》从圣经的束缚中解脱出来，接下来的工作则是要切断《诗序》与《诗经》的关系，而最先的工作

---

① 林庆彰：《中国经学研究的新视野》，万卷楼图书股份有限公司 2012 年版，第 203 页。

② 张寿林：《〈诗经〉是不是孔子所删定的?》，《古史辨》第 3 册，第 237 页。

③ 此外，郑樵还提出："删诗之说非夫子本意；汉儒孔安国倡之"。(宋)郑樵：《六经奥论》，《古籍考辨丛刊》第 2 集，社会科学文献出版社 2009 年版，第 312—313 页。

④ 张寿林：《〈诗经〉是不是孔子所删定的?》，《古史辨》第 3 册，第 237 页。

⑤ (宋)叶适：《习学记言序目》卷 6《诗序》，中华书局 1977 年版，第 62 页。

⑥ 张西堂：《诗经六论》，商务印书馆 1957 年版，第 78—97 页；又参见张西堂：《〈诗辨妄〉序》，(宋)郑樵著，顾颉刚辑点：《诗辨妄》，朴社 1933 年版，第 1 页。

当是否定《诗序》非子夏所作，从而切断《诗序》与孔门的关系。① 其中，率先公开专门开展这一工作的当属郑振铎。郑振铎在《读〈毛诗序〉》中指出："《诗序》作者之为何人，自汉迄宋，已众论纷纭，莫衷一是。"一般来看，比较有根据的，共计三说，一说是子夏作，二说是卫宏作，三说是子夏、毛公、卫宏合作。但是，第一说为"无据之谈"，"第三说只是《隋志》折中众说而来的，本不大可靠"，"最可靠者还是第二说"。退一步讲，"即使说《诗序》不是卫宏作，而其作者也决不会在毛公、卫宏以前"。② 第一，《诗序》决非出于秦之前。郑樵说："据六亡诗，明言有其义而亡其辞，何得是秦以前人语，《裳裳者华》，'古之仕者世禄'，则知非三代之语。"第二，《诗序》决非出于毛公作《故训传》之前。因为，"《诗序》之出如在毛公以前，则毛公之传不应不释序。尤可怪的，是序与传往往有绝不相合之处"。因此，"《诗序》决是出于毛公之后"。第三，《诗序》之出是在《左传》《国语》诸书流行之后。比如，郑樵说："诸风皆有指言当代之某君者；唯《魏》《桧》二风无一篇指言某君者，以此二国《史记》世家、年表、列传，不见所说，故二风无指。""如《诗序》出在诸书以前，则不应诸书所言者，《序》亦言之；诸书所不言，序即缺之"。第四，《诗序》出于刘歆之后。比如，郑樵说："刘歆《三统历》妄谓文王受命九年而崩，致误卫宏言文王受命作周。"文王受命作周之说，不见他说。作《诗序》者如不生刘歆之后，便无从引用此说。第五，还有一层可证《诗序》后出。叶梦得说："汉世文章，未有引《诗序》者。惟黄初四年有共公远君子，近小人之说。盖魏后于汉，宏之《诗序》至此行。"总之，《诗序》是"非古的"，而是"后汉的产物"③。由此来看，郑振铎之所以认定《诗序》并未由来已久，主要导源于宋儒郑樵、叶梦得的说法。

除郑振铎之外，对《诗序》作者进行考察的还有张西堂。张西堂在《关于毛诗序的一些问题》中指出，综合前人的论述，《毛诗序》的作者大约有 16 种说法，一直到现在还没有定论。其中一种说法是郑樵主张的"村

---

① 林庆彰：《中国经学研究的新视野》，第 203 页。
② 郑振铎：《读〈毛诗序〉》，《古史辨》第 3 册，第 249—250 页。
③ 郑振铎：《读〈毛诗序〉》，《古史辨》第 3 册，第 251 页。

野妄人所作"。张西堂认为,此说"好像太过",但实则在有些地方"并非谩骂",并举出了 10 个证据,证明了《毛序》的"谬妄"。① 由此可见,张西堂在这一问题上较为倾向于郑樵的观点。

其三,《诗序》的解释不合理。若想进一步降低《诗序》本身的权威性,除了判定其与孔门无关之外,还要进而指出《诗序》内容的不合理甚至存在的矛盾②。在这方面,最有代表性的学者仍然是郑振铎。郑振铎在《读〈毛诗序〉》中指出,《毛诗序》最大的坏处在于"附会时意""穿凿不通"。郑樵力诋《诗序》,认为皆是"村野妄人"所作。受其影响,朱熹也认为《诗序》"实不足信"。比如,《行苇》"勿践履,戚戚兄弟,莫远具尔"当是"饮酒会宾"之意,但《诗序》"牵合作周家忠厚之诗"。又如,"酌以大斗,以祈黄耇"同样是"欢合之时,祝寿之意",但《诗序》遂以为"养老乞言"。郑振铎表示,二人说得"真痛快",然后对这些"互相矛盾"的"附会"进行了"扫除"③。要而言之,郑振铎之所以认为《诗序》存在诸多"附会"之处,在一定程度上是受到了郑樵、朱熹等宋儒的影响。

继郑振铎之后,张西堂对《诗序》的不合理进行了全面清理。张西堂在《〈诗辨妄〉序》中指出,郑樵的"《诗序》是村野妄人所作"之说并非"太过",然后其杂用"他家之说"对此进行了证明。要而言之,《诗序》存在十点"谬妄",分别是"杂取传记""传会书史""不合情理""妄生美刺""强立分别""自相矛盾""曲解诗意""误用传说""望文生义""叠见重复"。而郑樵已看出五点。④ 此外,张西堂又在《关于毛诗序的一些问题》中强调了类似的观点。⑤ 此外,他还大段转引了章如愚的观点。⑥ 而根据这一文本,除了"强立分别"一点之外,其在《〈诗辨妄〉序》中指出的其他

---

① 张西堂:《诗经六论》,第 133—139 页。

② 林庆彰:《中国经学研究的新视野》,第 203 页。

③ 郑振铎:《读〈毛诗序〉》,《古史辨》第 3 册,第 244—249 页。

④ 张西堂:《〈诗辨妄〉序》,第 8—11 页。

⑤ 经过对照,这两个文本略有不同。张西堂在《〈诗辨妄〉序》中指出的十点"谬妄"中有一点是"强立分别",而在《采诗删诗辨》中则为"误解传记"。张西堂:《诗经六论》,第 133—138 页。

⑥ 张西堂:《诗经六论》,第 139—140 页。

九点"谬妄"均可以在欧阳修、郑樵、叶梦得、洪迈、朱熹、洪迈等宋儒的论述中找到相应的学术资源。

其四,恢复《诗经》乐歌的地位。在宋代以前,"《诗经》所录是否全为乐歌","是不成问题的"。《墨子》《史记》等古籍中均有相关记载。"自宋以来,始有人怀疑内有一部分诗是徒歌。"但在顾颉刚看来,"《诗经》中一大部分是为奏乐而创作的乐歌,一小部分是由徒歌变成乐歌"①。总之,"这三百多篇诗的《诗经》,就是入乐的诗的一部总集"②。这一看法集中地反映在《论〈诗经〉所录全为乐歌》一文中。顾颉刚在此文中指出,无论是从春秋时的徒歌和《诗经》本身,还是从汉代以来的乐府和古代流传下来的无名氏诗篇来看,《诗经》所录都是乐歌③。

而顾颉刚之所以能够明确提出上述看法,无疑可以追溯到郑樵的观点。④郑樵《通志·总序》中说:"乐以诗为本,诗以声为用","继风雅之作者,乐府也"⑤。这些观点与顾颉刚的观点基本一致。而如所周知,顾颉刚治《诗经》即受郑樵的影响,其不仅从周孚的《非诗辨妄》辑出了《诗辨妄》的若干条,还从《通志》中辑录了"论诗之语"⑥。要而言之,顾颉刚正是在郑樵的基础上进一步对《诗经》的性质进行了探索。

此外,对《诗经》性质进行探索的还有张西堂。1934 年,张西堂在《诗三百篇之诗的意义及其与乐之关系》中指出,研究《诗三百篇》的第一要

---

① 顾颉刚:《论〈诗经〉所录全为乐歌》,《古史辨》第 3 册,第 403、412 页。

② 顾颉刚:《〈诗经〉在春秋战国间的地位》,《古史辨》第 3 册,第 191 页。

③ 顾颉刚:《论〈诗经〉所录全为乐歌》,《古史辨》第 3 册,第 403—419 页。这一观点提出之后,虽然曾遭到魏建功、张天庐等人的批评(参见魏建功:《歌谣表现法之最要紧者——重奏复沓》,《古史辨》第 3 册,第 393—402 页;张天庐:《古代的歌谣与舞蹈》,《古史辨》第 3 册,第 431—436 页),但得到了更多学者的认可与支持。而且,此说还受住了时间的考验,已成为"不可移易的定论"。夏传才:《诗经研究史概要》,清华大学出版社 2007 年版,第 17—18、185—186 页。

④ 当然,顾颉刚之所以能够明确提出上述看法,还在于其"敢用了数年来在歌谣中得到的见解作比较的研究"。顾颉刚:《自序》,《古史辨》第 1 册,第 27 页。

⑤ (宋)郑樵:《通志·总序》,王树民点校,《通志二十略》,中华书局 1995 年版,第 7—8 页。

⑥ 关于顾颉刚辑集郑樵《诗辨妄》的过程,可参见林庆彰:《顾颉刚的学术渊源》,第 25—29 页。

义是当知道该书"本来全是乐歌"。《孔子世家》即记载"三百五篇，孔子皆弦歌之"。郑樵在《通志·乐略》中则强调说："乐以诗为本，诗以声为用……仲尼编诗，为燕享祀之时用以歌，而非用以说义也……得诗而得声者三百篇，则系于风、雅、颂，得诗而不得声者则置之。"① 之后，张西堂依次简要地列举了历代学者对于《诗三百篇》性质的看法，然后从《诗三百篇》的搜集、体制、诗与歌舞以及诗与乐经的关系等四个方面对这一问题进行了论证，认定该书当全为乐歌。② 由此可见，张西堂之所以认为《诗三百篇》全为乐歌，在一定程度上可以说是从郑樵的观点中汲取了相应的学术资源。

如上所述，无论是从"破坏"的角度，还是从"建设"的角度来讲，"古史辨"学人对《诗经》的考辨，都是有所"本"的，这个"本"就是郑樵、叶梦得、朱熹、叶适等宋儒的怀疑成果。

不过，这里有必要指出的是，"古史辨"学人并没有囿于宋儒对《诗经》的怀疑，而是取得了"质"的突破。比如，前已指出郑樵曾在《六经奥论》中主张孔子删《诗》，但其在之后作的《通志·乐略》中又主张"孔子编诗"，大概其结果还是为汉儒之说所骗。③ 又如，朱熹虽然"揭破了淫诗的真相"，但"并没有推倒孔子删诗之说"，于是《诗经》内部的矛盾又成了问题。④ 而且，朱熹虽然认同郑樵的"《诗序》是村野妄人所作"，但"除了认《国风》的'风'字应作'风谣'解"与"认《郑风》是淫诗"之外，"其余的许多间接仍然都是被《诗序》所范围"⑤。要而言之，因"伦理观念"上的束缚，宋儒对《诗经》的怀疑并不彻底。而"古史辨"学人则分开了"历史观念和伦理的观念"⑥，从而不仅切断了孔子与《诗经》的关系、《诗经》与《诗序》的关系，还进一步恢复了《诗经》全部是乐歌的本来面目。

---

① （宋）郑樵：《通志二十略·乐略第一》，第883—884页。
② 张西堂：《诗三百篇之诗的意义及其与乐之关系》，《师大月刊》1934年第14期。
③ 张西堂：《〈诗辨妄〉序》，第2—3页。
④ 顾颉刚：《重刻〈诗疑〉序》，《古史辨》第3册，第258页。
⑤ 郑振铎：《读〈毛诗序〉》，《古史辨》第3册，第249—250页。
⑥ 顾颉刚：《重刻〈诗疑〉序》，《古史辨》第3册，第259页。

第三节 宋儒的诸子考辨与"古史辨运动"的"诸子丛考"

在一定意义上，若想解决经学问题，"不得不从诸子入手"①。因此，继经学研究之后，诸子丛考便被"古史辨运动"推上了学术"前台"。

按之《古史辨》第四、六两册，最能体现诸子丛考精神的无疑是关于老子其人其书年代的讨论。如所周知，这场讨论是由梁启超引发的。1922年3月，梁启超在一次题为《评胡适的〈哲学史大纲〉》的演讲中提出，《老子》这部书的著作年代或是在战国之末，并详细地列举了六项证据。②此说提出之后，由于"梁先生的名望既高，所举的证据又确凿，所批评的又是胡先生名著"，学术界遂大为震动。③

其实，早在宋代，宋儒即对老子其人其书提出了质疑。叶适在《习学记言》中指出，"言老子所自出，莫著于《孔子家语》《世家》《曾子问》《老子列传》"。其中，二戴记所载为"礼家儒者所传"，《史记》所载为"非礼家儒者所传"，而以庄周言考之，则是为黄老学者"借孔子以重其师之辞"。这两种记载"皆涂引巷授，非有明据"。因此，"教孔子者必非著书之老子，而为此书者必非礼家所谓老聃，妄人讹而合之"④。当然，叶适的看法尚存在"调合"之嫌⑤，但该说无疑引发了后之学者对《老子》著作年代的质疑。而梁启超早年就仔细研读过收录叶适上述质疑的《水心学案》⑥。因此，梁启超之所以对老子表示怀疑，或可在叶适的观点中找到一些思想资源。

梁启超之后，对老子其人其书年代进行考证的不乏其人。《古史辨》第四、六册的编著者、梁启超的弟子罗根泽无疑是较有代表性的一位。罗

---

① 顾颉刚：《顾序》，《古史辨》第4册，第9页。
② 梁启超：《论〈老子〉书作于战国之末》，《古史辨》第4册，第207—208页。
③ 罗根泽：《自序》，《古史辨》第6册，第14页。
④ （宋）叶适：《习学记言序目》卷15《老子》，第209页。
⑤ 罗根泽：《自序》，《古史辨》第6册，第14页。
⑥ 梁启超：《读书分月课程》，《梁启超全集》第1册，第7页。

根泽进一步阐明了这场老子其人其书年代讨论的宋学渊源。这一阐明主要分为如下两个部分。

其一，将宋儒陈师道对老子的质疑列为《古史辨》第六册“卷首语”。陈师道在《理究》中指出：“世谓孔、老同时，非也。孟子辟杨、墨而不及老，荀子非墨、老而不及杨，庄子先六经，而墨、宋、慎次之，关、老又次之，惠、庄终焉：其关、杨之后，墨、荀之间乎？”罗根泽认为，陈师道不仅是宋代最早对老子进行考辨的学者，而且其据各书的称引，将老子的年代定在“关、杨之后，墨、荀之间”，“最有见地”①。而其将这段话列为该书“卷首语”，其中的学术“潜台词”无疑是在表明，“古史辨”学人的老子考辨导源于宋儒的老子考辨，进而“百尺竿头更进一步”。

其二，在《古史辨》第六册《自序》中重点对宋儒的老子考辨进行了评述。承前所述，梁启超的观点提出之后，引起了学术界的震动。张荫麟、张寿林、唐兰、高亨、钱穆、胡适、冯友兰、罗根泽、顾颉刚等一大批学者纷纷撰文，参与了这场关于老子其人其书年代的讨论。因此，罗根泽将这一问题的讨论作为重点议题收录于《古史辨》第四册之中。而这册书出版之后，又反过来推动了论争的进程。于是，罗根泽又编著了《古史辨》第六册，用下编的整个篇幅收录了与之相关的论文。与此同时，为了使“读者得到一个大体的轮廓”进而“据作他方面的研究”，罗根泽还专门在该书《自序》中对“历代学者考订老子年代总成绩”进行了“提要钩玄”，认为这一问题早在西汉初年便有了，但直到宋代，才有人真正对此进行研究考辨，其中包括陈师道、叶适、黄震、李觏、王十朋、朱熹等。当然，陈师道的论证极简，叶适等将老子分为两位老子而没有得到学术界的同情，至于李觏、王十朋、朱熹则没有“明文论次”。因此，这一问题又“矛盾共存的维持了八百年”。此后，清代学者与现代学者则在宋儒的基础上进一步对此进行了探讨，并自认为基本解决了这一问题。② 要而言之，宋儒对老子其人其书年代的质疑，为“古史辨”的“老子辨”导开了

---

① 罗根泽：《自序》，《古史辨》第 6 册，第 10 页。
② 罗根泽：《自序》，《古史辨》第 6 册，第 9—24 页。

先路。

其实，除了"老子辨"之外，"古史辨"学人的其他"诸子辨"还有相当一部分可以追溯到宋儒的诸子考辨。其中，最显著的例证是罗根泽的诸子考辨。1930 年 4 月，罗根泽发表《孔丛子探源》，首先指出《孔丛子》并非孔子八世孙孔鲋所作，而是"原出依伪"。第一，《汉书·艺文志》不载，汉代从没有一人征引、论述过。第二，记孔氏行实，存在"错误"。第三，《独志篇》所载不像"自述的语气"。第四，根据《答问篇》，孔鲋在"易箦危急之际，还能操觚著书"。之后，罗根泽则进一步提出该书的作伪时代是曹魏，与王肃有关系，并提出了四个理由，而其中第一个理由则转引了朱熹之说——《孔丛子》文气软弱，多类东汉人，不似西汉文字①。1931 年 4 月，罗根泽出版《管子探源》，其在该书《叙目》中坦言，前人早已指出，"《管子》非管仲书"。所谓"前人"，首先是魏晋时期的傅玄，此后有苏辙、叶梦得、叶适、朱熹、黄震等宋儒，之后还有明清时期的宋濂、姚际恒等。不过，过往未能对各篇进行具体的"究论"。因此，其撰写了《管子探源》。② 与此同时，罗根泽发表《邓析子探源》，开篇即表示："《邓析子》伪书，而前人无疑者。"唯有晁公武《郡斋读书志》与王应麟《汉书艺文志考证》并云："其间钞同他书，颇驳杂不伦"，或当"后人附益"。持类似观点的还有《四库全书总目提要》。然后，罗根泽提出："今本二篇出于晋人之手，半由捃拾群书，半由伪造附会"，然后列举了八个证据，以证其说。③ 1935 年 1 月，罗根泽发表《商君书探源》，首先指出已有学者认为该书为非商鞅所作，而是"后世依托"。黄震即认为，该书"繁乱"；周氏《涉笔》则指出该书"多附会后事"。然后，罗根泽表示，黄氏之言"纯为主观之印象"，周氏之言则确为"铁证"，但未能详举"后事"为何，故为"空谈"。于是，罗根泽进行了详细考证，进而又举出若干证据，认为此书成于战国末年，"必作于秦人或客卿为秦谋者之手"④。1936

①　罗根泽：《孔丛子探源》，《古史辨》第 4 册，第 125—128 页。
②　罗根泽：《管子探源叙目》，《古史辨》第 4 册，第 410—411 页。
③　罗根泽：《邓析子探源》，《古史辨》第 6 册，第 133—146 页。
④　罗根泽：《商君书探源》，《古史辨》第 6 册，第 199—205 页。

年7月，罗根泽发表《尹文子探源》，认为《尹文子》非尹文旧作，证据有三，分别是今本"与古本不同"、"误解尹文学说"及"论及尹文以后学说"，而晁公武、高似孙、洪迈等宋儒已指出今本"淆杂"。至于其作伪年代当在魏晋时期。①要而言之，早在宋代，宋儒就对若干诸子进行了怀疑，而罗根泽则在此基础上对这些诸子的真伪及其年代进行了考辨，从而进一步还原了诸子的本来面目。

当然，这里必须指出的是，宋儒的诸子怀疑还存在较大的问题。简而言之，关于老子其人其书年代的怀疑，无疑是出于"卫道"的心理，而关于其他诸子的怀疑，证据又并不充分。而"古史辨"学人则摒弃了这一心理的束缚，并运用科学的实证方法对这些问题进行了新的探索，从而将"诸子辨"推向了一个新的研究高度。

第四节　宋儒的"疑古"论与"古史辨运动"的"三皇考"

"古史辨运动"兴起之后，虽然一度由古史考辨转向经学研究，继而又由经学研究转向诸子丛考，但古史考辨始终是这场学术运动的重心。1935年，顾颉刚编著出版《古史辨》第五册，此后童书业、吕思勉又共同编著《古史辨》第七册，从而进一步推动了"古史辨运动"向古史考辨的回归与发展。而宋儒的"疑古"论依旧为这一古史再考辨提供了一定的学术资源。

众所周知，顾颉刚、杨向奎合撰的《三皇考》是《古史辨》第七册下编的核心文章之一。文章认为："三皇是战国末的时势造成功的，至秦而见于政府的文告，至汉而成为国家的宗教。他们是介于神与人之间的人物，自初有此说时直至纬书，此义未尝改变。自从王莽们厕三皇于经（《周礼》）和传（《左传》中所说的《三坟》），他们的名称始确立了。"②此文发

---

① 罗根泽：《尹文子探源》，《古史辨》第6册，第161—168页。
② 顾颉刚、杨向奎：《三皇考》，《古史辨》第7册，第278页。

表之后，引起学界的广泛关注，论者几乎一致认为此文"体大思精""考证精密"，虽略有疏略，但基本解决了"三皇"问题，对"中国古史确有澄本清源之功"①。

溯本追源，"宋代以来，儒者们理智进步，对于'三皇'一名，便有持极端怀疑态度的了"②。其中最有代表性的学者是刘恕。刘恕在《通鉴外纪》第一卷《包牺以来纪》的文末指出，在六经之中，孔子所作之《春秋》与《易传》之《彖》《象》《系辞》《文言》《说卦》《杂卦》，以及孔子刊定之《诗》《书》"皆不称'三皇''五帝''三王'"。而"《周礼》经周末、秦、汉增损，伪妄尤多"。此外，在存于今之先秦子书中，《周书》《老子》《曾子》《董子》《慎子》《邓析子》《尹文子》《孙子》《吴子》《尉缭子》也"皆不言'三皇''五帝''三王'"。而"《论语》《墨子》称'三代'，《左氏传》《国语》《商子》《孟子》《司马法》《韩非子》《燕丹子》称'三王'，《穀梁传》《荀卿子》《鬼谷子》《亢仓子》称'五帝'"。"惟《文子》《列子》《庄子》《吕氏春秋》《五经纬》始称三皇，《鹖冠子》称九皇"。但是，"《文子》称墨子，而《列子》称魏文侯，《墨子》称吴起，皆周安王时人，去孔子没百年"；今《鹖冠子》"称剧辛，似与吕不韦皆秦始皇时人，其文浅意陋，非七国时书"；"《庄子》又在《列子》后，与《文》《列》皆寓言，诞妄不可为据"；《左传》中的"三坟五典"语"无所稽据，穿凿妄说"。要而言之，"秦以前诸儒或言五帝，犹不及三皇"③。而早在1921年，走上"疑古"之后的顾颉刚即再次想到了《通鉴外纪》④。当然，顾颉刚在此文中并没有明引刘恕的观点，但其无疑是在刘恕"秦以前诸儒不及三皇"之说的基础上对"三皇问题"进行了探讨，认为"三皇是战国末的时势造成功的"。

其实，顾颉刚的"三皇考"还可以追溯到南宋的魏了翁。魏了翁在《古今考》卷一《高帝纪》条中说："人主自号皇帝自秦政始，而汉因之；谥曰

---

① 孙子高：《书评·三皇考》，《图书季刊》1936年第3卷第1、2期合刊。

② 童书业：《三皇考·童序》，《古史辨》第7册，第266页。

③ （宋）刘恕：《通鉴外纪》卷1，《四部丛刊初编》本，商务印书馆1932年版，第15—19页。

④ 顾颉刚：《答书》，《古史辨》第1册，第15页。

高皇帝，则亦袭始皇之陋也。三皇五帝之称号，圣人未尝言，虽三王五伯亦未尝及。仅见于孟氏书、戴氏《礼》。……自陋儒俗师强为差等，于是抗皇号于至高，而妄意帝称羞于王伍，盖春秋时吴、楚、越皆称王矣。至于战国，则齐、魏、韩、赵诸君亦称王，王号既卑，则强者不得不帝。于是秦昭王称西帝，齐闵王称东帝，寻惧而复称王。至秦廿六年，遂兼皇帝号……汉初，大抵反秦以从民望，而于典章法度犹袭秦余，如皇帝之称，最为固陋，而因仍不改。"① 对于魏了翁的上述观点，顾颉刚表示"完全与我们的意见相同"，并专门摘录到了《读书笔记》之中。② 至《三皇考》付印之后，顾颉刚翻检《读书笔记》，又将上述材料与"按语"作为"补遗"一则，附在了文末 ③。二者的学术渊源由此可见。

但是，顾颉刚与魏了翁、刘恕的观点并非"完全相同"，而是有着本质区别。具体而言，刘恕、魏了翁虽然都勇于"疑古"，但前者的观点折中于"仲尼之言"，魏了翁的观点也据以"圣人未尝言"，未能摆脱传统的束缚。而顾颉刚则抛弃了这种"崇圣"的观点，然后在二人的基础上，以"历史演进的方法"对"三皇问题"进行了彻底的清理。

综上所述，"古史辨运动"的兴起与发展，与宋代文献辨伪之学密不可分。在运动兴起之际，顾颉刚之所以能够提出"层累说"，完全可以追溯到欧阳修《帝王世次图序》与王柏《续国语序》中的相关论述。之后，运动转向经学研究与诸子丛考，"古史辨"学人又在继承欧阳修、郑樵、朱熹、叶适等宋儒研究成果的基础上对经书与诸子进行了考辨，从而在相当大的程度上恢复了经学与诸子的本来面目。最后，运动回归古史考辨，顾颉刚对"三皇"问题的系统考察，则导源于刘恕、魏了翁的古史怀疑。因此，宋代文献辨伪学可以说是"古史辨运动"得以兴起与发展的重要本土学术资源之一。

此外，这里还需要再次强调的是，宋儒的文献辨伪学只是传统的文献

---

① （宋）魏了翁：《古今考》，《全宋笔记》第 6 编第 10 册，大象出版社 2013 年版，第 264—265 页。

② 顾颉刚：《皇帝》，《顾颉刚读书笔记》第 3 卷，第 114—115 页。

③ 顾颉刚、杨向奎：《三皇考》，《古史辨》第 7 册，第 403—404 页。

辨伪学。其中的古史怀疑与经书考辨，基本上是出于"崇圣"或"卫道"的心理，并未摆脱"考信于六艺"的观念。进而言之，"疑古""惑经"只是手段，"崇圣""尊经"才是目的。此外，其关于诸子的考辨则基本不彻底，缺乏详细的考证。而"古史辨"学人则不仅摒弃了"崇圣""尊经"的传统，还以科学的方法对古史、经书以及诸子进行了系统的考证，从而彻底打破了传统的上古史体系，还在相当大的程度上还原了经书与诸子的本来面目。

小引（二）

明承宋学，下启清学。不过，明人在学问方面"无甚精彩"，"既不及宋代人的创辟，又不及清代人的缜密"。如果"一定要说出他们的优点，或者还在'博'上"。而且，由于"受正统思想的束缚较轻，敢于发议论，敢于作伪，又敢于辨伪"①。仅就"辨伪"而言，明儒的辨伪不仅兼及经书与诸子，甚至遍及四部，还总结了辨伪的理论与方法。而这些无疑为"古史辨运动"的兴起与发展提供了重要的传统学术凭借。因此，本章接下来拟对以宋濂的《诸子辨》与胡应麟的《四部正讹》为代表的明代文献辨伪学与"古史辨运动"之间的学术关联进行一次较为系统的探讨。

第五节　顾颉刚对明代文献辨伪学著作的整理

1980 年，顾颉刚曾表示，自己的学术工作，"开始就是从郑樵和姚、崔两人来的"，甚至说"《古史辨》的指导思想，从远的来说就是起源于郑、姚、崔三人的思想"②。但其实，除了这三位宋人与清人外，还不得不提到

---

① 顾颉刚：《四部正讹序》，《顾颉刚古史论文集》第 7 卷，第 16 页。

② 顾颉刚：《我是怎样编写〈古史辨〉的?》，《顾颉刚古史论文集》第 1 卷，第 159 页。

两位明代学者——宋濂与胡应麟。

众所周知,"古史辨运动"始于《辨伪丛刊》的编纂。1920 年 11 月,胡适致函顾颉刚,询问姚际恒的著述情况。顾颉刚接信之后,"就在图书馆中翻检了几部书,前后写了两封回信",将自己知道的情况向胡适作了汇报。胡适接信之后,建议顾颉刚标点姚际恒的《古今伪书考》。本来,顾颉刚认为 20 天工夫即可完成该书的标点和注解,"不料一经着手,便发生了许多问题",以致"做了一二个月,注解依然没有做成"。但是,通过这段时间的工作,顾颉刚基本弄清了"古今来的造伪和辨伪的人物事迹"。于是,顾颉刚决定不单单注释姚际恒的《古今伪书考》,而是发起了《辨伪丛刊》①。"古史辨运动"遂由此发轫。

《辨伪丛刊》最初名为"辨伪三种",除了姚际恒《古今伪书考》之外,还包括宋濂的《诸子辨》与胡应麟的《四部正讹》。因为,在顾颉刚看来,《古今伪书考》直接上承宋濂的《诸子辨》和胡应麟的《四部正讹》。其中,《诸子辨》里不乏有信《尉缭子》等伪书的地方,"但创意辨伪的也很多"。而"《四部正讹》虽未标题,但次序排得很准,亦为有统系的作品"。总之,"这三种合起来不过五六万字,可使人对于伪书得到更深的印象"②。这一认识与计划得到了胡适的支持。于是,顾颉刚立刻着手这两部书的整理工作。

顾颉刚最开始整理的是胡应麟的《四部正讹》③。《四部正讹》"原刊《少室山房笔丛》内,无单行本"。而"《少室山房笔丛》这部书,以前只有一个明代原刻《类稿》本。清代《四库全书》收了进去,多出了一个写本。光绪二十二年,广雅书局又有刻本"④。1920 年 12 月,顾颉刚托苏州友人

---

① 顾颉刚:《自序》,《古史辨》第 1 册,第 23 页。

② 顾颉刚:《告拟作〈伪书考〉跋文书》,《古史辨》第 1 册,第 11 页。

③ 1952 年 10 月,顾颉刚在《题少室山房笔丛》中曾回忆说:"予幼年读姚立方《古今伪书考》,知有宋景濂之《诸子辨》与元瑞之《四部正讹》,先后点读,列于《辨伪丛刊》。"顾颉刚:《题少室山房笔丛》,《宝树园文存》第 2 卷,中华书局 2011 年版,第 369 页。今按这个回忆有误,顾颉刚先后点读的顺序应该是胡应麟的《四部正讹》、宋濂的《诸子辨》。

④ 顾颉刚:《四部正讹序》,《顾颉刚古史论文集》第 7 卷,第 19 页。

购到的即是广雅书局重刻本。①1921 年 1 月初，顾颉刚花了四天的时间将其中的《四部正讹》校点完毕。② 此后，顾颉刚开始整理宋濂的《诸子辨》。"这书原来编在宋濂的文集里，没有单行本"③。自 1921 年 1 月末起，顾颉刚同时抄录了北京大学图书馆所藏浦江傅氏刻《宋文宪公集》本和京师图书馆所藏明刊《宋学士全集》本，至 4 月初抄录校点完毕。④

　　此后，顾颉刚还就此事向胡适进行了汇报。1921 年 6 月，顾颉刚在写给胡适的信中说："《辨伪丛刊》事，现在固是做得不少，但没有善本校正，终不宜付刊。"不过，顾颉刚还表示，自己"秋间入京后修补完全，再请先生交付商务印书馆印刷"。此外，顾颉刚还对这两部书的来源进行了阐述，认为《四部正讹》是依傍了马端临的《文献通考》而做。凡是引的书，十分之八都出在《文献通考》上。"《诸子辨》虽不明说，亦有暗下剿袭者"⑤。由此而言，顾颉刚当时因"没有善本校正"，暂时未将这两部书出版。更为遗憾的是，顾颉刚"秋间入京"后虽然继续从事《辨伪丛刊》的工作，但因其"实在太忙"，故未能按原计划将书交给胡适。⑥此后，顾颉刚更加"事务烦冗"，以致《诸子辨》与《四部正讹》始终未能"写定"，再加上未能获得"印刷上之资助"，两部书的整理出版遂暂告一段落。

　　直到《古史辨》第一册出版之后，由顾颉刚主持的朴社逐渐打开市场局面，这两册书才作为《辨伪丛刊》再次被提到出版日程上来。自 1926 年 7 月 3 日，顾颉刚再次开始整理《诸子辨》；至 7 月 24 日，基本整理完毕；7 月 27 日至 28 日，"作《诸子辨》序"，并写该书"版权页及后幅广告"⑦。同月，《诸子辨》作为"辨伪丛刊之一"在朴社正式出版。此后，自 1929

---

　　①　顾颉刚：《告拟作〈伪书考〉跋文书》，《古史辨》第 1 册，第 11 页。

　　②　参见顾颉刚：《顾颉刚日记》第 1 卷，第 87—90 页。

　　③　顾颉刚：《诸子辨序》，《顾颉刚古史论文集》第 11 卷，第 741 页。

　　④　顾颉刚：《诸子辨序》，《顾颉刚古史论文集》第 11 卷，第 741 页；顾颉刚：《顾颉刚日记》第 1 卷，第 93—112 页。

　　⑤　顾颉刚：《论〈通考〉对于辨伪之功绩书》，《古史辨》第 1 册，第 47 页。

　　⑥　顾颉刚：《顾颉刚日记》第 1 卷，第 166 页。

　　⑦　参见顾颉刚：《顾颉刚日记》第 1 卷，第 763—772 页。

年 5 月 26 日起，顾颉刚再次开始整理《四部正讹》①，不仅"把往年所标点的审查一过，又到北平图书馆去把文津阁《四库全书》本校对了一遍"②。6 月，顾颉刚还专门为该书作序，并作书后之广告。至 7 月末，基本整理完毕。③9 月，《四部正讹》作为"辨伪丛刊之一"在朴社正式出版。至此，顾颉刚终于完成了九年前将《诸子辨》与《四部正讹》作为《辨伪丛刊》出版的计划。

今按这两部书，最值得注意的是顾颉刚的《序》。顾颉刚在《诸子辨序》中指出，宋濂在序跋中所说的话"简直是董仲舒请罢百家的口气"，"就是考证方面，也有许多很浅陋的地方"。换言之，"他是用善恶功过的信条来论定古书的真伪"。但是，与"现代的一般陈腐的学究式的头脑"相比较，"宋濂们的孤陋的见解"可以说是"新颖的"。因此，"现在要做一种开新的工作，还不得不从他们一辈人说起，请他们一辈人做我们的先导"④。顾颉刚在《四部正讹序》中则指出，该书比《诸子辨》"进步"了许多。第一，《诸子辨》专论诸子，该书则"扩充其义例，遍及四部"，所论书多出了一倍。第二，《诸子辨》中虽然有许多辨伪的话，但只是旁及的，目的在于"罢斥百家"；《四部正讹》则较能客观，以辨伪为正业，很少卫道的议论。但是，受明代"务博而荒"学风的影响，胡应麟并没有取得"成功"。因此，我们今天要在他的基础上，"不容情地把一切高文典册审查一下"⑤。要而言之，顾颉刚之所以要整理《诸子辨》与《四部正讹》等这些评论古书的文字，就是要"一方面表示'饮水思源'的敬意，一方面鼓起'有进无退'的勇气"⑥。二者之间的学术关联由此略见一斑。

由上所述，最迟自 1921 年 1 月起，顾颉刚就开始整理宋濂的《诸子辨》与胡应麟的《四部正讹》，并从中汲取了"辨伪"的"养分"，然后由"辨

---

① 参见顾颉刚：《顾颉刚日记》第 2 卷，第 286 页。
② 顾颉刚：《四部正讹序》，《顾颉刚古史论文集》第 7 卷，第 15 页。
③ 参见顾颉刚：《顾颉刚日记》第 2 卷，第 293—305 页。
④ 顾颉刚：《诸子辨序》，《顾颉刚古史论文集》第 11 卷，第 742—743 页。
⑤ 顾颉刚：《四部正讹序》，《顾颉刚古史论文集》第 7 卷，第 16—20 页。
⑥ 顾颉刚：《四部正讹序》，《顾颉刚古史论文集》第 7 卷，第 20 页。

伪书"走向"辨伪事"，进而掀起了一场轰轰烈烈的"古史辨运动"。

第六节　顾颉刚对明代文献辨伪学理论与方法的承继

事实上，"古史辨"学人不仅汲取了宋濂、胡应麟等明人的辨伪精神，还承继了具体的辨伪学理论与方法。1927 年，梁启超在《古书真伪及其年代》中断言，宋濂是"专著一书以博辨全书的"的第一位学者，其所著《诸子辨》一书"辨别四十部子书的真伪"，但其没有"发明通用的方法"①。这一判断过于绝对。顾颉刚认为，宋濂的中心观念虽然是"把儒家思想作为衡量诸子思想的尺度"，但也能接受唐仲友、王柏等宋儒的辨伪方法，然后为其总结了辨伪学方法。第一，从年代的先后进行辨伪。第二，从思想和事实的异同进行辨伪。第三，从辞句的体裁方面辨伪。最后，顾颉刚强调说："用这三种方法来决定古籍的真伪和时代可以说是比较真切的"，故该书篇幅虽寥寥，却"唤起了胡应麟和姚际恒的两部著作"②。

继宋濂《诸子辨》之后，"专著一书去辨别一切伪书，有原理有方法"，当属胡应麟的《四部正讹》。③ 对此，顾颉刚有着清晰的认识，并进行了客观评价。顾颉刚认为，此书的目的"不在卫道而在辨伪"，故"很能把伪书的性质做分析和综合的研究"。最先能够体现这一点的是，胡应麟在此书叙论里把伪书分成二十类。这二十类依次是"伪作于前代而世率知之者""伪作于近代而世反惑之者""掇古人之事而伪者""挟古人之文而伪者""傅古人之名而伪者""蹈古书之名而伪者""惮于自名而伪者""耻于自名而伪者""袭取于人而伪者""假重于人而伪者""恶其人，伪以祸之者""恶其人，伪以诬之者""本非伪，人托之而违者""书本伪，人补之而益伪者""伪而非伪者""非伪而实伪者""当时知其伪而后世弗传者""当

---

①　梁启超：《古书真伪及其年代》，《梁启超全集》第 9 册，第 5026 页。
②　顾颉刚：《古籍考辨丛刊第一集后记》，《顾颉刚古史论文集》第 7 卷，第 45—46 页。
③　梁启超：《古书真伪及其年代》，《梁启超全集》第 9 册，第 5026 页。

时记其伪而后人弗悟者""本无撰人，后人因近似而伪托者""本无撰人，后人因亡逸而伪题者"。顾颉刚认为，胡应麟的这一伪书的详细分类，是"在证据方面、心理方面、历史方面种种繁复的事实中寻出"的"公例"，"确是一种很细密的工作"。如果胡应麟"能够用了全力做去，钩稽参互，使若干部分的伪迹悉受约束于此公例之下，他的成功决可与阎若璩相颉颃"①。

胡应麟还在此书卷末写出了"审核伪书"的八种方法。这八种方法分别是"核之《七略》以观其源""核之群志以观其绪""核之并世之言以观其称""核之异世之言以观其述""核之文以观其体""核之事以观其时""核之撰者以观其托""核之传者以观其人"。顾颉刚对于这八条方法赞赏有加，认为胡应麟虽然在《四部正讹》中"没有充分地使用"这些方法，"但已把作者的环境、文字的本质、流传的事实、书籍的记载……各方面都想过一想了"。进言之，二十类伪书分类"说的是造成伪书的种种原因"，而这八种方法则"说的是揭破伪书的种种方法"；而"一件事情，只要能够知道它的来踪去迹，又有方法对付它，它即使像孙猴子一样，有七十二变的本领，也无所逃于如来的一掌了"②。

此外，胡应麟还对该书中对"四部"中各类伪书的数量进行了统计，指出"凡四部书之伪者，子为盛，经次之，史又次之，集差寡"。对于这个统计，顾颉刚认为是"一个比较全面的认识"。但其实，这一认识虽然全面，但并不准确。有论者即批评说，《四部正讹》的"缺失"之一就在于"态度保守"。因为，"自宋以来疑《易传》《诗序》《古文尚书》《周礼》《尔雅》者已数有之"。但是，该书"于此数经皆不及之，足见其仍受传统尊经观念之囿"③。当然，"古史辨"学人对此也有认识。1921 年 11 月，钱玄同在写给顾颉刚的信中即认为，"经"的辨伪与"子"的辨伪同等重要——"或且过之"。因为，前人不看重"子"，故治"子"者"多尚取怀疑之态度"；

---

① 顾颉刚：《四部正讹序》，《顾颉刚古史论文集》第 7 卷，第 16—17 页。
② 顾颉刚：《四部正讹序》，《顾颉刚古史论文集》第 7 卷，第 17—18 页。
③ 林庆彰：《明代考据学研究》，第 235 页。

而自来学者尊崇"经"，故"经"的辨伪"尤不容缓"①。

除了上述较为系统的辨伪学理论与方法，胡应麟还触碰到了伪书的价值问题。②归纳起来，伪书有以下几种价值。第一，历史价值，如谓"《素问》《灵枢》之类，咸假轩岐，亡论其术百代遵守"。第二，史料价值，即伪书中保存了真史料，如谓刘炫作《鲁史记》之时，"古书存者尚夥"，其所采录，"必多可补前史之缺"。第三，学术思想价值，如谓张霸、刘炫皆"经术大儒"，"其所撰造，要非唐宋以后所及"。第四，文学价值，如谓《子华子》"文采可观"。总之，胡应麟的"辨伪之目的"，非"尽废伪书"③。

受胡应麟上述认识的影响，顾颉刚、钱玄同等"古史辨"学人也承认伪书的价值。早在1921年10月，顾颉刚在《读书笔记》中记，"伪书"不能"丢去"。第一，"用之已久，影响甚大"。第二，"用史的眼光看，作伪状况也是史"。第三，"可以考一个人或一种学说变迁的样子，可以知大家对于他的观念怎样"④。至1931年11月，顾颉刚则进一步提出，将"许多伪材料"置之于伪作的时代，"便可了解那个时代的思想和学术"⑤。与顾颉刚相类似，钱玄同则强调，"伪书的价值，正未可一概而论"。比如，《易》之《彖》《象》《系辞传》等都是极有价值的"托古"著作⑥。又说："伪书中也许有真料，就是假书也是一种史料"⑦。由此来看，顾颉刚与钱玄同正是在前引胡应麟关于伪书价值认识的基础上，进一步明确了伪书的价值。

综上所述，"古史辨运动"的兴起与发展与明代辨伪学存在一定的学术关联。简而言之，运动的兴起最初导源于顾颉刚对宋濂《诸子辨》与胡

---

① 钱玄同：《论编纂经部辨伪文字书》，《古史辨》第1册，第53页。

② 参见林庆彰：《明代考据学研究》，第235页；王嘉川：《论胡应麟对伪书价值的认识》，《图书与情报》2004年第5期。

③ 林庆彰：《明代考据学研究》，第235页。

④ 顾颉刚：《伪书不能废》，《顾颉刚读书笔记》第1卷，第259页。

⑤ 顾颉刚：《自序》，《古史辨》第3册，第4页。

⑥ 钱玄同：《答顾颉刚先生书》，《古史辨》第1册，第87页。

⑦ 钱玄同：《论说文及壁中古文经书》，《古史辨》第1册，第196页。

应麟《四部正讹》的整理。此外，顾颉刚还从中汲取了辨伪的"养分"尤其是辨伪学的理论与方法。因此，明代文献辨伪学是"古史辨运动"的重要本土学术资源之一。

然而，还需要强调的是，明代文献辨伪学并没有超出传统文献辨伪学的范畴。简而言之，宋濂、胡应麟等明儒是通过文献辨伪，进而"卫道""尊经"。而顾颉刚等"古史辨"学人则摒弃了这一传统观念的束缚，然后有效地继承了这些理论与方法，从而掀起了一场影响深远的"古史辨运动"。

第四章 清代乾嘉考据学与"古史辨运动"

在中国学术变迁史上，清代考据学是继宋明理学之后的又一个"时代思潮"。梁启超在《清代学术概论》的开篇即强调说，在中国古代，"自秦以后，确能成为时代思潮者，则汉之经学，隋唐之佛学，宋及明之理学，清之考证学，四者而已"①。而将这一"清之考证学"推向高峰的无疑是乾嘉考据学。简而言之，以惠栋、戴震、梁玉绳等为代表的乾嘉正统考据学家与以崔述等为代表的非正统考据学家以严谨的治学态度与治学方法，不仅对我国两千多年以来的文献典籍进行了一次大规模的整理总结②，还对战国、秦、汉间人口头传说的历史进行了"总清理"③，从而建立了一个具有特殊学术标识的"乾嘉范式"。

这一"乾嘉范式"影响深远，其学不仅形塑了"清之考证学"，还在一定程度上影响了中国现代学术的形成。从本土学术资源的角度来讲，以顾颉刚、胡适、钱玄同等人为代表的"古史辨"学人，除了承继（上一章已指出的）宋明文献辨伪学的理论与方法以及研究成果之外，还汲取了乾嘉考据学家的研究方法与研究成果，从而将"古史辨运动"推上了现代中国学术的舞台。因此，本章拟对二者之间的学术关联进行一次实质性的专题分析与考察。

---

① 梁启超：《清代学术概论》，《梁启超全集》第 5 册，第 3068 页。
② 参见王俊义、黄爱平：《清代学术与文化》，辽宁教育出版社 1993 年版，第 394—400 页；漆永祥：《乾嘉考据学研究》，中国社会科学出版社 1998 年版，第 246 页。
③ 顾颉刚：《古籍考辨丛刊第一集序》，《顾颉刚古史论文集》第 7 卷，第 27 页。

小引（一）

乾嘉正统考据学是乾嘉考据学的主流。"正统派中坚，在皖与吴"。开吴者为惠栋，开皖者为戴震。①"吴派"强调"好学尊闻"，以"崇汉信古"为旗帜，专推崇东汉古文家经说。"其特点是博览群书，善于搜集资料加以排比钩稽"。继之而起的"皖派"则强调"好学深思"，以"实事求是"为旗帜，不拘泥于汉人旧说。其特点是"不作类书式的按而不断，而是经过分析研究，提出结论"②。当然，二者之间只是同中有异，并无本质区别。可以说，正是在以吴派与皖派为中坚的乾嘉考据学家的共同努力下，才将清代考据学这一"时代思潮"推向了顶峰。

其实，清代乾嘉正统考据学还为"古史辨运动"提供了传统学术凭借。对此，顾颉刚的弟子刘起釪强调说，自己老师一生的学术"植根于汉学"，并认为其具体承受了清代汉学各派的内容与治学方法。③持相近观点或赞同这一观点的还有刘俐娜、王学典等。④但是，这场学术运动具体承受了哪些乾嘉正统考据学的研究成果，则基本语焉不详。⑤此外，还有一批研究者在考察顾颉刚的"疑古"思想以及"古史辨运动"的学术来源时，则基本不提及乾嘉正统考据学⑥，或认为二者之间并没有实质性的关

---

① 梁启超：《清代学术概论》，《梁启超全集》第 5 册，第 3070 页。

② 刘起釪：《顾颉刚先生学述》，第 4 页。

③ 参见刘起釪：《顾颉刚先生学述》，第 1—12 页。

④ 参见刘俐娜：《顾颉刚学术思想评传》，第 111—119 页；王学典：《新史学和新汉学：中国现代史学的两种形态及其起伏》，《史学月刊》2008 年第 6 期。

⑤ 其中，唯有刘起釪指出顾颉刚善于借助各家研究成果，但举出的具体例证仅为其因非乾嘉正统考据学家崔述之说而提出了"层累说"，因今文学家崔适《史记探源》之说而对五德终始说下的政治和历史活动做出了新的研究。参见刘起釪：《顾颉刚先生学述》，第 12 页。但是，崔述并非乾嘉正统考据学家，而崔适则是晚清今文家。

⑥ 参见王汎森：《古史辨运动的兴起》，第 29—59 页；彭明辉：《疑古思想与现代中国史学的发展》，第 53—65 页；顾洪：《论古史辨学派产生的学术思想背景》，《中国文化研究》1995 年第 2 期；王煦华：《试论顾颉刚的疑古辨伪思想》，《中国哲学》第 17 辑，第 490—491 页；吴少珉、赵金昭主编：《二十世纪疑古思潮》，第 1—111 页；黄海烈：《顾颉刚"层累说"与 20 世纪中国古史学》，第 9—48 页；林庆彰：《顾颉刚的学术渊源》，第 1—14 页。

联。因此，本章首先拟对这一存在不同看法的课题进行一次具体而微的澄清工作。

第一节　戴震、阮元等的《诗经》研究与
"古史辨运动"的兴起

从古史研究的角度来讲，"古史辨运动"的发生与兴起，最迟可以追溯到胡适"东周以前存疑论"的提出。1919 年 2 月，胡适在《中国哲学史大纲》中正式提出："以现在中国考古学的程度看来，我们对于东周以前的中国古史，只可存一个怀疑的态度。"此论即是"东周以前存疑论"。

胡适之所以主张此论，源于其对"审定史料"的重视。具体而言，胡适认为，"唐、虞、夏、商的事实，今所依据，止有一部《尚书》。但是，《尚书》或是儒家造出的'托古改制'的书或是古代歌功颂德的官书。无论如何，没有史料的价值"。而"只有一部《诗经》可算得是中国最古的史料"。至于《诗经》之所以被认为是"中国最古的史料"，要在《诗经·小雅》记载："十月之交，朔日辛卯，日有食之。"而这一记载，除了得到了西洋学者的证实之外，还在于本土学者推算此日食在幽王六年（前776）。① 因此，胡适认为，东周以前只可存疑。

所谓推算日食在幽王六年的本土学者，即包括乾嘉著名考据学家阮元。胡适在《中国哲学史大纲》中说："后来的历学家，如梁虞邝，隋张胄元，唐傅仁均、僧一行，元郭守敬，都推定此次日食在周幽王六年，十月，辛卯朔，日入食限。清朝阎若璩、阮元推算此日食，也在幽王六年。"② 溯本追源，这一论述的第一句直接照搬了阮元的说法。阮元在《诗

---

① 胡适：《中国古代哲学史》，《胡适全集》第 5 卷，第 214—215 页。
② 胡适：《中国古代哲学史》，《胡适全集》第 5 卷，第 215 页。

十月之交四篇属幽王说》中首先指出，关于《十月之交》四篇，有“属厉王时诗者”和“属幽王时者”两种说法，然后指出后者之合者有四，前者之不合者亦有四。其中，第一个证据是：“《诗》言‘十月之交，朔日辛卯，日有食之。’交食至梁、隋而渐密，至元而愈精。梁虞𠚳、隋张胄元、唐博仁均、一行、元郭守敬并推定此日食在周幽王六年十月建酉辛卯朔日入食限，载在史志。今以雍正癸卯上推之，幽王六年十月辛卯朔正入食限”①。由此可见，胡适之所以认为《诗经》可信，并进而提出“东周以前存疑论”，在较大程度上是参考了阮元关于《十月之交》的看法。

当然，由于胡适在书中直接提到阮元，故不难被发现。其实，胡适还受到了其他乾嘉考据学家的启发。早在阮元之前，戴震在《毛郑诗考正》中即指出：梁虞𠚳、唐傅仁均及一行，并推《十月之交》首章的日食发生在“周幽王六年建酉之月辛卯朔辰时日食”；“近阎百诗《尚书古文疏证》初亦用刘原甫说，谓虞𠚳诸人傅会，后既通推步，上推之正合，复著论自驳旧时之失”②。此后，戴震又作《书小雅十月之交篇后》，重申了上述观点。③ 要而言之，戴震认为，《十月之交》中的日食记载发生在周幽王六年。④

将胡适与戴震的观点进行对照，二者的观点基本一致。而最迟在1917年4月，胡适即阅读到了段玉裁的《戴东原年谱》。⑤ 此后，胡适在《中国哲学史大纲》中讲“整理史料之法”之时还专门对戴震进行了表彰。⑥ 由此来看，胡适之所以认为《诗经》可靠，并进而提出“东周以前存疑论”，

---

① （清）阮元：《揅经室集》，中华书局1993年版，第83—84页。

② （清）戴震：《毛郑诗考正》卷2，《戴震全书》第1册，黄山书社1995年版，第621页。

③ 参见（清）戴震：《东原文集》卷1《书小雅十月之交篇后》，《戴震全书》第6册，第230—231页。当然，戴震早在《毛诗补传》中即以推步之法计算出此次日食发生在周幽王六年。参见（清）戴震：《毛诗补传》卷18，《戴震全书》第1册，第383—384页。该书原藏于国家图书馆，此前并未公开出版，故此处不引。

④ 有学者指出，戴震的这一观点应该是直接受到了乃师江永的影响。参见张小明、朱宏胜：《江永诗经学考论对戴震的影响》，《池州学院学报》2017年第1期。

⑤ 参见胡适：《日记（1915～1917）》，《胡适全集》第28卷，第541页。

⑥ 胡适：《中国古代哲学史》，《胡适全集》第5卷，第216页。

还在一定程度上参考了戴震关于"十月之交"的研究成果。

受戴震《诗经》研究成果影响的还有顾颉刚。1923 年 5 月 6 日，顾颉刚以《诗经》可信的基本前提下，在《与钱玄同先生论古史书》的"按语"中正式提出了著名的"层累说"。此说有三个要义：一是"时代愈后，传说的古史期愈长"；二是"时代愈后，传说中的中心人物愈放愈大"；三是"即不能知道某一件事的真确的状况，但可以知道某一件事在传说中的最早的状况"①。此说一经提出，便彻底颠覆了三皇五帝的传统上古史体系，从而引发了一场影响深远的史学革命。

在正文部分，顾颉刚还以"商周不同源论"为前提对"层累说"的第一个要义进行了简要阐述。根据《诗经》中的《商颂》和《大雅》，商、周两个民族只是把本族形成时的人作为始祖，并没有"公认的始祖"。不过，在他们的始祖之外，还有一个禹。换言之，"东周的初年只有禹"。但根据《论语》，"东周的末年更有尧舜"。由此来看，"时代愈后，传说的古史期愈长"②。此后，顾颉刚又在《答刘、胡两先生书》中开列了要"打破民族出于一元"等推翻非信史的"四个标准"，进一步完善了"层累说"③。要而言之，以《诗经》可信进而提出的"商周不同源论"，是顾颉刚得以建立和完善"层累说"的题中之义。

诚如有学者所指出的，这一"商周不同源论"可以追溯到戴震的相关论述④。具体来讲，戴震在《毛郑诗考正》中对《生民》进行考正时指出："此诗异说纷然"。《帝系》曰："帝喾上妃姜嫄"，"本失实之辞，徒以傅会周人褅喾为其祖之所自出"。使"喾为周家祖之所自出"，《雅》《颂》中言姜嫄、言后稷，当上溯及喾。而"商人祖契，于上亦更无可推。故《商颂》言有娀，与周之但言姜嫄同"⑤。此后，戴震又

① 顾颉刚：《与钱玄同先生论古史书》，《古史辨》第 1 册，第 75—76 页。

② 顾颉刚：《与钱玄同先生论古史书》，《古史辨》第 1 册，第 77—79 页。

③ 顾颉刚：《答刘、胡两先生书》，《古史辨》第 1 册，第 105 页。

④ 参见李锐：《由〈诗《生民》解〉论戴震的疑古及史学地位》，《人文论丛》2018 年第 2 辑，武汉大学出版社 2018 年版，第 45 页。

⑤ （清）戴震：《毛郑诗考正》卷 3，《戴震全书》第 1 册，第 644—646 页；又参见（清）戴震：《毛诗补传》卷 21，《戴震全书》第 1 册，第 525—526 页。

作《诗〈生民〉解》,重申了这一观点。① 要而言之,"稷、契皆断非
帝喾之子"②。

将顾颉刚与戴震的看法相比较,二者的思路和观点基本一致,皆是
"从《诗》文本出发",进而认为商始祖契和周始祖后稷皆非帝喾子。而且,
李锐还根据《顾颉刚日记》指出,顾颉刚有可能通过皮锡瑞的《诗经通
论》、梁启超的《中国历史研究法》等书中的相关论述,了解到了戴震
的上述观点。③

这一推断颇能成立。这里可以补充的是,顾颉刚自 1916 年即开始编
纂《清代著述考》。其中,该书第二册收录的第一位清代学者即是戴震,
而戴震著述之中即有《毛郑诗考正》四卷。④ 此后,顾颉刚较为关注戴震,
并最迟于 1917 年即开始阅读收录《诗〈生民〉解》的《戴东原集》。⑤ 因此,
我们有理由认为,顾颉刚是在接触到前引戴震关于《生民》观点之后提出
了"商周不同源论",进而建构、完善了"层累说"。

由上可知,"东周以前存疑论"与"层累说"的相继提出,推动了"古
史辨运动"的兴起。而这两个学说的建立,均在一定程度上受到了乾嘉考
据学家戴震、阮元相关论述的影响。

---

① 参见(清)戴震:《东原文集》卷 1《诗〈生民〉解》,《戴震全书》第 6 册,第
236—237 页。

② (清)戴震:《毛诗补传》卷 26,《戴震全书》第 1 册,559 页。

③ 参见李锐:《由〈诗〈生民〉解〉论戴震的疑古及史学地位》,《人文论丛》2018 年
第 2 辑,第 45—46 页。

④ 参见顾颉刚:《清代著述考(稿本)》第 1 卷,中华书局 2011 年版,第 211 页。

⑤ 1917 年,顾颉刚在《读书笔记》中抄录了戴震的《与姚姬传书》。参见顾颉刚:《顾
颉刚读书笔记》第 15 卷,第 311—312 页。1921 年,顾颉刚在《读书笔记》中又节录了
戴震的《书郑风后》。参见顾颉刚:《赋诗赠答文断章取义》,《顾颉刚读书笔记》第 1 卷,
第 284 页。今按《与姚姬传书》收录在《戴东原集》第 9 卷,《书郑风后》则与《诗〈生
民〉解》共同收录在《戴东原集》第 1 卷。此外,顾颉刚妻子殷履安手抄的《成府藏书目》
中有经韵楼本的《戴东原集》。参见顾洪、张顺华编:《顾颉刚文库古籍书目》第 2 卷,第
926 页。

第二节　孙志祖、范家相等的孔子材料考证与
"古史辨运动"的"黜圣"

　　1930 年《古史辨》第二册出版发行，标志着"古史辨运动"的进一步发展。该书主要分为三编，中编为"孔子与儒家问题"。如果进一步归纳，这一问题的主旨可以归纳为"黜圣"。而这一主题研究的开展，无疑将"古史辨运动"由古史考辨导向了孔子与经学研究。

　　所谓"黜圣"，并非是罢黜孔子，而是要恢复孔子的真相。其中，较早对这一问题进行讨论的是顾颉刚。1926 年 10 月，时在厦门大学任教的顾颉刚发表《春秋时的孔子和汉代的孔子》，指出孔子不止有两个，各时代有各时代的孔子。不过，真实的孔子并非是不确定的，而是他自己愿意做的"君子"[1]。此后，顾颉刚转教于中山大学，并开设"孔子研究"一门课程，以期进一步恢复孔子的真相。这份讲义主要分为四种，其中甲种为"孔子事实及记载孔子事实之文籍考订"，即"希望在一种讲义里把旧的孔子史实审查一番，抽出可靠的史料，作成一篇孔子新传"。其中，"《论语》《家语》《孔子世家》是专记孔子事迹的，材料之来源与篇章之真伪，尤当细考"[2]。

　　今按讲义现存甲种资料及"按语"，顾颉刚即有本于乾嘉考据学家的研究成果对《孔子世家》与《家语》的"材料之来源与篇章之真伪"进行了简要的说明。按照先后顺序，顾颉刚首先在甲种之三中摘录了梁玉绳《史记志疑》中的《孔子世家》部分，并写有"按语"。在这则"按语"中，顾颉刚首先介绍了梁玉绳及其撰写的《史记志疑》："梁氏生当清代朴学极盛之际，得用当世治经之法以治史，又家于文化中心之杭州，得备览古今典籍，故其书博大而精密，为古史学辟一四达之衢，其功绩不在司

---

[1]　顾颉刚：《春秋时的孔子和汉代的孔子》，《古史辨》第 2 册，第 99—104 页。
[2]　顾颉刚：《孔子研究讲义》，《顾颉刚古史论文集》第 4 卷，第 30 页。

马迁下。"之后，则对梁氏纠正《孔子世家》的学术贡献进行了评论："其所纠正《孔子世家》之谬误，虽视崔述之以毕生精力作研究者有损色，然百虑一致，印合殊多，且征引之旧说亦较崔氏为广。"而"将此两种考证比而观之，可知造伪之史事与由误会而成之史事散布于史籍之中，炫乱后人之耳目者不知凡几；若为无条件之信从，则多学适以多受欺。但若小心辨别，则久定之信谳仍到处显露其破绽，二千年来之覆不难于一旦揭之"。要而言之，清代乾、嘉之际，考证之风大启，梁玉绳与崔述已将《史记》中之伪孔子"击至体无完肤"①。由此可见，顾颉刚之所以认为《孔子世家》中的孔子事实不可信，即是在较大程度上接受了梁玉绳《史记志疑》的观点。

之后，顾颉刚在讲义的甲种之十六至二十则摘录了范家相的《家语证伪》和孙志祖的《家语疏证》，并分别写有"按语"。在"按语"中，顾颉刚指出："《家语》出于西汉人伪造，至王肃又别伪一本，今日之本则又非王肃之旧矣。赝之中又有赝焉，此读古书之所以难也。"而范家相的《家语证伪》即对《家语》的真伪进行了考证。比如，"王肃伪作《家语》，赖以欺人者在其所伪造之孔安国《序》及孔衍《表》"。而"范氏精心辨析，使其无可逃遁，读之可以明考订古籍之方"。又如，"范氏《读家语杂记》一文，从各方面之研究，归纳其作伪事实，指出其作伪破绽，其读书方法盖即阎若璩、崔述等所用之方法"。此外，根据孙志祖的《家语疏证》，"当知王肃生年较晚，彼所引据之书今多得见，故虽弥缝甚工而终难掩蔽，《尚书》《家语》两案一经发觉，遂成定谳"。要而言之，范家相、孙志祖皆以考证之法，寻出了《家语》的作伪之依据，并指出了该书"割裂改窜之痕迹"。《孔子家语》之伪遂得以定谳。②由此来看，顾颉刚之所以认为《孔子家语》为伪书，主要是接受了范家相《家语证伪》与孙志祖《家语疏证》的研究结论。③

---

① 顾颉刚：《孔子研究讲义》，《顾颉刚古史论文集》第4卷，第34—35页。

② 顾颉刚：《孔子研究讲义》，《顾颉刚古史论文集》第4卷，第42—45页。

③ 1935年，顾颉刚在《三皇考》中再次强调说，《孔子家语》这部书，"直到清代中叶而完全解决，孙志祖作《家语疏证》，范家相作《家语证伪》，就内容研究，寻出每篇每

　　是时，与顾颉刚一道致力于恢复孔子真相的还有周予同。1927 年12 月，周予同在写给顾颉刚的信中说，《春秋时的孔子和汉代的孔子》一文的立意"甚佳"，惟"谈汉时孔子尚不能发挥尽致"，以致略有"首大尾小之憾"。与此同时，周予同则表示自己曾有意撰写《孔学变迁史》一书，"详述孔子自身及其学说之扩大与变化"①。此后，周予同不仅撰写出了该书的部分章节——《纬谶的孔圣与他的门徒》，对谶纬中的"假孔子"进行了考察②，还出版了《孔子》一书，尽可能地描画出了"一个真的孔子的轮廓"③。

　　尤为相关的是，周予同也认为《孔子家语》是伪书。1928 年，周予同注释的《经学历史》出版。皮锡瑞认为："是肃所谓圣证，人皆知其不出于圣人矣。孙志祖《家语疏证》已明著其伪。"④ 周予同则专门注释说："孙志祖字颐谷，清仁和人。官至监察御史。撰《家语疏证》六卷，证《家语》为王肃伪造，书刻入《校经山房丛书》中。"⑤ 因此，周予同后来撰写《孔子》一书时，即摒弃了"可信性太薄弱"的《孔子家语》，而主要"取自孔子门弟子所记录的《论语》一书"⑥。总而言之，周予同之所以认为《孔子家语》是伪书，进而努力恢复孔子的真相，主要是接受了孙志祖《家语疏证》的研究结论。

　　由上所述，"孔子与儒家问题"是"古史辨运动"进一步发展的主要议题之一。其中，顾颉刚、周予同二人都汲取了孙志祖等乾嘉考据学家关于孔子资料的研究成果，从而在一定程度上恢复了孔子的真相。

章的根据及其割裂改窜的痕迹，于是这一宗造伪书的案子就判定了"。因此，对于《孔子家语》，"只须当作王肃的学说看"。顾颉刚、杨向奎：《三皇考》，《古史辨》第 7 册，第 331 页。

　　①　周予同：《与顾颉刚书》，《古史辨》第 2 册，第 109 页。

　　②　参见周予同：《纬谶的孔圣与他的门徒》，朱维铮编校：《周予同经学史论》，第 192—215 页。

　　③　周予同在该书末对"真的孔子"进行了总结，即"孔子是一位中国古代人格完满发展的圣人；他是一位实际的教育家，他是一位不得意的政治思想家，他是一位专研道德问题的伦理学家"。周予同：《孔子》，朱维铮编校：《周予同经学史论》，第 260 页。

　　④　（清）皮锡瑞著，周予同注释：《经学历史》，中华书局 2011 年版，第 106 页。

　　⑤　（清）皮锡瑞著，周予同注释：《经学历史》，第 109 页。

　　⑥　周予同：《孔子》，朱维铮编校：《周予同经学史论》，第 227—228 页。

第三节　惠栋、戴震等的经学研究与"古史辨运动"的"惑经"

　　1931 年《古史辨》第三册的出版，标志着"古史辨运动"进一步由古史考辨转向孔子与经学研究。这册书分为上、下两编，上编讨论《周易》，"辨明《易十翼》的不合于《易上下经》"；下编则讨论《诗经》，"辨明齐、鲁、韩、毛、郑诸家《诗说》及《诗序》的不合于《三百篇》"。要而言之，《古史辨》第三册的根本意义，在于"打破汉人的经说"①。而这一"打破"与乾嘉考据学家的若干观点密不可分。

　　在《周易》的讨论上，"古史辨"学人首先达成了一个基本共识："孔子与《易》无关"。这一观点是由钱玄同最先公开提出来的。1923 年 6 月，钱玄同在《答顾颉刚先生书》中指出，在《论语》中，关于《易》的记载共有三则。其中最重要的一则是"子曰：加我数年，五十以学《易》，可以无大过矣"。但是，此则文句，《鲁论》与《古论》大异。今本出于郑玄，郑于此节从《古论》读。若《鲁论》，则作"五十以学，亦可以无大过矣"（见《经典释文》）。汉《高彪碑》，"恬虚守约，五十以敩"，即从《鲁论》。因此，钱玄同认为孔子与《易》无关。②

　　探本追源，钱玄同的立论证据取自惠栋。惠栋在《九经古义》中说："《鲁论》'易'为'亦'。君子爱日以学五十以学，及时而成，斯为晚矣。然秉烛之明，尚可寡过，此圣人之谦辞也。"③在《经典释文校语》中，惠栋则指出："《外黄令高彪碑》：'恬虚守约，五十以敩'，此从《鲁论》'亦'字连下读也。"④由此来看，在《周易》研究史上，惠栋最先引《经典释文》

---

　　①　顾颉刚：《自序》，《古史辨》第 3 册，第 1 页。

　　②　参见钱玄同：《答顾颉刚先生书》，《古史辨》第 1 册，第 84—85 页。

　　③　（清）惠栋：《九经古义》，《丛书集成初编》本，商务印书馆 1937 年版，第 173 页。

　　④　转引自程树德：《论语集释》，程俊英、蒋见元点校，中华书局 1990 年版，第 473 页。

和《高彪碑》，力主"易"应从《鲁论》作"亦"。当然，惠栋并未因此而否定孔子与周易的关系，但其举出的证据却成为钱玄同建立"孔子与《易》无关"说的"铁证"。

除此之外，钱玄同还提出了一个较有价值的观点，即"《说卦》三篇是后出之文"。1929年，钱玄同在《读〈汉石经·周易〉残字而论及今文〈易〉的篇数问题》一文中指出："首疑《说卦》以下三篇者为戴东原。"戴震在《周易补注目录后语》中说："武帝时，博士之业，《易》虽已十二篇，然昔儒相传，《说卦》三篇，与今文《大誓》同后出。《说卦》分之为《序卦》《杂卦》，故三篇词指不类孔子之言，或经师所记孔门余论，或别有所传述，博士集而读之，遂一归孔子，谓之'十翼'。"① 由此可见，在戴震看来，"《说卦》三篇是后出之文，不与《彖》《象》《系辞》《文言》同时"②。此外，钱玄同还指出，持类似观点的还有严可均。严可均在《唐石经校文》中认为："汉宣帝时，河内女子得《说卦》一篇不数《序卦》《杂卦》者，统于《说卦》。"③ 之后，钱玄同利用新发现的《汉石经·周易》残字，对这一问题进行了考证。最后，钱玄同表示，相信戴震和严可均的"解说"，认为"西汉初年田何传《易》时，只有《上下经》和《彖》《象》《系辞》《文言》诸传"，至"西汉中叶，加入汉人伪作的《说卦》《序卦》《杂卦》传三篇"④。准此可见，钱玄同之所以认为"《说卦》三篇是后出之文"，首先是受到了戴震、严可均的提示。

与《周易》讨论相类似，"古史辨"学人的《诗经》讨论也在不同程度上借助了乾嘉考据学家的研究成果。众所周知，孔子是否删《诗》是《诗经》研究的一个基本问题。"古史辨"学人经过讨论，达成一个基本共识，

---

① （清）戴震：《东原文集》卷1《周易补注目录后语》，《戴震全书》第6册，第225—226页。

② 钱玄同：《读〈汉石经·周易〉残字而论及今文〈易〉的篇数问题》，《古史辨》第3册，第48页。

③ （清）严可均：《唐石经校文》卷一，《续修四库全书》第184册，上海古籍出版社2002年版，第247页。

④ 钱玄同：《读〈汉石经·周易〉残字而论及今文〈易〉的篇数问题》，《古史辨》第3册，第48—52页。

即孔子并未删《诗》。其中,对这一观点进行系统论证的为张寿林。1926年,张寿林在《〈诗经〉是不是孔子所删定的?》一文中认为,孔子删《诗经》之说不能成立,并罗列了六个理由。其中第三个理由是,"孔子是我们中国礼教的老祖宗,素以风教为重,删诗时不应当反把郑、卫的淫诗存留下来"①。而为了证实这一理由,张寿林专门列举了江永的《乡党图考》②中的看法:"夫子未尝删诗;诗亦自有淫声。"《孔子世家》言孔子删诗,系司马迁的"妄说"③。由此而言,张寿林之所以敢于否定孔子删《诗》之说,在一定程度上是接受了江永的观点。

除张寿林外,对这一问题进行系统考证的"古史辨"学人还有张西堂。20世纪30年代初,张西堂在《采诗删诗辨》一文中首先指出,"孔子不曾删《诗》",然后罗列了自唐代以来的怀疑之说,其中即有赵翼的说法。④赵翼在《陔余丛考》中指出:"《国语》引诗凡三十一条",但"所引逸诗仅一条,而三十条皆删存之诗,是逸诗仅删存诗三十之一"。而"《左传》引诗共二百十七条",其中"左丘明自引及述孔子之言所引者共四十八条,而逸诗不过三条","是逸诗仅删存诗二十之一"。此外,根据《论语》《管子》《庄子》《礼记》等书的记载,"删外之诗甚少"。因此,"古诗三千之说不足凭"⑤。张西堂认为,赵翼的观点"是根据叶水心的说法而来,很有道理","既然逸诗的数字还没有删存诗的二三十分之一,那么所谓三千之数,十倍于今者,显然是不可信的"⑥。准此而言,张西堂之所以认为孔子不曾删《诗》,或多或少是受到了赵翼上述考证的影响。

---

① 张寿林:《〈诗经〉是不是孔子所删定的?》,《古史辨》第3册,第237页。

② 该书成书于乾隆二十一年(1756)。有学者认为,江永的《乡党图考》"专究《论语》中的名物制度,完全表现考证学的色彩"。周予同:《群经概论》,朱维铮编校:《周予同经学史论》,第181页。

③ (清)江永:《乡党图考》第2卷,《景印文渊阁四库全书》第210册,台湾商务印书馆1986年版,第47页。

④ 参见张西堂:《诗经六论》,第83—89页。

⑤ (清)赵翼:《陔余丛考》卷2《古诗三千之非》,《赵翼全集》第2册,凤凰出版社2009年版,第22—24页。

⑥ 张西堂:《诗经六论》,第89页。

　　此外，"古史辨"学人还在《诗经》性质的讨论上受到了部分乾嘉考据学家的影响。率先提出新见并进行系统论证的是顾颉刚。1923 年，顾颉刚在《〈诗经〉在春秋战国间的地位》一文中强调说："这三百多篇诗的《诗经》，就是入乐的诗的一部总集。"① 此后，顾颉刚在《论〈诗经〉所录全为乐歌》一文中，主要从四个方面对这一观点进行了论证，再次强调"《诗经》中一大部分是为奏乐而创作的乐歌，一小部分是由徒歌变成乐歌"。此外，顾颉刚还重点对程大昌、顾炎武等人主张的"《诗经》中有一部分是徒歌"之说进行了论辩，认为此说"极谬误"。具体而言，其说的症结在于"误认乐歌尽于正歌，而不知道正歌以外的乐歌尽多"。此外，这些学者"又用了正变之说来分别乐诗与徒诗，但正变之说固是汉人依傍了诗篇的次第而妄造出来的，完没有可信的价值"② 。要而言之，顾颉刚认为，程大昌、顾炎武等人主张的"《诗经》有一部分是徒歌"之说不能成立，而认为《诗经》是"入乐的诗的一部总集"。

　　追本溯源，顾颉刚的上述认识完全可以追溯到部分乾嘉考据学家的观点。马瑞辰在《毛诗传笺通释》③ 一书中即指出，"《诗》三百篇，未有不可入乐者"，并依次罗列了《虞书》《毛诗序》《周官》《墨子·公孟篇》《郑风·子衿》毛传，以及《左传》《史记》《六艺论》等文献中的相关说法；之后则强调说："程大昌谓《南》《雅》《颂》为乐诗，自《邶》至《豳》皆不入乐，为徒诗，其说非也。"④ 此外，持类似看法的还有俞正燮。俞正燮在《癸巳存稿》中指出："三代时，宁戚歌《硕鼠》，卫太史歌《巧言》之卒章，鲁为吴公子札歌《风》《雅》《颂》，师乙言歌《商》、歌《齐》。汉时，雅乐可歌者八篇，有《白驹》《伐檀》，不必如笙诗，正《小雅》也。东汉曹氏时，乐工肄歌《鹿鸣》《驺虞》《伐檀》《文王》，魏太和中，惟传《鹿

---

① 顾颉刚：《〈诗经〉在春秋战国间的地位》，《古史辨》第 3 册，第 191 页。

② 顾颉刚：《论〈诗经〉所录全为乐歌》，《古史辨》第 3 册，第 403—430 页。

③ 根据该书《自序》，是书虽然成书于道光十五年（1835），但始作于嘉庆二十五年（1820），故可以将此书列为乾嘉《诗经》学的代表作之一。参见孙向召：《乾嘉诗经学研究》，扬州大学 2011 年博士学位论文，第 118—126 页。

④ （清）马瑞辰：《毛诗传笺通释》卷 1《诗入乐说》，中华书局 1989 年版，第 1—2 页。

鸣》一篇，后并亡之，则其调不传。”要而言之，“诗不可歌，则不采矣”①。由此而言，马瑞辰、俞正燮都认为诗三百篇“未有不入乐者”。

对比之下，上述说法与顾颉刚的观点基本一致。而最迟至 1921 年 11 月，顾颉刚即开始关注到了马瑞辰的《诗经》研究②，而其爱人殷履安手抄的《成府藏书目》中有马瑞辰的《毛诗传笺通释》③。此外，早在 1921 年 7 月，顾颉刚即集中阅读了俞正燮的《癸巳类稿》与《癸巳存稿》，并称赞这两部书“设例既繁，推断亦勇”，“不独注意书籍，并注意社会状况，此非当时一般学者所及”④。因此，顾颉刚之所以认为《诗经》是“入乐的诗的一部总集”，或多或少地受到了马瑞辰、俞正燮上述观点的启发。

较之顾颉刚，另一位“古史辨”学人张西堂受到马瑞辰、俞正燮的影响更为直接。张西堂在《诗三百篇之诗的意义及其与乐之关系》一文中首先指出，无论“就《诗经》的编纂”，还是“就诗歌的原则”来说，“现在流传下来的诗三百篇，本来全是乐歌”。之后则征引了前引马瑞辰、俞正燮等人的说法，认为马瑞辰“提出《尚书》《墨子》《左传》《史记》《毛传》《郑志》为验”，其“证据要可靠得多”；而俞正燮也“提出不少的证明”。当然，由于受到历史的限制，这些人“都没有得到探源溯本之论”，于是其专门依次从“诗三百篇的搜集”、“《风》诗之决非徒歌”、“古代歌舞的关系”以及“古代‘诗’‘乐’的关系”等四个方面对这一问题进行了分析。最后，张西堂再次强调说：“诗三百篇之当全为乐歌”⑤。由此可见，张西堂之所以认为“诗三百篇之当全为乐歌”，则直接受到了马瑞辰、俞正燮等人观点的影响。

由上可知，关于《周易》与《诗经》的讨论，是“古史辨运动”转向经学研究之后的两个主要议题。而“古史辨”学人则在一定程度上接受了

---

① （清）俞正燮：《癸巳存稿》卷 1《诗入乐》，《俞正燮全集》第 2 册，黄山书社 2005 年版，第 28 页。

② 参见顾颉刚：《毛、郑、王三家诗》，《顾颉刚读书笔记》第 1 卷，第 284 页。

③ 参见顾洪、张顺华编：《顾颉刚文库古籍书目》第 2 卷，第 927 页。

④ 参见顾颉刚：《文集应有分类汇编》，《顾颉刚读书笔记》第 1 卷，第 170—172 页。

⑤ 张西堂：《诗三百篇之诗的意义及其与乐之关系》，《师大月刊》1934 年第 14 期。

戴震、惠栋、赵翼、马瑞辰等人的研究成果，从而有效地"打破汉人的经说"，并在较大程度上恢复了这两部经书的本来面目。

第四节　汪中、严可均等的诸子研究与"古史辨运动"的"诸子丛考"

1933 年《古史辨》第四册出版，进一步推动了"古史辨运动"的发展。诚如顾颉刚所言，"研究中国的古学和古籍，不得不从诸子入手，俾在诸子方面得到了真确的观念之后再去治经"[1]。由此，这场学术运动又由孔子与经学研究转向了诸子丛考。

在诸子丛考中，最引人注目的是关于老子其人其书年代的讨论。1922 年 3 月，梁启超在一次题为《评胡适的〈哲学史大纲〉》的演讲中提出："《老子》这部书的著作时代，是在战国之末"，并列举了六项证据。其中第三项是，《礼记·曾子问》记载老聃的五段谈话"比较的可信"，但据此来看，"老聃是一位拘谨守礼的人，和五千言的精神，恰恰相反"[2]。此说一出，遂掀起了一场关于老子其人其书年代的讨论。

其实，这一问题在清代即已经被纳入到研究的视野。梁启超在文中即强调说，汪中"咬定"老子即是太史儋。[3] 此外，汪中在《老子考异》中指出："老子言行，今见于《曾子问》者凡四，是孔子之所从学者，可信也。"根据该篇记载，老子"谨于礼"，而这一记载与《老子》中的记载"彼此乖违"[4]。对比之下，梁启超的第三项证据无疑直接取自汪中。由是言之，梁启超之所以能够提出"《老子》作于战国之末"的观点，在一定程度上是

---

①　顾颉刚：《顾序》，《古史辨》第 4 册，第 9 页。

②　梁启超：《论〈老子〉书作于战国之末》，《古史辨》第 4 册，第 207—208 页。

③　梁启超：《论〈老子〉书作于战国之末》，《古史辨》第 4 册，第 207 页。

④　（清）汪中撰，李金松校笺：《述学校笺·补遗》，中华书局 2014 年版，第 601—602 页。

受到了汪中的启发。

与梁启超相类似，受到汪中影响的还有其他一些学者。1927 年 11 月，张寿林在《老子〈道德经〉出于儒后考》一文中提出："老子《道德经》出于孔子之前，其说盖本于孔子适周见老子而误。"因此，"斯说不辨，徒言《道德经》出于孔子之后，实无以释人疑"。然后，其首先从"时代"的角度对"孔子适周之伪"进行了考辨。以时代推之，古有孔子年十七适周、年五十一适周以及年三十四适周等不同说法。针对年十七适周之说，梁玉绳在《史记志疑》中批驳说："敬叔生于昭十二年，当昭公七年，孔子十七时，不但敬叔未从游，且未生也。"因此，此说"大妄"而"不足信"。然后，张寿林主要从史事、文字以及思想三个层面对这一观点进行了论证。仅就史事而言，张寿林指出："古籍中之引老子《道德经》者众矣，然无出今本所录者"，其足以"据之推定《道德经》出于孔后者，则有《文子》《列子》二书"。之后便大段转引了汪中的《老子考异》①。要而言之，汪中指出，《文子·精诚篇》引老子"以燕与秦、楚、魏并称"，但"燕终春秋之世，不通盟会"，"魏之建国，上距孔子之殁，凡七十五年"。而《列子·黄帝篇》载老子教杨朱事，《杨朱篇》述子贡之世的端木叔，《说苑·政理篇》又称"杨朱见梁王"；但"朱为老子之弟子，而及见子贡之孙之死"，而"梁之称王，自惠王始；惠王元年，上距孔子之殁，凡百十八年"②。根据汪中的上述考证，张寿林指出："孔子固已不及见老子，则老子《道德经》著作之年代在孔子之后，盖无容疑。"③ 由是言之，张寿林之所以认为《老子》著作之年代当在孔子之后"，其在史事上的论证则直接有本于汪中的考据成果。

除张寿林外，受汪中《老子考异》影响的"古史辨"学人还有钱穆。1931 年，钱穆在《国学概论》一书中指出，"老子史实之不可信，昔人已多言之"。而"昔人"之一即是汪中。④ 然后，钱穆即转引了汪中在《老

① 张寿林：《老子〈道德经〉出于儒后考》，《古史辨》第 4 册，第 215—223 页。

② （清）汪中撰，李金松校笺：《述学校笺·补遗》，第 602—603 页。

③ 张寿林：《老子〈道德经〉出于儒后考》，《古史辨》第 4 册，第 219 页。

④ 钱穆：《国学概论》，《钱宾四先生全集》第 1 册，第 59—60 页。

子考异》中的如下观点，即老子楚人，"周守藏室之史也。……列国之产，惟晋悼尝仕于周，其他固无闻焉。况楚之于周，声教中阻，又非鲁郑之比"①。此外，钱穆还在《先秦诸子系年》中对老子其人其书进行了详尽的考辨。仅就卷二《老子杂辨》而言，书中首先转述了汪中的《老子考异》，认为"汪氏五证，虽未全塙，要为千古卓识，可以破孔子见出关著五千言之老子之传说"；然后以此为基础，对老子其人其书进行了"申辨"，主张"孔子所见老子即老莱子""出关游秦者，乃周室史官儋"，而著《老子》五千言者或当是魏公子牟楚襄王同时之詹何。② 由此而言，钱穆的老子其人其书考辨，直接来源于汪中的《老子考异》。

　　继上述学者之后，接受汪中的启发并提出一家之言的还有罗根泽。1932 年，罗根泽在《老子及〈老子〉书的问题》中提出，"老子便是太史儋"，而汪中等人此前"已主此说"。之后则举出了数项具体的证据。其中之一是"老子有西出关之故事，太史儋见秦献公，亦必西出关"③。而这一证据直接来自汪中的《老子考异》。汪中指出："言道德之意五千余言者，儋也。其入秦见献公，即去周至关之事。"④1936 年，罗根泽发表系列论文，依次从老子籍贯、老子子孙、尚贤政治、礼教观念、诸书引老等多个维度对老子及《老子》书的问题进行了讨论。其中，罗根泽在由诸书引老时即转引了前引汪中《老子考异》中根据《列子·杨朱篇》与《说苑·政理篇》对老子其人年代的分析，然后指出："杨朱在墨子之后，孟子之前，则他的师傅老聃，除非是真如《史记》本传所说的'或言二百余岁'，不能也做孔子的师傅。"⑤ 准此而言，罗根泽之所以主张"老子便是太史儋"的观点，在很大程度上是受到了汪中的启发。

　　其实，除了关于老子其人其书年代的讨论之外，"古史辨"学人还参照部分乾嘉考据学家的研究成果对其他诸子进行了考辨。陆贾《新语》的

---

①　（清）汪中：《述学校笺·补遗》，第 602 页。

②　钱穆：《先秦诸子系年》，《钱宾四先生全集》第 5 册，第 233—261 页。

③　罗根泽：《老子及〈老子〉书的问题》，《古史辨》第 4 册，第 301—303 页。

④　（清）汪中：《述学校笺·补遗》，第 604 页。

⑤　罗根泽：《再论老子及〈老子〉书的问题》，《古史辨》第 6 册，第 440 页。

讨论是颇具代表性的例证之一。1930 年 4 月，胡适在《陆贾〈新语〉考》中率先对《新语》进行了考证，认为"此书是秦汉之间之书，非后人所能依托"。该文首先对《四库全书总目提要》中关于《新语》的三点怀疑进行了归纳，然后对这些疑点进行了释疑。① 其中一点是，"王充《论衡·本性篇》引陆贾曰：天地生人也，以礼义之性。人能察己所以受命则顺，顺谓之道。今本亦无其文"②。但胡适认为此点"不足辨"，"因为《汉书·艺文志》有《陆贾》二十七篇，王充所引或出于陆贾的他书，故此条不足推翻《新语》"③。探本追源，这一批驳源于乾嘉考据学家严可均。严可均在《新语叙》中率先指出："《论衡》但云陆贾，不云《新语》，或当在《汉志》之二十三篇中。"④ 要而言之，胡适之所以认为陆贾《新语》"非后人所能依托"，最迟可以追溯到严可均的《新语叙》。⑤

较之胡适，罗根泽受严可均的影响更为直接。1930 年 11 月，罗根泽即因见胡适的文章之后，发表了《陆贾〈新语〉考证》。在此文中，罗根泽首先对《新语》的不同著录情况进行了概述，其中征引了王应麟的如下考证："隋唐《志》二卷，今存《道基》《术事》《辅政》《无为》《贵贤》《至德》《怀虑》七篇。"而至明弘治年间，蒲阳李廷梧"得十二篇足本，刻于桐乡县治"。此后，"遂有疑今本为伪书者"，如《四库全书总目提要》。不过，也有"为之辩护者"。然后，罗根泽即征引了严可均的"辩护"，并对其进行了归纳与评价："严氏据《治要》及《文选注》等书，证明今本十二篇为隋唐之旧，亦即陆贾之旧，其证甚确，其辩亦甚悉。谓《论衡》所引不在此十二篇，当在《汉志》之二十三篇，亦有理据。惟驳引《穀梁传》一事，似觉言有未尽；对于《四库提要》以'是书之文，悉不见于《史记》之说'，更无一言辩正。"有鉴于此，罗根泽主要从学术思想层面对这一问题进行

---

① 胡适：《陆贾〈新语〉考》，《古史辨》第 4 册，第 129—130 页。

② （清）纪昀总纂：《四库全书总目提要》卷 91，河北人民出版社 2000 年版，第 2336 页。

③ 胡适：《陆贾〈新语〉考》，《古史辨》第 4 册，第 129—130 页。

④ （清）严可均：《新语叙》，《严可均集》卷 5，浙江古籍出版社 2013 年版，第 180 页。

⑤ 时人孙次周则认为："胡氏草此文时，尝未见严文。"孙次舟：《再评〈古史辨〉第四册》，《古史辨》第 6 册，第 70 页。不过，此说并不能成为定论。

了探讨，认为《史记》《汉书》中的陆贾政治思想与今本《新语》中的陆贾政治之主张"完全相同"，故今本《新语》"决为陆贾之书"。要而言之，诚如罗根泽自述的，此文"系介绍铁桥说而加以补充者"①。二者之间的学源关系遂由此一目了然。

由上所述，关于老子其人其书年代的讨论与陆贾《新语》真伪的考证，是"古史辨运动"转向诸子丛考之后的两个重要议题。而"古史辨"学人正是在汪中、严可均等乾嘉考据学家的研究成果启发下，再次将问题提了出来，并在一定程度上对问题进行了有效的解释。

第五节　梁玉绳、毕沅等的古史研究与"古史辨运动"的古史再考辨

"古史辨运动"兴起之后，虽然一度由古史考辨转向经学研究，继而又由经学研究转向诸子丛考，但古史考辨始终是这场学术运动的重心。1935 年，顾颉刚编著出版《古史辨》第五册；1941 年，童书业、吕思勉共同编著《古史辨》第七册。这两部书的出版，进一步推动了"古史辨运动"向古史考辨的回归与发展。而在古史考辨回归之际，乾嘉考据学家的研究成果依旧起到了不可或缺的作用。

在《古史辨》第七册中，杨宽的《中国上古史导论》堪称"一支生力军的加入"②。在这部作品中，杨宽提出了著名的"神话演变分化说"，"主张古史上的人物和故事，会得在大众的传述中由一化二化三以至于无数"③。此说提出之后，得到"古史辨"学人的高度认可，被认为是集"疑古"学之大成的学说。

而此说的证成，与乾嘉考据学家的成果有一定的关联。这一关联主要

---

① 罗根泽：《陆贾〈新语〉考证》，《古史辨》第 4 册，第 131—133 页。
② 顾颉刚：《当代中国史学》，《顾颉刚古史论文集》第 12 卷，第 435 页。
③ 童书业：《自序二》，《古史辨》第 7 册，第 18 页。

体现在如下几个具体例证上。其一，"涿鹿之战与阪泉之战系一事之分化"。杨宽在《中国上古史导论》第五篇"黄帝与皇帝"中指出："黄帝传说最著者，莫若战蚩尤于涿鹿一事"，此外"尚有与炎帝阪泉之战"。梁玉绳则认为，阪泉之战即涿鹿之战。其在《史记志疑》中举《逸周书·史记篇》称蚩尤为阪泉氏为证。对此，杨宽认为梁玉绳以"炎帝"为"蚩尤"之误，尚无确证，但其言"阪泉之战即涿鹿之战"的观点"甚是"。因为，根据《逸周书·史记篇》与写本《北堂书钞》卷一百十三引《六韬》的记载，阪泉氏亡于涿鹿。而且，根据《史记正义》引《晋太康地理志》、《路史注》引《魏土地记》等的记载，"涿鹿与阪泉本为一地"①。由此而言，杨宽之所以认为"涿鹿之战与阪泉之战系一事之分化"，最先是受到了梁玉绳观点的启发。

其二，"帝俊与帝喾为一帝之分化"。杨宽在《中国上古史导论》第七篇《舜与帝俊帝喾大皞》中指出："《山海经》中帝俊之传说至繁，凡十六见"；"据此以观，帝俊实在古史神话中占有至高之地位"。而毕沅在《山海经新校正》中即认为帝俊是帝喾。第一，《帝王世纪》载："帝喾生而神异，自言其名曰夋"，见《初学记》。第二，《帝王世纪》载："帝喾次妃娵訾氏女曰常仪，生帝挚"，见《史记正义》；又合于此经"帝俊生常仪"之说。第三，《大荒西经》载："帝俊生后稷"；郭氏亦曰："俊疑为喾，喾第二妃生后稷"；则帝俊是喾无疑。此后，杨宽在转引了王国维的三个证据之后，又补充了两个证据②。由此可见，杨宽之所以认为"帝俊与帝喾为一帝之分化"，首先在于接受了毕沅的观点。

其三，"太康传说即由启之传说推演而出"。杨宽在《中国上古史导论》第十六篇《启太康与王亥蓐收》中指出："夏史传说，在启之后，有太康失国，少康中兴诸事。"但是，"太康、中康、少康之名号甚怪，同名为'康'，而以'太''仲''少'别之，古帝唯太皞少皞与之相类，他所罕见"。毕沅在《墨子注》中则认为，"太康"由《武观》中的"淫溢康乐"一语演出。对此，杨宽认为"此说奇确"，然后又简要介绍了顾颉刚、童书业、

---

① 杨宽：《中国上古史导论》，《古史辨》第7册，第116—119页。

② 杨宽：《中国上古史导论》，《古史辨》第7册，第130—133页。

张治中的观点与论证。① 由此来讲，杨宽之所以敢于断言"太康传说之由启传说分化推演"，来源于毕沅的观点。

其四，"伯益与柏翳是一人"。杨宽在《中国上古史导论》第十七篇《伯益句芒与九凤玄鸟》中首先指出，《史记·秦本纪》中记载的柏翳当即伯益，前人已有详论，然后在"附论"中根据《国语·郑语》《汉书·地理志》《论衡·谈天篇》《史记·秦本纪》的相关记载进行了简要论证。② 所谓"前人"，最迟可以追溯到赵翼。赵翼在《陔余丛考》卷五中主张"伯益、柏翳为一人"。具体而言，《史记·秦本纪》载佐禹平水土者曰柏翳，而不言伯益。于是，"后人皆以柏翳、伯益为二人"。但是，"《尚书》所载有伯益，无柏翳"，其职与《史记·秦本纪》所载柏翳"相吻合"。而"《史记》既云大费即柏翳，而伯益实封于费"。此外，《国语》韦昭注、《汉书·地理志》皆有记载。至于之所以有此柏翳与伯益为二人之"讹"，"盖翳与益声相近"③。由此来看，杨宽之所以认为"伯益与柏翳是一人"，在一定程度上是接受了赵翼的研究结论。

除杨宽外，受乾嘉考据学家研究成果启发的还有顾颉刚、童书业。顾颉刚、童书业在《夏史三考》中对夏史的中间一段进行了考察，共计提出了两个中心问题，其中第一个是"三康的传说从启分化而出"，认为"大概三康本都是'淫溢康乐'的角色，所以都以'康'号显，如象的号'傲'一般"。而童书业在该文"后记"中明确表示，毕沅在《墨子注》即以《书序》"太康"、《楚辞》"夏康"即"淫（大）溢康乐"之训而非人名，这个见解也确有相当的价值。④ 由此而言，顾颉刚、童书业之所以提出"三康的传说由启分化而出"这一中心问题，是受到了毕沅的启发。

由上所述，"古史辨运动"回归古史考辨之后，对上古史问题进行了更为详尽的考察。其中，杨宽利用梁玉绳、毕沅、赵翼等乾嘉考据学家的研究成果，论证了"神话演变分化说"；顾颉刚、童书业则在毕沅的启发

---

① 杨宽：《中国上古史导论》，《古史辨》第7册，第217—219页。

② 杨宽：《中国上古史导论》，《古史辨》第7册，第222、228—229页。

③ （清）赵翼：《陔余丛考》卷5《伯益柏翳一人》，《赵翼全集》第2册，第80页。

④ 顾颉刚、童书业：《夏史三考》，《古史辨》第7册，第614、639—640页。

下提出了"三康的传说由启分化"之说。在一定意义上,这两个学说的提出与论证,进一步澄清了上古史的真相,从而将"古史辨运动"推向了一个更高的学术阶段。

综上所述,"古史辨运动"与清代乾嘉考据学存在着实质性的学术关联。简而言之,胡适在接受戴震、阮元等人关于《诗经》中"十月之交"看法的前提下提出了"东周以前存疑论",此后顾颉刚又在戴震《诗〈生民〉解》的暗示下建构了"层累说",从而推动了"古史辨运动"的兴起。此后,这场学术运动由古史考辨转向孔子与经学研究。其中,顾颉刚、周予同等人汲取了孙志祖等关于孔子资料的研究成果,从而在一定程度上恢复了孔子的真相。而钱玄同、顾颉刚、张寿林、张西堂等还在接受惠栋、戴震、赵翼、马瑞辰等研究成果的基础上有效地"打破汉人的经说",从而在一定程度上恢复了《周易》和《诗经》的本来面目。此后,"古史辨运动"又由孔子与经学研究转向诸子丛考。而梁启超、胡适、张寿林、钱穆、罗根泽等人则在汪中、严可均等人研究成果的启发下再次提出了老子其人其书是否晚出、陆贾《新语》真伪等问题,并在一定程度上对问题进行了有效的解释。最后,这场学术运动由诸子丛考回归古史考辨。杨宽充分利用了梁玉绳、毕沅、赵翼等乾嘉考据学家的研究成果,论证了"神话演变分化说";顾颉刚、童书业则在毕沅的启发下提出了"三康的传说由启分化"之说,从而进一步澄清了上古史的真相。因此,乾嘉正统考据学可以被视为"古史辨运动"的重要本土学术资源之一。

但是,我们决不可因此而过分夸大二者之间的学术因缘。乾嘉正统考据学在本质上属于传统考据学的范畴。钱大昕认为:"六经定于至圣,舍经则无以为学。"① 纪昀则强调:"圣人之志,藉经以存;儒者之学,研经为本。"② 换言之,这些学者是以考证为手段,从而实现"崇圣"与"尊经"

---

① (清)钱大昕:《潜研堂文集》卷24《〈经籍籑诂〉序》,上海古籍出版社1989年版,第393—394页。

② (清)纪昀:《纪晓岚文集》第1册《文》卷8《〈诗序补义〉序》,孙致中等校点,河北教育出版社1995年版,第156页。

的目的。然而，以顾颉刚、胡适、钱玄同等为代表的"古史辨"学人，则摒弃了这一传统观念的束缚，并在接受若干乾嘉正统考据学研究成果的基础上提出、建构了一系列较有学术价值的观点，从而推动了"古史辨运动"在中国现代学坛的兴起与发展。

小引（二）

清代乾嘉考据学，除了居于正统的"吴派"与"皖派"等考据学家之外，还有以崔述等人为代表的一些非正统考据学家。其中，"生在穷僻的大名，未得与当时的名流学者来往"的崔述①，发挥了极大勇气，以沉潜三十年的功力，运用司马迁"考信于六艺"的方法，作了一部《考信录》，对战国、秦汉间所说的上古、夏、商、西周以及孔子、孟子的事情进行了全面的考证，不仅"推翻无数伪史"，还"系统地说明了无数传说的演变"②。因此，崔述可说是乾嘉正统考据学之外最有成绩的一位考据学家。

其实，崔述还是"古史辨运动"的"导其源"者。早在1923年5月6日，顾颉刚在《与钱玄同先生论古史书》中就直言不讳地说，自己"二年以来，蓄意要辨论中国的古史，比崔述更进一步"③。直到晚年，顾颉刚还强调说，《古史辨》的指导思想之一，从远的来说就是起源于崔述等人的思想。④ 有据于当事人的现身说法，路新生、邵东方、张利、吴少珉与张京华等当代学者主要从学术史的角度对顾颉刚与崔述的学术关联进行了探讨。⑤ 林庆彰则重点对顾颉刚编纂《崔东壁遗书》投注的心力与该书的编

---

① 齐思和：《近百年来中国史学的发展》，《燕京社会科学》1949年第2期。

② 顾颉刚：《崔东壁遗书序一》，《顾颉刚古史论文集》第7卷，第155—156页。

③ 顾颉刚：《与钱玄同先生论古史书》，《古史辨》第1册，第75页。

④ 顾颉刚：《我是怎样编写〈古史辨〉的?》，《顾颉刚古史论文集》第1卷，第159页。

⑤ 参见路新生：《崔述与顾颉刚》，《历史研究》1993年第4期；邵东方：《崔述与中国学术史研究》，第241—262页；张利：《顾颉刚对崔述古史辨伪学说的继承和超越》，《浙江学刊》2001年第2期；吴少珉、张京华：《论顾颉刚与崔述的学术关联》，《洛阳大学学报》2002年第3期。

纂方法进行了考察。①但是，这些专题论文至少存在以下两个问题。第一，在研究视野上，仅限于顾颉刚与崔述之间的学术关联，未能将崔述的"考信之学"置于整个"古史辨运动"的历史进程中进行分析与考察。第二，在研究材料上，未能对《顾颉刚日记》《顾颉刚读书笔记》《顾颉刚书信集》《钱玄同日记》等一手资料进行有效的挖掘与利用。因此，本章接下来拟对二者之间的具体学术关联进行一番系统的再探讨。

第六节　崔述的古史怀疑与"古史辨运动"的兴起

"层累说"的提出，是"古史辨运动"的实质性起点。1923 年 5 月 6 日，顾颉刚在《努力杂志》所附月刊《读书杂志》第 9 期发表《与钱玄同先生论古史书》，并在该文的"按语"中提出了著名的"层累说"②。此文一经刊出，直接推翻了传统的上古史系统，从而引发了一场深澈猛烈的学术运动。

如所周知，"层累说"主要来源于崔述的《考信录》。顾颉刚在《与钱玄同先生论古史书》的开篇即强调说，自己"蓄意要辨论中国的古史，比崔述更进一步"。此后，胡适则进一步指出，这个"剥皮主义"的见解起于崔述。③ 因为，崔述在《考信录提要》中说："世益古则其取舍益慎，世益晚则其采择益杂。"因此，"孔子序《书》，断自唐、虞，而司马迁作《史记》乃始于黄帝。然犹删其不雅驯者。近世以来，所作《纲目前编》《纲鉴捷录》等书，乃始于庖羲氏，或天皇氏，甚至有始于开辟之初盘古氏者，且并其不雅驯者而亦载之"④。此后，但凡言及"层累说"主要起源于崔述

---

① 林庆彰：《顾颉刚的学术渊源》，第 63—82 页。

② 顾颉刚：《与钱玄同先生论古史书》，《古史辨》第 1 册，第 75—79 页。

③ 胡适：《古史讨论的读后感》，《古史辨》第 1 册，第 164—165 页。

④ （清）崔述：《考信录提要》卷上，顾颉刚编订：《崔东壁遗书》，上海古籍出版社 1983 年版，第 13 页。

的，基本取胡适之说。

但其实，"层累说"或更直接源于崔述在《考信录提要》中的另外一段表述："《论语》屡称尧、舜，无一言及黄、炎者，孟子溯道统，亦始于尧、舜，然则尧、舜以前之无书也明矣。……自《易》《春秋》传始颇言羲、农、黄帝时事，盖皆得之传闻，或后人所追记。然但因事及之，未尝盛有所铺张也。及《国语》《大戴记》，遂以铺张上古为事，因缘附会，舛驳不可胜纪。加以杨、墨之徒欲绌唐、虞、三代之治，藉其荒远无征，乃妄造名号，伪撰事迹，以申其邪说；而阴阳神仙之徒亦因以托之。由是司马氏作《史记》，遂托始于黄帝。然犹颇删其不雅驯者，亦未敢上溯于羲、农也。逮谯周《古史考》、皇甫谧《帝王世纪》，所采益杂，又推而上之，及于燧人、包羲。至《河图》《三五历》《外纪》《皇王大纪》以降，且有始于天皇氏、盘古氏者矣。于是邪说诐词杂陈混列，世代族系紊乱厖杂，不可复问，而唐、虞、三代之事亦遂为其所淆。"①

承前所述，"层累说"的第一层意思是，"时代愈后，传说的古史期愈长"。具体而言，根据《诗经》，东周的初年只有禹；根据《论语》，东周的末年才有尧、舜；"到战国时有黄帝神农，到秦有三皇，到汉以后有盘古"等②，若将之与崔述《补上古考信录》的"提要"之言相比较，二者立论几乎如出一辙。

1923 年 7 月 1 日，顾颉刚又发表《答刘、胡两先生书》，回应刘掞藜、胡堇人的批驳。在此文中，顾颉刚推出了推翻"非信史"的四个标准，其中第一个标准是"打破民族出于一元的观念"。要而言之，根据《诗经》《左传》的记载，商、周、任、宿、楚等民族并非出于黄帝一元，而是各有各的祖先。直到春秋之后，由于战争吞并，民族日益并合，许多民族的始祖的传说才逐渐归到一条线上。③ 这一标准无疑进一步对"层累说"进行了

---

① （清）崔述：《考信录提要》卷下，顾颉刚编订：《崔东壁遗书》，第 17 页。已有学者指出这一点，参见彭明辉：《疑古思想与现代中国史学的发展》，第 29 页。

② 顾颉刚：《与钱玄同先生论古史书》，《古史辨》第 1 册，第 75—79 页。

③ 顾颉刚：《答刘、胡两先生书》，《古史辨》第 1 册，第 105 页。

完善。而且，这一标准提出之后，还得到了论敌刘掞藜的基本认同。①

已有论者指出，顾颉刚之所以能够提出“打破民族出于一元的观念”，与崔述密不可分。②简而言之，在《补上古考信录》中，崔述有本于欧阳修的《帝王世次图序》与《后序》，进而指出颛顼、帝喾、唐、虞、三代并非出于黄帝。③

实际上，顾颉刚的“打破民族出于一元的观念”的核心在于提出了“殷、周不出于一元论”。而这一论点直接导源于崔述的《唐虞考信录》。崔述指出，根据《大戴礼记·帝系篇》《史记·五帝本纪》等记载，稷、契、帝尧、帝挚均是帝喾子，但根据《尚书》的记载，“稷、契皆至舜世然后授官，暨禹播奏庶艰食也。若稷果喾元妃之子，则喾之崩，稷少亦不下五十岁，又历挚之九年，尧之百载，百有六十岁矣；契于此时亦当不下百数十岁”，不当有此理。而且，“尧之兄弟有如此两圣人而终尧之身不知用，四岳亦不为之荐，迨舜然后举之，可谓不自见其眉睫者矣”④要而言之，商祖契和周祖稷并非帝喾子。当然，顾颉刚并非像崔述一样以《尚书》为据，而是以《诗经》为据，但其无疑受到了崔述上述观点的一定影响。

由上所述，顾颉刚正是在有效继承崔述学术遗产的基础上先后提出了“层累说”与“打破民族出于一元的观念”，从而推动了“古史辨运动”的兴起。

第七节　崔述的“崇圣”与“古史辨运动”的“黜圣”

1930年《古史辨》第二册出版发行，标志着“古史辨运动”的进一

---

① 刘掞藜：《讨论古史再质顾先生》，《古史辨》第1册，第138—139页。

② 路新生：《崔述与顾颉刚》，《历史研究》1993年第4期；汤莹：《顾颉刚的“民族不出于一元论”及其影响》，《史学月刊》2017年第8期。

③ （清）崔述：《补上古考信录》卷下《黄帝以后诸帝通考》，顾颉刚编订：《崔东壁遗书》，第45—46页。

④ （清）崔述：《唐虞考信录》卷1《尧建极》，顾颉刚编订：《崔东壁遗书》，第55页。

步发展。该册书主要分为三编，中编为"孔子与儒家问题"。从本质上来讲，这一问题的主旨可以概括为"黜圣"——恢复孔子的真相。而这一主题研究的开展，无疑将"古史辨运动"由古史考辨导向了孔子与经学研究。

较早对这一问题进行讨论的是顾颉刚。1926 年 10 月，时在厦门大学任教的顾颉刚发表《春秋时的孔子和汉代的孔子》，指出孔子的真相并非是不确定的，而是他自己愿意做的"君子"①。此后，顾颉刚任教于中山大学，开设了"孔子研究"一门课程，表示要想弄清孔子的事实，尤其要详考《论语》《家语》《孔子世家》的"材料之来源与篇章之真伪"②。

根据现存甲种资料及"按语"，顾颉刚之所以认为《孔子世家》《论语》等存在问题，与崔述的认识密不可分。其首先在甲种之二的"按语"中指出："《孔子世家》作于西汉中叶，当是时，战国时所起之孔子传说已被认为孔子史实矣，即西汉初所起者亦骎骎焉方驾而行矣。司马迁虽有屏去不雅驯之言之自觉心，然当此群言淆乱之际，固未能扫除净尽，即其本身亦实无精密之考证方法可以应用，故此篇虽曾费许多心力，使散漫之事实得联贯于一个系统之下，然其不足信者过于可信，则固不必讳。"而崔述"精力专注，极分析比较之能事，故得打破二千余年之雾翳而认识孔子之真面目"。《洙泗考信录》中，纠正《史记》谬误至多。"至《史记》事实明有依据，崔氏不辨《史记》而迳辨其所根据之书者，俾知司马氏言虽有徵，然材料之不可信乃如此。"③此后，顾颉刚又在甲种之十一的"按语"中表示："古今来读《论语》者不知有几何万人，然但视为修身治国之教条而崇拜之，不闻取作学问之对象而研究。""以《论语》作研究，始于崔述。其所著《洙泗考信录》及《论语余说》中就史事、文法，及记者体例，授受源流各方面，考定《论语》一书有窜乱，有续附，其始各篇不出于一人之笔而皆别行，不相谋也，其后汇为一本，复有采之他书以足成之者，故前十篇与后十篇文体多异，而尤以最后五篇为不足信，此皆以分析之眼

---

① 　顾颉刚：《春秋时的孔子和汉代的孔子》，《古史辨》第 2 册，第 99—104 页。

② 　顾颉刚：《孔子研究讲义》，《顾颉刚古史论文集》第 4 卷，第 30 页。

③ 　顾颉刚：《孔子研究讲义》，《顾颉刚古史论文集》第 4 卷，第 33—34 页。

光，比较之手腕而成就其研究之功者"①。

当然，顾颉刚的孔子认识并没有囿于崔述的著述。其在讲义甲种之六的"按语"中强调说："崔述作《洙泗考信录》，以建设真实之孔子为主，而以打破传说之孔子辅之，凡吾侪所得见之孔子材料几无不受其抉择支配，其审定之功可谓密矣。"然而，"循诵一过，知其所考信之真孔子，实以《论语》《左传》《孟子》三书为根本，而《国语》《公羊传》《礼记》《史记》等皆视为次等材料"。其实，"自今日视之，则此标准尚失之于宽"。"孟子生当横议之世，虽其所褒贬者不与杨、墨同，而其毁誉过情之方式则与杨、墨无异"；至于《左传》《公羊传》所记之事，"实亦未必尽信"。②要而言之，崔述的问题在于"犹尊信圣人之经典而不敢疑"③。顾颉刚则摒弃了这一观念，而主张以《论语》为"第一等的原料"，建设真实之孔子④。

此外，顾颉刚还在崔述的基础上对《论语》的篇章进行了考辨。1936 年，顾颉刚在《禅让传说起于墨家考》一文中专门对《论语尧曰章》进行了辨伪。该文首先指出，崔述已经对此章的内容进行了非常勇猛的质疑，然后即转引了崔述的观点。要而言之，崔述认为《尧典》纪尧禅舜之事详矣，此文果系尧命舜之要言，何以反略之而不载，故此章不得概信为实然。对于崔述的这一观点，顾颉刚表示，这是"拿了《尧典》作他取舍的标准"，可说是"信经"，而非"疑古"。但是，其认为这章确实不是儒家的话，这个意见是可以节取的。然后，顾颉刚指出，"天之历数在尔躬"源于阴阳家的说话，"四海穷困，天禄永终"则是"邹衍警戒战国君主的话"，而"允执其中"是"因杨墨两家各趋极端而激起来的调和之说"。总之，"这章文字，早则出于战国之末，迟则当在秦

---

① 顾颉刚：《孔子研究讲义》，《顾颉刚古史论文集》第 4 卷，第 40—41 页。

② 顾颉刚：《孔子研究讲义》，《顾颉刚古史论文集》第 4 卷，第 37—38 页。

③ 顾颉刚：《孔子研究讲义》，《顾颉刚古史论文集》第 4 卷，第 40 页。

④ 参见顾颉刚：《孔子研究讲义》，《顾颉刚古史论文集》第 4 卷，第 37—38、49、57—58 页；顾颉刚：《孔子事实的变迁》，《顾颉刚古史论文集》第 4 卷，第 68 页；顾颉刚：《秦汉的方士与儒生》，《顾颉刚古史论文集》第 2 卷，第 512 页。

汉之交"①。

除顾颉刚外，受崔述影响并对《论语》进行考辨的"古史辨"学人还有赵贞信。承前所述，崔述认为《尧曰章》"为后人所续入"。赵贞信则在"新获览《古史辨》《崔东壁遗书》等书"之后，即"思一探《尧曰章》之究竟"，此后成《论语尧曰章作于墨者考》。此文数次转引崔述的观点，并通过详尽的论证指出《尧曰章》几乎都与墨家的主义相合，而与儒家的主义相冲突，故此章"完全出于纯粹的墨学者之手"，"如果放宽一步，估定它为出于逃墨归儒之人之手"②。但是，二人的辨伪仍然存在本质区别。赵贞信即表示："崔述是辨伪《论语》的中心人物"，但"究竟是怀挟着圣人的成见来做考订的标准的"，故其所辨的并不完全对。③

与顾颉刚、赵贞信的《论语》辨伪不同，钱穆则在崔述的影响下对孔子生卒行事进行了详细的考辨。这一考辨集中地体现在《先秦诸子系年》卷一中。该书卷共计三十目，起"孔子生年考"，终"孔门传经辨"。据初步统计，其中有十四目征引或提及崔述，其中不乏赞成其说，认为"足以破千古之谜""此论极是"；或批评其说，认为"崔说皆非""纯出推想"。不过，无论赞成还是反对，都说明一个事实，钱穆是在崔述的基础上对孔子生卒行事进行了再考辨，以期建设一个真实的孔子。

由上所述，早在清代中期，崔述即对《论语》《孔子世家》等进行了考辨，并写出了当时"最完善之孔子传"和"完善之孔子弟子传"④。但是由于时代的局限，其考辨还未能摆脱崇圣尊经的观念。而顾颉刚、赵贞信、钱穆等"古史辨"学人一方面摆脱了这一观念，另一方面又在其考辨的基础上对《论语》《孔子世家》乃至孔子的生卒行事进行了再考辨，从而进一步恢复了孔子的真相。

---

①　顾颉刚：《禅让传说起于墨家考》，《古史辨》第7册，第525—526页。

②　赵贞信：《论语尧曰章作于墨者考》，《中德学志》1943年第5卷第1、2期。

③　赵贞信：《论语辨·序》，朴社1935年版，第2页。

④　顾颉刚：《孔子研究讲义》，《顾颉刚古史论文集》第4卷，第32页。

第八节　崔述的经书考辨与"古史辨运动"的"惑经"

1931 年《古史辨》第三册的出版，无疑将"古史辨运动"进一步由古史考辨导向了孔子与经学研究。该书共分为上、下两编，上编讨论《周易》，下编讨论《诗》三百篇，其"根本意义"，用顾颉刚的话说，就是"打破汉人的经说"。进言之，"于《易》则辨明《易十翼》的不合于《易上下经》；于《诗》则辨明齐、鲁、韩、毛、郑诸家《诗说》及《诗序》的不合于《三百篇》"①。而"古史辨"学人的这一"打破"，与崔述的经书考辨密切相关。

首先，是打破孔子作《易传》之说。其中，较有代表性的论文是钱穆的《论〈十翼〉非孔子作》。在这篇文章中，钱穆共计提出了 10 个"《十翼》非孔子作"的证据。第一，汲冢丛书有《易经》两篇，与现在的《周易》上下经同，但是没有《十翼》。第二，《左传》鲁襄公九年鲁穆姜论元亨利贞四德与今《文言》篇首略同，以文势论，是《周易》钞《左传》。第三，《论语》"曾子曰，君子思不出其位"，今《周易·艮卦·象传》也有此语。如果孔子作《十翼》，记《论语》的人不应误作"曾子曰"。第四，《系辞传》中屡称"子曰"，显然非孔子手笔。第五，《史记·太史公自序》引《系辞》称《易大传》，并不称经，并不以为孔子语。第六，今《系辞》中详述伏羲、神农制作，《史记》托始黄帝，更不叙及伏羲、神农，可证在史公时尚不以《系辞》为孔子作品。第七，《论语》无孔子学易事，只有"加我数年五十以学易可以无大过矣"一条。但据《鲁论》，"易"字当作"亦"。第八，《孟子》书内常称述《诗书》而不及《易》。今《系辞》里有"继之者善，成之者性"的话，《孟子》论性善也并不引及。《荀子》也不讲《易》。第九，秦人烧书，不烧《易经》，以《易》为卜筮书，不和《诗》《书》同样看待。若是孔子作《十翼》，《易》为儒家经典，岂有不烧之理。第十，《论

---

① 顾颉刚:《自序》,《古史辨》第 3 册,第 1—2 页。

语》和《易》思想不同①。

这些证据并非都是钱穆的新发现。钱穆在文中即交代说，这十个证据中的前六个证据"前人多说过"，后四项为其"进一层说"。而"前人"之一即是崔述②。根据调查取证，崔述在《考信录·洙泗考信录》中对"《易传》本非孔子所作"之说进行了详细的论证。第一，孔子自作之《春秋》"文谨严简质"，但《易传》"繁而文"，大类《左传》《戴记》。第二，《易传》冠以"子曰"，可证其非孔子所作。第三，孟子"无一言及于孔子传《易》之事"。第四，魏文侯师子夏，但汲冢书中的《周易》并无《十翼》，可证《易传》不出于孔子。第五，《春秋》襄九年《传》，穆姜答史之言与今《文言》篇首略同而词小异，然则是作《传》者采之鲁史而失其义耳，非孔子所为也。第六，《论语》云："曾子曰：'君子思不出其位。'"今《象传》亦载此文。既采曾子之语，必曾子以后之人之所为，非孔子所作也。第七，且《史家》之文本不分明，或以"序"为《序卦》，而以前"序《书》传"之文例之，又似序述之义，初无孔子作《传》之文。盖其说之晦有以启后人之误。③比对之下，其中的第一、二、三、四项证据均有本于崔述的《考信录》。此外，即便是钱穆"更进一步说"的后四项证据的第八项，其实也出自崔述的《考信录》。

其次，是打破孔子删定《诗经》之说。其中，最有代表性的论文是张寿林的《〈诗经〉是不是孔子所删定的?》。张寿林在文中主要总结了六项孔子并未删《诗》的证据。第一，孔子并没有说过自己曾删《诗》，其说仅见于《史记》。第二，如果古诗有三千多篇，孔子仅存三百篇，竟删去十分之九，不合常理。第三，孔子是中国礼教的老祖宗，素以风教为重，删《诗》时不应当反把郑、卫的淫诗存留下来。第四，周太史采诗，几于

---

① 钱穆：《论〈十翼〉非孔子作》，《古史辨》第 3 册，第 59—60 页。

② 钱穆在《国学概论》第一章《孔子与六经》中指出："至《十翼》不出孔子，前人辩者以多，则《易》与孔子无涉也。"然后，钱穆直接点名提到崔述的《洙泗考信录》，并转引了其中的说法。钱穆：《国学概论》，《钱宾四先生全集》第 1 册，第 7 页。由此可见，"前人"之中即包括崔述。

③ （清）崔述：《洙泗考信录》卷 3《归鲁上》，顾颉刚编订：《崔东壁遗书》，第 310—311 页。

实行了五百年，何以《诗经》中多载后二百年的诗；且周时诸侯千八百国，何以只取九国。第五，《论语》《孟子》《庄子》《墨子》诸书都曾几次称《诗三百》，未尝提及三千。第六，《左传》记吴季札适鲁观乐，所歌不出十三国之外者。① 总之，孔子未曾删《诗》。

张寿林表示，这六项证据均出自以往学者的论述，其中的第一、四项证据直接转引了崔述之说。具体而言，崔述在《读风偶识》中指出，《史记》言"删诗"，但"孔子未尝自言"②。此外，"旧说'周太史掌采列国之风，今自邶、鄘以下十二国风皆周太史巡行之所采'"。但问题是，"克商以后下逮陈灵近五百年，何以前三百年所采殊少，后二百年所采甚多？周之诸侯千八百国，何以独此九国有风可采，而其余皆无之？"③ 由此可见，张寿林的这两个证据正是概括了崔述的观点。

问题尚不止如此。张寿林在发表《〈诗经〉是不是孔子所删定的？》之前，还曾先行发表《诗经的传出》，其中有本于崔述等人之说主张孔子删《诗》的说法不可信。④ 此文发表之后，遭到了辛素的反对，其在《读诗经之传出》中坚持孔子删《诗》。⑤ 此后，张寿林本想作答，但其所作《〈诗经〉是不是孔子所删定的？》已寄给顾颉刚，而自己又"没有空闲的时间作这种答辩的文字"。不过，此时有李宜琛在张寿林处见到此文，于是为其代答，成《论删诗代寿林兄答辛素君》。该文因仅就辛文所云，"略事辩证，未惶于删《诗》之说，多所论列"，于是将崔述之说附于文末。⑥ 所谓崔述之说，即其在《洙泗考信录》中对孔子未曾删诗之说进行的辩证。第一，自《二南》《豳》以外，《国风》多衰世之音，《小雅》大半作于宣、幽之世，夷王以前寥寥无几，如果每君皆有诗，孔子不应尽删其盛而独存其衰。且武丁以前之颂岂遽不如周，而六百年之风雅岂无一二可取，孔子

---

① 张寿林：《〈诗经〉是不是孔子所删定的？》，《古史辨》第 3 册，第 237—238 页。

② （清）崔述：《读风偶识》卷 3《郑风》，顾颉刚编订：《崔东壁遗书》，第 558 页。

③ （清）崔述：《读风偶识》卷 2《通论十三国风》，顾颉刚编订：《崔东壁遗书》，第543 页。

④ 张寿林：《诗经的传出》，《晨报副刊》第 1446 号，1926 年 9 月 20 日。

⑤ 辛素：《读诗经之传出》，《晨报副刊》第 1471 号，1926 年 10 月 8 日。

⑥ 李宜琛：《论删诗代寿林兄答辛素君》，《晨报副刊》第 1472 号，1926 年 10 月 10 日。

不当尽删之。第二，《论语》记载子曰"诗三百"，可知《诗》在孔子之时已止此数，非自孔子删之而后为三百。第三，《春秋传》云："吴公子札来聘，请观于周乐。"所歌之风无在今十五国外者。第四，若《诗》为孔子所删，不当保留郑风与卫风中的"淫靡之作"。第五，《论》《孟》《左传》《戴记》诸书所引之诗，逸者不及十一。总之，"孔子原无删《诗》之事"①。张寿林第一时间获读该文，并撰写了按语，认为此文用来答辛素已经"满够"了，然后又补充了两个证据，进而坚持孔子未曾删《诗》。要而言之，张寿林在发表《〈诗经〉是不是孔子所删定的?》之前，曾通过李宜琛的文章，获知了崔述在《洙泗考信录》中提出的"孔子原无删《诗》之事"说，从而更加坚信孔子未曾删《诗》的观点。

如前所述，《古史辨》第三册的根本意义即在于"打破汉人的经说"。这一打破至少体现在两个方面，一是打破孔子作《易传》之说，二是打破孔子删《诗经》之说。而根据调查取证，"古史辨"派学人之所以敢于并能够打破这两个汉人的经说，要在继承了崔述的相关论说。

第九节　崔述的诸子辨伪与"古史辨运动"的"诸子丛考"

在一定程度上，经学问题之解决有赖于诸子研究。② 因此，"古史辨运动"并没有停留在孔子与经学研究阶段，而是转向了诸子丛考。1933 年，罗根泽编著出版《古史辨》第四册，标志着这一转向的到来。此后，其又编著出版《古史辨》第六册，进一步深化了诸子丛考。要而言之，这两册《古史辨》的出版，不仅推动了"古史辨运动"的发展，还推进了学界关于诸子学研究的风气。

在诸子丛考中，最引人注目的议题是关于老子其人其书年代的讨论。

① （清）崔述：《洙泗考信录》卷 3《归鲁上》，顾颉刚编订：《崔东壁遗书》，第 309 页。
② 顾颉刚：《顾序》，《古史辨》第 4 册，第 9 页。

这一讨论是由梁启超率先引发的。1922 年 3 月 4 日，梁启超在一次题为《评胡适的〈哲学史大纲〉》的演讲中指出，《老子》的著作年代或是在战国之末，并提出了六项证据。第一，孔子的十三代孙与老子的八代孙"同时"。第二，孔子、孟子、墨子都没有提到老子。第三，《礼记·曾子问》所载老聃之言和《老子》的精神恰恰相反。第四，《史记·老子传》本于《庄子》，但《庄子》是寓言，不能拿作历史看待。第五，《老子》中有许多太自由、太激烈的话，不像春秋时人说的。第六，《老子》中的一些文字和语气，不像春秋时人所有①。此后，"这个问题便在输入了科学方法的情形下开始了"②。

其实，此说的来源之一即是崔述的观点。梁启超在文中专门指出，"崔东壁说著书的人决不是老聃"。今按梁氏所言不虚，崔述曾在《洙泗考信录》中对孔子问礼老子之说进行了分析。第一，《老子》之文"似战国诸子"。第二，《史记·老庄申韩列传》所载老子心目中的"孔子"与孔子的真实形象不符。第三，《论语》未及此事。第四，《史记·孔子世家》所载南宫敬叔从孔子"适周问礼"之事并非历史事实。第五，孔子问礼之说是"庄、列之徒"的附会。③ 因此，比对之下，梁启超开列的第二、四、六项等三项证据，均有本于崔述的《洙泗考信录》。二者的学术关联由此略见一斑。

崔述上述观点还影响了参与讨论的其他学者。1927 年 11 月，张寿林在《老子〈道德经〉出于儒后考》一文中首先对"孔子适周见老子"之"伪"进行了考辨，并提供了 3 个证据。其中，第一个证据是，以时代推之，古有孔子年十七适周、年五十一适周以及年三十四适周等说法，但三说皆不能成立。其中，针对阎若璩提出的孔子年三十四岁适周之说，崔述即批驳说："昭公二十四年，孟僖子始卒。敬叔在衰绖中，不应适周。敬叔以昭公十二年生，至是，年仅十三，亦不能从孔子适周。至明年而孔子已不在鲁，鲁亦无君之可请矣。"因此，此说"不足信"。第三个证据是，

① 梁启超：《论〈老子〉书作于战国之末》，《古史辨》第 4 册，第 207—208 页。
② 叶青：《从方法上评老子考》，《古史辨》第 6 册，第 283 页。
③ 崔述：《洙泗考信录》卷 1《初仕》，顾颉刚编订：《崔东壁遗书》，第 269—271 页。

"孔子果常适周，问礼于老子，而为门弟子盛称其学，则孔门弟子及孟轲之徒，何以无一语及之"。崔述即认为："孔子称述古之贤人，及当时卿大夫，《论语》所载详矣。藉令孔子果常称美老聃，至于如是，度其与门弟子，必尝再四言之，何以《论语》反不载一言？"因此，"孔子适周之说不足信"。此外，《史记》中记述老子告孔子言与孔子言完全相反。崔述对此进行了反问，认为《史记》中记载"老聃告孔子以如是云云"，皆是"妄"言。最后，张寿林提出，司马迁之所以有此"误"，是"因后人之说"，并认为崔述的"今《史记》之所载老聃之言，皆杨朱之说"的观点是允当的。①由此而言，张寿林之所以认为"孔子适周见老子"之说不可信，基本上是参照了崔述的相关看法。

除张寿林外，接受崔述观点的"古史辨"学人还有钱穆。1931年，钱穆在《国学概论》一书中指出："老子史实之不可信，昔人已多言之。"而"昔人"即包括崔述。崔述在《洙泗考信录》中指出："老子文似战国诸子，与《论语》《春秋传》之文绝不相类。"而且，孔子称述古之贤人，及当时卿大夫，《论语》所载详备，但并未载老子一言。此外，"孟子但距杨、墨，不距黄、老"。如果老聃在杨、墨前，孟子不当无一言辟之。然后，钱穆又补充了"思想议论"方面的证据②。由此而言，钱穆之所以认为"《老子》实出战国晚世"，先是接受了崔述的观点。

除了上述三位学者之外，受崔述影响的还有顾颉刚。1932年6月，顾颉刚发表《从〈吕氏春秋〉推测〈老子〉之成书年代》的文章，参与了学术界关于老子著作年代问题的讨论。值得注意的是，顾颉刚在该文中指出，崔述在否定孔子问礼于老子之说的同时，还提出了一个新的观点："《老子》一书皆杨朱的学说。"具体而言，崔述在《洙泗考信录》中指出："今《史记》所载之老聃之言，皆杨朱之说。""《道德》五千言者，不知何人所作，要必杨朱之徒之所伪托"。因此，"孟子但距杨、墨，不距黄、老，为黄、老之说者非黄、老，皆杨氏"。换言之，如使其说果出老聃，老聃在杨、墨前,孟子不当无一言辟之,而独归罪于杨朱。"秦汉以降,其说益盛,人但知为黄、老而不复知其出于杨氏,遂有以杨、墨为已衰者,亦有尊黄、老之说而仍辟杨、墨者"。"盖皆不知世所传为黄、老之言者即'为我'之说"。自是,"儒者遂舍杨朱而以老聃为异端之魁"①。

对于崔述的这个新观点,顾颉刚认为"毫无依据","自嫌鲁莽",但"这一段文字颇能给我们一些暗示"。第一,"《道德五千言》不知何人所作而托之老聃"。第二,"孟子但距杨、墨而不距黄、老"。第三,"黄、老之言即为我之说"。第四,"自杨朱托黄、老而老聃乃代杨朱为异端之魁"。之后,顾颉刚便"替"崔述对这些关于"老聃和《老子》的新问题"进行了详细的论证,然后建立了一个"基本的假定",即老聃生在杨朱、宋钘之后。如此一来,"孟子见不到生在他后面的老聃,当然只能骂那早出世的杨朱";而"老聃与杨朱也确有渊源可寻,虽不能如崔述所云'老聃之言皆杨朱之说',却也可说老聃的话中含有杨朱的成分"。此后,"老聃一派人看黄帝正在得势的时候,赶紧把他拉住,作推行自己学说的招牌,遂得世主学者的尊崇,因而取得高超的地位"。如此一来,"既以黄帝为师,又以孔子为弟子,而老聃的地位益高,其时代亦遂移前,不做战国人了"。于是,黄老从此结缘、老聃教训孔子的故事层出不穷,"杨朱一派的地位给老聃取而代之"②。要而言之,顾颉刚认为《老子》与杨朱确有相当的渊源,而此说是通过修正崔述提出的该书"必杨朱之徒之所伪托"的观点而得出来的一种观点。

其实,除了关于老子其人其书年代的讨论之外,"古史辨"学人还参照崔述的研究成果对其他诸子进行了考辨。杨朱即是一个较有代表性的例证。在先秦诸子中,杨朱是一个"惝恍迷离"的人。古人有认为,杨朱与阳子居是一人。蔡元培则提出,杨朱即是庄周③。1925年3月,唐钺发表《杨朱考》,认为杨朱在先秦诸子中并不是一个重要人物,其既不是阳子

---

① (清)崔述:《洙泗考信录》卷1《初仕》,顾颉刚编订:《崔东壁遗书》,第270—271页。

② 顾颉刚:《从〈吕氏春秋〉推测〈老子〉之成书年代》,《古史辨》第4册,第326—332页。

③ 蔡元培:《杨朱即庄周说》,《古史辨》第4册,第357页。

居，又非庄周。其主张"为我"，学说虽曾轰动一时，但不过是昙花一现，不久就销声匿迹。因此，《庄子·天下篇》《荀子》不曾提他，《吕览》只说"孔墨"。而且，或其主张"为我"而"不肯劳动笔舌宣传他的主义"，故其没有留下著作。① 此后，唐钺又发表《〈杨朱考〉补》，对前文的"余义"以及"联带的问题"进行了讨论②。

针对蔡元培、唐钺的观点，郑宾于发表《杨朱传略》，对二人之说提出了质疑。比如，关于杨朱学说的流变，郑宾于表示，自己主张崔述之说。具体而言，崔述在《孟子事实录》中说："盖世之所谓杨、墨者名焉而已，不知夫不明称为杨、墨者其为杨、墨正多。""汉人之所谓道德、名、法，即杨氏。"进而言之，"杨氏之学主于自为而无所事，……然则道家之所谓黄、老者即杨氏"。其后，"宽柔之弊流为惨刻，于是乎有名家之学而申不害主之，有法家之学而韩非主之；然则所谓名、法者亦杨氏"。要而言之，"道德、名、法即杨氏之分支"。因此，"杨氏之学盛行于战国，甚于墨氏"，其书不当不传于后，而班、马不当不知有此一家学。③ 郑宾于认为，崔述虽然谓黄、老即杨氏之说未免太误，但其指出的杨朱之学流为道德、名、法则基本正确。④

但是，唐钺并不赞成郑宾于的观点。唐钺又发表《〈杨朱考〉再补》，认为郑宾于取崔述之说，"不免近于轻信"。第一，"先秦书中屡提墨者而不见杨者；杨学盛于墨学之说完全无据"。第二，"杨朱尽可以不曾著书"。第三，"杨氏属于道家；马、班当然无把他另立一家之必要"。因此，崔述之说实属"武断"。而崔述之所以如此武断，乃由于怀着排斥"异端"的偏见。⑤ 此文发表之后，郑宾于没有再回应。于今来看，姑且不言唐钺的观点是否正确，其指出的崔述的"偏见"无疑是十分有见地的。

由上所述，关于老子其人其书年代的讨论与杨朱学说流传的考察，是

①　唐钺：《杨朱考》，《古史辨》第 4 册，第 359—367 页。
②　唐钺：《〈杨朱考〉补》，《古史辨》第 4 册，第 367—371 页。
③　（清）崔述：《孟子事实录》卷下，顾颉刚编订：《崔东壁遗书》，第 430 页。
④　郑宾于：《杨朱传略》，《古史辨》第 4 册，第 371—372 页。
⑤　唐钺：《〈杨朱考〉再补》，《古史辨》第 4 册，第 380—381 页。

"古史辨运动"转向诸子丛考之后的两个重要议题。而"古史辨"学人正是在崔述研究成果的基础上，再次将问题提了出来，并在一定程度上对问题进行了有效的解释。

第十节　崔述的"疑古"论与"古史辨运动"的古史再考辨

"古史辨运动"兴起之后，虽然一度由古史考辨转向经学研究，继而又由经学研究转向诸子丛考，但古史考辨始终是这场学术运动的重心。1935 年，顾颉刚编著出版《古史辨》第五册；此后，童书业与吕思勉又共同编著《古史辨》第七册；从而进一步推动了"古史辨运动"向古史考辨的回归与发展。而在古史考辨回归之际，崔述的古史研究依旧起到了不可或缺的作用。

1930 年 6 月，顾颉刚在《清华学报》发表《五德终始说下的政治和历史》，对旧"帝系"中的五帝系统进行了详尽的分析与考察。该文先是指出"五行说起于战国的后期"，并依次介绍了"邹衍的略史及其时代""邹衍的五德终始说""秦的符应及始皇的改制"。然后，对"汉为水德或土德的争辨""汉武帝的改制及三统说的发生"进行了概述。最后，则对"五行相生说"及之后的情况进行了考察。[①] 此文发表之后，引起了当时学界的热烈讨论。

探本追源，此文的主旨一定程度上有本于崔述的《考信录》。按之《考信录》中的《补上古考信录》，有"后论一则"，即"驳五德终始之说"。在这则"考信录"中，崔述对"五德终始之说"的来龙去脉进行了初步的阐述。具体而言，战国以前原无此说，因为无论是上自"穷阴阳之变，征黄、炎之事，述神怪之说"极为详备的《易》和《春秋》，还是下至"所称五帝

事最为荒唐"的《国语》《大戴记》，皆没有言及此说。事实上，"五德终始之说起于邹衍；而其施诸朝廷政令则在秦并天下之初——《史记·封禅书》及《始皇本纪》《孟子荀卿列传》言之详矣。……是以秦之代周，自谓水德，而汉贾谊、公孙臣皆谓汉当土德，太初改制，服色尚黄，用衍说也"。然而，邹衍虽有五德终始之说，但初不以母传子，故未尝以木、火、土、金、水为五帝相承之次第。至于"以母传子之说，始于刘氏向、歆父子；而其施诸朝廷政令，革故说，从新制，则在王莽篡汉之时——《汉书·律历》《郊祀》两志及《王莽传》言之详矣"。因此，"王莽自言火德销尽，土德当代，而光武之起，亦据《赤伏符》之文改汉为火德，用歆说也"。①要而言之，"五德终始之说"的来源及演变，大体经历了一个从无到有、从五行相胜到五行相生的复杂过程。对比之下，无论从主旨层面还是从论证思路层面来讲，《五德终始说下的政治和历史》均与崔述的上述观点基本一致。

1936 年 1 月，顾颉刚与杨向奎共同发表《三皇考》，对旧"帝系"中的三皇系统进行了清理。该文"先考皇字之原义及名词之皇字之出现，皇之由神化人，皇为人王位号之实现等。略谓皇字本为形容词，用以状高伟之神与人者，后经《楚词》用以称上帝，皇字由是而变为名词。皇之由神化人，始见于《吕氏春秋》。自秦始皇统一天下，采上古帝位号号曰皇帝，尊庄襄王为太上皇，从此皇字又成为人王之位号。其层累地造成之历史之背景起因，由是以明。次述太一勃兴及西汉时三皇与太一之消长，伏羲等与三皇并家之纠纷盘古之出现与三皇时代之移后，女娲地位之升降"②。此文发表之后，也引发了学界的热烈讨论。

实际上，自宋以来，便有对"三皇"问题持极端怀疑态度的了。"到了清代，考证学大昌，当一般经师正在迷信汉人的经说，大开倒车之际，却有一位头脑极清醒的辨伪大家起来；这个人便是崔述。"③崔述在《补上

----

① （清）崔述：《补上古考信录》卷下《后论一则》，顾颉刚编订：《崔东壁遗书》，第49—50 页。

② 容媛：《二十四年十二月至二十五年五月国内学术界消息·三皇考》，《燕京学报》1936 年第 19 期。

③ 童书业：《三皇考·童序》，《古史辨》第 7 册，第 267 页。

古考信录》中指出,根据《诗》《书》《传》的记载,"'皇'乃尊大之称,王侯祖考皆可加之,非'帝''王'之外别有所谓'皇'者"。而且,《经》《传》述上古皆无"三皇"之号,《春秋传》仅溯至黄帝,《易传》亦仅至伏羲,则谓羲、农以前别有"三皇",此为"妄"说。而"燧人不见于《传》,祝融乃颛顼氏臣,女娲虽见于《记》,而文亦不类天子,则以此三人配羲、农以足三皇之数者亦妄"。至伪《孔传》、《书序》以黄帝为"三皇",名实相迕。其实,"三皇、五帝之名本起于战国以后;《周官》后人所撰,是以从而述之。"① 对于崔述的上述观点,童书业认为是"驳得"十分"有力"②。当然,顾颉刚在此文中并没有明引崔述的观点,但其无疑是在崔述"皇乃尊大之称"以及"三皇五帝之名本起于战国以后"的基础上对"三皇问题"进行了探讨,二者实有"血统关系"③。

1936年4月,顾颉刚发表《禅让传说起于墨家考》,对与"帝系"密切相关的禅让传说进行了探索。禅让说流传很早,自秦汉以来即被认为是"至真至实的古代史"。不过,诚如顾颉刚在文中交代的,崔述在《唐虞考信录》中即对此说提出了质疑:"自秦、汉以来,世之论者皆谓尧以天下与舜,舜以天下与禹。"但问题是,《经》书对尧之禅舜进行了详载,而未有一言及舜之禅禹。因此,"舜未尝以帝位授禹"。此外,《典》者记事,《谟》者记言。如果舜授禹以天下,其事当载于《典》,不当载于《谟》。"今《典》反不言而《谟》反有之,然则是伪撰《尚书》者习于世俗所传舜禅于禹之言而采摘传记诸子之文以补之。"④ 对于崔述的质疑,顾颉刚认为有一定的道理,但其过于信《经》而并不彻底。实际上,《尧典》所记的尧之禅舜并不存在,而是"墨家的禅让说",而"世俗所传舜禅让禹之言"则是儒家之言。进言之,墨家为了宣传自家的"尚贤""尚同"的主

---

① (清)崔述:《补上古考信录》卷上《前论一则》,顾颉刚编订:《崔东壁遗书》,第26—27页。

② 童书业:《三皇考·童序》,《古史辨》第7册,第268页。

③ 1936年3月15日,顾颉刚在写给容庚的信中即强调说:"《三皇考》与《东壁遗书》有血统关系"。顾颉刚:《致容庚·六八》,《顾颉刚书信集》第2卷,第222页。

④ (清)崔述:《唐虞考信录》卷4《舜治定功成》,顾颉刚编订:《崔东壁遗书》,第99页。

义造出了尧舜禅让的故事，儒家则进一步添上了舜禹禅让的故事。① 要而言之，顾颉刚是在崔述质疑的基础上进一步探索了禅让说的真实性及其来源问题。

1936 年 6 月，顾颉刚与童书业共同发表《夏史三论》，对夏史的中间一段进行了考察。其中值得注意的是第五章"启和五观与三康"。根据《史记·夏本纪》，启以后的世系是太康—中康—帝相—少康—帝予。其中，"太康、中康、少康"被称为"三康"。但到了清代，崔述率先对"三康"的名字和世袭发出了疑问：禹之后嗣见于传记者有启、相、杼、皋，此"皆其名"。但太康、少康，则不似名而似号，不知何故。而且，太康失国，少康中兴，贤否不同，世代亦隔，又不知何以同称"康"。仲康见于《史记》，当亦不诬，何故亦沿"康"号，而以"仲"别之。② 对此，顾颉刚进行了解释，"三康"本都是"淫溢康乐"的角色，所以都以"康"号显。而且，根据太康、仲康不见于先秦书，只有少康见于《楚辞》。③ 进言之，"三康的传说从启分化而出"，"少康中兴的故事是东汉人造出的"④。总之，顾颉刚的"三康"探索在一定程度上是建立在崔述疑问的基础之上的。

除了顾颉刚之外，继承崔述之说而进行古史考辨的还有杨宽。杨宽在《中国上古史导论》中提出："吾国古代民族，大别之实不外东西二大系，其神话传说，实亦不外东西二系。"⑤ 五帝传说即是一个显著的例证。五帝传说之配合，于古至少有两大系，一系是《吕氏春秋》等记载的太皞、炎帝、黄帝、少皞、颛顼，一系是《大戴礼记》等记载的黄帝、颛顼、帝喾、尧、舜。其实，这两大系都有渊源。崔述即指出，《吕氏春秋》源于《春秋传》，而以五德分属之；《大戴礼记》则源于《国语》⑥。杨宽认为，崔述

---

① 顾颉刚：《禅让传说起于墨家考》，《古史辨》第 7 册，第 518—524 页。

② （清）崔述：《夏考信录》卷 2《少康、杼》，顾颉刚编订：《崔东壁遗书》，第 125 页。

③ 顾颉刚、童书业：《夏史三论》，《古史辨》第 7 册，第 613—616 页。

④ 童书业：《夏史三论·后记》，《古史辨》第 7 册，第 639 页。

⑤ 杨宽：《中国上古史导论》，《古史辨》第 7 册，第 55 页。

⑥ （清）崔述：《补上古考信录》卷上《前论一则》，顾颉刚编订：《崔东壁遗书》，第 27 页。

之说"近是",贵在指出二系之五帝说皆出于后人各据所本以配合而成,但尚存在进一步开拓的空间。其实,"二大系实乃东西民族各以其神话传说配合而成"。具体而言,"大皞即帝皞帝俊,初为殷与东夷之上帝;少皞即契,初为殷与东夷之下后;黄帝乃西方上帝'皇帝'之字变;颛顼即尧,亦为西土民族之上帝;《吕氏·十二纪》与《月令》以太皞置黄帝上,少皞置颛顼上,此明为东夷民族所造之说。《五帝德》等书以黄帝颛顼置帝喾上,尧置舜上,此又明为西土民族所组合之说"。总之,"东西二系民族各自组织系统,于是两相分歧"①。由此而言,杨宽正是在崔述之说的前提下对"五帝传说之组合"做出了进一步的解释。

由上可知,在"古史辨运动"回归古史再考辨之时,顾颉刚、杨宽等人在相当大的程度上继承了崔述的若干"疑古"之说,从三皇五帝一直讨论到夏史,进一步澄清了上古史传说的若干真相。

综上所述,"古史辨运动"的兴起与发展,与崔述的"考信之学"密不可分。在运动兴起之际,顾颉刚之所以能够提出"层累说"与"打破民族出于一元的观念",是受到了崔述《考信录》的启发。之后,运动转向孔子与经学研究,顾颉刚、赵贞信、钱穆、张寿林等又从《洙泗考信录》《读风偶识》等著作中汲取了相应的学术资源,不仅进一步恢复了孔子的真相,还打破了"孔子作《易传》之说"以及"孔子删定《诗经》之说"。此后,在运动转向诸子丛考之时,梁启超、顾颉刚、郑宾于、唐钺等又在崔述的启发下对老子其人其书是否晚出、杨朱学说的流传等问题进行了考察。最后,运动回归古史再考辨,顾颉刚、杨向奎、童书业、杨宽等又在崔述的影响下,从三皇五帝一直讨论到夏史。总之,崔述的"考信之学"可以说是"古史辨运动"兴起与发展的重要本土学术资源之一。

不过,这里并不宜因此而过分夸大二者之间的学术因缘。早在1923年5月,顾颉刚就曾尖锐地指出,崔述的《考信录》虽然是"一部极伟大又极细密的著作",但该书仍然存在两个不能令人"不满意"之处。第一,

---

① 杨宽:《中国上古史导论》,《古史辨》第7册,第148页。

崔述"著书的目的要替古圣人揭出他们的圣道王功，辨伪只是手段"。第二，崔述相信"经书即是信史"，于是"他要从古书上直接整理出古史迹来，也不是妥稳的办法"①。因此，崔述的"疑古"与"辨伪"只是"儒者"的"考信之学"。与崔述的"考信之学"相反，以顾颉刚等人为代表的"古史辨"派，不仅没有"替古圣人揭出他们的圣道王功"的目的，更没有"经书即信史"的成见。因此，这一学派一经登上中国学坛之后，便掀起了一场轰轰烈烈的"古史辨运动"，从而在根本上突破了"儒者"的"疑古"与"辨伪"。

---

① 顾颉刚：《与钱玄同先生论古史书》，《古史辨》第 1 册，第 75 页。

第五章　晚清今文经学与"古史辨运动"

在清代学术史上，继乾嘉考据学之后，"卓然成一潮流，带有时代运动的色彩者"，无疑是晚清今文经学。① 但是，晚清今文经学并非从乾嘉考据学衍生而来，而是乾嘉考据学的一种"反动"。以康有为、崔适等人为代表的今文学家"对于古文学派的学统与体系加以整个的攻击，对于今文学派的'微言大义'加以高度的发挥"②，从而最终完成了晚清今文经学理论体系的建构。

这场今文经学运动的影响深远。周予同指出，梁启超、夏曾佑等人便是受到了晚清今文经学的直接启示，从而推动了清末"新史学"思潮的兴起。③ 问题尚不止如此。周予同还指出，继梁启超、夏曾佑等"新史学"派之后，以顾颉刚、胡适、钱玄同为代表的"古史辨"派则进一步继承了今文学的思想体系，而使中国史学完全脱离经学而独立④，并将"古史辨运动"打造成为中国现代学术的主流。因此，本章拟对晚清今文经学与"古史辨运动"的学术关联进行一番系统的梳理、分析与阐释。

小引（一）

如所周知，康有为是晚清今文经学运动的中心人物。其主要代表作有

---

① 梁启超：《清代学术概论》，《梁启超全集》第5册，第3067页。
② 周予同：《五十年来中国之新史学》，朱维铮编校：《周予同经学史论》，第362页。
③ 周予同：《五十年来中国之新史学》，朱维铮编校：《周予同经学史论》，第370—377页。
④ 周予同：《五十年来中国之新史学》，朱维铮编校：《周予同经学史论》，第377—381页。

《新学伪经考》与《孔子改制考》，前者主张"西汉经学，并无所谓古文者，凡古文皆刘歆伪造"，其目的是"欲佐莽篡汉"；后者则主张六经皆孔子所作，其目的是"托古改制"。这两部书出版之后，便在当时思想界引起了强烈反响。借用其弟子梁启超的话说，《新学伪经考》"实思想界之一大飓风"，而《孔子改制考》则犹如"火山之大喷发"①。

其实，这两部书还对后世学术界产生了难以估量的影响。"古史辨运动"的兴起与发展，即在相当大的程度上导源于这两部书。早在1926年，当事人顾颉刚在《古史辨》第一册《自序》中便清楚地交代了这一学术因缘。②后世学者王汎森、彭明辉等则进一步对二者之间的学术关联进行了较为详尽的分析与考察。③于今看来，这些研究成果至少存在两个问题。第一，在研究思路上，侧重于思想史的分析，故在若干关键性问题的论证上缺乏充分的学术证据。第二，在研究内容上，未能完全挖掘出二者之间的学术关联。因此，本节拟在前人研究成果的基础上，对康有为的今文家言与"古史辨运动"的学术关联进行一次系统的再考察，以期挖掘"古史辨运动"的学术渊源，揭示晚清今文经学对现代学术形成的影响。

第一节　康有为的《孔子改制考》与"古史辨运动"的兴起

"东周以前存疑论"的提出，是"古史辨运动"兴起的一个起点。1919年2月，胡适出版《中国哲学史大纲》，提出"东周以前的中国古史，只可存一个怀疑的态度"④。顾颉刚率先接受此论，进而断言"东周以上只

---

①　梁启超：《清代学术概论》，《梁启超全集》第5册，第3097页。

②　参见顾颉刚：《自序》，《古史辨》第1册，第15—24页。

③　参见王汎森：《古史辨运动的兴起》，第209—291页；彭明辉：《疑古思想与现代中国史学的发展》，第53—65、92—117页。

④　胡适：《中国古代哲学史》，《胡适全集》第5卷，第214页。

好说无史"①。可以说，胡适与顾颉刚正是以此论为基点，开始了对中国传统上古史体系的攻击与破坏。

溯本追源，"东周以前存疑论"导源于康有为。②康有为在《孔子改制考》第一篇中指出："吾中国号称古名国，文明最先矣，然'六经'以前无复书记。夏、殷无征，周籍已去，共和以前不可年识，秦、汉以后乃得详记。"③由此而知，早在胡适之前，康有为即提出"上古茫昧无稽"。而且，胡适提出此论之前，就曾接触过康有为的这部著作④，其在《中国哲学史大纲》中更是直接交代了其中的关联⑤。与胡适相类似，顾颉刚早年便在《不忍杂志》上读过康有为的《孔子改制考》，并认为该书"第一篇论上古事茫昧无稽"，其说"极惬心厌理"。受此说影响，顾颉刚便萌发了"推翻古史的动机"⑥。由此而言，胡适与顾颉刚都是在康有为的启发下进一步明确主张"东周以前存疑论"。

至 1923 年 5 月 6 日，顾颉刚进一步建立了著名的"层累说"。简而言之，根据《诗经》，"东周的初年只有禹"；根据《论语》，"东周的末年更有尧、舜"；直到《尧典》《禹贡》《皋陶谟》出现，"舜、禹的事迹编造得完备了"。要而言之，"时代越后，知道的古史越前；文籍越无征，知道的古史越多"⑦。此说一经问世，便彻底颠覆了传统的上古史系统，从而引发了一场影响深远的"古史辨运动"。

这一"革命性"学说的提出，与康有为的论述直接相关⑧。康有为在《孔

---

① 顾颉刚：《自述整理中国历史意见书》，《古史辨》第 1 册，第 45 页。

② 余英时曾指出，康有为提出的"上古茫昧无稽"论是"古史辨运动"的"源头"。余英时：《〈中国哲学史大纲〉与史学革命》，《重寻胡适历程：胡适生平与思想再认识》，广西师范大学出版社 2004 年版，第 222 页。不过，其未能指明这一源头与"东周以前存疑论"之间的具体关联。

③ 康有为：《孔子改制考》，《康有为全集》第 3 集，第 4 页。

④ 参见梁勤峰等整理：《胡适许怡荪通信集》，上海人民出版社 2017 年版，第 36—40 页。

⑤ 参见胡适：《中国古代哲学史》，《胡适全集》第 5 卷，第 210—215 页。

⑥ 顾颉刚：《自序》，《古史辨》第 1 册，第 15、24 页。

⑦ 顾颉刚：《与钱玄同先生论古史书》，《古史辨》第 1 册，第 78—79 页。

⑧ 王汎森认为，康有为在《孔子改制考》中指出，禹只是洪水退后初生之民，而顾颉刚在《与钱玄同先生论古史书》中指出，"东周的初年只有禹"，二人都对禹的神圣性进

子改制考》中指出："尧、舜为民主，为太平世，为人道之至，儒者举以为极者。"但是，除《虞书》外，《尚书》中"未尝有言尧、舜者"。进言之，根据《召诰》《多方》《立政》等篇的记载，皆是"夏、殷并举，无及唐、虞者"。推论此中缘由，"盖古者大朝，惟有夏、殷而已，故开口辄引以为鉴"。至于"尧、舜在洪水未治之前，中国未辟，故《周书》不称之"。而除《尚书》外，只有《周官》有"唐、虞稽古，建官惟百"之言。但此书为"伪书"，不足为据①。总之，尧、舜为孔子所托。承前所述，顾颉刚在《与钱玄同先生论古史书》中则指出，东周的初年只有禹，直到《尧典》《禹贡》《皋陶谟》出现，"舜、禹的事迹编造得完备了"。对比之下，二者的观点存在相近之处。由此来看，顾颉刚之所以能够提出"层累说"，在一定程度上是受到了康有为上述观点的启发。

　　不仅如此，顾颉刚发表《与钱玄同先生论古史书》之后，首先得到了钱玄同的公开支持。钱玄同在《答顾颉刚先生书》中称，"层累说"真是"精当绝伦"，自己以前认为尧、舜二人一定是"无是公""乌有先生"，各教都有"洪水"的传说，故中国历史当从禹说起。至于尧、舜这两个人，大约起初是民间传说，"后来那班学者便利用这两个假人来'托古改制'"。早在战国之末，韩非即戳破了这类把戏，但只因秦汉以后的学者太无见识，相信其是真人真史，直到康有为作《孔子改制考》，才把它弄明白了。而"今读先生之论"，"方知连禹这个人也是很可疑的"②。由此而言，钱玄同最早是接受了康有为的《孔子改制考》，认为尧、舜二人一定是"无是公"，然后以此支持了顾颉刚的观点。

　　与钱玄同截然相反，刘掞藜、胡堇人则对顾颉刚进行了尖锐批驳③。针对刘、胡的批驳，顾颉刚发表《答刘、胡两先生书》，提出了推翻"非

行了摧毁，故历史观念是"类相仿佛"的。王汎森：《古史辨运动的兴起》，第219页。但是，若想证实顾颉刚的"层累说"源于康有为的《孔子改制考》，除了历史观念的"类相仿佛"之外，尚需提供具体观点上的证据。

　　①　康有为：《孔子改制考》，《康有为全集》第3集，第149页。

　　②　钱玄同：《答顾颉刚先生书》，《古史辨》第1册，第81页。

　　③　刘掞藜：《读顾颉刚君〈与钱玄同先生论古史书〉的疑问》，《古史辨》第1册，第91—98页；胡堇人：《读顾颉刚先生论古史书之后》，《古史辨》第1册，第99—102页。

信史"的四个标准,进一步完善了"层累说",其中第一项标准为"打破民族出于一元的观念"。一般而言,百代帝王,四方种族,都是"一统的",但根据先秦典籍,商出于玄鸟,周出于姜嫄……,各族"原是各有各的始祖",未曾要求统一。直到春秋以后,"大国攻灭小国",疆界逐渐扩大,民族逐渐并合,"种族观念渐淡而一统观念渐强",于是"许多民族的始祖的传说"便逐渐归到一条线上。因此,若想推翻"非信史",必须"打破民族出于一元的观念"①。

这一"殷、商不出于一元"的认识,也受到了康有为相关论述的启发②。康有为在《孔子改制考》中指出:"《五帝德》及《帝系姓》皆孔子所定,然尧、舜三代同出黄帝,尧、舜周亲,何舜至耕稼陶渔,尧须明扬侧陋?若夫玄鸟生商,履武降稷,诗人所歌则皆无父而生,平林寒冰,鸟覆牛腓,决非帝王之家。……稷母为帝喾元妃,不应逾越挚尧将二百年,乃见用于舜。世疑皆孔子所托,或疑以传疑,故两传之。以理而言,诗文可证也。"③在康有为看来,尧、舜三代并非同出黄帝,而根据《诗经》记载,殷、周并非帝喾之后。将这一观点与顾颉刚的"殷、周不出于一元"论相比较,二者基本一致。

由上可知,康有为早在《孔子改制考》中即提出了"上古茫昧无稽",《尚书》中"未尝有言尧、舜者""尧、舜是无是公""尧、舜三代不同出黄帝"等一系列"疑古"之论,而胡适、顾颉刚等正是在康有为的基础上进一步提出了"东周以前存疑论""层累说""打破民族出于一元的观念"等观点,从而彻底打破了中国传统的上古史体系,引发了一场影响深远的"古史辨运动"。

---

① 顾颉刚:《答刘、胡两先生书》,《古史辨》第1册,第105页。

② 有学者指出,顾颉刚之所以能够提出这一学说,是受到了欧阳修、洪迈、崔述、王国维、梁启超等人相关论述的启发与影响。参见汤莹:《顾颉刚的"民族不出于一元论"及其影响》,《史学月刊》2017年第8期。

③ 康有为:《孔子改制考》,《康有为全集》第3集,第143页。

第二节　康有为的《新学伪经考》与"古史辨运动"的经学研究

在一定意义上，中国古史问题肇端于经学问题。因此，自从《古史辨》第三册出版开始，"古史辨运动"便正式由古史考辨转向经学研究。该书分为上下两编，上编讨论《周易》，"于《易》则辨明《易·十翼》的不合于《易·上下经》"；下编讨论《诗三百篇》，"于《诗》则辨明齐、鲁、韩、毛、郑诸家《诗说》及《诗序》的不合于《三百篇》"。要而言之，"这一册书的根本意义，是打破汉人的经说"①。而"古史辨"学人的这一"打破汉人的经说"与康有为的今文家言密不可分。

其一，"于《易》则辨明《易·十翼》的不合于《易·上下经》"。②从西汉到清末，经过二千年的定案，学者们都虔诚地信仰，孔子与《周易》的关系，"无敢异议"。其中，"经古文学家把《十翼》完全归之孔子"③。经今文学家则不同。康有为即认为，卦爻辞非文王或周公作，而是孔子所作。此外，《易》无"十翼"之名，"殆出于刘歆之说"。其中，"《说卦》说《震》《离》《兑》《坎》四卦方位及诸象，与京、焦《易卦气图》同，其为京、焦学者所伪"；而"《序卦》肤浅，《杂卦》则言训诂"，为刘歆所"伪窜"④。

受康有为这些观点的影响，"古史辨"学人对《周易》经传进行了探讨。"古史辨"学人一方面基本认为孔子与《易》无关，另一方面则有选择地

---

① 顾颉刚：《自序》，《古史辨》第 3 册，第 1 页。

② 王汎森认为，康有为对《周易》有三点看法，分别是《十翼》是刘歆伪作、"费氏章句"是刘歆所伪以及反对"观象制器"说。"古史辨"学人则接续这方面的论题，进而攻击"观象制器"说，并证明原始的易经确只是卜筮之书（王汎森：《古史辨运动的兴起》，第252—257 页）。事实上，"古史辨"学人之所以认为《易经》是卜筮之书，主要是受欧阳修、朱熹等宋儒的直接影响。此外，其未能指出"古史辨"学人主要有选择性地继承了康有为提出的《说卦》以下三篇为伪作的观点，进而破坏了传统的孔子作《易传》之说。

③ 李镜池：《〈易传〉探源》，《古史辨》第 3 册，第 63 页。

④ 参见康有为：《新学伪经考》，《康有为全集》第 1 集，第 368、380、463—464、475 页。

接受了康有为提出的《说卦》以下三篇为伪作的观点。1930 年，顾颉刚在《论〈易·系辞传〉观象制器的故事》中转引了康有为对《说卦》《序卦》《杂卦》的质疑之后，表示"《序卦》《杂卦》并出刘歆伪窜"虽然没有确实的证据，但可以知道"现存的《易传》不是汉初的旧本"①。同年，钱玄同在《读〈汉石经周易〉残字而论今文〈易〉的篇数问题》中则认为，康有为"直断《说卦》为焦、京之徒所伪作，宣帝时说《易》者附之入经"，堪称"巨眼卓识"。但是，其"以《序卦》和《杂卦》为刘歆所伪作，则未必"。因为，刘歆固然造了许多伪经，"然其学实不肤浅"；而"《杂卦》仍是说明卦义，与《说卦》《序卦》性质形同，与训诂之方法根本有异"②。20 世纪 30 年代初，张西堂表示钱玄同对康有为的评价，"比较妥帖"③。1930 年，李镜池在《〈易传〉探源》中则表示，《说卦》未必如康氏所主张的出于刘歆的作伪，"《史记》不特没有'说卦'二字，连'序《彖》《系》《象》《说卦》《文言〉'这一句也是京房等插入的"④。要而言之，"古史辨"学人虽然并不赞同康有为"《说卦》为刘歆伪造"的观点，但二者一致认同"《说卦》以下三篇为后出之伪作"的说法。

其二，"于《诗》则辨明齐、鲁、韩、毛、郑诸家《诗说》及《诗序》的不合于《三百篇》"⑤。在中国的古籍里，《诗经》是一部"绝好的书"。"汉兴，说《诗》者即有齐、鲁、韩三家。其后又有毛氏之学。郑玄为毛氏作笺，《毛诗》遂专行于世。"但至宋，许多学者对《毛诗》进行了尖锐的攻击，《毛诗》遂逐渐失去了权威。到了清代，"反动又起"，古文学家又要

① 顾颉刚：《论〈易·系辞传〉观象制器的故事》，《古史辨》第 3 册，第 28 页。
② 钱玄同：《读〈汉石经周易〉残字而论今文〈易〉的篇数问题》，《古史辨》第 3 册，第 49 页。
③ 张西堂：《中国经学史讲义》，张铭恰主编：《长安学丛书·张西堂卷》，第 100 页。
④ 李镜池：《〈易传〉探源》，《古史辨》第 3 册，第 67—68 页。
⑤ 王汎森认为，康有为的《诗经》研究有两点认识，一是《诗经》纯是乐歌，二是《诗序》乃刘歆助造、卫宏所成。"古史辨"学人则在这些认识的基础上进行了讨论。参见王汎森：《古史辨运动的兴起》，第 242—252 页。但其实，顾颉刚等人之所以认为《诗经》所录全为乐歌，主要是继承了郑樵、朱熹等宋儒的观点。此外，其未能提供顾颉刚等人破坏《毛诗》受康有为直接影响的具体证据。

恢复《毛诗》之旧。而今文学家又不满于《毛诗》，要进一步回复到三家诗之旧①。因此，攻击《毛诗》，无疑就成了今文学家的重要任务。康有为即提出，"今三百五篇，为孔子作，《齐》《鲁》《韩》三家所传"；至于《毛诗》伪作于刘歆，付嘱于徐敖、陈侠，传授于谢曼卿、卫宏"，"《序》作于宏"，然"首句实为歆作"。其中，对《毛诗》进行攻击，是康有为诗经学的核心组成部分②。当然，对《毛诗》的质疑早已有之，但论证如此详密，或无出其右者。

"古史辨"学人则认为孔子未曾删《诗》，但基本认可康有为的《毛诗》辨伪。对于《毛诗序》作者的批判则是一个具体而微的例证。1925 年，顾颉刚发表《写歌杂记》两则，在引用《诗序》时直接称"卫宏《诗序》"③。20 世纪 30 年代初，张西堂在《关于毛诗序的一些问题》中指出，《毛诗序》的作者大约有 16 种说法，其中一种是康有为的"刘歆、卫宏所作"。此说"以为《序》乃卫宏所作不足信，却还近于事实"。因为，"刘歆以一人之力，未必能伪造群书"，"作序的人应当是当时的一些古学之徒，依据伪《毛传》而制作《毛序》的"。换言之，"康氏说《毛序》首句乃刘歆作，不如说是刘歆之党徒所作"④。1932 年，钱玄同发表《重论经今古文学问题》，强调康有为确认《毛诗序》为卫宏所作，是"极精当的见解"⑤。由此可见，"古史辨"学人或认同其说，或略变其说。

继《古史辨》第三册之后，顾颉刚又编著出版《古史辨》第五册，其中上编讨论了《春秋》经传。而这一讨论同样导源于康有为的今文家言⑥。康有为关于《春秋》经传的基本观点是，《春秋》为孔子所作，"《公

---

① 郑振铎：《读〈毛诗〉序》，《古史辨》第 3 册，第 241—242 页。

② 康有为：《新学伪经考》，《康有为全集》第 1 集，第 455 页。

③ 顾颉刚：《〈野有死麕〉》，《古史辨》第 3 册，第 279 页；顾颉刚：《褰裳》，《古史辨》第 3 册，第 293 页。

④ 张西堂：《诗经六论》，上海商务印书馆 1957 年版，第 124—133 页。

⑤ 钱玄同：《重论经今古文学问题》，《古史辨》第 5 册，第 22 页。

⑥ 王汎森认为，钱玄同、顾颉刚、张西堂在《春秋》经传问题的讨论上基本继承了康有为之说，其中"张西堂强调《左传》由《国语》改编是个正确论断，而且支持康有为的说法，认为不惟《春秋左氏传》是冒名，就是《左氏春秋》这名称也是假的"。王汎森：《古

羊》独详《春秋》之义"，"《穀梁传》不明《春秋》王义"，而《左传》是刘歆改窜《国语》而成，不传《春秋》①。这些观点提出之后，在学术界引起了较大争议。

"古史辨"学人进一步针对《春秋》经传进行了讨论。其中的焦点之一是《左传》与《国语》的关系。在"古史辨运动"的兴起阶段，"古史辨"学人基本接受了《左传》是刘歆改窜《国语》而成的观念。胡适在《中国哲学史大纲》中即"因认《左传》是一部伪书"而"不敢大胆引用"②。1925 年，钱玄同在写给顾颉刚的信中即表示，康有为在《新学伪经考》中主张的《左传》是刘歆改窜《国语》而成的观点是"很对的"，并进行了简要论证。③1928 年，顾颉刚在《春秋研究讲义》中表示，康有为谓《左传》为刘歆以《国语》窜改而成的这一看法是一个"创见"，而且是"由历史之考证而建立者"④。

但是，至"古史辨运动"发展至经学研究阶段，这一情况发生了变化。1930 年，应顾颉刚的约稿，钱穆在《燕京学报》发表《刘向歆父子年谱》，对康有为的《新学伪经考》进行了系统批驳。其文要点之一即论证《左传》并非刘歆伪造，而是先秦旧籍。⑤此文发表之后，因触及晚清今古文之争的核心问题，故在当时学界引起了广泛影响。⑥仅就"古史辨"学人而言，胡适改变了过去"认《左传》是伪书"的看法，而盛赞《刘向歆父子年谱》是"一大著作"，"见解与体例都好"⑦。1935 年 2 月，童书业发表《〈国语〉与〈左传〉问题后案》，承认《左传》并非《春秋》的传，"《左传》与《国

史辨运动的兴起》，第 258—259 页。不过，其未能进一步指出二者之间的差异。

　① 参见康有为：《孔子改制考》，《康有为全集》第 3 集，第 137 页；康有为：《春秋董氏学自序》，《康有为全集》第 2 集，第 307 页；康有为：《新学伪经考》，《康有为全集》第 1 集，第 398—402 页。

　② 钱穆：《中国史学名著》，《钱宾四先生全集》第 33 册，第 49 页。

　③ 钱玄同：《论获麟后〈续经〉及〈春秋〉例书》，《古史辨》第 1 册，第 229 页。

　④ 顾颉刚：《春秋研究讲义》，《顾颉刚古史论文集》第 11 卷，第 517 页。

　⑤ 钱穆：《刘向歆父子年谱》，《古史辨》第 5 册，第 63 页。

　⑥ 参见刘巍：《〈刘向歆父子年谱〉的学术背景与初始反响》，《历史研究》2001 年第 3 期；陈勇：《钱穆与〈刘向歆父子年谱〉》，《西华师范大学学报（哲学社会科学版）》2016 年第 2 期。

　⑦ 胡适：《日记（1928～1930）》，《胡适全集》第 31 卷，第 767 页。

语》非一书改作"①。1936 年，杨向奎发表《论〈左传〉之性质及其与〈国语〉之关系》，提出"《左传》本为传经之书"，而《国语》与《左传》"决非一书之割裂"②。要而言之，上述学者皆不赞成《左传》为刘歆伪造《国语》而成。因此，有学者认为，顾颉刚约稿时万万没想到，钱穆此文"无异于给疑古学派造伪说一瓢当头冷水"③，甚至直接"导致古史辨派阵营内部的分化"④。

其实，顾颉刚等不仅"想到"了这一所谓的"当头冷水"效果，还打算通过这一所谓的阵营"分化"解决这一问题。1930 年 7 月，顾颉刚在写给钱玄同的信中说，"钱穆先生之《刘向歆父子年谱》，正是激动我们重提今古文问题的好资料"，自己打算搜集材料，对其进行批驳，并希望对钱玄同有所帮助。⑤ 同年 8 月，顾颉刚在写给钱玄同的信中又说："钱君下半年到此（燕大国文系专任讲师），我辈得有论敌，今古文问题或能逼上解决之路。"⑥ 这一建议无疑得到了钱玄同的响应。⑦1931 年，钱玄同发表《〈左氏春秋考证〉书后》，强调康有为弄明白了《左传》的"原本"即是《国语》。⑧1932 年 6 月，钱玄同又发表《重论经今古文学问题》，重申康有为的观点是一个"卓识"，并通过具体例证指出，《左传》与今本《国语》，记事"此详而彼略，彼详则此略"，至于"彼此同记一事者，往往大体相同，而文辞则《国语》中许多琐屑的记载和枝蔓的议论，《左传》大都没有"⑨，

---

① 童书业：《〈国语〉与〈左传〉问题后案》，《浙江图书馆馆刊》1935 年第 4 卷第 1 期。

② 杨向奎：《论〈左传〉之性质及其与〈国语〉之关系》，《史学集刊》1936 年第 2 期。

③ 廖名春：《钱穆与疑古学派关系述评》，《原道》第 5 辑，贵州人民出版社 1999 年版，第 217 页。

④ 陈勇：《和而不同：民国学术史上的钱穆与顾颉刚》，《暨南学报（哲学社会科学版）》2013 年第 4 期。

⑤ 顾颉刚：《致钱玄同（三十）》，《顾颉刚书信集》第 1 卷，第 563 页。

⑥ 顾颉刚：《致钱玄同（三一）》，《顾颉刚书信集》第 1 卷，第 564 页。

⑦ 1930 年 1 月，钱玄同即在顾颉刚处看到了钱穆的《刘向歆父子年谱》的稿本，认为钱穆"真堪与毛西河、洪良品作伴侣"。杨天石主编：《钱玄同日记（整理本）》中册，第 745 页。

⑧ 钱玄同：《〈左氏春秋考证〉书后》，《古史辨》第 5 册，第 2 页。

⑨ 钱玄同：《重论经今古文学问题》，《古史辨》第 5 册，第 41 页。

从而进一步证实了康有为的观点；而下一步有必要以康有为等所考辨者为基础，“再取今本《国语》《左传》等书与《史记》《春秋》等书仔细对勘，做成《〈国语〉探源》和《今本〈国语〉与〈左传〉疏证》”，来恢复左丘氏《国语》的本来面目。① 与钱玄同一道的还有张西堂。1932 年，张西堂在《〈左氏春秋考证〉序》中甚至认定，康有为的观点将《左氏》的骗局基本“定案”②，现在当努力去做的研究工作应该是《国语探源》③。

当然，关于《左传》与《国语》的关系，“古史辨”学人最后并未达成共识，但正是这种所谓的“阵营分化”，再一次将这一问题“逼上了解决之路”。或诚如顾颉刚在《当代中国史学》中总结的，经过这次讨论，“《左传》和《国语》二书决非春秋时代的作品，是可以无疑的了”④。

由上可知，早在清末，康有为一方面主张《易经》《诗经》《春秋》等六经皆是孔子所作，另一方面认为“《说卦》为刘歆伪作”“《毛诗》为刘歆、卫宏共同伪作”“《左传》是刘歆改窜《国语》而来”。“古史辨”学人则基本摒弃了六经为孔子所作的“崇圣”观点，并在其将古文经书归罪于刘歆这一观点的基础上提出了《说卦》以下三篇为后出之伪作、《毛诗序》为卫宏或刘歆之徒伪造、“《左传》和《国语》二书决非春秋时代的作品”等观点，从而在相当大的程度上打破了“汉人的经说”，还原了三部经书的本来面目。

第三节　康有为的《孔子改制考》与“古史辨运动”的“诸子丛考”

前已指出，自《古史辨》第三册出版之后，“古史辨运动”便正式转

---

① 钱玄同：《〈左氏春秋考证〉书后》，《古史辨》第 5 册，第 13 页。
② 张西堂：《〈左氏春秋考证〉序》，《古史辨》第 5 册，第 162—163 页。
③ 参见杨天石主编：《钱玄同日记（整理本）》中册，第 869 页。
④ 顾颉刚：《当代中国史学》，《顾颉刚古史论文集》第 12 卷，第 431 页。

向了经学研究。而若想弄清经学的本来面目，在一定意义上则“不得不从诸子入手”①。因此，这场运动又逐渐转向了诸子丛考。而这一“诸子丛考”与康有为的《孔子改制考》密切相关。

众所周知，引发诸子丛考的主要有两个核心议题，一个是胡适提出的“诸子不出于王官论”，一个是梁启超提出的“《老子》书作于战国之末”说。王汎森等已指出，胡适之所以能够建立“诸子不出于王官论”是受了康有为否定《汉书·艺文志》的影响②，而梁启超的“《老子》作于战国之末”说则可以追溯到乃师康有为在《桂学答问》中提出的“各子书虽老子、管子亦皆战国书，在孔子后，皆孔子后学”③。于今来看，这一思想史的分析虽然存在不完尽之处④，但基本能够成立，故此处不作赘述。

实际上，除了胡适、梁启超之外，受康有为影响的“古史辨”学人还有顾颉刚。⑤1933 年，顾颉刚在为《古史辨》第四册作《序》时指出：“中国的古籍，经和子占两大部分。”大体而言，“经是官书，子是一家之言”。换言之，“经是政治史的材料，子是思想史的材料”。其实，“经书本不限于儒家所诵习”，但问题在于“现在传下来的经书确已经过了战国和汉的儒家的修改”。如果“不把他们所增加的删去，又不把他们所删去的寻出一个大概”，“便不能迳视为官书和古代的政治史料”，而“只能认为儒家

---

①　顾颉刚：《顾序》，《古史辨》第 4 册，第 9 页。

②　参见王汎森：《古史辨运动的兴起》，第 274—275 页；彭明辉：《疑古思想与现代中国史学的发展》，第 100 页。

③　参见王汎森：《古史辨运动的兴起》，第 276—277 页；彭明辉：《疑古思想与现代中国史学的发展》，第 107—108 页。

④　简而言之，胡适在建立“诸子不出于王官论”之前，是否接触过康有为的《新学伪经考》，王汎森、彭明辉都没有提供充分证据。参见李长银：《沟通中西：胡适“诸子不出于王官论”的建立及其意义》，《“20 世纪以来的中华学术与外来思想”国际学术研讨会》，第 877—879 页。而梁启超之所以能够提出“《老子》书作于战国之末”说，除了受康有为等本土学人影响之外，还受到了日本学者相关论述的启发，王汎森、彭明辉都未能指出这一域外学术资源。参见李长银：《梁启超“〈老子〉作于战国之末”说的建立及其意义》，《安徽史学》2021 年第 5 期。

⑤　王汎森、彭明辉已指出，顾颉刚的诸子学认识源于康有为的《孔子改制考》。参见王汎森：《古史辨运动的兴起》，第 270—279 页；彭明辉：《疑古思想与现代中国史学的发展》，第 100—101 页。

的经典"。因此，"经竟变成了子的附庸"；如果"不明白诸子的背景及其成就"，即不仅弄不"明白儒家的地位"，还"不能化验这几部经书的成分，测量这几部经书的全体"。因此，"研究中国的古学和古籍，不得不从诸子入手，俾在诸子方面得到了真确的观念之后再去治经"①。

但不幸的是，"自汉武帝尊儒学而黜百家之后，子的地位骤形低落。儒家的几部子书升做经了。剩下来的，以儒者的蔑视和功令的弃置，便没有人去读；偶有去读的也不过为了文章的欣赏。子书的若存若亡，凡历二千年"。"到了清代，因为研究经学须赖他种古籍作辅佐，而子书为其大宗，故有毕沅、谢墉、孙星衍、卢文弨等的校刻，严可均、汪继培、马国翰等的辑录，汪中、王念孙、俞樾、孙诒让等的研究，而沉霾已久的东西复显现其光辉。"至清末，康有为作《孔子改制考》，这一情况发生了根本性的变化。该书认为"周末诸子并起创教，托古改制，争教互攻。孔子亦诸子之一，创儒教，作《六经》，托之于尧、舜、文王"。当然，这一观点并不完全正确。因为，不仅"儒教的创造，《六经》的编集，托古的盛行，都是孔子以后的事"，而且"《六经》中的思想制度，错杂而不单纯，必不能定为一时一人所作"。但无疑的是，"儒教发源于孔子，《六经》中的尧、舜、文王有若干出于儒教所赝托"。而"明白了这一点，则周末诸子并起创教，托古改制，儒家的宗旨与诸家异，儒家的方式与诸家同"。总之，康有为"发见的事实确已捉得了子学和经学的中心"。②

更值得关注的是，顾颉刚还将上述认识付诸了学术实践。集中体现这一学术实践的是《战国秦汉间的造伪与辨伪》。③ 简而言之，顾颉刚在此文的前半段指出，战国、秦汉间的造伪，主要原因之一就是墨子、孟子、阴阳家以及道家等诸子的托古，并以此为基础对这一时期的造伪进行了历时性的梳理与考察。④ 而探本追源，这一认识与历时的梳理无疑源自康有

---

① 顾颉刚：《顾序》，《古史辨》第 9 页。
② 顾颉刚：《顾序》，《古史辨》第 4 册，第 9 页。
③ 彭明辉已初步指出，此文的立意正是康有为"诸子创教"与"托古改制"的"翻版"。彭明辉：《疑古思想与现代中国史学的发展》，第 163—164 页。
④ 顾颉刚：《战国秦汉间人的造伪与辨伪》，《古史辨》第 7 册，第 1—22 页。

为的"诸子改制托古"。

　　除顾颉刚之外，受康有为"诸子改制托古"说影响的还有《古史辨》第四册、六册的编著者罗根泽。①1927 年，罗根泽在《战国前无私家著作说》中首先指出"离事言理之私家著作始于战国"，之后便罗列了四项证据。最后，罗根泽还进一步回答了"战国以前独无一家者"的原因，其中第三点为"伪托古人以坚人之信"。简而言之，"返古思想，为人类通性之一，中国人尤甚。况当战国乱难之时，颠沛失所，更易引起慕古返古之思，故各家著书立说，每每托古"。其中最有代表性的有，"儒、墨两家，俱祖尧、舜，道家为黄帝之说，许行托神农之言，其非神农、黄帝、尧、舜之真，而为诸家之托，不惟今人言之，战国诸家已言之"②。今按此处的"今人"，准确地说应该指的就是康有为及接受康有为"诸子托古改制"的"今人"。

　　继《战国前无私家著作说》之后，罗根泽又撰写了一篇宏文——《晚周诸子反古考》。文章在交代"问题之旨趣"时指出，康有为所著《孔子改制考》，"谓诸子皆托古改制，而孔子实首开其端"。对于这一观点，"世人或谓康先生所以为此说者，非仅为考辩历史而作"，"盖亦用为变法根据，用以摧毁古文家说"。这一看法或能成立，但问题是"不因其用为变法根据与用以摧毁古文家说，而少损其价值"。其说问世之后，"谰赝荒谬之伪史，由此而失其凭依；周秦诸子著书之立方，与立言之意，亦由此而大明于世"。要而言之，此书"开古史学与诸子学之新纪元，示治古史与诸子者以新途径"。不过，稍显遗憾的是，"既有托古，则必激起反古，始合于历史之辩证法则。覆之晚周诸子，亦确多反古之言"。因此，本文"谨仿康先生书，先列诸子原文，然后略加申说"，"以一得之愚，补康先生千虑之失"③。由此来看，无论从形式上还是从思路上，罗根泽的《晚周诸子

---

　　① 彭明辉曾据罗根泽的"现身说法"指出，罗根泽的《战国诸子反古考》是"接续康有为《孔子改制考》而作"，《战国前无私家著作说》则"主要从章学诚《文史通义》而来"。彭明辉：《疑古思想与现代中国史学的发展》，第 101—102 页。但其能指出此文中的一些观点与康有为"托古改制之说"之间的学术关联。

　　② 罗根泽：《战国前无私家著作说》，《古史辨》第 4 册，第 7—40 页。

　　③ 罗根泽：《晚周诸子反古考》，《古史辨》第 6 册，第 1 页。

反古考》都是承继康有为的《孔子改制考》而来，或曰"照着讲"。

由上可知，无论是顾颉刚的战国、秦汉的造伪主要导源于诸子的"托古"说，还是罗根泽的《战国前无私家著作说》和《晚周诸子反古考》，都可以说肇端于康有为的《新学伪经考》与《孔子改制考》。

第四节　康有为的《新学伪经考》与"古史辨运动"的古史再考辨

承前所述，《古史辨》第三册出版之后，"古史辨运动"便由古史考辨首先转向经学研究，此后则转向诸子丛考，但古史考辨始终是这场运动的重心。《古史辨》第五册出版之后，运动便逐渐回归到了古史考辨。

而在这一古史的再考辨阶段，康有为的观点同样起到了"先导"作用。最有象征意义的，莫过于《古史辨》第五册的"卷首语"。在这个"卷首语"中，顾颉刚选取了康有为《新学伪经考》卷四的"重辞"——"歆伪造经，密致而工，写以古文体隆隆，托之河间及鲁共。兼力造《汉书》，一手掩群矇。金丝发变怪，百代争讧讻。校以《太史公》，质实绝不同。奸破覆露，霾开日中。发得巢穴，具告童蒙。"[1] 此举用意，不证自明，就是向学术界公开宣布，"古史辨运动"要上承康有为的今文家言，而"更进一步"。不过，若想证实二者之间的学术关联，还需要予以具体论证。

1930 年，顾颉刚在《清华学报》发表《五德终始说下的政治和历史》，"把从战国到新代因现实政治造成的各种伪古史系统，和由伪古史说造成的现实政治，整盘清理了一下，详细地说明它发生和经过的情形"[2]。进而言之，此文认为"《世经》和《月令》的古史系统只是王莽的古史系统"[3]。

---

[1]　康有为：《新学伪经考》，《康有为全集》第 1 集，第 417 页。
[2]　童书业：《五行说起源的讨论》，《古史辨》第 5 册，第 387 页。
[3]　顾颉刚：《中国上古史研究第二学期讲义序目》，《古史辨》第 5 册，第 149 页。

此文发表之后，立刻在当时学术界引起了强烈的反响①，并成为《古史辨》第五册的中心文章。

探本追源，此文的主旨来源于康有为。②康有为在《新学伪经考》之《史记经说足证伪经考第二》中说："考五帝，无少皞之说。"而"刘歆欲臆造三皇，变乱五帝之说，以与今文家为难，因跻黄帝于三皇，而以少皞补之。其造《世经》，以太皞帝、炎帝、黄帝、少皞帝、颛顼、帝喾、唐帝、虞帝为次，隐寓三皇、五帝之说"。"又惧其说异于前人，不足取信，于是窜入《左传》《国语》之中。""又伪作《月令》，以孟秋为其帝少皞。"问题是，"《史记》纪五帝，用《大戴礼记》《世本》之说，若《左传》《国语》有少皞事，史公于二书素所引用"，不当遗之。因此，"其为伪窜，益无疑矣"③。

而顾颉刚最迟在中山大学任教之时便认识到了这一点。其在当时编的《中国上古史讲义》中坦言："少皞一代介于黄帝、颛顼之间，久为公认之史实。虽精密如崔述，而《补上古考信录》中犹依仍其世次。然《大戴礼记》所录《五帝德》及《帝系》两篇皆无之，《史记·五帝本纪》亦无之，其非西汉初期所有，即此可知。"直到康有为"读书得间，验《汉书·律历志》中少皞一代为刘歆所增，证明白，无可抵赖"。"虽然，此但五帝中之最后起者耳；在其前者若伏羲神农，若炎帝黄帝，若颛顼帝喾，宁非与少皞为一丘之貉，久假帝位而不归者乎！揭发其窃据之由而绝之，康氏所以默示吾侪者亦已久矣。"④此后，顾颉刚便决定"彻底研究五德说了"，并最终写出了《五德终始说下的政治和历史》。由此来讲，顾颉刚之所以能够撰写出这篇影响深远的文章，首要在于受到了康有为《新学伪经考》中"辨少皞"之言的启发。

---

① 参见李长银：《古史之中心题目：顾颉刚的〈五德终始说〉及其影响》，《史学理论与史学史学刊》2016年第2期。

② 王汎森有本于顾颉刚的《中国上古史研究讲义第二学期讲义序目》指出，顾颉刚的《五德终始说下的政治和历史》的思想基础之一即是康有为的《新学伪经考》。王汎森：《古史辨运动的兴起》，第261—263页。但其未能指出二者之间的差异。

③ 康有为：《新学伪经考》，《康有为全集》第1集，第374—375页。

④ 顾颉刚：《中国上古史讲义（中山大学）》，《顾颉刚古史论文集》第3卷，第36—37页。

不过, 这里必须指出的是, 顾颉刚只是部分接受了康有为的观点。康有为的主要观点之一在于, "在今文家的历史里, 五帝只有黄帝、颛项、帝喾、尧、舜, 没有少暤。在古文家的历史里, 颛项之上添出了一个少暤, 又把伏羲、神农一起收入, 使得这个系统里有八个人, 可以分作三皇、五帝, 来证实古文家的伪经《周礼》里的'三皇五帝'这个假设"。对于这一观点, 顾颉刚给予了高度评价, 认为"足以制《世经》和《月令》的死命了"①。但是, 这一观点尚存在"不尽然的地方", 因为古文家增入"少暤", 并非是要补足三皇五帝。进而言之, "从伏羲到舜为三皇五帝, 这是后人的解释, 刘歆方且以伏羲至颛项为五帝"②。

继《五德终始说下的政治和历史》之后, 顾颉刚与杨向奎于1936年又共同发表《三皇考》, 主要对"三皇"与"太一"的来源、演变与消沉进行了系统的考证。顾颉刚在此文中指出, 到了西汉的末年, 一度消沉的"三皇"又显现了。王莽自居于"皇", 所以他又拾起了"三皇"这个名词来应用。于是, 他们就在《左传》《周礼》中插下了"三皇"说的证据。从此之后, "三皇"这个名词就长存于天地间了。③此文发表之后, 同样引起了学术界的广泛关注, 后被作为中心文章之一, 收录到了吕思勉、童书业编著的《古史辨》第七册。

实际上, 早在宋代, 刘恕等学者即开始对"三皇问题"提出了质疑, 此后崔述等则进一步对这一问题进行了探讨。崔述之后, 辨斥"三皇"之说的即是康有为④。康有为在《新学伪经考》之《汉书刘歆王莽传辨伪第六》中指出:

> 今学无"三皇"名。……《史记·五帝本纪》以黄帝、颛项、帝喾、唐尧、虞舜为五帝, 实依《大戴礼·五帝德》、《帝系姓》及《世本》, 盖孔门相传之说。……歆缘《易·系辞》有伏牺、

① 顾颉刚:《中国上古史研究课第二学期讲义序目》,《古史辨》第5册, 第146页。
② 顾颉刚:《中国上古史研究课第二学期讲义序目》,《古史辨》第5册, 第147页。
③ 顾颉刚、杨向奎:《三皇考》,《古史辨》第7册, 第301—304页。
④ 童书业:《三皇考·童序》,《古史辨》第7册, 第266—268页。

神农事，伪《周官》伪造"外史掌三皇、五帝之书"，《左传》文十八年、昭十七年、二十九年、定四年窜入少皞，《汉书·律历志》载歆《世经》以太昊帝、炎帝、黄帝、少昊帝、颛顼帝、帝喾、唐帝、虞帝为次，暗寓三皇、五帝之叙，而《月令》孟春"盛德在木，其帝太皞"，孟夏"盛德在火，其帝炎帝"，"中央土，其帝黄帝"，孟秋"盛德在金，其帝少皞"，孟冬"盛德在水，其帝颛顼"，与《世经》相应。《左传》《月令》《律历志》大行，于是三皇之说兴，少昊之事出，五帝之号变。①

要而言之，康有为认为，今学无"三皇"之名，此名是刘歆等古文学家臆造出来的。

对于此说，顾颉刚在《三皇考》中进行了辩证分析。简而言之，"三皇确有出现于战国之末的事实"，不必断定自从有了《周官》之后才有三皇，三皇只存在于古文家的学说，但"三皇一名的加入儒家的经典，由古文家言的《左传》《周官》及纬书始，是西汉末和东汉初的事情，这是千真万确的提示"②。由此来看，顾颉刚对"三皇"的来源及演变的考察，无疑是有选择性地继承了康有为的上述观点。

由上可知，最迟在清末，康有为已经对上古史中的"三皇"与"五帝"进行了怀疑。其怀疑虽然不乏经今古文学的门户之争，但仍有可取之处。顾颉刚正是突破了这种门户之争，并在其基础之上对这些大问题进行了深入的分析与考察，从而在一定程度上澄清了中国上古史的真相。

综上所述，"古史辨运动"的兴起与发展，可以说若干观点直接承接康有为的今文经学体系而来。在运动兴起之际，胡适、顾颉刚等之所以能够相继提出"东周以前存疑论"、"层累说"及"打破民族出于一元的观念"，无疑是受到了康有为"上古茫昧无稽"等观点的启发。此后，运动转向经

---

① 康有为：《新学伪经考》，《康有为全集》第1集，第436页。
② 顾颉刚、杨向奎：《三皇考》，《古史辨》第7册，第305页。

学研究与诸子丛考，顾颉刚、钱玄同、张西堂、罗根泽等则在康有为"二考"中若干观点的基础上打破了"汉人的经说"，并进行了诸子学探索。最后，运动转回古史考辨，顾颉刚等之所以能够先后发表《五德终始说下的政治和历史》与《三皇考》，无疑又是受到了康有为《新学伪经考》中相关论述的启发。因此，康有为的今文家言可以说是"古史辨运动"得以兴起与发展的主要本土资源之一。

但必须强调的是，晚清今文经学与"古史辨运动"有着本质的学术差异。如前所述，康有为先是在《新学伪经考》中提出"秦焚六经未尝亡缺""古文皆刘歆伪作"，进而在《孔子改制考》中主张"上古茫昧无稽""六经皆孔子改制所作"，其最终指向无疑是"拿了西汉之学打破东汉之学"，进而实现"崇圣"与"尊经"。顾颉刚、钱玄同、张西堂、罗根泽等"古史辨"学人则持"去圣"与"原经"的观念，不仅对传统上古史体系进行了破坏与清理，还在相当大的程度上还原了经书与诸子的本来面目，从而初步实现了"拿了战国之学打破西汉之学"甚至是"拿了战国以前的材料来打破战国之学"的新阶段。① 进言之，"古史辨运动"并未重复晚清今文经学的"老路"，而是在扬弃其不合理因素的基础上推动了中国传统学术的现代转型。

小引（二）

继康有为之后，进一步完善今文经学理论的是崔适。② 其著作主要有《史记探源》《春秋复始》《论语足徵记》《五经释要》等。其中，《史记探源》《春秋复始》《论语足徵记》都"引申"康有为的《新学伪经考》，而"益加邃密"③；《五经释要》则主要反对康有为的"孔子作六经之说"，而主张"孔子述作五经"④。可以说，继康有为之后，崔适进一步推动了晚清今文

① 顾颉刚：《自序》，《古史辨》第 2 册，第 4 页。

② 蔡长林：《论崔适与晚清今文学》，圣环图书股份有限公司 2002 年版，第 21 页。关于崔适的生平事迹，可参见林辉锋：《崔适生平事迹述略》，《史学史研究》2015 年第 1 期。

③ 钱玄同：《重论经今古文学问题》，《古史辨》第 5 册，第 16 页。

④ 崔庆贺：《崔适〈五经释要〉的思想宗旨》，《近代史学刊》2019 年第 1 期。

经学的发展。

其实，崔适还是"古史辨运动"的开路先锋之一。当事人钱玄同即强调，自己主张的"刘歆伪造古文说"是受到了崔适的引导与启发。① 顾颉刚则直言不讳地说，自己的《五德终始说下的政治和历史》有本于崔适的《史记探源》。② 此后，当代研究者按图索骥，或考察崔适对钱玄同经学思想的影响③，抑或对顾颉刚与崔适之间的学术关联进行了分析④。但事实上，崔适与"古史辨"派之间的学术关联并不限于此，其提出的若干今文家言可以说基本贯穿了"古史辨运动"的学术历程。因此，本章接下来拟在前人研究的基础上对这一问题进行一次更为深入的探讨。

第五节　崔适的《史记探源》与"古史辨运动"的兴起

"古史辨运动"的兴起与"禹的来源"问题密切相关。这一问题发端于顾颉刚的《与钱玄同先生论古史书》。顾颉刚在此文中提出，中国古史是层累地造成的，在周代人心目中最古的人是禹，到孔子时才有尧、舜。至于禹从何来，顾颉刚认为"是从九鼎上来的"。"禹，《说文》云，'虫也，从内，象形'。内，《说文》云，'兽足蹂地也'。以虫而有足蹂地，大约是蜥蜴之类。"因此，"禹或是九鼎上铸的一种动物，当时铸鼎象物，奇怪的形状一定很多，禹是鼎上动物的最有力者；或者有敷土的样子，所以就算他是开天辟地的人。"⑤ 此文发表之后，遂在当时人文学界引发了一场激烈的古史大论战。

---

① 钱玄同：《论今古文经学及〈辨伪丛书〉书》，《古史辨》第 1 册，第 41 页；钱玄同：《〈左氏春秋考证〉书后》，《古史辨》第 5 册，第 3 页。

② 顾颉刚：《秦汉的方士与儒生》，《顾颉刚古史论文集》第 2 卷，第 469 页。

③ 李可亭：《崔适对钱玄同经学思想的影响》，《贵州社会科学》2009 年第 10 期。

④ 朱浩毅：《论顾颉刚对崔适"终始五德"学说的推阐与修正》，《中国历史学会史学集刊》2011 年第 43 期。

⑤ 顾颉刚：《与钱玄同先生论古史书》，《古史辨》第 1 册，第 75—78 页。

其中，"禹的来源"则是这场古史大论战的焦点之一。钱玄同在《答顾颉刚先生书》中表示，自己从前即认为尧、舜一定是"无是公"或"乌有先生"。因为"尧，高也；舜，借为'俊'"，故二人"只是理想的人格之名称"。不过，对于顾颉刚根据《说文》假定禹"大约是蜥蜴之类"的看法，钱玄同认为不能成立①。此外，胡适在写给顾颉刚的信中则认为，"九鼎"是一种神话②。与此同时，反对阵营中的刘掞藜、胡堇人、柳诒徵等人，更是针对此说进行了尖锐的批评与嘲讽③。面对众人的质疑，顾颉刚一方面接受了钱玄同、胡适的观点，主动放弃了禹"出于九鼎"之说④，但另一方面却依旧坚持认为"禹为动物"⑤。

这里要进一步指出的是，无论顾颉刚此说正确与否，此说在当时都直接引发了古史大论战，进而推动了"古史辨运动"的兴起。诚如杨宽总结的，顾颉刚的《与钱玄同先生论古史书》发表之后，"极大地震动当时的学术界"，"不少人看到这样的议论不禁哗然，特别是'大禹是虫'成为话柄，在社会上轰传开来，一时毁誉交加"⑥。时至当下，还有学者认为"禹是一条虫"是富有远见卓识的一个"假说"⑦。

我们的问题是，顾颉刚是如何想到因《说文》而假定"禹为动物"的呢？钱玄同又为何根据《说文》来解释尧、舜的本义呢？有学者认为，二人的观点直接源于日本学者白鸟库吉的"尧舜禹抹杀论"。1909年，白鸟库吉在《支那古传说之研究》中提出："尧主司天事，司人事者为舜"，"禹之事业与土地有关"，此是"天地人三才之思想"的具体体现。而"文学上之研究"更可提供确立这一论断之资料。据《说文》的记载，尧之字义乃"高

① 钱玄同：《答顾颉刚先生书》，《古史辨》第 1 册，第 81—82 页。

② 胡适：《论帝天及九鼎书》，《古史辨》第 1 册，第 169 页。

③ 刘掞藜：《读顾颉刚君〈与钱玄同先生论古史书〉的疑问》，《古史辨》第 1 册，第 94 页；胡堇人：《读顾颉刚先生论古史书以后》，《古史辨》第 1 册，第 100 页；柳诒徵：《论以〈说文〉证史必先知〈说文〉之谊例》，《古史辨》第 1 册，第 185 页。

④ 顾颉刚：《讨论古史答刘、胡二先生》，《古史辨》第 1 册，第 117—118 页。

⑤ 顾颉刚：《答柳翼谋先生》，《古史辨》第 1 册，第 190—191 页。

⑥ 杨宽：《历史激流：杨宽自述》，大块文化出版股份有限公司 2005 年版，第 86 页。

⑦ 吴锐：《"禹是一条虫"再研究》，《文史哲》2007 年第 6 期。

也";"舜乃木槿植物","此与帝舜之名义无关";禹乃"虫也","此不适合夏王之名"①。此文发表之后，在日本学界引起了强烈反响。而此时钱玄同正在日本留学，其"应该"对日本学术界的情况有所了解。此后，顾颉刚"完全有可能"在北大图书馆工作时接触过白鸟库吉的观点。因此，钱玄同与顾颉刚以《说文》来探讨尧、舜、禹本义的做法，都是受到了白鸟库吉的直接影响。②但问题在于，这位学者提供的外证还停留在"应该""完全有可能"的推测层面，故完全不能证实二者之间的学缘关系。

其实，顾颉刚之所以能够想到根据《说文》假定"禹为动物"，是受到了崔适的启发。③崔适在《史记探源》中指出："禹之本义为虫名，犹鲧之本义为鱼名，夔、龙、朱虎、熊罴之本义为毛虫、甲虫之名也。受禅成功，乃禹之勋业，岂'禹'之字义乎？"④今按崔适于1914年任教于北京大学文科中国哲学门，此后曾将此书作为课程讲义。而顾颉刚于1916年考入北京大学哲学门，上过崔适讲授的"春秋公羊学"，并经常与同学"每于晚餐后"去拜访崔适。⑤更为关键的是，顾颉刚藏有三种版本的《史记探源》，其中即有作为北京大学哲学门讲义的"民国七年油印本"⑥。由此可见，顾颉刚是受到了崔适的启发，才根据《说文》假定"禹为动物"。

与顾颉刚相比较，钱玄同接触崔适及其撰写的《史记探源》的时间要更早一些。1911年，钱玄同问业于崔适，执弟子礼⑦，并得读《史记探

---

① ［日］白鸟库吉：《中国古传说之研究》，刘俊文主编：《日本学者研究中国史论著选译》第1卷，黄约瑟译，第1—9页；日文见白鸟库吉：《支那古傳說の研究》，《白鸟库吉全集》第8卷，第381—391页。

② 廖名春：《试论古史辨运动兴起的思想来源》，《原道——文化建设论集》第4辑，第121—125页。

③ 有学者已指出这一点，并且提供了顾颉刚曾上过崔适课的外证。袁征：《二十世纪中国史学理论的重要创见——顾颉刚的层累造史理论及其在历史研究中的作用》，吴锐编：《古史考》第9卷，第297页。不过，在其征引的《秦汉的方士与儒生》中，顾颉刚只是回忆说崔适当时将《春秋复始》作为《春秋公羊学》的讲义，而崔适的"禹之本义为虫名"之说出自《史记探源》。因此，若想证明二者之间的关联，这一外证并不充分。

④ 崔适：《史记探源》，第32页。

⑤ 顾颉刚：《记崔适先生》，《顾颉刚读书笔记》第13卷，第188页。

⑥ 顾洪、张顺华编：《顾颉刚文库古籍书目》第1卷，第150页。

⑦ 杨天石主编：《钱玄同日记（整理本）》上册，第336页。

源》①。此后,钱玄同还数次对该书进行了研读。1912 年 10 月 12 日,《钱玄同日记》载:"《史记》拟取崔先生《探源》照改照删,还其今文真相而读之。"② 至 1921 年,《钱玄同日记》仍然有"晚看《史记探源》"的专门记载③。由此可见,钱玄同对《史记探源》的内容是熟稔的。此外,钱玄同是当时学界知名的文字学家。因此,当其看到顾颉刚根据《说文》假定"禹为动物"之后,便举一反三地对尧、舜进行了文字学的解释。

由上所述,无论是顾颉刚的根据《说文》来解释禹的本义,还是钱玄同对尧、舜的解释,都不是直接导源于白鸟库吉的"尧舜禹抹杀论",而是受到了崔适的直接或间接启发。换言之,正是在崔适的"禹之本义为虫名"之说的直接启发下,顾颉刚才在《与钱玄同先生论古史书》中根据《说文》假定"禹是动物",从而引发了一场你来我往的古史大论战。

第六节　崔适的《论语足徵记》与"古史辨运动"的"黜圣"

1930 年《古史辨》第二册出版发行,标志着"古史辨运动"的进一步发展。该册书主要分为三编,中编为"孔子与儒家问题"。从本质上来讲,这一问题的主旨可以总结为"黜圣"——恢复孔子的真相。而这一主题研究的开展,无疑将"古史辨运动"由古史考辨导向了孔子与经学研究。

较早对这一问题进行讨论的是顾颉刚。1926 年 10 月,时在厦门大学任教的顾颉刚发表了一篇题为《春秋时的孔子和汉代的孔子》的文章,指出孔子的真相并非是不确定的,而是他自己愿意做的"君子"④。此后,顾颉刚转教于中山大学,并开设了"孔子研究"一门课程,表示"《论语》《家

---

① 钱玄同:《论今古文经学及〈辨伪丛刊〉书》,《古史辨》第 1 册,第 41 页;钱玄同:《〈左氏春秋考证〉书后》,《古史辨》第 5 册,第 3 页。
② 杨天石主编:《钱玄同日记(整理本)》上册,第 228 页。
③ 杨天石主编:《钱玄同日记(整理本)》上册,第 367 页。
④ 顾颉刚:《春秋时的孔子和汉代的孔子》,《古史辨》第 2 册,第 99—104 页。

语》《孔子世家》是专记孔子事迹的",故尤当详考其"材料之来源与篇章之真伪"①。

今按讲义现存甲种资料及"按语",顾颉刚即有本于崔适的研究成果对《孔子世家》与《论语》的"材料之来源与篇章之真伪"进行了简要考证。按照先后顺序,顾颉刚首先在甲种之四中摘录了崔适《史记探源》中"订正之孔子世家文句及事实",并撰写了"按语"。在这则"按语"中,顾颉刚首先辩证地指出,崔适为清末今文学家,"其所信守者为西汉今文家言,其所以研究《史记》者为欲使今文学家得一西汉钜制以为奥援,其著书宗旨,在乎判别《史记》中记载之性质,存其今文义者而去其古文义者,初不注目于史事本身之然否"。然而,"其能分析今文、古文家派,使司马迁时代与司马迁以后之时代所承认之事实,及此两时代中人对于此等事实所公有之观念厘然分途,实为研究《史记》之主要工作,必有如是之工作乃能探求《史记》记载之核心,而不徒为外表之辨证"。之后,顾颉刚则以《孔子世家》为例进行了具体说明。比如,"野合而生"一事,"《洙泗考信录》所不敢言,《史记志疑》虽言之而斥为不雅驯,则但打破其史实之地位,犹不知此说之从何处来"。而《史记探源》"以西汉最流行之感天而生之说释之,以刘媪息大泽之陂梦与神遇之事为佐证,而后其事之来历方明,是盖当时人所称帝王与圣人之诞生之一种惯例"。又如,"据鲁,亲周,故殷"一语为今文家重要意义,"自来解《史记》者未有善诂,甚至不能断句读",但经《史记探源》一训释,"其义遂豁然明白"。最后,顾颉刚引申其义说:"研究古籍之程序当分先后",第一步是"就著作时代之背景以观其所言,知其所言者在当时历史上占有之位置",第二步是"以其所言者合之于他书所言而观之,由种种差异之中考定其事实之然否"。若以此来研究孔子,当足以攻破纷乱传说。②由此而言,顾颉刚的孔子事实考订,不仅接受了崔适的若干结论,还从中获取了研究方法。

此外,顾颉刚还在讲义甲种之十四中摘录了崔适的《论语足徵记》,

---

① 顾颉刚:《孔子研究讲义》,《顾颉刚古史论文集》第 4 卷,第 30 页。
② 顾颉刚:《孔子研究讲义》,《顾颉刚古史论文集》第 4 卷,第 35—36 页。

并撰写了"按语"。在这则"按语"中,顾颉刚指出:"今之《论语》既杂糅鲁、齐、古三家之文,而三家之本文字牴牾者弥多",令人无所适从。而"旧本既不可见,弗复能条分缕析,则惟有就其可知者悉指出之,以见当时家派之遗迹,俾援用之时不至因混同而致误"。此前,"《论语》鲁、古两本异读,略见于《经典释文》所引郑玄说"。但问题是,"古今读者但知有如此异文而已",崔适在《论语足徵记》中则"归纳其通例,知《鲁》多用假借字,《古》多用本字,断为《古》出于《鲁》后之明证"。此法"非但适用于《论语》,亦适用于他种古籍"①。要而言之,顾颉刚接受了崔适"《古》出于《鲁》后"的具体观点,并对其法表示了高度认同。

除顾颉刚外,致力于孔子与《论语》研究的"古史辨"学人还有赵贞信。1935 年,赵贞信辑点的《论语辨》作为"辨伪丛刊"之一在朴社出版。其在该书《序》中指出:"今日要研究儒家宗主的孔子",势不得不依靠《论语》;"既要依靠它就须问一问它的真实性究竟如何,所以我们应该首先考察它的来源"。而"这本书的编辑,即是想尽些这方面的任务"②。值得关注的是,此书下编节录了崔适的《论语足徵记》的《序》及若干部分。当然,在赵贞信看来,崔适的《论语》辨伪还存在今文家的"门户之见",但无疑为其开展下一步工作提供了一定的参考。③

由上所述,"孔子与儒家问题"是"古史辨运动"进一步发展的主要议题之一。其中,顾颉刚、赵贞信等都或多或少地承袭了崔适关于孔子与《论语》的研究成果,进而在一定程度上澄清了孔子与《论语》的本来面目。

第七节 崔适的《春秋复始》与"古史辨运动"的"惑经"

《古史辨》第三册之后,"古史辨运动"进一步由古史考辨转向孔子与

---

① 顾颉刚:《孔子研究讲义》,《顾颉刚古史论文集》第 4 卷,第 41 页。
② 赵贞信:《〈论语辨〉序》,朴社 1935 年版,第 1 页。
③ 赵贞信:《〈论语辨〉序》,第 2—3 页。

经学研究。《古史辨》第三册集中讨论了《周易》与《诗经》。此后的第五册上编则主要讨论了《春秋》经传与《书序》。可以说，经过这次讨论，"古史辨"学人在一定程度上"打破"了"汉人的经说"。而这一"打破"与崔适的今文家言存在一定的学术关联。具体关联如下：

其一，在《春秋》经传讨论上，"古史辨"学人在崔适"穀梁氏亦古文学"说的基础上对《穀梁传》的真伪问题进行了考证。一般来讲，"《穀梁》之为今文学，千古无异辞"。然而，"其事实之根据仅有《汉书·儒林传》一则耳，其他西汉人之书中及其言语中固未道也。《汉书》创于刘歆，成于东汉之世，彼所记者是否真事实，抑系学派上所必需增加之故事，实有考虑之余地"。至清末，"其时对于古代学派之情状日益明白"，崔适"更加探讨，始发见《穀梁》之亦为古文学"①。具体而言，崔适在《春秋复始》中提出了这一学说，并进行了论证。第一，根据《汉书·梅福传》与《后汉书·章帝纪》，西汉末东汉初人以《穀梁》与《左氏》《古文尚书》《毛诗》等三古文并列。第二，《汉书·儒林传》记《穀梁》学，谓汉武帝之世董仲舒与江公辨，公孙弘"卒用董生"，而"如此大议"，《汉书·董仲舒传》及《公孙弘传》"并不言"；此外，宣帝之世召萧望之、刘向等"大议殿中，平《公羊》《穀梁》同异"，而《汉书·萧望之传》及《刘向传》"亦不言"。第三，治《穀梁》学之尹更始、刘向等所引"皆《公羊传》文，而不及《穀梁》一字"。第四，梅福所上书"是为引《穀梁氏》之始，去河平三年刘歆始校书时，十八年矣"。要而言之，崔适认为刘歆"造《左氏传》，以篡《春秋》之统，又造《穀梁传》为《左氏》驱除"②。

崔适"穀梁氏亦古文学"的观点问世之后，受到了"古史辨"学人的认可。最先接触并接受此说的是钱玄同。1912年11月26日，《钱玄同日记》载："崔氏谓《左》《穀》皆伪传，故《春秋传》之名当归之公羊氏，《左》《穀》则直当曰《左传》《穀梁传》云。"③至20世纪30年代，钱玄同则公开表示，

---

① 顾颉刚：《春秋研究讲义》，《顾颉刚古史论文集》第11卷，第516页。

② 崔适：《春秋复始一》，《民国时期经学丛书》第6辑第36册，文听阁图书有限公司2013年版，第3—6页。

③ 杨天石主编：《钱玄同日记（整理本）》上册，第240页。

崔适在《春秋复始》中考明"《穀梁》亦是古文"，这是一个"新发见"①，其中"辨《汉书·儒林传》叙述《穀梁》传授及废兴一段为非事实，疏证极精"②。持类似观点的还有顾颉刚。1928 年，顾颉刚在《春秋研究讲义》中表示，崔适的观点"实近世《春秋》学上一大发见"，其举出的证据皆"甚确"③。

较之钱玄同、顾颉刚的接受，张西堂则进一步"引申"了崔适之说。1931 年，张西堂出版《穀梁真伪考》，认为崔适"依据史籍"提出"《穀梁》之为古文"，"证验郅碻"，但"未多考传文，以大明之"。因此，张西堂进一步对《穀梁》真伪进行了考证，认为"其无经之传，不释经之传，不合传经之体；其义例乖戾，与文词重累，又失谨严之义；其晚出于《公羊》，而不合于'鲁语'，及其违反孔子之论，尤属症结所在；足知其非真传，本杂取传记以造者"④。此书出版之后，得到了钱玄同、顾颉刚的肯定。⑤其中，钱玄同认为该书"援引该博，辨析精详"，"《穀梁》为汉人所作为伪作"，遂可成为定谳。⑥

不过，"古史辨"学人并不赞成崔适的《穀梁传》为刘歆伪造之说。钱玄同认为，《穀梁传》或是"武宣以后陋儒所作，取《公羊》而颠倒之"，此外"或删削《公羊》大义，或故意与《公羊》相反，或明驳《公羊》之说，或阴袭《公羊》之义而变其文"。"作伪者殆见当时《公羊》势力大盛，未免眼馋，因取《公羊》而加以点窜涂改，希冀得立博士，与焦、京之《易》相类"。而"刘歆要建立左氏，打倒《公羊》，于是就利用它来与《公羊》为难"⑦。张西堂则表示："就汉代今文经学之分化以及古文经学之兴起的关系看来"，钱玄同的这种意见是"很对的"。"《穀梁传》或者在元、成之

---

① 钱玄同：《〈左氏春秋考证〉书后》，《古史辨》第 5 册，第 5 页。

② 钱玄同：《重论经今古文学问题》，《古史辨》第 5 册，第 42 页。

③ 顾颉刚：《春秋研究讲义》，《顾颉刚古史论文集》第 11 卷，第 516 页。

④ 张西堂：《〈穀梁真伪考〉自序》，第 1 页。

⑤ 顾颉刚曾拟将张西堂《穀梁真伪考》"摘录"收录到《古史辨》第五册上编。顾颉刚：《致钱玄同·三四》，《顾颉刚书信集》第 1 卷，第 569 页。或因要集中主题，最后易之以张西堂的《〈左氏春秋考证〉序》。

⑥ 钱玄同：《重论经今古文学问题》，《古史辨》第 5 册，第 44 页。

⑦ 钱玄同：《重论经今古文学问题》，《古史辨》第 5 册，第 46 页。

世已有了，而后来又经过刘歆之徒为窜乱，故与今古文颇有相通之处，而被列为古文"①。要而言之，"古史辨"学人一方面接受了崔适的《穀梁》为古文学"，但另一方面则摒弃了《穀梁》为刘歆伪作的观点。

其二，在《书序》讨论上，"古史辨"学人在崔适"《书序》为刘歆所作"的基础上对《书序》进行了考辨。"《书序》为古文经之基础，而学者见《史记》载之，误谓今文经所固有，但辞微不同，于是彼乃得于清代今文崛起之时苟延其残喘。""至崔适，始指为刘歆既造而溷入《史记》，而彼乃无所遁形。"② 具体来讲，崔适在《史记探源》中提出了《书序》为刘歆所作之说，证据有四：第一，祥瑞之说出于王莽时所造的《嘉禾书序》，目的是"造唐叔得禾异母同颖之说"。但是，"古人第言咎徵，藉以修德，故《洪范·五行传》止详灾异，不及祥瑞"。第二，"新受汉禅，取法舜受尧禅"，"凡事比迹重华"；"尧既有《典》"，新室则"比迹"而作《舜典》，以致"不及顾舜之事业已详于《尧典》"。第三，《周本纪》与《尚书大传》所载箕子之陈说《洪范》时在十三年，《书序》所载为十一年，与之不合，而与刘歆作《三统历》所载相合。第四，《列子·杨朱篇》与《燕世家》所载周公摄政，召公不悦，是其不悦周公"践君位"；而《书序》则谓召公不悦，是其不悦周公"列臣位"，"义相反对"。因此，"《书序》之文固非太史公所及知，亦非《史记》所应载"③。

崔适"《书序》为刘歆伪造"的观点问世之后，曾一度得到了"古史辨"学人的基本认可与推许。1931 年，钱玄同在《〈左氏春秋考证〉书后》中说：康有为虽然已知"《书序》之为刘歆伪作"，但"还以为是刘歆抄袭《史记》"。当然，其"虽然已经觉到《史记》中有刘歆增窜之文"，但并没有仔细研究过这个问题，"故还误认《史记》中的《书序》是太史公的原文"。至崔适作《史记探源》，"始知《史记》中的《书序》也是刘歆所增窜"④。持类似看法的还有顾颉刚、赵贞信。1927 年，顾颉刚在《尚书学讲义》中指出：

---

① 张西堂：《经学史讲义》，张铭恰编：《长安学丛书·张西堂卷》，第 119 页。
② 顾颉刚：《尚书学讲义（中山大学）》，《顾颉刚古史论文集》第 8 卷，第 38 页。
③ 崔适：《史记探源》，第 12—13 页。
④ 钱玄同：《〈左氏春秋考证〉书后》，《古史辨》第 5 册，第 5 页。

"《书序》为古文经之基础，而学者见《史记》载之，误谓今文经所固有"①，至"康有为推考新学伪经，始直揭《书序》为刘歆伪造，然犹以为攘窃《三代本纪》之文为之，则其书虽伪，而其所道之事犹若不伪"。至"崔适作《史记探源》，昌言先有《书序》而后掺入《史记》，其文其事，举不足微信，案乃大定"②。此外，1934年赵贞信同样认为，《书序》的问题，"康、崔两家的说法差不多已可算作定论"③。要而言之，"古史辨"学人曾一度认为，崔适之说已成"定论"。

但是，随着研究的深入，"古史辨"学人逐渐改变了上述看法。1930年，顾颉刚在《读书笔记》中指出："《书序》的中心思想与西汉人之说相远，与后出《伪古文尚书》说相近，既是马、郑著录，则必马、郑之前所作，大约已到东汉后期了。或西汉已有《书序》，至东汉惩王莽之祸，乃重作一过，马、郑所传者是也。"④ 翌年，顾颉刚在《读书笔记》中又表示："今之《书序》必非汉人原本，以其与汉、新背景不类"，"刘歆之序，或早亡之矣"⑤。受顾颉刚的直接影响⑥，赵贞信在《〈书序辨〉序》中则主张："这现时存在的《书序》恐怕已不是《古文书序》"。因为，"《书序》里面的中心思想，不但与刘歆完全不合，亦且不见得是西汉时代的作品"。其实，"现存的《百篇书序》即是经过了作《晋伪古文经》的人改造的"⑦。此说提出之后，得到了顾颉刚、钱玄同等人的认可。顾颉刚虽然对赵贞信承袭自己的观点但"不声明"的做法有所介意⑧，但还是在写给钱玄同的信中说，赵贞信在《〈书序辨〉序》中提出的"理由甚充足"⑨。钱玄同则先是在《日记》

---

① 顾颉刚：《尚书学讲义（中山大学）》，《顾颉刚古史论文集》第8卷，第38页。

② 顾颉刚：《尚书学讲义（中山大学）》，《顾颉刚古史论文集》第8卷，第44页。

③ 赵贞信：《〈书序辨〉序》，《古史辨》第5册，第183页。

④ 顾颉刚：《〈书序〉非刘歆伪造》，《顾颉刚读书笔记》第3卷，第127—128页。

⑤ 顾颉刚：《"五子之歌"本作"五观"》，《顾颉刚读书笔记》第3卷，第163页。

⑥ 参见顾颉刚：《顾颉刚日记》第3卷，第156页；谢明宪：《论顾颉刚对于〈书序〉作者的质疑》，《汉学研究》2007年第25卷第2期。

⑦ 赵贞信：《〈书序辨〉序》，《古史辨》第5册，第191—195页。

⑧ 参见顾颉刚：《顾颉刚日记》第3卷，第156页。

⑨ 顾颉刚：《致钱玄同·三七》，《顾颉刚书信集》第1卷，第571页。

中表示赵贞信的观点"持之有故，言之成理"①；之后又在《重论经今古文学问题》中说："《史记》载入之《书序》，决非司马迁原文所有，实为妄人所窜入"，但"未必就是刘歆"②。简而言之，"古史辨"学人不再囿于崔适的"《书序》为刘歆伪作"之说，而是将其修正为"现存的《百篇书序》即是经过了作《晋伪古文经》的人改造的"。

如上所述，在《春秋》经传与《尚书》问题上，崔适分别提出了"穀梁氏亦古文学"与"《书序》为刘歆伪造"。"古史辨"学人则在此基础上进行了论证或修正，从而进一步还原了《春秋》与《尚书》的本来面目。

第八节　崔适的《史记探源》与"古史辨运动"的古史再考辨

"古史辨运动"兴起之后，虽然一度由古史考辨转向经学研究，继而又由经学研究转向诸子丛考，但古史考辨始终是这场学术运动的重心。1935年，顾颉刚编著出版《古史辨》第五册，进一步推动了"古史辨运动"向古史考辨的回归与发展。

而在古史考辨回归之际，崔适的今文家言依旧起着不可或缺的作用。最具象征意义的，莫过于《古史辨》第五册"卷首语"。具体来讲，除了摘录康有为《新学伪经考》的"重辞"之外，这个"卷首语"还专门节录了崔适《史记探源》篇末的"系诗"③。这无疑是在向学术界公开宣布，"古

---

① 杨天石主编：《钱玄同日记（整理本）》下册，第1004页。

② 钱玄同：《重论经今古文学问题》，《古史辨》第5册，第23页。

③ 这段节录的"系诗"是："新室国师嘉新公，戏侮造化如儿童。且为于穆作新制，瓜分青天立五帝。五帝子为天下王，'终始五德'开羲皇。增饰少昊闰赵政，新受汉禅犹虞、唐。若翁《洪范·五行传》，刺取《春秋》灾异见。用僭父书兼僭《经》，为其讥切王氏编。诡托《书序》自孔子，夺孔《春秋》予鲁史。颠倒《五经》毁师法，公孙名信有旨。神经怪谍中秘深，嘘气遂能雾古今。横作尼山五里雾，填塞龙门何处寻？"崔适：《史记探源》，第229页。

史辨运动"的古史再考辨,正是承袭崔适的今文家言而来。此外,顾颉刚还一度打算敦请钱玄同撰写一篇《崔觯甫先生传》,然后收录到《古史辨》第五册之中。① 当然,钱玄同未能做成此文,但此举无疑进一步佐证了二者之间的学术关联。不过,若想证成这一学术关联,还需要进一步的调查取证。

1930年,顾颉刚在《清华学报》发表《五德终始说下的政治和历史》,对"五帝"的来源及其演变进行了系统的分析。其主要观点是,"古史的传说固然大半出于自然的演变,却着实有许多是出于后人有意的伪造。新莽为了要夺地位,恰巧那时五行的学说盛行,便利用这学说来证明新的代汉合于五行的推移,以此表明这次的篡夺是天意,刘歆所作的《世经》分明是媚莽助篡的东西,而《世经》里排列的古帝王的五德系统,也分明是出于创造和依托的,这其间当然会造出许多伪史来了"②。此文发表之后,引起了学界的广泛关注。

探本追源,此文的核心观点来源于崔适的今文家言。崔适在《史记探源》中指出:

> 刘歆欲明新之代汉,迫于皇天威命,非人力所能辞让,乃造为"终始五德"之说,托始于邹衍,……又增《吕氏春秋·十二纪》,于春曰"其帝太皞,其神句芒";于夏曰"其帝炎帝,其神祝融";于中央曰"其帝黄帝,其神后土";于秋曰"其帝少皞,其神蓐收";于冬曰"其帝颛顼,其神玄冥",凡十句。《月令》因之。……歆所以为此说者,由颛顼水德而下,喾木、尧火、舜土、夏金、殷水、周木、汉复为火,新复为土,则新之当受汉禅,如舜之当受尧禅也。③

简要言之,崔适认为,"终始五德"之说为刘歆伪作,目的是"明新

---

① 顾颉刚:《致钱玄同·三四》,《顾颉刚书信集》第1卷,第568—569页。
② 顾颉刚:《当代中国史学》,《顾颉刚古史论文集》第12卷,第434—435页。
③ 崔适:《史记探源》,第3—4页。

之代汉",而只有插入少皞,则新之受汉禅如舜之受尧禅。

最迟在 1928 年,时在中山大学任教的顾颉刚即认识到这一点。其在当时编的《中国上古史讲义》中坦言:"少皞一代介于黄帝、颛顼之间,久为公认之史实。"直到康有为"读书得间","验《汉书·律历志》中少皞一代为刘歆所增,证明白,无可抵赖"。不过,"刘歆何以必增此一代,则康氏尚言之未尽"。对此,崔适在《史记探源》中进行了解释。而通过崔适的解释,则可以知道:"盖王莽生当五行之说极盛之际,图谋篡汉,其举事必有征于当时之学说,而后足以餍人之视听。所谓有征者,以刘氏为尧后,以王氏为舜后,俾唐虞之禅让经一度之复演而成汉新之禅让。顾五行之序,木火土金水顺次相生,唐与汉,虞与新,既为一系,其于五德之运自必前后相应。又炎帝之为火德,黄帝之为土德,名实相应,已为不可移易之事,若黄帝之后一依《五帝德》所言,继之以颛顼、帝喾,则尧为木而舜为火,与汉新之自标火木者不符。"既不相符,则王莽将不能"绍其先人之德"。因此,"黄帝之下,颛顼之上,增出少皞一代,命之居金,而后颛顼水,帝喾木,而后唐尧火,虞舜土,乃与汉之火,新之土,会归于一"[①]。要而言之,"《世经》和《月令》的古史系统只是王莽的古史系统",其原理在"五德说"[②]。此后,顾颉刚进一步推阐此说,撰写出了《五德终始说下的政治和历史》[③]。由此来看,顾颉刚之所以能够写成此文,在相当大的程度上是受到了崔适的启发。

当然,顾颉刚并不完全同意崔适的观点。1930 年 2 月,顾颉刚在其续写的《中国上古史研究讲义》的《世经》部分中指出,崔适"以疑五德终始说出于刘歆所造,故以《封禅书》为'妄人录《汉书·郊祀志》'。其实五德终始说源远流长,证据繁多,其变迁之际亦自可寻,必不能把它一起卸在刘歆的肩上"[④]。此后,顾颉刚在《五德终始说下的政治和历史》与

---

①　顾颉刚:《中国上古史讲义(中山大学)》,《顾颉刚古史论文集》第 3 卷,第 36—37 页。

②　顾颉刚:《中国上古史研究课第二学期讲义序目》,《古史辨》第 5 册,第 149 页。

③　顾颉刚:《秦汉的方士与儒生》,《顾颉刚古史论文集》第 2 卷,第 469 页。

④　顾颉刚:《中国上古史研究讲义(燕京大学)》,《顾颉刚古史论文集》第 3 卷,第 274 页。

《中国上古史研究课第二学期讲义序目》中一再强调说，崔适的"五德之说为刘歆所造，托始于邹衍"之说不能成立。① 因为，"如果五德说为向来所无，则新创此说之时必不能骤然博得多数民众的信仰，且亦不当有许多冲突的五德的历史记载。现在王莽以前的五德记载既这样多，而王莽时的五德系统和邹衍的五德系统又根本不同，可见这是冒牌的而不是创作的"②。因此，顾颉刚将崔适的观点修正为"刘歆利用了五德相生说来改造古史系统"。

继《五德终始说下的政治和历史》之后，顾颉刚与杨向奎共同发表《三皇考》，对"三皇"问题的由来及其演变进行了分析与考察。尤为值得指出的是，顾颉刚在此文中指出，西汉时，"三皇"说一度消沉，直到西汉末，才再次显现。王莽自居于"皇"，重新宣传"三皇"说。于是，他们即在《周礼》《左传》中插入"三皇"的证据。"三皇"这个名词从此就长存于天地间了。③

其实，早在宋代，刘恕等学者即开始对"三皇问题"提出了质疑，此后崔述、康有为等则进一步对这一问题进行了探讨。受康有为影响而继续辨斥"三皇"之说的则是崔适。崔适在《春秋复始》中指出："《史记本纪》始五帝，次夏，次殷，次周。"但是，"稽古至五帝尚已，无所谓三皇"。三皇之目始于《周官》外史"掌三皇五帝之书"。郑君引《左氏》注之曰，"楚灵王所谓《三坟》《五典》"。至于"孰为三皇，惟见于纬书，亦无定说"。"多以为伏羲、神农为二皇；其一者，或曰燧人，或曰祝融，或曰女娲"；或以为天皇、地皇、人皇。但是，无论是《左传》还是《周官》皆古文家言，"纬书为古文支流"④。简而言之，古无所谓"三皇"，"三皇"只存在于古文家的学说。

对于崔适的上述观点，顾颉刚在《三皇考》中专门进行了转引与评价，认为不必断定"自从有了《周官》和纬书之后才有三皇，三皇只存在于古

---

① 顾颉刚：《五德终始说下的政治和历史》，《古史辨》第 5 册，第 320 页。
② 顾颉刚：《中国上古史研究课第二学期讲义序目》，《古史辨》第 5 册，第 147 页。
③ 顾颉刚：《三皇考》，《古史辨》第 7 册，第 301—304 页。
④ 崔适：《春秋复始二》，《民国时期经学丛书》第 6 辑第 37 册，第 1071—1072 页。

文家的学说","三皇确有出现于战国之末的事实",而且"谶纬非古文支流",其"思想实导源于西汉儒者",即"即所谓今文家,只因出在东汉时,为要依照'汉为火德'的功令,不得不沿用古文家的五德说的行式"。但是,"三皇一名的加入儒家的经典,由古文家言的《左传》《周官》及纬书始,是西汉末和东汉初的事情,这是千真万确的提示"①。由此来看,顾颉刚对"三皇"的来源及演变的考察,无疑是有选择性地继承了崔适的上述观点。

由上所述,早在清末民初,崔适便已经对上古史中的"三皇"与"五帝"进行了怀疑。其中的怀疑虽然不乏经今古文学的门户之争,但仍有可取之处。顾颉刚正是突破了这种门户之争,并在其基础之上对这些大问题进行了深入的分析与考察,从而在一定程度上澄清了中国上古史的真相。

综上所述,"古史辨运动"的兴起与发展,可以说与崔适的今文家言密不可分。在运动兴起之际,顾颉刚之所以敢于大胆地根据《说文》假设"禹是动物",从而引发了激烈的古史大论战,无疑是受到了崔适"禹之本义为虫名"之说的直接启发。此后,运动逐渐转向孔子与经学研究,顾颉刚、赵贞信、钱玄同、张西堂等则在崔适若干研究成果的基础之上进一步探索了孔子的真相、《穀梁》的真相以及《书序》的著作年代等问题。最后,运动回归古史考辨,顾颉刚等之所以能够先后发表《五德终始说下的政治和历史》与《三皇考》,无疑又是受到了崔适"五德之说为刘歆所造"与"三皇只存在于古文家的学说"等相关观点的启发。因此,崔适的今文家言可以说是"古史辨运动"得以兴起与发展的重要本土资源之一。

然而,必须指出的是,晚清今文经学与"古史辨运动"有着本质的学术差异。如前所述,崔适主要撰有《春秋复始》《史记探源》《论语足徵记》《五经释要》等书,提出了"穀梁亦古文学""五德终始说为刘歆所造""《古论》出于《鲁》后""孔子述作五经"等系列学说,其目的无疑是要打破东汉古文经学,恢复西汉的今文经学,进而"尊经""崇圣"。"古史辨"学人则完全摒弃了"崇圣""尊经"的观念,而以科学的观念与方法对传

---

① 顾颉刚:《三皇考》,《古史辨》第 7 册,第 305 页。

统上古史体系进行了破坏与清理，还在相当大的程度上还原了孔子与经书的本来面目，从而基本实现了"拿了战国之学打破西汉之学"甚至是"拿了战国以前的材料来打破战国之学"的新阶段。进言之，"古史辨运动"并未重复晚清今文经学的"老路"，而是在批判继承了其"合理内核"的基础上推进了中国传统学术的现代转型。

第六章 清末民初"新史学"与"古史辨运动"

近代以来，作为传统学术主流的经学逐渐走向式微，率先取而代之的是清末民初的"新史学"。以梁启超、夏曾佑等为代表的"新史学"家主张以进化史观为指导，借鉴社会科学的方法，采用新式的章节体，撰写国民全体的历史。[①] 实践表明，这一系列"新史学"主张不仅初步实现了中国传统史学的近代转型，还在一定程度上了唤起了人们的爱国精神。

民国建立之后，这场"新史学"思潮逐渐退出学术舞台，但其影响深远。有论者即认为中国唯物史观派史学继承了"新史学"的史学遗产并发扬光大，[②] 抑或认为这场"新史学"思潮是中国马克思主义史学兴起的逻辑起点与学术基础。[③] 其实，除了中国唯物史观派史学之外，受这场"新史学"思潮影响的还有"古史辨运动"。然而，过往学界对此并无明确的认识，更无专题考察。因此，本章拟对二者之间的具体学术关联进行一次系统的梳理、分析与阐释。

---

① 参见胡逢祥、张文建：《中国近代史学思潮与流派》，华东师范大学出版社 1991 年版，第 179—182 页；瞿林东主编：《20 世纪中国史学发展分析》，北京师范大学出版社 2009 年版，第 78—82 页；王学典、陈峰：《二十世纪中国历史学》，北京大学出版社 2009 年版，第 16—18 页；杨艳秋：《20 世纪初的"新史学"思潮及其意义》，《齐鲁学刊》2015 年第 3 期。

② 参见王学典：《新史学和新汉学：中国现代史学的两种形态及其起伏》，《史学月刊》2008 年第 6 期。

③ 参见李红岩：《中国马克思主义史学思想概说》，《史学理论研究》2016 年第 1 期。

小引 (一)

在中国学术界，率先举起"新史学"大旗的无疑是梁启超。20世纪伊始，梁启超先后发表《中国史叙论》和《新史学》两篇文章，不仅对"旧史学"进行了尖锐批判，还系统地提出了"新史学"理论。与此同时或此后，梁启超又以进化史观这一"新史学"的主要理论为指导，撰写了《论中国学术思想变迁之大势》《中国地理大势论》《历史上中国民族之观察》《黄帝以后第一伟人赵武灵王传》等系列作品。因此，梁启超向来被视为清末"新史学"的开山或奠基人。①

其实，梁启超的史学身份并不止于此。早在其过世之际，张荫麟即认定，梁启超不仅是"新史学"的开山，还是"新汉学"的"导其源"者。因为，梁启超的《论中国学术思想变迁之大势》对"胡适自言其立志治中国思想史"产生了不可估量的影响。②当然，张荫麟提出的这一证据还略显薄弱，但这一即时观察无疑是十分敏锐的。众所周知，由顾颉刚领导的"古史辨运动"是形塑"新汉学"的主要环节。而根据《顾颉刚日记》《顾颉刚读书笔记》《顾颉刚书信集》《宝树园文存》中相关资料的提示以及文本的具体对比，梁启超的"新史学"在"古史辨运动"的历程中扮演着一个学术启蒙的角色。③不过，稍显遗憾的是，过往学术界未能对这一学源

① 关于梁启超的"新史学"理论体系建构，过往学界已取得了可观的研究成果。参见蒋俊：《中国史学近代化进程》，齐鲁书社1995年版，第19—35页。

② 素痴（张荫麟）：《近代中国学术史上之梁任公先生》，《大公报·文学副刊》1929年2月11日。

③ 1950年，顾颉刚在《自传》中谈及自己"思想学问的渊源"时提到了"四位先生"，分别是梁启超、章太炎、胡适以及钱玄同。其中，梁启超在当时"建立一个从来未有的批判态度"，"要把一切的政治和文化从新估定价值"，故其可说是"启蒙时代的一位开路先锋"。顾颉刚：《顾颉刚自传》，《宝树园文存》第6卷，第412—413页。按照这一"夫子自道"，本书提出梁启超的"新史学"在"古史辨运动"扮演的角色可以被定位为"学术启蒙"。此外，梁启超的"新汉学"还在"古史辨运动"中扮演了"导夫先路"的角色。李长银：《导夫先路：梁启超与"古史辨运动"》，《北京社会科学》2014年第12期。

关系予以充分关注。① 因此，本章首先不揣鄙陋，拟从学术史的角度对这一课题作一较为系统的分析与考察，以此进一步证实张荫麟关于梁启超的史学定位，并拓展"古史辨运动"学术因缘的认识，进而为探讨清末民初"新史学"与民国实证主义史学之间的学术关系提供一个具体而微的例证。

第一节　梁启超的进化史观与顾颉刚"层累说"的证成

"层累说"的提出是"古史辨运动"兴起的实质性起点。1923 年 5 月 6 日，顾颉刚在《努力周报》所附《读书杂志》第 9 期发表《与钱玄同先生论古史书》，对传统的中国上古史体系发起了总攻。在该文的"按语"部分，顾颉刚提出了著名的"层累说"。这一学说主要包含三个内容。第一，"时代愈后，传说的古史期愈长"。第二，"时代愈后，传说中的中心人物愈放愈大"。第三，即使"不能知道某一件事的真确的状况，但可以知道某一件事在传说中的最早的状况"②。此文一经刊出，旋即在学术界掀起了一场以"层累说"为中心理论的"古史辨运动"。

根据顾颉刚自述与过往研究成果，进化史观才是"层累说"得以建构的逻辑起点。③ 而顾颉刚之所以能够形成进化史观，在相当大的程度上是

---

①　有学者已经初步察觉到二者之间存在一定的学源关系。刘俐娜指出，由梁启超发起的"新史学"思潮对顾颉刚学术思想形成的影响是不可忽视的重要因素。刘俐娜：《顾颉刚学术思想评传》，第 152—153 页。此外，王晴佳指出，由顾颉刚领导的"古史辨运动""改变了中国人对自身历史的看法"，实践了由梁启超发起的"史学革命"。王晴佳：《顾颉刚及其"疑古史学"新解》，《中华文史论丛》2017 年第 4 期。但稍显遗憾的是，二人未能对梁启超的"新史学"与由顾颉刚领导的"古史辨运动"之间的学术关联进行具体论证。

②　顾颉刚：《与钱玄同先生论古史书》，《古史辨》第 1 册，第 75—76 页。

③　关于顾颉刚的自述，参见顾颉刚：《当代中国史学·引论》，《顾颉刚古史论文集》第 12 卷，第 323—324 页；顾颉刚：《顾颉刚自传》，《宝树园文存》第 6 卷，第 411 页；顾颉刚：《我是怎样编写〈古史辨〉的?》，《顾颉刚古史论文集》第 1 卷，第 174 页。较有代表性的研究成果有邵东方：《崔述与中国学术史研究》，第 244 页；谢进东：《现代性与"古史辨"》，《古代文明》2009 年第 4 期。

受到了梁启超"新史学"的影响。① 众所周知，《中国史叙论》与《新史学》的发表，标志着清末"新史学"思潮的兴起。这两篇"新史学"之作，不仅对中国"旧史学"进行了尖锐批判，还以进化史观对"历史"进行了崭新的界定。诚如周予同所指出的，梁启超此时的全部史观都建筑在进化论之上。②

梁启超在《中国史叙论》一文中还运用进化史观对中国上古史进行了分析与考察。具体而言，夏禹以前，"则诚有如《列子》所谓三皇之事，若存若亡；五帝之多，若觉若梦者"。至于其确实与否，则无从考证。而"洪水时代，实为全世界公共纪念物"，"故以洪水平息后，始可为真正之有史时代"。就中国而言，中国自古称诸夏或华夏，而夏者以夏禹之朝代而得名。"中国民族之整然成一社会，成一国家，实自大禹以后"。因此，"中国史若起笔于夏禹，最为征信"③。要而言之，在梁启超看来，历史是进化的，中国古代并不存在"黄金时代"。

稍显遗憾的是，梁启超当时未能编纂出一部新式中国史。不过，他始终没有放弃这一学术志业。1922年，梁启超"衰理旧业"，讲学于清华学校，撰成"新史"第二卷《五千年史势鸟瞰》④。现存的《五千年史势鸟瞰》，主要有两篇，一篇是《中国历史上民族之研究》，一篇是《地理及年代》。而在《地理及年代》一文中，梁启超再次运用进化史观对中国上古史进行了探讨。具体而言，《尚书》"独载尧以来"；至司马迁著《史记》，则"于《尚书》所不载之黄帝、颛顼、帝喾偏有尔许事实为之铺张扬厉"；数百千年之后，皇甫谧、罗泌之徒则举凡司马迁所吐弃为"不雅驯"之言者，而悉数收录。"于是古代史益芜秽不可治"。至近世，治史者"动辄艳称炎黄尧舜时代之声明文物"。而"此说若真，则夏商千余年间，不能不认为文

①　除了梁启超的"新史学"之外，顾颉刚之所以能够形成进化史观，还受到了康有为的《孔子改制考》、严复的《天演论》以及胡适的相关论述影响。参见刘起釪：《顾颉刚先生学述》，第47、73页；吴少珉、赵金昭主编：《二十世纪疑古思潮》，第96—97页；刘俐娜：《顾颉刚学术思想评传》，第163—171页。

②　周予同：《五十年来中国之新史学》，朱维铮编校：《周予同经学史论》，第375页。

③　梁启超：《中国史叙论》，《梁启超全集》第1册，第452页。

④　梁启超：《中国历史研究法》，《梁启超全集》第7册，第4087页。

化之中绝或停顿，其原因何在，实无由说明"①。由此而言，梁启超已经意识到时代愈后，中国有史时代的时间越长。此外，古代并不存在"黄金时代"，否则无法以进化史观来解释"夏商千余年间"的历史。

如果将梁启超的这一观点与顾颉刚提出的"时代愈后，传说的古史期愈长"进行对比，不难发现，二者的看法基本一致。而顾颉刚早在 1904 年前后即开始阅读梁启超主编的《清议报》②，《中国史叙论》一文则刊登在该报的第 90 至 91 册。最迟至 1913 年，顾颉刚还在《新世潮序》中间接转述了《中国史叙论》的相关论述。③ 至 1922 年 5 月，顾颉刚在胡适的帮助下，读了包括《地理及年代》在内的《五千年史势鸟瞰》。④ 而在此后的古史大论战中，顾颉刚还在《与钱玄同先生论古史书》《讨论古史答刘、胡二先生》中间接转述了《地理及年代》的相关论述。⑤ 因此，我们有理由认为，

---

① 梁启超：《地理及年代》，《梁启超全集》第 6 册，第 3580 页。

② 顾颉刚曾在不同的论著中强调说，自己于 1904 年前后便"喜读梁任公书"，甚至能够"约略可背诵"其中的《中国魂安在乎》《少年中国说》《呵旁观者文》等文章（顾颉刚：《敝帚集（三）》，《顾颉刚读书笔记》第 15 卷，第 283 页；顾颉刚：《自序》，《古史辨》第 1 册，第 7 页；顾颉刚：《我在北大》，《宝树园文存》第 6 卷，第 332 页；顾颉刚：《我在辛亥革命时期的观感》，《宝树园文存》第 6 卷，第 481 页）。而这些文章均载于《清议报》。

③ 1913 年，顾颉刚在《新世潮序》中指出："鸿荒太古之世，初进于人，其智甚浅，于是而酋长出"，"后人瞀今炫古，好旧恶新，衍酋长而为君主、为政府"（参见顾颉刚：《新世潮序》，《宝树园文存》第 6 卷，第 23 页）。由此而言，顾颉刚认为，人类第一期为"酋长"期。探本追源，这一观点即出自梁启超的《中国史叙论》。梁文指出，"凡各人群，必须经过三种之一定时期，然后能成一庞大固结之团体"，其中第一期即是"酋长之时期"，第二期为"上则选置君主，下则指挥人民之时期"，第三期为"君主一人专裁庶政之时期"（梁启超：《中国史叙论》，《梁启超全集》第 1 册，第 452 页）。

④ 参见顾颉刚：《致胡适·五五》，《顾颉刚书信集》第 1 卷，第 382 页；顾颉刚：《顾颉刚日记》第 1 卷，第 235 页。

⑤ 1923 年，顾颉刚在《与钱玄同先生论古史书》中说，周民族重耕稼，所谓"后稷"，即是因为他们以耕稼为生，崇德报功，"追尊创始者的称号"（顾颉刚：《与钱玄同先生论古史书》，《古史辨》第 1 册，第 79 页）。之后，顾颉刚在《讨论古史答刘、胡二先生》中进一步指出，"民族始基之时，本无史官，只有传说"，而不知"创始者的真相"。至后世，因"崇德报功的观念"，而要立出事物的创始者。于是，"造史的人想着太古的人专事渔猎，必有创始渔猎的，故有庖牺氏；想到太古的人一定茹毛饮血，必有创始火食的，故有燧人氏。……"（顾颉刚：《讨论古史答刘、胡二先生》，《古史辨》第 1 册，第 129—130 页）。寻本追源，这一观点即是受到了梁启超《地理及年代》的启发。梁文指出："史家有时或以神

顾颉刚之所以能够以进化史观对中国古史进行分析与考察，进而提出"层累说"，在一定程度上是受到了梁启超的进化史观及其古史观点的启发与影响。

第二节　梁启超的"中国民族之观察"与
顾颉刚的"民族不出于一元论"

1923 年，顾颉刚发表《与钱玄同先生论古史书》之后，虽然得到了钱玄同的击节称赞①，但与此同时，却遭受了刘掞藜、胡堇人的批驳②。因此，顾颉刚随即又发表了《答刘、胡两先生书》一文，对刘、胡二人的批评予以回应。

在该文中，顾颉刚对"层累说"进行完善，开列了推翻"非信史"的四项标准。其中，第一项标准是"打破民族出于一元的观念"③。具体而言，在中国传统古史体系中，一统的世系笼罩了百代帝王、四方种族，"民族一元论"建设得十分巩固。然而，根据古书记载，"商出于玄鸟，周出于姜嫄，任宿、须句出于太皞，郯出于少皞"，各族"原是各有各的始祖"，从未要求过"统一"。直到春秋之后，大国攻灭小国，疆界日益扩大，各民族日益并合，"种族观念渐淡而一统观念渐强"。于是，"许多民族的始祖的传说就亦渐渐归到一条线上，有了先后君臣的关系"④。因此，若想推

话为副料，不过借以推见初民心理，或因其象征所表示而窥其生活之片影"。例如，"因燧人神农等名称，推想火及耕稼之发明影响于当时人心者若何深切"（梁启超：《地理及年代》，《梁启超全集》第 6 册，第 3580 页。

　　①　参见钱玄同：《答顾颉刚先生书》，《古史辨》第 1 册，第 81 页。

　　②　参见刘掞藜：《读顾颉刚君〈与钱玄同先生论古史书〉的疑问》，《古史辨》第 1 册，第 91—98 页；胡堇人：《读顾颉刚先生论古史书以后》，《古史辨》第 1 册，第 99—101 页。

　　③　其实，顾颉刚在《与钱玄同先生论古史书》中已经初步提出了这一观点，即无论是商民族，还是周民族，都认为这两个民族都不承认出于同一始祖，而认定各有各的始祖（参见顾颉刚：《与钱玄同先生论古史书》，《古史辨》第 1 册，第 77 页）。

　　④　顾颉刚：《答刘、胡两先生书》，《古史辨》第 1 册，第 105 页。

翻"非信史",首当推翻这一根深蒂固的"民族一元论"。

根据调查取证,顾颉刚之所以能够提出"打破民族出于一元的观念",在一定程度上是受到了梁启超关于"新史学"论述的暗示与启发。① 早在1901年,鉴于"民族为历史之主脑"的考虑,梁启超专门在《中国史叙论》的第五部分对"人种"问题进行了初步阐述。梁启超首先指出,"中国史范围中之各人种,不下数十,而最著明有关系者",仅有苗、汉、图伯特、蒙古、匈奴、通古斯六个人种。然后,其又进一步自问自答了一个十分棘手的问题——人种的由来,即他族暂且不论,汉族是否同出于一祖,则是一个不能断定的问题。② 由此来看,对于"汉族是否同出于一祖"这个问题,梁启超是持保守态度的。

至1905年,梁启超在《历史上中国民族之观察》一文中将这一问题说得更为清楚了。在此文中,梁启超开列了拟研究的七个问题。其中第一个问题是,今之中华民族,自初本为一族,还是由多数民族混合而成? 之后,梁启超根据"言语上之差别","悍然下一断案",即"现今之中华民族自始本非一族,实由多数民族混合而成"③。

该文发表之后,梁启超并未停止对这一问题的思考。1922年,梁启超在《中国历史上民族之研究》一文中提出一个问题,即中华民族由同一祖宗血胤衍生,还是自始即为多元的结合? 对此,梁启超进行了较为详细的分析。文中说,根据旧史记载,"唐虞夏商周秦汉,皆同祖黄帝"。然而,"即以史记所纪而论,既已世次矛盾,罅漏百出"。而且,如商周之诗,诵其祖德,曰:"天命玄鸟,降而生商";曰:"厥初生民,时维姜嫄"。假如殷、周二代为帝喾之胤,诗人当不至于数典而忘,反侈陈种种神秘,以启后世"圣人无父,感天而生"之怪论。因此,"古帝王之所自出,实

---

① 有论者已指出,顾颉刚之所以能够提出"打破民族出于一元的观念",在一定程度上是受到了欧阳修、洪迈、崔述、梁启超等人相关论述的启发。参见汤莹:《顾颉刚的"民族不出于一元论"及其影响》,《史学月刊》2017年第8期。但稍显遗憾的是,这位论者仅提及了梁启超的《中国历史研究法》,而未能追源到梁启超关于"新史学"的相关论述。

② 梁启超:《中国史叙论》,《梁启超全集》第1册,第450—451页。

③ 梁启超:《历史上中国民族之观察》,《梁启超全集》第6册,第3419—3420页。

无从考其渊源”①。要而言之，在梁启超看来，旧史所载的“唐虞夏商周秦汉”“同祖黄帝”的“民族一元论”是不能成立的。

由上可知，中华民族是否同出一祖是梁启超一直思考的“新史学”问题之一。经过深思熟虑，他最后认为中华民族自古以来并非是一元的。这一结论无疑与顾颉刚提出的“打破民族出于一元的观念”——认为商、周等民族各有始祖，并非出于一元的看法如出一辙。而前已指出，顾颉刚在提出这一观点之前，便已阅读过刊登在《清议报》上的《中国史叙论》与包括《中国历史上民族之研究》在内的《五千年史势鸟瞰》。这里需要补充的是，早在 1905 年，顾颉刚即开始阅读《新民丛报》②，而《历史上中国民族之观察》即刊登在该报的第 65 至 66 号。而直到 1917 年，他还表示，自己能够“约略可背诵”《新民丛报》中刊登的梁启超的文章。③ 由此而言，顾颉刚是在接受梁启超上述看法之后，进而在 1923 年明确提出了“打破民族出于一元的观念”。

第三节　梁启超的“中国地理大势论”与顾颉刚的“地域非向来一统论”

关于中国古史，民族之起源一旦被认为存在问题，势必会牵涉到地域

---

① 梁启超：《中国历史上民族之研究》，《梁启超全集》第 6 册，第 3436 页。

② 参见顾颉刚：《我在北大》，《宝树园文存》第 6 卷，第 332 页；顾颉刚：《我在辛亥革命时期的观感》，《宝树园文存》第 6 卷，第 481 页；顾颉刚：《中国社会党和陈翼龙的死》，《宝树园文存》第 6 卷，第 491 页。

③ 参见顾颉刚：《敝帚集（三）》，《顾颉刚读书笔记》第 15 卷，第 283 页。其实，除了梁启超的文章外，当时的顾颉刚还能“约略”记住其他作者的文章大意。比如，顾颉刚于 1919 年曾撰写了一篇题为《中国近来学术思想界的变迁观》的文章，便在《新民丛报》不在“手头”的情况下转述了郑浩《学术变迁论》（载《新民丛报》1902 年第 17 号）的大意。参见顾颉刚：《顾颉刚日记》第 1 卷，第 59 页；顾颉刚：《中国近来学术思想界的变迁观》，《宝树园文存》第 1 卷，第 126 页。

分布问题。① 因此，顾颉刚在提出"打破民族出于一元的观念"的同时，又抛出了一项推翻"非信史"的标准，即"打破地域向来一统的观念"。

对于这一"标准"，顾颉刚解释说，根据《史记》记载，黄帝的疆域"东至于海，西至于空桐，南至于江，北逐荤粥"，于是人们以为此时的中国疆域即是"一统"的。而《尧典》《禹贡》的记载则进一步巩固了这一观念。但实际上，根据甲骨文上的地名记载，"商朝天下自限于'邦畿千里'之内"；至"周有天下，用了封建制以镇压四国"，但"始终未曾没收了蛮貊的土地人民以为统一寰宇之计"。直到战国，"郡县制度普及"，再到"秦并六国而始一统"。由此来看，若说黄帝以来中国疆域就是"一统"的，这"进化"的步骤就乱了。② 因此，若想推翻"非信史"，除了要"打破民族出于一元的观念"外，还必须"打破地域向来一统的观念"。

寻本追源，顾颉刚之所以能够提出这一"非常异义可怪之论"，在一定程度上也是受到了梁启超关于"新史学"论述的启发。③ 早在 1902 年 4 月至 6 月，梁启超即以"中国之新民"的笔名在《新民丛报》上发表了一篇题为《中国地理大势论》④ 的文章，文中指出："文明之发生，莫要于河流。"就中国而言，"自周以前，以黄河流域为全国之代表；自汉以后，以黄河、扬子江两流域为全国之代表；近百年来，以黄河、扬子江、西江三流域为全国之代表"⑤。

---

① 顾颉刚曾指出："战国、秦、汉之间，造成了两个大偶像"，其中，"种族的偶像是黄帝，疆域的偶像是禹。""二千余年来，中国的种族和疆域所以没有多大的变化，就因这两个大偶像已规定了一个型式。"顾颉刚：《崔东壁遗书序一》，《顾颉刚古史论文集》第 7 卷，第 73 页。

② 顾颉刚：《答刘、胡两先生书》，《古史辨》第 1 册，第 105 页。

③ 从学术渊源的角度来讲，顾颉刚之所以能够提出"打破地域向来一统的观念"，还受到了王国维《殷虚卜辞中所见地名考》一文的影响。详见顾颉刚：《古代地理研究讲义》，《顾颉刚古史论文集》第 5 卷，第 18—22 页。

④ 此文是梁启超"新史学"论述的核心文本之一。梁启超在《中国史叙论》中专设"地势"一节，《中国地理大势论》一文则是具体化论述。参见陆胤：《导读二：梁启超"新史学"的外来资源与经学背景》，梁启超著，夏晓虹、陆胤校：《新史学》，商务印书馆 2014 年版，第 21—33 页。

⑤ 梁启超：《中国地理大势论》，《梁启超全集》第 2 册，第 926 页。

　　1905 年，梁启超又在《新民丛报》发表《历史上中国民族之观察》，并附录两篇文章，分别是《〈史记·匈奴传〉戎狄名义考》和《春秋夷蛮戎狄表》。在《〈史记·匈奴传〉戎狄名义考》中，梁启超指出："自尧以前，我族皆宅河南，至尧乃渡河而北，突入狄窟奠都焉，尧之明德远矣。及舜封后稷弃于邰，弃尧之母弟，而邰今陕西延安也，其地夙为我族势力所不及，至是开殖焉。"① 在《春秋夷蛮戎狄表》中，梁启超则认为："春秋时代中国民族势力所及之地为今河南、陕西、山东、山西、直隶、湖北、江南、江西、浙江之九省。而僖文宣间，即此九省中为外族所错居者尚四之一。"一言以蔽之，"则在大河南者两岸确定我民族之势力范围，是春秋时代之事业"②。

　　此文发表之后，梁启超对这一问题的思考暂告一段落。直到 1922 年之后，梁启超再次"衰理旧业"，在《历史上中国民族之观察》一文的基础上又撰写了《中国历史上民族之研究》。承前所述，梁启超在此文中根据《诗经》的相关记载，认为"古帝王之所自出，实无从考其渊源"。这里要进一步指出的是，梁启超随即对这一问题进行推测说："揆度情理，恐各由小部落崛起，彼此并无何等系属。盖黄河流域一片大地，处处皆适于耕牧，遂古人稀，尽可各专一壑，耦俱无猜，故夏商周各有其兴起之根据地。"③ 之后，梁启超还进一步对夏商周之后的中国地域变迁进行了概述，即"在春秋初期，诸夏所支配地，惟有今河南、山东两全省（其中仍有异族），以及山西、陕西、湖北、直隶之各一小部分。及其末期，除此六省已完全归属外，益以江苏、安徽二省，及浙江省之半，江西省之小部分。及战国末年，则除云南、广东、福建三省外，中国本部，皆为诸夏势力范围"④。

---

　　① 梁启超：《〈史记·匈奴传〉戎狄名义考》，《梁启超全集》第 6 册，第 3426 页。

　　② 梁启超：《春秋夷蛮戎狄表》，《梁启超全集》第 6 册，第 3434 页。

　　③ 梁启超：《中国历史上民族之研究》，《梁启超全集》第 6 册，第 3436 页。

　　④ 梁启超：《中国历史上民族之研究》，《梁启超全集》第 6 册，第 3440 页。此外，梁启超还在《战国载记》中对这一地域变迁进行了类似的概述。参见梁启超：《战国载记》，《梁启超全集》第 6 册，第 3531 页。

如上所述，"诸夏所支配地"可以说是梁启超一直思考的"新史学"问题之一，其核心观点是中华民族"所支配地"并非如旧史记载的一样，向来就是一统的①，而是经历了一个逐渐扩张而后统一的过程。这一观点与顾颉刚提出的"打破地域向来一统的观念"基本一致。而顾颉刚在提出这一观点之前，如前所述已读过刊登在《新民丛报》上的《历史上中国民族之观察》与包括《中国历史上民族之研究》在内的《五千年史势鸟瞰》。这里可以补充的是，顾颉刚在《中国疆域沿革史》第七章《战国疆域变迁概述》之后开列了八本"重要参考书"，其中当世学者只有梁启超的《中国历史上民族之研究》。② 因此，我们有理由认定，顾颉刚是在接受梁启超上述论述之后，进而于 1923 年明确提出了"打破地域向来一统的观念"。

第四节　梁启超的"孔子之真相"论与
"古史辨"学人的孔子探讨

1930 年《古史辨》第二册的出版，进一步推动了"古史辨运动"的发展。这册书分为三编，上编为"古史问题"，中编为"孔子和儒家问题"，下编为"关于《读书杂志》中古史论文和《古史辨》第一册的批评"③。要而言之，《古史辨》第二册承继了第一册的讨论，而更加深入。

其中，尤为值得注意的是"孔子问题"。根据《古史辨》第二册收录的文章，"古史辨"学人首先对"孔子的真面目"进行了较有价值的探讨。率先引起这一讨论的是顾颉刚。1926 年，顾颉刚在《春秋时的孔子和汉

---

① 　在《太古及三代载记》中，梁启超指出："今将据此诸地以考我华夏民族发育光大之迹，惟有二事宜注意者"，其中之一是"所记诸地，未必可信，有时出于夸张（如颛顼之幽陵、交址、流沙、蟠木，当是夸大颂祷之词，观《史记》原文尚有'日月所照，莫不砥属'等语可见），有时杂以神话"。梁启超：《太古及三代载记》，《梁启超全集》第 6 册，第 3457 页。

② 　参见顾颉刚、史念海：《中国疆域沿革史》，《顾颉刚古史论文集》第 6 卷，第 45 页。

③ 　顾颉刚：《自序》，《古史辨》第 2 册，第 1 页。

代的孔子》一文中首先指出，孔子不止有两个，各时代有各时代的孔子。简要言之，"春秋时的孔子是君子，战国的孔子是圣人，西汉时的孔子是教主，东汉后的孔子又成了圣人，到现在又快要成君子了"。不过，孔子的真相并非是不确定的，而是他自己愿意做的——"君子"①。

探本追源，顾颉刚的上述观点来源于梁启超"新史学"思想的相关论述②。1902 年，针对康有为的尊孔保教，梁启超以"中国之新民"的笔名在《新民丛报》第 2 号上发表了一篇题为《保教非所以尊孔论》的文章。③文中指出，当时"倡保教之议者"，"其所蔽有数端"，其中第一项即为"不知孔子之真相"。而"孔子之所以为孔子，正以其思想之自由"。但问题是，"自命为孔子徒者，乃反其精神而用之"，以致"孔教之范围，益日缩日小"。在汉代，孔子先是变为董江都、何邵公，之后变成马季长、郑康成。至唐宋明时期，孔子先是变为韩昌黎、欧阳永叔矣，之后变成程伊川、朱晦庵，后又变为陆象山、王阳明。至清代孔子则变为纪晓岚、阮芸台。④此后，梁启超又在《清代学术概论》中再次强调了这一观点，进行了大体一致的表述。⑤总而言之，在梁启超看来，孔子并非是一个，而是各时代有各时代之孔子，而这些孔子皆非孔子的真相。

此后，梁启超并没有停止对"孔子之真相"的思考。1915 年，梁启超在《大中华》杂志上发表了一篇题为《孔子教义实际裨益于今日国民者何在欲昌明之其道何由》的文章，认为孔子之教义在于养成君子之人格。当然，君子这一模范者，"固非孔子一人所能突创制之，而孔子实

---

① 顾颉刚：《春秋时的孔子和汉代的孔子》，《古史辨》第 2 册，第 99—104 页。

② 除了梁启超之外，顾颉刚之所以能够建立"孔子变迁论"，还受到了李大钊、钱玄同等人相关论述的启发。参见李长银：《在"穷变"中"立真"：顾颉刚的"孔子变迁论"及其影响》，《孔子研究》2017 年第 1 期。

③ 此文与"新史学"密切相关。有学者已指出，梁启超在这篇文章中"对于孔子表示了相当的尊重，其思想脉络正与《新史学》相通"。因此，此文"可作为《新史学》的背景素材"。路新生：《今文经学与晚清民初的史学"转型"》，《思想与文化》第 5 辑，华东师范大学出版社 2005 年版，第 317 页。

④ 梁启超：《保教非所以尊孔论》，《梁启超全集》第 2 册，第 765、768 页。

⑤ 参见梁启超：《清代学术概论》，《梁启超全集》第 5 册，第 3100—3101 页。

集大成，既以言教，且以身教"①。此后，梁启超又在《孔子》一文中对这一观点进行了阐述。② 要而言之，在梁启超看来，孔子的真相是"君子"。

对照之下，顾颉刚与梁启超的观点基本一致。而且，承前所述，顾颉刚年轻之时便阅读《新民丛报》，而《保教非所以尊孔论》即刊登于《新民丛报》第 2 号。这里要进一步指出的是，至 1920 年 10 月，其又通过胡适读到了尚未出版的《清代学术概论》。③ 而该书出版之后，顾颉刚又进行了研读。④ 此外，由梁启超主撰的《大中华》出版之后不久，顾颉刚即关注了该杂志⑤，而《孔子教义实际裨益于今日国民者何在欲昌明之其道何由》发表在该杂志第一卷第二期。至 1921 年 1 月，顾颉刚还研读了《孔子》一文。⑥ 由此而言，顾颉刚之所以能够认识到"各时代有各时代之孔子"，且孔子的真相是君子，在相当大的程度上是受到了梁启超上述观点的启发。

除了"孔子的真相"之外，《古史辨》第二册书中还对"孔子的地位"进行了再估定。引起这一问题的是冯友兰。1927 年，冯友兰在《孔子在中国历史中之地位》一文中首先指出，孔子未曾制作或删正六经，但其并非"碌碌无所建树"。孔子以前，六艺是很名贵的典籍学问，当时的平民没有机会接受这等完全教育。直到孔子出，以六艺教一般人，使六艺平民化。是时，各家皆注重自家之一家言。而孔子讲学的目的，并不在于养成某一家的学者，而旨在于养成"人"——为国家服务的人。总之，孔子是一个教育家。之后，冯友兰对孔子在中国历史中之地位进行了如下估定，即"孔子是中国第一个使学术民众化的，以教育为职业的'教授老儒'"，不仅开战国讲学游说之风，还创立了中国之非农非工非商非官僚之士之阶

---

　　① 　梁启超：《孔子教义实际裨益于今日国民者何在欲昌明之其道何由》，《梁启超全集》第 5 册，第 2813—2814 页。

　　② 　参见梁启超：《孔子》，《梁启超全集》第 6 册，第 3129 页。

　　③ 　参见顾颉刚：《致胡适·四》，《顾颉刚书信集》第 1 卷，第 280 页。

　　④ 　参见顾颉刚：《顾颉刚日记》第 1 卷，第 122 页。

　　⑤ 　参见顾颉刚：《乙舍读书续记》，《顾颉刚读书笔记》第 15 卷，第 69 页。

　　⑥ 　参见顾颉刚：《顾颉刚日记》第 1 卷，第 93 页。

级;而孔子的行为及其影响与希腊的"智者"(苏格拉底)"相仿佛"①。简要言之,在冯友兰看来,孔子是一个大教育家,其教学宗旨在于养成为国家服务的人,其历史地位能比肩于苏格拉底。

此文发表之后,在当时学术界引起了不小关注。张荫麟率先对此文进行了肯定,认为此文"考证明确,持论平允","以孔子拟苏格拉底,甚为适合"②。此后,顾颉刚又将二人的文章均收入到了《古史辨》第二册之中。

不过,较之此文的影响,我们更关注的则是上述观点的学术渊源。寻本追源,冯友兰之所以能够有这一认识,同样可以上溯到梁启超的观点。承前所述,梁启超于1902年便发表了著名的《保教非所以尊孔论》。这里要补充的是,其在该文中即对孔子的身份进行了估定,即孔子所教者,"专在世界国家之事,伦理道德之原,无迷信,无礼拜,不禁怀疑,不仇外道",故孔子非宗教家,而是哲学家、经世家、教育家。"西人常以孔子与梭格拉底并称,而不以之与释迦、耶稣、摩诃末并称,诚得其真"③。

此后,梁启超继续对这一问题进行探讨。1915年,梁启超发表了题为《孔子教义实际裨益于今日国民者何在欲昌明之其道何由》的文章,文中指出,"我国民最亲切有味之公共教师,舍孔子无能为之祭酒"。大体而言,孔子之言虽多,但主要可以分为三类。其一,在哲学范围,"言天人相与之际,所谓性与天道"。其二,在政治学、社会学范围,"言治国平天下之大法,非惟博论其原理而已,更推演为无数之节文礼仪制度"。其三,在伦理学、道德学、教育学范围,"言各人立身处世之道,教人以所以为人者与所以待人者"。不过,"孔子所以能为百世师者",而且实际裨益于今日国民者,"非以其哲学论、政治论等有以大过人",而在于其教育论。以近世通行语言之,孔子教义第一作用实在养成君子之人格。而"所谓君子者,其模范永足为国人所践履,真践履焉,则足使吾国人能自立自达以见重于天下"。而如果国中人人有士君子之行,则国家主义可施。④ 总之,

---

① 冯友兰:《孔子在中国历史中之地位》,《古史辨》第 2 册,第 147—155 页。

② 张荫麟:《评冯友兰君〈孔子在中国历史中之地位〉》,《古史辨》第 2 册,第 157 页。

③ 梁启超:《保教非所以尊孔论》,《梁启超全集》第 2 册,第 766 页。

④ 梁启超:《孔子教义实际裨益于今日国民者何在欲昌明之其道何由》,《梁启超全集》

在梁启超看来，孔子是一个教育家，其教学宗旨在于养成君子之人格，以见重于天下。

对比之下，冯友兰与梁启超关于孔子地位的估定基本一致。而且，《大中华》于1915年1月在上海创刊，而此时冯友兰正就读于上海中国公学。① 此后，冯友兰还撰写过《梁启超底思想》，对其倡导的"新民说"进行过专门评价。② 因此，我们有理由推论，冯友兰对孔子及其历史地位的认识，在一定程度上是受到梁启超上述观点的启发。

如上所述，《古史辨》第二册中编主要对"孔子与儒家"问题进行了探讨，而无论是顾颉刚对孔子真相的考察，还是冯友兰对孔子地位的估定，皆可以溯源到梁启超关于孔子问题的认识。进言之，"古史辨运动"的进一步发展，与梁启超的上述"新史学"论述密切相关。

第五节　梁启超的《论学术思想变迁之大势》与
　　　胡适的《诸子不出于王官论》

自从《古史辨》第三册出版开始，"古史辨运动"便开始进入一个"古书辨"的发展阶段。大体来讲，"古书辨"主要由两部分构成，一部分是《古史辨》第三册的"经书辨"，另一部分是《古史辨》第四册、第六册的"诸子辨"。而其中的"诸子辨"与梁启超的"新史学"同样存在较为密切的学术关联。

众所周知，最早引出这一"诸子辨"的文章，当属胡适的《诸子不出于王官论》。胡适提出，"诸子出于王官"不能成立，其说有"四端"之"谬"。第一，"刘歆以前之论周末诸子学派者，皆无此说"。相反，《淮南

第5册，第2811—2814页。

① 参见蔡仲德：《冯友兰先生年谱初编》，河南人民出版社1994年版，第17—19页。

② 参见冯友兰：《梁启超底思想》，《三松堂全集》第12卷，河南人民出版社2001年版，第190—202页。

子·要略》则以为"诸子之学皆起于救世之弊，应时而兴"。第二，"九流无出于王官之理"。比如，"儒家之六籍，多非司徒之官之所能梦见"。而"墨者之学，仪态万方"，非"清庙小官所能产生"。第三，《汉书·艺文志》所分九流，是"汉儒陋说，未得诸家派别之实"。比如，晏子不可在儒家，管子不可在道家；而管子既在道家，韩非即不可属法家。而"古无名家之名"，故"最谬者，莫如论名家"。第四，章太炎认为"古者学在王官"，但此说与"诸子之学是否出于王官"并非一回事；而且，"诸子之学不但决不能出于王官；果使能与王官并世，亦定不为所容而必为所焚烧坑杀耳"。① 总之，在胡适看来，古之所谓"诸子出于王官"，存在上述"四端"之谬，故决不能成立。

根据现有资料，胡适之所以能够提出这一有悖于传统的学说，与梁启超的"新史学"论述密不可分。② 1902 年，梁启超在《新民丛报》上发表著名的《论中国学术思想变迁之大势》③，分析了"周末学术思想"之所以能够"勃兴"的原因，认为关键在于"社会之变迁"，即"阀阅之阶级一破，前此为贵族世官所垄断之学问，一举而散诸民间，遂有'秦失其鹿，天下共逐'之观"。此后，梁启超则对"诸家之派别"进行了考察，认为《汉书·艺文志》不知学派的真相。比如，"既列儒家于九流，则不应别著'六艺略'"；又如，纵横家毫无哲理，小说家不过文辞，杂家已谓之杂，故不应"与儒、道、名、法、墨等比类齐观"④。准此而言，在梁启超看来，诸子之"勃兴"在于"社会之变迁"，而《汉书·艺文志》为不知学派之真相者。

---

① 胡适：《诸子不出于王官论》，《古史辨》第 4 册，第 1—4 页。

② 早在 1921 年，柳诒徵在对胡适的诸子学进行批评时即指出，"吾国学术思想，本来一贯，所谓儒、墨、道、法者，皆出于王官"，但梁启超、胡适二氏皆"痛诋刘歆"，认为《艺文志》所分九流未能知诸派之真相。柳诒徵：《论近人讲诸子之学者之失》，《史地学报》1921 年第 1 卷第 1 期。

③ 此文是梁启超"新史学"论述的核心文本之一。陈其泰指出，梁启超的《论中国学术思想变迁之大势》"鲜明地贯穿了进化观和因果论的理论指导，体现了与以往学者全然不同的理论风格"，"堪称是'新史学'理论在研究实践上结出的第一个硕果。陈其泰：《中国史学史》第 6 卷，上海人民出版社 2006 年版，第 16 页。

④ 梁启超：《论中国学术思想变迁之大势》，《梁启超全集》第 2 册，第 567—570 页。

如果将上述观点与胡适指出的"四谬"相对比，不难发现，胡适在《诸子不出于王官论》中列举的第一和第三项证据基本可以追溯到梁启超的《论中国学术思想变迁之大势》。而且，承前所述，张荫麟早在梁启超过世之际即指出，胡适之所以要撰写《中国哲学史大纲》，即是受到了梁启超此书的启发。此后，胡适在《四十自述》中亲自现身说法，亲自交代了这一学术关联。① 而《中国哲学史大纲》又是以"诸子不出于王官论"为基本骨架的一部学术著作。由此来看，胡适之所以能够提出"诸子不出于王官论"，与梁启超的《论中国学术思想变迁之大势》中的相关论述密不可分。

其实，梁启超的"新史学"论述与"诸子辨"的关联并不限于此。众所周知，罗根泽是《古史辨》第四、六两册的编著者，他撰写了一系列关于诸子的论著。其中，有部分论著对诸子兴起的原因进行了阐述。1931年，罗根泽在《管子探源》一书中指出："战国中世以降，一面言论极自由，可任意创说；一面时势环境，皆予人以欠阙之感想，恶劣之影响，于是横决旁溢，而学说遂无奇不有。"② 1933 年，罗根泽在《孟子传论》中则进一步指出，是时，"列国并峙，需材孔亟，贵族阀阅之阶级已破，言论自由之趋势已成，姬周数百年右文之所蕴蓄，战国社会急剧变迁之所簸荡，九流十家，继轨并作"③。要而言之，在罗根泽看来，战国诸子之兴起，非出于王官，而是由诸多因素共同造成的。

探本追源，罗根泽的上述观点直接来源于梁启超的《论中国学术思想变迁之大势》。承前所述，梁启超指出，周末学术思想之"勃兴"，要因之一是"社会之变迁"。其实，除此之外，还有六个缘由，分别是"蕴蓄之宏富""思想言论之自由""交通之频繁""人材之见重""文字之趋简""讲学术之风盛"④。

① 胡适：《四十自述》，《胡适全集》第 18 卷，第 61—62 页。

② 罗根泽：《管子探源》，中华书局 1931 年版，第 25 页。限于篇幅，罗根泽仅将《〈管子探源〉叙目》收入《古史辨》第四册之中。

③ 罗根泽：《孟子传论》，商务印书馆 1933 年版，第 29 页。限于篇幅，罗根泽只将《〈孟子传论〉自序》收入《古史辨》第六册之中。

④ 梁启超：《论中国学术思想变迁之大势》，《梁启超全集》第 2 册，第 567—569 页。

对照之下,罗根泽与梁启超的观点完全一致。此外,这里还要指出的是,罗根泽曾于 1927 年考入清华大学国学研究院,师从梁启超,习"诸子科",其《孟子传论》和《管子探源》的撰写均得到了梁启超的指导。①更为关键的是,其在前引《孟子传论》一段话的按语中,直接说自己是承袭了梁启超的《论中国学术思想变迁之大势》②。准此而言,罗根泽之所以能够认识到战国诸子之兴起是由诸多因缘导致的,是直接受到了乃师梁启超的影响。

由上所述,"古史辨运动"进行到"诸子辨"之际,无论是胡适提出的"诸子不出于王官论",还是罗根泽对诸子兴起原因的阐述,均或多或少地可以在梁启超的《论中国学术思想变迁之大势》中找到相应的学术资源。准此而言,梁启超的这部"新史学"之作在"诸子辨"中起到了积极的引导作用。

根据上面的讨论,可以得知,梁启超不仅是"新史学"的开山,还是"古史辨运动"的"导其源"者。在"古史辨运动"兴起之际,顾颉刚受到梁启超《中国史叙论》《新史学》《历史上中国民族之观察》《中国地理大势论》等文章的启发,先是建构了"层累说",然后又提出了"打破民族出于一元的观念"与"打破地域向来一统的观念"等两项推翻"非信史"的标准。"古史辨运动"进一步发展之后,对"孔子与儒家"的问题进行了重点探讨,而其中无论是顾颉刚对孔子真相的考察,还是冯友兰对孔子地位的估定,则都可以上溯到梁启超的《保教非所以尊孔论》《孔子》等相关论著。此后,"古史辨运动"转向"古书辨",而无论是胡适提出的引发"诸子辨"的"诸子不出于王官论",还是罗根泽对诸子兴起原因的阐述,则都是或多或少地从梁启超《论中国学术思想变迁之大势》中汲取了相应的学术资源。准此而言,梁启超的"新史学"在"古史辨运动"的历程中扮演了一个学术启蒙的角色。

---

① 参见罗根泽:《自传》,《出版界(重庆)》1945 年第 2 卷第 1 期;罗根泽:《〈管子探源〉叙目》,第 11—12 页。

② 参见罗根泽:《孟子传论》,第 29 页。

　　而通过这一具体个案的探讨，还可以进一步审视清末民初"新史学"与民国实证主义史学的关系。有学者提出，"新史学"的主要特点是突出史学的"致用"功能，但弊病在于导致了"空疏、浮泛和忽视史料建设"。而"实验主义史学"的主要特点是崇尚"求真"，"重视方法，着眼于史学基础工程的建设，注意史料的鉴别和审定"，从而弥补了"新史学"的不足。因此，"实验主义史学"可以说是"新史学"的逻辑发展。① 有论者则认为，此说不能成立，因为二者其实是"两个并列的、起初没有任何直接联系的史学形态"②。这两种观点均有一定道理，但又不无偏颇之处。如前所述，梁启超倡导的"新史学"与由顾颉刚等人发起的"古史辨运动"之间即存在较为紧密的学术关联。但这种关联并非逻辑上的，而是知识层面的。准此而言，清末民初"新史学"与民国实证主义史学之间虽然存在较大的差异，但二者之间并非"没有任何直接联系"，而是存在一定的共同性和关联性。③

小引（二）

　　清末"新史学"的兴起，不仅有赖于梁启超对"新史学"的提倡，还与夏曾佑的"新史学"实践密不可分。1904 年，受"新史学"思想的影响，夏曾佑在商务印书馆的邀请下编纂出了《最新中学中国历史教科书》（以下简称《中国历史教科书》）。与《纲鉴易知录》《十七史详节》《资治通鉴》等"旧日书房中习用的书"完全不同，该书主要以进化史观为指导，采用了章节体的著作体裁，以"政教""风俗""种族"为核心，叙述了先

---

　　①　蒋俊：《中国史学近代化进程》，第 48 页。

　　②　王学典：《新史学和新汉学：中国现代史学的两种形态及其起伏》，《史学月刊》2008年第 6 期。

　　③　关于这一问题，学术界虽无具体研究，但已有一定认识。可参见侯云灏：《20 世纪中国的四次实证史学思潮》，《史学月刊》2004 年第 7 期；陈其泰：《民国初年史学领域的新格局》，《社会科学战线》2012 年第 8 期；胡逢祥：《中国现代史学史研究三题》，《探索与争鸣》2014 年第 5 期；刘永祥：《"新史学"：从思潮到流派——基于比较视野的考察》，《史学理论研究》2016 年第 2 期。

秦至隋的中国历史，以期"发明今日社会之原"并"供社会之需"①。总之，该书对"新史学"理论进行了颇为成功的实践。因此，《中国历史教科书》虽然是一部教科书，但仍然被学界视为"第一部有名的新式通史"。② 夏曾佑遂被称为清末"新史学"思潮的主要开拓者。

实际上，夏曾佑还是"古史辨运动"的"导其源"者。根据调查取证，《中国历史教科书》不仅是顾颉刚壮年推翻古史传说的导夫先路之作，甚至是整个"古史辨运动"的先驱作品。但稍显遗憾的是，学界并没有对此一重要学缘问题予以充分关注③。因此，本章接下来拟对这一学术课题进行一次系统的分析与考察。

第六节　夏曾佑的"传疑之期并无信史"论与
胡适的"东周以前存疑论"

从古史研究的角度来讲，"古史辨运动"最迟可以追溯到"东周以前存疑论"的提出。1919 年 2 月，胡适在《中国哲学史大纲·导言》中无比犀利地指出："以现在中国考古学的程度看来，我们对于东周以前的中国古史，只可存一个怀疑的态度。"④ 此论提出之后不久，便得到了顾颉刚的认同。1921 年 6 月 9 日，顾颉刚在致王伯祥的信——《自述整理中国历

---

① 周予同：《五十年来中国之新史学》，朱维铮编校：《周予同经学史论》，第 370—374 页；齐思和：《近百年来中国史学的发展》，《燕京社会科学》1949 年第 2 期；陈其泰：《夏曾佑对通史撰著的贡献》，《史学史研究》1990 年第 4 期；杨琥：《夏曾佑集·前言》，上海古籍出版社 2011 年版，第 5—10 页。

② 齐思和：《近百年来中国史学的发展》，《燕京社会科学》1949 年第 2 期。

③ 已有学者指出，夏曾佑的《中国历史教科书》曾对顾颉刚、钱穆等清末民初青年学子产生过一定的"启蒙"作用，但未能对其中的具体学术关联进行系统的实证分析与考察。参见姚继斌：《启蒙之史——〈中国古代史〉与清末民初学子》，《暨南学报（哲学社会科学版）》2008 年第 4 期；杨琥：《夏曾佑集·前言》，第 10—11 页。

④ 胡适：《中国古代哲学史·导言》，《胡适全集》第 5 卷，第 214 页。

史意见书》中明确地说："照我们现在的观察，东周以上只好说无史。"[1] 至
1923 年 5 月，顾颉刚进一步提出了"层累说"。

从中国本土学术资源的角度来讲，这一论点导源于夏曾佑的《中国历
史教科书》。1904 年，受康有为的影响，夏曾佑在《中国历史教科书》第
一章《传疑时代》中进一步指出："中国之史，可分为三大期。"其中，"自
草昧以至周末，为上古之世"；"若再区分之，求与世运密合，则上古之
世，可分为二期。由开辟至周初，为传疑之期，因此期之事，并无信史，均
从群经与诸子中见之，往往寓言、实事，两不可分，读者各信其所习惯而
已，故谓之传疑期"。又说："今所述周人历史，当分为三期。第一期自周开
国，至东迁，此一期为传疑时代之尾。"[2] 由此可知，早在胡适之前，夏曾佑
已明确提出"开辟至周初，为传疑之期"且"并无信史"的观点。

《中国历史教科书》出版之后，马上风行整个教育界，中学历史教员
与学生几乎人手一本。据《张元济日记》记载，到了 1918 年的时候，这
三册书的销售总额从 79000 册到 122000 册不等。[3] 与此同时，这本书还得
到了当时学界的高度好评。著名学者严复就认为，该书为"旷世之作"，
"为各国群籍之所无踵"[4]。总之，该书在清末民国的教育界、学术界产生
了难以估量的影响。

受该书影响的学者即有胡适。当然，目前没有直接的证据表明，胡适
在 1917 年之前便看过夏曾佑的《中国历史教科书》，但其在 1930 年《日记》
中表示，自己之前曾读过该书，认为该书十分见"功力见地"[5]。由此而言，
胡适之所以提出"东周以前存疑论"，与夏曾佑的《中国历史教科书》有
一定的因缘关系。

与胡适相比较，顾颉刚接受夏曾佑这一"疑古"观点的影响更为直
接。1966 年 1 月，顾颉刚在读书笔记《夏曾佑》一则中回忆说："予于

---

① 顾颉刚：《自述整理中国历史意见书》，《古史辨》第 1 册，第 45 页。
② 夏曾佑：《中国古代史》，河北教育出版社 2003 年版，第 9、27 页。
③ 张人凤整理：《张元济日记》，河北教育出版社 2001 年版，第 468 页。
④ 孙应祥：《严复年谱》，福建人民出版社 2003 年版，第 282 页。
⑤ 参见胡适：《日记（1928～1930）》，《胡适全集》第 31 卷，第 696 页。

一九〇八年，购得其所著《中等教育用中国历史教科书》三册，以基督教《创世纪》及保罗文记洪水事比较汉族历代相传之盘古以迄三皇五帝之传统，耳目顿为一新；又以虞夏为传疑时代，两周为化成时代，使我读《尚书》时之旧脑筋为之一洗，予壮年推翻古代传说彼实导夫先路。"① 今按这则笔记距离当时已有半个世纪之久，故难免有所错误。比如，夏曾佑在《中国历史教科书》中并未言"虞夏为传疑时代，两周为化成时代"，而是将"开辟至周初"称为"传疑时代"，将"周中叶至战国"视为"化成时代"。但是，顾颉刚早在 1908 年即受到夏曾佑"传疑时代"之说的影响，当是毋庸置疑的事实。

总之，一个革命性命题的提出，决不是横空问世的，而是有着一定的渊源流变。由上所述，胡适、顾颉刚之所以坚决主张"东周以上无史论"，均是受到了夏曾佑这一"传疑之期并无信史"观点的启发。

当然，这里有必要指出的是，胡适与顾颉刚仅是部分接受了夏曾佑的观点。进言之，夏曾佑虽然认为"开辟至周初"为"传疑时期"，此期并无"信史"，但其在该书的另一处则说："中国自黄帝以上，包牺、女娲、神农诸帝，其人之形貌、事业、年寿，皆在半人半神之间，皆神话也。故言中国信史者，必自炎黄之际始。"② 由此来看，夏曾佑的这一"疑古"观点尚存在一些自相矛盾之处。但是，胡适、顾颉刚等人在承袭其"传疑之期并无信史"之时，完全摒弃了这一矛盾，而走得更加彻底。

第七节　夏曾佑的《上古神话》与顾颉刚 "层累说"的提出

此后，顾颉刚进一步提出了"层累说"，从而直接掀起了"古史辨运

---

① 顾颉刚：《夏曾佑》，《顾颉刚读书笔记》第 13 卷，第 185—186 页。

② 夏曾佑：《中国古代史》，第 14 页。

动"。而此说的提出，仍然与夏曾佑的《中国历史教科书》有着较为密切的学术因缘。

1922年春，顾颉刚因其祖母病重，不得不请假由北京回苏州老家。此后，顾颉刚为了解决生计问题，又在胡适的介绍下为上海商务印书馆编纂《现代初中教科书本国史》。与其他编者不同的是，顾颉刚打算编纂一部"成为一家著述"的教科书。所谓"成为一家著述"，就是"要把这部教科书做成一部活的历史，使得读书的人确能认识全部历史的整个的活动，得到真实的历史观念和研究兴味"①。而对于一部本国史教科书来说，"真实"的最大挑战之一即是来自众说纷纭的"上古史"部分。此时的顾颉刚正走在"疑古"的道路上，于是便决定推翻三皇五帝的系统，只把《诗》《书》和《论语》中的上古史传说整理出来，草成一篇《最早的上古史的传说》。值得关注的是，就在这一整理的实践过程中，顾颉刚发现了一个关于"尧、舜、禹的地位的问题"的"大疑窦"，于是便初步建立了一个"假设"，"古史是层累地造成的，发生的次序和排列的系统恰是一个反背"②。

关于"层累说"的上述缘起，已经是"顾学"研究者再熟悉不过的史实了，但我们想借此进一步指出的是，这本旨在"成为一家著述"的教科书至少在上古史部分参考了夏曾佑的《中国历史教科书》。1936年1月8日，顾颉刚在《三皇考·自序》中坦白地说，近代以来，受西洋学者的影响，古时并非是黄金时代的这个观念逐渐传进中国。传统的"三皇五帝的黄金时代"遂逐渐被打倒。首先是康有为受了"新潮流的激荡"，在《孔子改制考》中提出"上古茫昧无稽"。继之而起的则是夏曾佑。夏曾佑在《中国历史教科书》中把三皇五帝的时代总称为"传疑时期"。而"自己觉得把这件事实认识的真"，于是"就在《努力周刊》附刊的《读书杂志》里对于三王的第一代（禹）和五帝的末二代（尧舜）下一番破坏，——其实不是破坏，乃是把关于他们的传说作一番系统的建设"。与此同时，自己正在为商务印书馆编纂《现代初中教科书本国史》，于是便"学了夏曾佑

---

① 顾颉刚：《自序》，《古史辨》第1册，第28页。
② 顾颉刚：《自序》，《古史辨》第1册，第29页。

的办法",列了一章"传说中的三皇五帝"①。如此来看,顾颉刚之所以提出"层累说",与夏曾佑的《中国历史教科书》存在一定的学术因缘。

事实上,顾颉刚与夏曾佑的学术因缘并不限于此。1923年5月6日,顾颉刚在《读书杂志》上发表《与钱玄同先生论古史书》,不仅在该文的"按语"部分正式提出了"层累说",还在正文中对这一学说进行了初步论证。其中,值得关注的是其对后稷的解释。文中说,古代的历史一般都靠不住,比如周人说后稷是自己的始祖,但实则都并不知道有无是人。根据《诗》《书》,"商的民族重游牧,周的民族重耕稼",所谓"后稷",应该是他们以耕稼为生,崇德报功,"追尊创始者的称号"。其实,周人的后稷与许行的神农并没有什么分别。"这两个倡始耕稼的古王,很可见出造史的人的重复"。至于"造史的人"之所以要"重复",主要在于"原来禹的上面堆积的人太多了,后稷的地位不尊重了,非得另创一个神农,许行一辈人就不足以资号召了!"② 要而论之,后稷被视为"创始者的称号",是顾颉刚论证"层累说"的一个重要证据。

然而,这一观点遭到了学界的批驳。1923年7月1日,刘掞藜在《读书杂志》上发表《读顾颉刚君〈与钱玄同先生论古史书〉的疑问》,便直接质疑说:"周人因为是耕稼为生,崇德报功,追尊创始者。顾君已承认后稷为创始者了,何以又说有无是人不得而知?"③

面对刘掞藜的这一质疑,顾颉刚又发表《讨论古史答刘、胡二先生》一文,进行了详细的解释。文中指出:"古代记载阔略,所谓史官只会记君主的起居,绝不注意于社会,事物的创始者即在同时亦不能知道。何况民族始基之时,本无史官,只有传说,创始者的真相又那里可以知道。"

---

① 顾颉刚:《三皇考·自序》,《古史辨》第7册,第273—274页。这里需要纠正的是,顾颉刚在此文中指出,其于"民国十一年就在《努力周刊》附刊的《读书杂志》里对于三王的第一代(禹)和五帝的末二代(尧舜)下一番破坏"。今按这一"破坏"的文章即是发表在《努力周报》附刊《读书杂志》第9期上的《与钱玄同先生论古史书》,但时间并不是民国十一年(1922),而是民国十二年。

② 顾颉刚:《与钱玄同先生论古史书》,《古史辨》第1册,第79页。

③ 刘掞藜:《读顾颉刚君〈与钱玄同先生论古史书〉的疑问》,《古史辨》第1册,第97页。

但是，"到了后世，有了崇德报功的观念，要一一立出事物的创始者，又以为人类惟帝王为最聪明，于是有庖牺，神农，有巢，燧人等许多古帝出来"。进言之，"造史的人想着太古的人专事渔猎，必有创始渔猎的，故有庖牺氏；想到太古的人一定茹毛饮血，必有创始火食的，故有燧人氏"。以此类推，"后稷之名，很可看出是周人耕稼为生，崇德报功，因事立出的，与庖牺、燧人……有同等的性质"。总之，在顾颉刚看来，"后人意想中的创始者是一件事，实际上有无是人又是一件事，决不能因为后人意想中有了这一个创始者就说实际上必有此人"①。

此文发表之后，双方没有就这一问题展开进一步讨论。如果从解决问题的角度来看，这一问题的讨论可以说是以无果而告终。不过，若从社会史的角度来看，较之刘掞藜的"质疑"，顾颉刚对后稷等"三皇五帝"的认识要略胜一筹。

这里要指出的是，顾颉刚的这一深刻认识，并非是其"独得之秘"。比如，顾颉刚在《现代初中教科书本国史》中说："大概古代传说的帝王，都只可说是文化史上几个重要变迁的象征。近人说，伏羲氏代表游牧时代，神农氏代表耕稼时代，黄帝代表政治组织的时代。"对于"近人"的这种见解，顾颉刚认为"最为近理"。因为，"试看有巢氏是房屋的发明的象征，燧人氏是火的发明的象征，就可以明白这个道理了"。总之，"这些理想人物，也许并无其人，只是当时社会背景里的一种精神"②。

按诸当时的历史材料，顾颉刚书中所谓"近人"，应该包括夏曾佑。夏曾佑在《中国历史教科书》第一篇第七节"包牺氏"中说："案包牺之义，正为出渔猎社会，而进游牧社会之期，此为万国各族所必历。但为时有迟速，而我国之出渔猎社会为较早也。"③与"包牺氏"相类似，该书第一篇第九节"神农氏"中说，医药与耕稼是此时代的两大"发明"之事。其中"耕稼一端，尤为社会中至大之因缘。……我族则自包牺已出渔猎社会，

---

① 顾颉刚：《讨论古史答刘、胡二先生》，《古史辨》第 1 册，第 129—130 页。

② 顾颉刚、王钟麒：《现代初中教科书本国史》，《顾颉刚古史论文集》第 12 卷，第 17 页。

③ 夏曾佑：《中国古代史》，第 11 页。

神农已出游牧社会矣”。① 最后，夏曾佑在该书第一篇第十节“神话之原因”中则解释说：“一群之中，既有文字，其第一种书，必为记载其族之古事，必言天地如何开辟，古人如何创制，往往年代杳邈，神人杂糅，不可以理求也。然既为其族至古之书，则其族之性情、风俗、法律、政治，莫不出乎其间。”②

由此来看，顾颉刚将古代传说的帝王视为“创始者的尊号”的看法，在一定程度上是受到了夏曾佑上述观点的提示与启发。进言之，夏曾佑的上述观点为顾颉刚证成“层累说”提供了重要的证据支撑。

第八节　夏曾佑的《桀纣之恶》与顾颉刚的《宋王偃的绍述先德》

在相当大的程度上，胡适、顾颉刚等人之所以主张“东周以上存疑”，主要在于三皇五帝的传统上古史系统经不起科学的考证。于是，顾颉刚便率先公开在《与钱玄同先生论古史书》中对“三皇五帝”中的尧、舜、禹进行了“一番破坏”。此文发表之后，在当时学界引起了强烈反响。

这一反响主要表现为两种态度。钱玄同表示，顾颉刚提出的“层累说”，真是“精当绝伦”，于是希望他用这方法，继续考查中国的“伪史”③。与此相反，刘掞藜认为，顾颉刚的“疑古”精神虽然值得“钦佩”与“同情”，但其文“所举的证据和推想”使人不能满意④；胡堇人则表示，顾颉刚的研究缺乏“充分证据”，属于“主观的见解”⑤。于是，一场你来我往

---

① 夏曾佑：《中国古代史》，第 13 页。

② 夏曾佑：《中国古代史》，第 13—14 页。

③ 钱玄同：《答顾颉刚先生书》，《古史辨》第 1 册，第 81 页。

④ 刘掞藜：《读顾颉刚君〈与钱玄同先生论古史书〉的疑问》，《古史辨》第 1 册，第 91—98 页。

⑤ 胡堇人：《读顾颉刚先生论古史书以后》，《古史辨》第 1 册，第 99—101 页。

的古史大论战就此登上了现代中国的学术舞台。

关于这场论战，如果从解决问题的角度来讲，最终以无结果而罢，但从"史学方法与历史解释"的角度来讲，则胜负已判。要而言之，顾颉刚、钱玄同等主张"疑古"，应用的根本方法是历史演进的方法；与他们截然相反，刘掞藜、胡堇人等倾向于"信古"，在方法上缺少自觉评判的精神。① 因此，顾颉刚等人可以被视为这场古史大论战的胜利者。

当然，顾颉刚并没有被论战的胜利而"冲昏"头脑，而是立刻选择接受钱玄同的意见，用"层累地造成的中国古史"的意见，继续"考查"中国的"伪史"。与之前考查尧、舜、禹等"极好的好人"相反，顾颉刚这一次对夏桀、商纣、宋康王等"极坏的坏人"进行了系统的分析②。

1924 年 11 月至 12 月，顾颉刚在《语丝》杂志上连载了一篇题为《纣恶七十事的发生次第》的文章，"希望大家把它当作《徐文长故事》一类书看，知道古代的史实完全无异于现代的传说：天下的暴虐归于纣与天下的尖刻归于徐文长是一样的，纣和桀的相像与徐文长和杨状元的相像也是一样的"③。之后，顾颉刚又在《语丝》发表《纣恶七十事的发生次第》的"姊妹篇"——《宋王偃的绍述先德》④，指出"纣是商的末一代"，宋王偃是宋的末一代，"宋即是商的后裔，所以他受的淫昏暴虐的遗传性非常充足，很能恪守典型地照演一番"⑤。

---

①　参见胡适：《古史讨论的读后感》，《古史辨》第 1 册，第 163—168 页；又参见李长银：《古史辨运动的兴起——一个学术史的分析》，山东大学 2013 年硕士学位论文，第 43—48 页。

②　当然，这并不是说顾颉刚此前没有认识到这个问题。1923 年，顾颉刚在与王伯祥合写的《现代初中教科书本国史》中即初步指出："商汤以后，传到了受辛，暴虐聚敛，同夏履癸的行事竟后先辉映。虽后人听见桀、纣并称，不免起了几分揣测，便把二人的行事造作得一样。"顾颉刚、王钟麒：《现代初中教科书本国史》，《顾颉刚古史论文集》第 12 卷，第 23 页。

③　顾颉刚：《纣恶七十事的发生次第》，《古史辨》第 2 册，第 66 页。

④　1924 年 11 月 7 日，顾颉刚在日记中说："本意为《语丝》作《商王受与宋王偃》一文，以纣恶的加增为文的前段。乃即此前段竟写了五千余字，只得分成二篇矣。"由此可知，两篇文章是"姊妹篇"。顾颉刚：《顾颉刚日记》第 1 卷，第 550 页。

⑤　顾颉刚：《宋王偃的绍述先德》，《古史辨》第 2 册，第 69 页。

为了证明这一判断，顾颉刚首先对商纣和宋王偃的"行事"进行了对比。第一，"纣是酗酒的"，宋王偃也是"淫于酒"。第二，纣"拒谏饰非"，"囚杀过许多谏臣"；宋王偃也是"骂国老之谏者"，"群臣谏者辄射之"。第三，纣"很富于好奇心"，所以要"斮涉者胫而视其髓，剖孕妇而观其化"；宋王偃也是"剖伛者之背，斩朝涉之胫"。第四，纣"很勇"，会得"倒曳九牛，抚梁易柱"；宋王偃"虽未必有这般的勇力"，但也会"为无头之棺以示有勇"。第五，纣"对待诸侯很暴虐"，曾经"作桍数千，桍诸侯之不附己者"；宋王偃"虽没有这般的权力"，但也要"铸诸侯之象，使侍屏匽，展其臂，弹其鼻"。第六，纣"不畏天"，"天火烧其宫，鬼哭，山鸣"，"一切都不怕"；宋王偃"竟是彻底的慢神"，"射天，笞地，斩社稷而焚之，曰'威严伏天地鬼神'"①。

之后，顾颉刚进一步指出，商纣和宋王偃不仅"行事一致"，而且得到了"一律"的"瑞应"。比如，《说苑·敬慎》记载："昔者殷王帝辛之时，爵生乌于城之隅。工人占之曰：'凡小以生巨，国家必祉，王名必倍。'"②《新序·杂事第四》则记载："宋康王时，有爵生鹐于城之陬，使史占之，曰：'小而生巨，必霸天下。'"③但非常遗憾的是，商纣和宋王偃的"瑞应"并没有"应验"。《说苑·敬慎》记载："帝辛喜爵之德，不治国家，亢暴无极，外寇乃至，遂亡殷国。"④《新序·杂事第四》则记载："康王大喜，于是灭滕伐薛，取淮北之地。乃愈自信，欲霸之亟成，故射天笞地……国人大骇。齐闻而伐之，民散，城不守，王乃逃兒侯之馆，遂得病而死。"⑤由此来看，二人皆是"不识祥瑞的抬举"，以致"祥反为祸"⑥。

最后，顾颉刚引用了荀子的两句话。第一，"桀、纣……身死国亡，为天下大僇，后世言恶则必稽焉"。第二，"齐湣、宋献……身死国亡，为

---

① 顾颉刚：《宋王偃的绍述先德》，《古史辨》第 2 册，第 69 页。

② 刘向撰，向宗鲁校证：《说苑校证》，中华书局 1987 年版，第 247 页。

③ 刘向撰，马世年译注：《新序》，中华书局 2014 年版，第 200 页。

④ 刘向撰，向宗鲁校证：《说苑校证》，第 248 页。

⑤ 刘向撰，马世年译注：《新序》，第 200 页。

⑥ 顾颉刚：《宋王偃的绍述先德》，《古史辨》第 2 册，第 70 页。

天下大僇，后世言恶则必稽焉"。总之，宋王偃之"恶"之所以与"商纣王"一致，主要在于"宋献是纣的后裔"①。

在一定程度上，顾颉刚通过"纣和桀的相像"以及"商王受和宋王偃"的"相像"的对比，抓住了古史附会的一个基本原则，从而进一步推动了"古史辨运动"的发展②。

值得关注的是，顾颉刚之所以能够形成这一认识，主要是受到了夏曾佑的学术启发。早在1921年1月31日，顾颉刚在致胡适的信中说："伪史里很可归纳出许多例来。……如夏曾佑说桀与纣之恶德太相像了。"③又如，自1945年9月起，顾颉刚在《北大化讯》上连载了一篇题为《我在北大》的文章，文中说，自己在1914年的秋天进入北京大学预科甲类，此后"更想好好儿用一番功，就规定了八种书，每天点读每种几页"。其中之一就是夏曾佑的《中国历史教科书》。这部书"虽是教科书，却是他的一家言，他很有眼光，定夏以前为'传疑时代'，说桀、纣之恶太相像，一定有后人的附会"④。

按之《中国历史教科书》，知顾氏所言不虚。该书第一篇第一章第二十五节为《桀纣之恶》。书中说："中国言暴君，必数桀、纣，犹之言圣君，必数尧、舜、汤、武也。今案各书中，所引桀、纣之事多同，可知其间必多附会。盖既亡之后，其兴者必极言前王之恶，而后己之伐暴为有名，天下之戴己为甚当，不如此不得也。"之后，夏曾佑详细地开列了桀、纣的六点"相像之处"。第一，"桀宠妹嬉，纣宠妲己"。第二，"桀为酒池，可以运舟，一鼓而牛饮者三千人；纣以酒为池，悬肉为林，使男女保，相逐其间，为长夜之饮"。第三，"桀为琼台瑶室，以临云雨；纣造倾宫瑶台，七年乃成，其大三里，其高千仞"。第四，"桀杀关龙逢；纣杀比干"。第

①　顾颉刚：《宋王偃的绍述先德》，《古史辨》第2册，第71页。

②　1930年8月，顾颉刚专门将这两篇文章收录到《古史辨》第二册之中。该书出版之后，引起了学界的广泛关注。其中，《纣恶七十事的发生次第》等文章，被时人称为"疑古派最好的作品"。参见华白沙：《古史及古史研究者》，《杂志》1942年第9卷第6期。

③　顾颉刚：《致胡适·一八》，《顾颉刚书信集》第1卷，第305—306页。

④　顾颉刚：《我在北大》，《宝树园文存》第6卷，第335—336页。

五，"桀囚汤于夏台，汤行赂，桀释之；纣囚文王于羑里，西伯之徒，献美女、奇物、善马，纣乃赦西伯"。第六，"桀曰'时日曷丧'；纣曰'我生不有命在天'"。总之，夏桀和商纣至少有六点"相像之处"，分别是"内宠""沈湎""土木""拒谏""贿赂""信命"。最后，根据这六点"相像之处"，夏曾佑得出一个结论："夫天下有为善而相师者矣，未有为恶而相师者也，故知必有附会也。"①

对照之下，不难发现，顾颉刚对商王纣与宋王偃之"恶"的分析，不仅与夏曾佑考察夏桀与商纣之"恶"的思路与方法基本一致，还得出了"一律"的结论。因此，我们基本可以确定，顾颉刚对商纣与宋王偃的考察，直接导源于夏曾佑的《中国历史教科书》。

第九节　夏曾佑的《儒家与方士之糅合》与顾颉刚的《秦汉的方士与儒生》

在一定意义上，中国古史的问题导源于经今古文学的分别。1925 年，周予同就指出，经今古文学的分别问题，"不仅仅是经学上自身的问题或文化史上已死的陈迹，而竟于中国其他学术有重要而密切的关系"。其中较为显著的即是"今古文学与古代史的研究"②。因此，只有对"今古文问题"寻一个根本的解决，才能彻底清查中国古史上的若干问题。

那么，究竟该如何寻一个根本的解决呢？其中，钱玄同的见解起到了指导性作用。钱玄同提出："古文是假的，今文是口说流传而失其真的。""今文家与古文家的说话，都是一半对，一半不对；不对的是他们自己的创造，对的是他们对于敌方的攻击。"因此，"我们要用了今文家的话来看古文家，用了古文家的话来看今文家"。如此一来，我们便可以弄明

---

① 夏曾佑：《中国古代史》，第 26—27 页。
② 周予同：《经今古文学》，朱维铮编校：《周予同经学史论》，第 15—16 页。

白二者的"真相"①。这一意见不免存在"都要撕破"的偏颇,"容易堕入虚无主义"②,但在当时却让顾颉刚"眼前一亮",认识到如果不用"信仰的态度"而是以"研究的态度"去看"这种迂谬的和伪造的东西",便可"认识它们的时代背景"③。

当然,顾颉刚并没有囿于钱氏的见解,而是"希望向前推进一步",探讨今文家、古文家的由来及其出现的社会背景和历史条件,从而对"这个二千余年来学术史上的一件大公案作最后的判断"④。不过,当时的顾颉刚"虽有如此存想","但今古文的问题究竟太复杂了"。在他看来,仅凭借《今古学考》《新学伪经考》等几部"近于目录学的书","是不会对于这个问题有彻底的了解"。但问题是,"要一部经,一部经去研究,又苦于没有这个工夫"⑤。直到20世纪20年代末,顾颉刚先后任教于厦门大学、中山大学,教授《尚书》《春秋》两门课,聚集了许多材料,"方才对于今古文问题有较深的认识"。更为关键的是,顾颉刚在中山大学又教授《中国上古史》一门课,"始把上古史材料作系统的收集"。最后,明白问题的关键在"五德说"。此后,顾颉刚任教于燕京大学,教授《中国上古史研究讲义》,对"五德说"进行了"彻底的研究"。不久之后,顾颉刚应《清华学报》编辑委员会主任杨振声的邀请,又将《中国上古史研究讲义》进一步系统化,撰写了一篇"有名的考辨"——《五德终始说下的政治和历史》⑥。

1933年,顾颉刚又因代邓之诚讲授《秦汉史》,而将《五德终始说下的政治和历史》一文改写成为一部叙述性的讲义(后出版为《汉代学术史略》)。根据顾颉刚的现身说法,这部讲义主要分为三个段落,"从第一章

---

① 转引自顾颉刚:《中国上古研究课第二学期讲义序目》,《古史辨》第5册,第149页。又参见顾颉刚:《秦汉的方士与儒生·序》,《顾颉刚古史论文集》第2卷,第467页。

② 顾颉刚:《秦汉的方士与儒生》,《顾颉刚古史论文集》第2卷,第467页。

③ 转引自顾颉刚:《中国上古研究课第二学期讲义序目》,《古史辨》第5册,第149页。

④ 顾颉刚:《秦汉的方士与儒生·序》,《顾颉刚古史论文集》第2卷,第467页。

⑤ 顾颉刚:《中国上古研究课第二学期讲义序目》,《古史辨》第5册,第149页。

⑥ 顾颉刚:《中国上古研究课第二学期讲义序目》,《古史辨》第5册,第149页。

到第七章，说明在阴阳家和方士的气氛下成就的秦、汉时代若干种政治制度；从第八章到第十八章，说明博士和儒生怎样地由分而合，又怎样地接受了阴阳家和方士的一套，成为汉代的经学，又怎样地从他们的鼓吹里影响到两汉时代的若干种政治制度；从第十九章到第二十二章，说明汉代的经学如何转入谶纬，谶纬对于政治又发生了怎样的作用"。总之，"这二十余章文字大部分暴露了汉代思想的黑暗面，虽不能包括那时的全部学术，但确是那时学术思想的主流，在当时的学术界里无疑地占有正统的地位的"①。

这次改写的意义，非同小可。通过这次改写，顾颉刚终于"彻底"弄明白了他希望进一步探讨的问题——今文家、古文家的由来及其出现的社会背景和历史条件。具体来讲，"方士的兴起本在战国时代的燕、齐地方，由于海上交通的发达，使得人们对于自然界发生了种种幻想，以为人类可以靠了修炼而得长生，离开了社会而独立永存，取得和上帝同等的地位"。与此同时同地，又有"邹衍一派的阴阳家"，"提倡'天人相应'的学说，要人们一切行为不违背自然界的纪律"。而当秦始皇统一六国，巡行到东方，因"方士和阴阳家们会吹会拍"，遂"立刻接受了海滨文化"。很快，"儒生们看清楚了这个方向，知道要靠近中央政权便非创造一套神秘的东西不可"。因此，"从秦到汉，经学里就出了《洪范五行传》一类的'天书'做今文家议论的骨干，一般儒生论到政治制度也常用邹衍的五德终始说的方式来迎合皇帝的意图，使得皇帝和上帝作起紧密的连系"。至西汉之末，"刘歆整理皇家的图书，发现许多古代史料"，于是想予以表彰，但问题是皇帝并不需要"学术性的东西"，故其"唯有在《左传》里加进新五德终始说的证据，又要做出一部《世经》来证明王莽的正统"。"在这种空气里，光武帝就必须用《赤伏符》受命，而谶纬一类妖妄怪诞的东西就大量产生了"。因此，"两汉经学的骨干是'统治集团的宗教'——统治者装饰自己身份的宗教——的创造，无论最高的主宰是上帝还是五行，每个皇帝都有方法证明他自己是一个'真命天子'；每个儒生和官吏也就都是帮助皇帝

---

① 顾颉刚：《秦汉的方士与儒生·序》，《顾颉刚古史论文集》第 2 卷，第 469 页。

代天行道的孔子的徒孙。皇帝利用儒生们来创造有利于他自己的宗教，儒生们也利用皇帝来推行有利于他们自己的宗教。皇帝有什么需要时，儒生们就有什么来供应。这些供应，表面上看都是由圣经和贤传里出发的，实际上却都是从方士式的思想里借取的"。总之，"儒生和方士的结合是造成两汉经学的主因"，而传统的各种上古史体系，正是儒生与方士为了当时统治者不同阶段的需要用"五德终始说"而编排出来的。①

这一深刻意见可以追溯到顾颉刚在《现代初中教科书本国史》中的相关论述。该书在讲到"尊重儒术的影响"时说："到了公元前一四〇年以后，儒家更得奋起独霸，几乎把中国全部的学术思想统一在一尊之下。……后来武帝又诏'吏通一艺以上者，皆补右职'，则学术与利禄之途牵连，而当时的官吏学人更得竞托儒术以进身了。""惟其大家要竞托儒术，儒家的精神，自然会驳而不纯。原来当时的事实明明不能推拒黄、老的自然主义，他们只得杂造谶纬，作托古改制的张本，便把方士的迷信硬披上儒家的外衣了。""久而久之，这种兼并独霸的精神弥漫在中国的全社会，便把孔子的真相埋却，另外造成一个最大的偶像，后世有儒教的名目出现，其实就是汉儒与方士杂糅的自然结果"。②

当然，目光敏锐的学者早已发现这一关系③，但略感遗憾的是，这一发现还局限于顾颉刚学术本身的流变上，而未能进一步探讨这一观点的来源。其实，顾颉刚的这一见解基本导源于夏曾佑。1903 年，夏曾佑在《中国社会之原》中指出："秦汉之时，学派有四：一儒生，二方士，三黄老，

---

①　顾颉刚：《秦汉的方士与儒生·序》，《顾颉刚古史论文集》第 2 卷，第 468—469 页。

②　顾颉刚、王钟麒：《现代初中教科书本国史》，《顾颉刚古史论文集》第 12 卷，第 46—47 页。

③　2007 年，台湾学者龚鹏程在为《中国史读本》（即《本国史》）作《序》时专门指出："本书虽成于早岁，且系与王钟麒合作的书，却不难看做是最能代表顾氏整体史观与史学规模之作。许多在本书中简单的论断，后来顾先生也会用较繁复缜密的论著来说明，但说来说去，大旨其实亦不外本书所述。试比较他《秦汉的方士与儒生》和本书论汉儒'把方士的迷信硬披上儒家的外衣'云云，就可明白了。据此而言，本书在近代史学史上之重要性，显然要远超过一般历史教科书所能具有之意义。"龚鹏程：《中国史读本·推荐序》，中国工人出版社 2007 年版，第 10—11 页。

四游侠。”其中，“方士之说，内丹出于屈原，外丹出于邹衍，而后皆并入孔教”。“盖儒者重君权，人主所喜也；方士保长生，亦人主所喜也。人主两喜之，而儒生与方士则两相妒，各欲盗敌之长以归己，乃不期然而合并也”。① 翌年，夏曾佑将这一基本观点写进了《中国历史教科书》。夏曾佑在该书第二篇第一章第六十节“儒家与方士之糅合”中说：“观秦、汉时之学派，其质干有三。一儒家，二方士，三黄老。一切学术，均以此三者离合而成之，……盖汉儒之与方士，不可分矣。其所以然之故，因儒家尊君，君者，王者之所喜也。方士长生，生者，亦王者之所喜也。二者既同为王者之所喜，则其势必相妒，于是各盗敌之长技，以谋独擅，而二家之糅合成焉。”② 对照之下，所谓“儒家与方士之杂糅”，其实就是夏曾佑“儒家与方士之糅合”的一种类似说法。

当然，我们目前尚不能断定，顾颉刚在1908年或1914年读夏曾佑《中国历史教科书》时就注意到了这一点。但是，最迟在1921年1月——也就是开始编纂《现代初中教科书本国史》的前一年，顾颉刚即在钱玄同的引导下再一次关注到了夏曾佑的这一说法。是月27日，钱玄同致信顾颉刚，“论近人辨伪见解”。信中指出，辨“伪事”与辨“伪书”宜兼及之，而且辨“伪事”要比辨“伪书”尤为重要，并举了三个例子证明这一意见。其中，第二个例子即是，“夏穗卿《中国历史教科书》第二册中明明说秦汉儒生糅合方士之言为非孔学之真，而反以桓谭、张衡之辟图谶为非”③。

顾颉刚十分赞同钱氏的看法。是月29日，顾颉刚复信说：“先生说康有为一辈人考订伪书的识见不为不精，然而反信了谶纬，尤其荒唐难信。”其实，“谶纬之为伪造，康、夏等亦未尝不‘心知其意’，但有了一个‘今文学家’的成见横梗胸中，不能不硬摆架子罢了。这种的辨伪，根本先错了”④。由此来看，早在1921年1月，顾颉刚就在钱玄同的引导下，不仅继承了夏曾佑这一说法中的“合理因子”——“秦汉儒生糅合方士之言为

① 夏曾佑：《中国社会之原》，杨琥编：《夏曾佑集》，第65—67页。
② 夏曾佑：《中国古代史》，第301—303页。
③ 钱玄同：《论近人辨伪见解书》，《古史辨》第1册，第33页。
④ 顾颉刚：《论辨伪工作书》，《古史辨》第1册，第35页。

非孔学之真",还摒弃了"反以桓谭、张衡之辟图谶为非"的看法。

由上可知,顾颉刚正是在承继夏曾佑"儒家与方士之糅合"之说的基础上,进一步提出了"儒生和方士的结合是造成两汉经学的主因"这一颇为深刻的观点,并以此为基点撰写出《五德终始说下的政治和历史》与《汉代学术史略》等著名的论著,从而系统地阐述了"层累地造成的中国古史"的形成过程。

第十节　夏曾佑的"槃瓠即盘古"说与"古史辨"学人的"盘古"考

继《五德终始说下的政治和历史》之后,"古史辨"学人继续对"古史人物的传说"进行了综合性或个案性考察。众所周知,如果用一句话来概括传统的中国上古史体系,无疑当属"自从盘古开天地,三皇五帝到于今"。因此,要想彻底弄清古史人物的传说,"盘古"考无疑是题中之义。

较早认识到这一点的是顾颉刚。1923 年 5 月,顾颉刚在《与钱玄同先生论古史书》中提出,东周的初年只有禹,东周的末年更有尧、舜,到战国有黄帝、神农,到秦有三皇,而自从汉代交通了苗族,把苗族的始祖传了过来,于是盘古成了开天辟地的人。要而言之,"时代愈后,传说的古史期愈长"①。不过,顾颉刚此后又提出了一个略微不同的观点。1936 年1 月,顾颉刚在与杨向奎合写的《三皇考》的第十八节中指出:"关于建立宇宙的古帝,秦的三皇既可合为汉的泰帝,自然西汉的泰帝也可分为东汉时的三皇。怪诞到了纬书,……但还是不肯罢休。"在山海经里有两个神,势力颇大,很有做造物主的资格,一个叫烛阴,一个叫烛龙,这两个传说实为一神的小变。不过,这神的气魄虽大,但也没有正式成为开天辟地的大圣。而《后汉书·南蛮西南夷列传》中载有南蛮的始祖槃瓠,竟然在无

---

① 顾颉刚:《与钱玄同先生论古史书》,《古史辨》第 1 册,第 75—79 页。

意中变成了开天辟地的人物——盘古。至于"盘古"的"开天辟地"之说，乃是《山海经》中"烛阴"的故事涂附上去的①。

这里要指出的是，顾颉刚之所以认为盘古即是槃瓠，本苗族的始祖，无疑是接受了夏曾佑的结论。夏曾佑在《中国历史教科书》第一篇第一章第六节《上古神话》中提出："盘古之名，古籍不见，疑非汉族旧有之说。或盘古、槃瓠音近，槃瓠为南蛮之祖，此为南蛮自说其天地开辟之文，吾人误用以为己有也。故南海独有盘古墓，桂林又有盘古祠。"不然，吾族古皇并在北方，盘古不当独居南荒。②顾颉刚不仅在该文同一节中明确转述了夏曾佑的上述观点，并认为"这个说法是对的"③。

除顾颉刚之外，受夏曾佑上述观点影响的还有杨宽。1933 年 10 月，杨宽在《盘古传说试探》一文中即在前引夏曾佑观点的基础上对"盘古传说"进行了探讨④。此后，杨宽又对此文内容进行了修订，写进了《中国上古史导论》。杨宽指出，"晚近论盘古传说之来源者，多主外来，约有二说"，除了"传自印度说"之外，即是夏曾佑主张的"传自苗民说"。杨宽认为，夏曾佑提出的"盘古"为"槃瓠"之音转，其说虽近是，然其"传自苗民之说"并不尽然。实际上，"槃瓠本为犬戎推原论故事，后一变而为南蛮推原论故事，终则推演而成全人类之推原论故事，而又融合烛龙、烛阴之神话与说《易》家之理论"⑤。由此可见，杨宽虽然不同意夏曾佑的盘古"传自苗民说"，但无疑接受了其提出的"盘古"即"槃瓠"之说。

与顾颉刚、杨宽相反，吕思勉则完全不同意夏曾佑的观点。1939 年，吕思勉在《盘古考》中指出，盘古即盘瓠之说，始于夏曾佑。"夏氏谓吾族古帝，踪迹多在北方，独盘古祠在桂林，墓在南海，疑本苗族神话，而吾族误袭为己有。"但是，此说"殊不其然"。《后汉书》所载槃瓠，实仅指武山一种落。"则槃瓠传说，盖起于楚，而经秦、汉后人之改易，所指

---

① 顾颉刚、杨向奎：《三皇考》，《古史辨》第 7 册，第 333—334 页。
② 夏曾佑：《中国古代史》，第 11 页。
③ 顾颉刚、杨向奎：《三皇考》，《古史辨》第 7 册，第 334 页。
④ 参见杨宽：《盘古传说试探》，《光华大学半月刊》1933 年第 2 卷第 2 期。
⑤ 杨宽：《中国上古史导论》，《古史辨》第 7 册，第 92—99 页。

固不甚广，其原亦非甚古"。而"盘古之说，东渐吴会，南逾岭表"，吴楚间盘古之说与南海、桂林之盘古之说同出一原。此外，《路史》引《地理坤鉴》云："盘古龙首人身。"古帝形貌，皆象龙蛇，是其年代，必远在高辛之前。而槃瓠则为神犬，在高辛之时。因此，"盘古、槃瓠之说，绝不相蒙"①。

此外，这里还可以稍微一提的是，"古史辨运动"退出历史舞台之后，"古史辨"学人仍然继续对盘古传说进行了探讨。顾颉刚的弟子刘起釪在《开天辟地的神话与盘古》中虽然转引了夏曾佑的观点，但坚持认为吕思勉的观点"无疑是正确的"，并在其基础上进一步强调说："槃瓠只是南方奉神犬为图腾的各族的始祖神"，与中原华夏族所传开天辟地的神，并不是一回事。其实，盘古神的原型是烛龙或烛阴的故事。只是华夏族这些有关开天辟地的神话在传说过程中，到秦汉之际与南方各族接触交融的时候，受了南方"槃瓠"神话的影响，采用了其谐音"盘古"。此后，"盘古"便逐渐成为开天辟地的巨神了。②

如上所述，"盘古"传说是"古史辨运动"回归古史考辨乃至退出历史舞台之后的一个重要议题。而无论赞成还是反对，顾颉刚、杨宽、吕思勉、刘起釪等人都是在夏曾佑观点的基础上对这一传说进行了有益的探索。

经过上面的探讨，可以得出，夏曾佑不仅是"新史学"的主要开拓者，还应该被视为"古史辨运动"的先导。简而言之，在"古史辨运动"的学术历程中，无论是"东周以上无史论"与"层累说"的提出，还是《纣恶七十事的发生次第》《宋王偃的绍述先德》，乃至《秦汉的方士与儒生》《盘古考》等论著的撰写，均在一定程度上导源于夏曾佑的"新史学"之作——《中国历史教科书》。换言之，胡适、顾颉刚、钱玄同、杨宽等"古史辨"

---

① 吕思勉：《盘古考》，《古史辨》第7册，第256—258页。
② 刘起釪：《开天辟地的神话与盘古》，《社会科学战线》1988年第2期。刘起釪的观点提出之后，得到了台湾学者王仲孚的基本认可。参见王仲孚：《中国上古史专题研究》，山东人民出版社2017年版，第85页。

学人有选择地继承了夏曾佑的"新史学"遗产,进而推动了"古史辨运动"的兴起与发展。

　　而通过这一具体个案的讨论,还可以进而重新审视清末"新史学"与民国实证主义史学之间的关系。前已指出,有论者认为,"实验主义史学"是"新史学"的逻辑发展。① 还有论者认为,这种逻辑发展不能成立。因为,无论从治学路数、学术渊源还是从为学旨趣、致知门径的层面来看,以胡适、顾颉刚、傅斯年为代表的史学群体,实际上与清末民初的"新史学"相去甚远,甚至根本没有任何内在关联。换言之,二者是并列的、起初没有任何直接联系的史学形态②。这两种观点皆有所见,但又存在一定问题。如前所述,清末"新史学"代表人物夏曾佑的《中国历史教科书》便与由顾颉刚领导的"古史辨运动"之间存在非常紧密的学术关联。不过,这一关联又非逻辑上的,而是知识层面的。当然,我们并不否认清末民初"新史学"与民国实证主义史学之间的差异,而是旨在揭示二者的共同性和关联性。如此,才能还原"近真的"的历史。

---

① 蒋俊:《中国史学近代化进程》,第48页。

② 王学典:《新史学和新汉学:中国现代史学的两种形态及其起伏》,《史学月刊》2008年第6期。又参见王学典、陈峰:《二十世纪中国历史学》,第33—34页。

第七章　民国"古史重建"派与"古史辨运动"

在中国现代古史学上，占据主流地位的主要有两大学术流派，一派是以顾颉刚、钱玄同为代表的"古史辨"派，另一派则是以王国维、傅斯年为代表的"古史重建"派。一般认为，"古史辨"派"以纸上的材料与纸上的材料相比较，以考证古史的真伪"，"偏于破坏伪的古史"，"古史重建"派则"以地下的材料与纸上的材料相比较，以考证古史的真象"，"以建设真的古史为职志"。因此，"古史重建"派在研究上是对"古史辨"派的一种"修正"[1]。

其实，这一学术判断只是站在"古史重建"派的立场上立言，而且存在可商榷之处。如果站在"古史辨"派的立场上，则不难发现，在"古史重建"派的代表学者中，无论是主张"古史新证"的王国维，还是走向"古史重建"的傅斯年，虽然不仅对"古史辨"派持批评态度，还有针对性地提出了若干观点，但其研究成果往往为"古史辨"派所用，进而直接或间接地推动了"古史辨运动"的兴起与发展。因此，本章拟对二者之间的这一因缘关系进行一次较为系统的考察与分析。

----

[1]　周予同：《五十年来中国之新史学》，朱维铮编校：《周予同经学史论》，第383页。这里要声明的是，本书使用的"古史辨"派与"古史重建"派约略等同于周予同提出的"疑古"派与"考古"派。

小引 （一）

在"古史重建"派中，早期的代表无疑是王国维。辛亥之后，王国维东渡日本，虽不能说是"尽弃前学，专治经史"，但的确以"经史"为重，尤其致力于甲骨文、金文的考释与研究，并取得了举世瞩目的学术成绩。1917年，王国维先后发表《殷卜辞中所见先公先王考》《殷卜辞中所见先公先王续考》《殷周制度论》，以甲骨文基本证实殷商一代历史。至1925年，王国维于清华大学国学研究院讲授《古史新证》，将往日运用的以"地下之新材料"补正"纸上之材料"的方法概括为"二重证据法"。要而言之，王国维不仅提出了"二重证据法"，更以此法进行了"古史新证"。因此，王国维可以说是"古史重建"派研究范式的建立者。

根据现有资料，作为"古史重建"派的开山大师，王国维向来对"古史辨"派及"古史辨运动"持批评态度，主张"与其打倒什么，不如建立什么"[①]，但事与愿违的是，其取得的诸多考古研究成果往往被以顾颉刚为代表的"古史辨"派"拿来"论证了自家的"疑古"之说，从而间接地推动了这场学术运动的发展。过往学界对此已有初步认识[②]，但尚存在进一步的开拓空间以及辨正的必要。第一，在研究视野上，偏重于王国维与顾颉刚的学术关联或比较，忽视了王国维在"古史辨运动"中起到的间接推动作用。第二，在具体问题的分析上，对于王国维与顾颉刚之间学术关联的处理过于简单化、线条化，以致形成了一定的认识偏差。因此，本章首先拟在前人研究成果的基础上，对这一较有学术意义的研究课题进行一次系统的再探讨。

---

① 《学术通讯·姚名达—顾颉刚》，《国立中山大学语言历史学研究所周刊》1928 年第 2 卷第 22 期。

② 参见赵利栋：《〈古史辨〉与〈古史新证〉——顾颉刚与王国维史学思想的一个初步比较》，《浙江学刊》2000 年第 6 期；曹书杰、杨栋：《疑古与新证的交融——顾颉刚与王国维的学术关联》，《文史哲》2010 年第 3 期。

第一节　王国维的《殷周制度论》与顾颉刚的"层累说"

1923 年 5 月 6 日，顾颉刚在《努力周报》所附月刊《读书杂志》第 9 期发表《与钱玄同先生论古史书》，并在该文的"按语"部分提出了著名的"层累说"①。此说一经问世，立即成为了"轰炸中国古史的一个原子弹"②，在当时的人文学界引起了巨大震动。一场以"层累说"为中心理论的"古史辨运动"就此登上了现代中国的学术舞台。

而顾颉刚"层累说"的建立与证成，与王国维"古史新证"的研究成果有着一定的关系。众所周知，禹是顾颉刚建构"层累说"的中心人物。顾颉刚在《与钱玄同先生论古史书》中指出，"禹的见于载籍"，以《商颂·长发》为最古，而"据王静安先生的考定"，《商颂》"是西周中叶宋人所作的"，"这时对于禹的观念是一个神"③。所谓"王静安先生的考定"，具体所指即是《说商颂》。王国维在此文中认为，《商颂》是"宗周中叶宋人所作"，并进行了论证，其中证据之一是："自其文辞观之，则殷虚卜辞所纪祭礼与制度文物，于《商颂》中无一可寻，其所见之人、地名，与殷时之称不类，而反与周时之称相类，所用之成语，并不与周初类，而与宗周中叶以后相类。"④ 在顾颉刚看来，王国维的这一"古史新证"颇可成立，故一改之前的看法⑤，并在《与钱玄同先生论古史书》中加以采纳。

当然，"东周的初年只有禹"才是顾颉刚建构"层累说"的基点。顾颉刚在《与钱玄同先生论古史书》中即根据《诗经》中的相关文献记载

---

① 顾颉刚：《与钱玄同先生论古史书》，《古史辨》第 1 册，第 75—76 页。

② 顾颉刚：《我是怎样编写〈古史辨〉的?》，《顾颉刚古史论文集》第 1 卷，第 164 页。

③ 顾颉刚：《与钱玄同先生论古史书》，《古史辨》第 1 册，第 77 页。

④ 王国维：《说商颂下》，《观堂集林》，河北教育出版社 2003 年版，第 54 页。

⑤ 关于《商颂》的年代问题，顾颉刚的认识有一个变化的过程。最迟在 1922 年 6 月，顾颉刚为上海商务印书馆编辑《现代初中教科书本国史》之时，还认为《商颂》为商诗（参见顾颉刚：《顾颉刚日记》第 1 卷，第 239 页）。直到 1923 年 1 月，顾颉刚仔细阅读王国维的《说商颂》之后，才改变了看法（参见顾颉刚：《顾颉刚日记》第 1 卷，第 314 页）。

进行了论证。此后,顾颉刚还找到了《秦公敦》《齐侯镈、钟》等器物的相关记载。根据这两件器物的铭文,"春秋时秦、齐二国的器铭中都说到禹",但"他们都不言尧、舜",似乎并"不知道有尧、舜"①。而这"两个有力的证据"正出自王国维的《古史新证》。但必须指出的是,王国维的本意在于以此两个春秋时器,对近人怀疑禹的存在进行释疑,使"知春秋之世,东西二大国无不信禹为古之帝王"②。但其客观效果则是,顾颉刚非常"快乐"地用这两个证据论证了自己的"层累说"。

实际上,还有一点由于顾颉刚在论述中没有明确提示,故不易被察觉。这一点主要体现在"层累说"的完善方面。如所周知,顾颉刚发表《与钱玄同先生论古史书》之后,虽然得到了钱玄同的称赞③,但也遭到了刘掞藜、胡堇人的尖锐批驳④。面对二人的批驳,顾颉刚又发表《答刘、胡两先生书》,开列了推翻"非信史"的四个标准。其中第一个标准是"打破民族出于一元的观念"。根据古书记载,"商出于玄鸟,周出于姜嫄","他们原是各有各的始祖",只是春秋之后,各民族始祖的传说才逐渐被归到一条线上。因此,"对于古史,应当依了民族的分合为分合"⑤。由此来看,"打破民族出于一元的观念"可谓是"层累说"的题中之义。

探本追源,顾颉刚"打破民族出于一元的观念"这一标准之提出,与王国维的《殷周制度论》密不可分。⑥周予同曾指出,此文的宗旨"原在阐明殷商时代社会的真相"。简言之,"据古文学派的解释,商、周两朝是同父异母的两个兄弟的子孙所建立。商的始祖是契;他的母亲是简狄,他

---

① 顾颉刚:《〈古史新证〉第一二章·附跋》,《古史辨》第 1 册,第 217 页。

② 王国维:《古史新证》,《王国维全集》第 11 卷,浙江教育出版社 2009 年版,第 245 页。

③ 参见钱玄同:《答顾颉刚先生书》,《古史辨》第 1 册,第 81 页。

④ 参见刘掞藜:《读顾颉刚君〈与钱玄同先生论古史书〉的疑问》,《古史辨》第 1 册,第 91—98 页;胡堇人:《读顾颉刚先生论古史书以后》,《古史辨》第 1 册,第 99—101 页。

⑤ 顾颉刚:《答刘、胡两先生书》,《古史辨》第 1 册,第 105 页。

⑥ 有论者指出,顾颉刚之所以能够提出"打破民族出于一元的观念",相当大程度是受到了欧阳修、洪迈、崔述、梁启超、王国维等人相关论述的启发(参见汤莹:《顾颉刚的"民族不出于一元论"及其影响》,《史学月刊》2017 年第 8 期)。不过,稍显遗憾的是,这位论者未能对顾颉刚与王国维之间观点的异同进行充分的分析。

的父亲是帝喾。周的始祖是弃，即后稷；他的母亲是姜嫄，他的父亲也是帝喾"。但是，王国维在《殷周制度论》中则"根据地下的新史料以与纸上的旧史料相比较"，指出"殷、周的典章制度都不相同"，显然是"两个系统"。此后，"王氏的弟子徐中舒撰《殷商文化之蠡测》一文，直言殷、周系属两种民族"。此外，胡适、傅斯年等"都受这种见解的影响"。"三代王统道统相承之传统的观念"，遂"完全由动摇而推翻"①。

今按周予同的这一观察，堪称目光敏锐，但尚存在进一步开拓的空间和辨正的必要。具体而言，王国维并没有完全反对所谓的"古文学派的解释"，其在《殷周制度论》中直言："中国政治与文化之变革，莫剧于殷、周之际。""自五帝以来，都邑之自东方而移于西方，盖自周始"，因此，"以族类言之，则虞、夏皆颛顼后。殷、周皆帝喾后，宜殷、周为亲"。②由此来看，王国维并没有完全打破"夏、商、周三代王统道统相承之传统的观念"。

不过，王国维关于"殷、周制度不同"的发现，还是对此后的古史学产生了巨大影响。较早受到王国维《殷周制度论》影响的学者是顾颉刚。早在1921年春，顾颉刚在北京大学国学研究所工作之际即读到了《殷周制度论》③，之后又分别于1922年4月、10月对该书进行了仔细的阅读④。不仅如此，顾颉刚还接受了王国维的观点。1922年6月，顾颉刚在一则题为"殷周秦汉间事可作课目"的读书笔记中罗列了13项可作课目的"殷周秦汉间事"。其中第二项课目是"武王革命"，拟写"当时革命的状况""周代的起源""殷周的种族分别""当时的种族"等内容。⑤今按第二项中的"殷周的种族分别"，虽然没有给出所据的文献，但根据第三项的提示⑥，当是

---

① 周予同：《五十年来中国之新史学》，朱维铮编校：《周予同经学史论》，第383页。

② 王国维：《殷周制度论》，《观堂集林》，第231—232页。

③ 顾颉刚在《古史辨》第一册《自序》中说，其于1921年在北大国学研究所工作时看过王国维在《广仓学宭》发表的全部著述（参见顾颉刚：《自序》，《古史辨》第1册，第28页）。查《广仓学宭丛书》，王国维《殷周制度论》收录在该丛书第24册。

④ 顾颉刚：《顾颉刚日记》第1卷，第229、287页。

⑤ 顾颉刚：《殷周秦汉间事可作课目》，《顾颉刚读书笔记》第1卷，第388页。

⑥ 第三项课目是"周公摄政"，并明确指出此课目"用《殷周制度论》"。顾颉刚：《殷周秦汉间事可作课目》，《顾颉刚读书笔记》第1卷，第388页。

王国维的《殷周制度论》。由此可见,顾颉刚之所以认识到"殷、周两民族非出于一元",主要是受到了《殷周制度论》的启发与暗示。

当然,顾颉刚并没有完全接受《殷周制度论》的观点。1926年,顾颉刚在《古史辨》第一册《自序》中就道及了第一时间看完王国维等人著述的感受,认为"要建设真实的古史,只有从实物上着手的一条路是大路",但问题是他们"不能大胆辨伪,以致真史中杂有伪史"。比如,王国维在《殷周制度论》中依据《帝系姓》的话,说"尧舜之禅天下以舜禹之功,然舜禹皆颛顼后,本可以有天下;汤武之代夏商固以其功与德,然汤武皆帝喾后,亦本可以有天下",乃全本于秦汉间的伪史。① 此后,顾颉刚又在《中国上古史讲义》中强调了这一观点。② 由此来看,顾颉刚虽然接受了王国维"殷周的种族分别"之说,但又扬弃了"殷、周皆帝喾后,宜殷、周为亲"这一"古文学派的解释"。

如上所述,王国维作《古史新证·禹》,本意在于使"知春秋之世,东西二大国无不信禹为古之帝王";作《殷周制度论》则在"阐明殷周时代社会的真相"。但令其始料未及的是,顾颉刚却将这些研究成果"拿来"论证了"层累说",还提出了"打破民族出于一元的观念"这一推翻"非信史"的标准。

第二节　王国维的《殷卜辞中所见先公先王考》与顾颉刚的《周易卦爻辞中的故事》

除了"层累说"之外,顾颉刚与王国维的学术关联,还体现在《周易》

---

① 顾颉刚:《自序》,《古史辨》第1册,第28页。

② 顾颉刚在《中国上古史讲义》中指出,王国维的《殷周制度论》"用意甚是,惟选择材料之标准过宽,遂使真伪杂糅,弗能精当"。此文所论"立嫡之制,封建之制,女子称姓之制,为商之所无而周之自创则固有征",但其所论,"据《帝系篇》谓商周为一民族"则"非也"。顾颉刚:《中国上古史讲义》,《顾颉刚古史论文集》第3卷,第43页。

经传研究方面。1929 年 12 月，顾颉刚在《燕京学报》发表《周易卦爻辞中的故事》，不仅从积极方面研究了《易经》中的"王亥丧牛羊于有易""高宗伐鬼方""帝乙归妹""箕子明夷""康侯用锡马蕃庶"等五个故事，还从消极方面说明了《易经》中没有"尧舜禅让""圣道的汤武革命""封禅""观象制器"等故事，从而大致推定《卦爻辞》的著作年代，当在西周的初叶。①此文发表后，在当时的学术界引起了不小的影响。《古史辨》第三册上编所收录的文章，大半与此文有关。

探本追源，此文在一定程度上借鉴了王国维"古史新证"的成果。这主要体现在第一个故事"王亥丧牛羊于有易"上。顾颉刚首先罗列了《周易·大壮》六五"丧羊于易，无悔"，以及《周易·旅》上九"鸟焚其巢，旅人先笑后号咷，丧牛于易，凶"两段记载，并指出"这两条爻辞，从来的《易》学大师不曾懂得"。之后则进入正题说："自从甲骨卜辞出土之后，经王静安先生的研究，发见了商的先祖王亥和王恒"，并在《楚辞》《山海经》《竹书纪年》中寻出了他们的事实，"于是这个久已失传的故事又复显现于世"。所谓"王静安先生的研究"，具体所指即是王国维在《殷卜辞中所见先公先王考》一文中对王亥和王恒进行的研究。顾颉刚认为，王国维的这一研究"是一个重大的发见"，然后在这一"发见"的基础上，对前引《周易》的两则记载进行了简要的诠释，认为就是"有易杀王亥，取仆牛"的故事。②

当然，由于顾颉刚在文中有着明确的提示，故这一关联较容易被后来的学者发现。不过，有论者却针对这一关联做出了这样一个推断，即王国维在"王亥"的考证上未能引用《周易》中的相关文字，可谓是"智者千虑，必有一失"，至于顾颉刚的研究则是"捡了个大便宜"③。我们认为，此论存在过于抬高王国维，而贬低顾颉刚之嫌。因此，这里有必要对此论予以辨析。

实际上，王国维在"王亥"的考证上未能引用《周易》中的相关文字，

①　顾颉刚：《周易卦爻辞中的故事》，《古史辨》第 3 册，第 1—24 页。
②　顾颉刚：《周易卦爻辞中的故事》，《古史辨》第 3 册，第 4—5 页。
③　彭华：《王国维与〈周易〉研究》，《周易研究》2014 年第 5 期。

绝非"智者千虑，必有一失"。王国维的《殷卜辞中所见先公先王考》写成于 1917 年，发表在《学术丛编》第 14 册。之后不久，王氏又撰成《殷卜辞中所见先公先王续考》，发表在《学术丛编》第 16 册。1925 年，王国维开始执教于清华大学国学研究所，并于任教之始开讲"古史新证"。根据后来整理的讲义《古史新证》，王国维当时根据之前发表的《殷卜辞中所见先公先王考》与《殷卜辞中所见先公先王续考》，撰写了《古史新证·殷之先公先王》。但与之前的两文一样，此部分中关于"王亥"的考证同样未见其引用《周易》中的相关文字。由此而知，王国维在发表《殷卜辞中所见先公先王考》一文之后的八年里，都未能在《周易》中发现"王亥"。因此，将王国维在"王亥"的考证上未能引用《周易》中的相关文字视为"智者千虑，必有一失"，并不妥当。

然而，值得关注的是，早在 1928 年 10 月，容肇祖曾在《国立中央研究院历史语言研究所集刊》第 1 期发表过一篇题为《占卜的源流》的论文，文中对《周易》的成书年代进行探讨时汇集了六个故事。其中第一个即是"王亥的故事"。容氏认为，若"不是经王国维的发现，亦未易知其为何"①。准此而言，这一《周易》中"王亥"的"发现"权，似乎应该归属于容肇祖。

但事实并非如此。"史语所档案"中存有最初拟定的《中央研究院历史语言学研究所集刊》第 1 期目录一份。在这份目录中，不仅有容肇祖的《周易的起源及其流变》，还有顾颉刚的《周易中的古史》②。而容文即后来的《占卜的源流》，顾文即后来的《周易卦爻辞中的故事》。不过，顾颉刚后来并没有在《历史语言研究所集刊》上发表这篇论文，但这一"档案"至少可以证明，《周易卦爻辞中的故事》并不晚于《占卜的源流》。

不仅如此，顾颉刚在《周易卦爻辞中的故事》一文的"附记"中说，此文始作于 1926 年 12 月任教于厦门大学之时，但不久之后，该校发生风潮，此文的写作遂暂告一段落③。查《顾颉刚日记》，可知顾颉刚所言不

---

① 容肇祖：《占卜的源流》，《古史辨》第 3 册，第 163 页。
② 王汎森等主编：《傅斯年遗札》第 1 卷，社会科学文献出版社 2015 年版，第 91 页。
③ 参见顾颉刚：《周易卦爻辞中的故事》，《古史辨》第 3 册，第 25 页。

虚。此文写作始于 1927 年 1 月 4 日（农历十二月初一），大概截止到 1 月末 2 月初之间。① 至于论文的写作进程，大约只草拟出了"积极方面"的五个故事。更值得关注的是，顾颉刚与容肇祖当时同在厦门大学任教，来往十分密切。之后，二人又相继前往中山大学任教。1928 年 2 月，容肇祖在写成《周易的起源及其流变》一文之后，还专程请顾颉刚过目。② 因此，我们有理由推定，容肇祖之所以能够在《周易》中发现"王亥的故事"，实际上是受到了顾颉刚的影响。

除容肇祖的《占卜的源流》之外，当时学界从"史实"的角度对《周易》的成书年代进行探讨的，还有余永梁的《〈易·卦爻辞〉的时代及其作者》以及郭沫若的《周易的时代背景与精神生产》。但是，此两文所举"史实"均不见"王亥的故事"。更值得关注的是，郭沫若虽然在文章中转引了《周易·大壮》六五的"丧羊于易"，却自注"易字与场通"③。由此来看，无论是余永梁还是郭沫若，都未能在《周易》中发现"王亥的故事"，以进一步佐证王国维的"古史新证"。

直到顾颉刚，这一情况才发生了变化。不过，这里有必要指出的是，这一变化同样经历了一段漫长的时间。从现有资料来看，在 1926 年 6 月之前，顾颉刚都未能在《周易》中发现"王亥的故事"。这一论断可以从《顾颉刚读书笔记》中得到印证。《顾颉刚读书笔记》记有"《周易》著作时代"一则。兹转引于下：

> 《易》中人名、地名有"帝乙""箕子""岐山""鬼方"等，似可信为西周初作。《系辞传》云："《易》之兴也，其当殷之末世、周之盛德耶？"此句可信。但下云"其文王与纣之事耶"，则不可信，因箕子成名固非文王所及见也。《易》究竟作在什么时代，

---

① 参见顾颉刚：《顾颉刚日记》第 2 卷，第 2—13 页。

② 参见顾颉刚：《顾颉刚日记》第 2 卷，第 130 页。

③ 杜衎（郭沫若）：《周易的时代背景与精神生产》，《东方杂志》1928 年第 25 卷第 21 期；此文后被收入《中国古代社会研究》一书中。而郭沫若在《中国古代社会研究》中又指出，这一诠释出自《经典释文》。郭沫若：《中国古代社会研究》，第 40 页。

作《系辞传》的人也不知道,故作疑词。①

今按这则"笔记"作于 1926 年 6 月 22 日至 11 月 30 日之间。在这则笔记中,顾颉刚仅举了《周易》中的"帝乙""箕子""岐山""鬼方"等人名和地名,未见"有易"。由此来看,顾颉刚在此时尚没有发现"王亥的故事"。但不久之后,再次对《古史新证》研读一过的顾颉刚,便在《周易》中发现了"王亥的故事"。在《周易》中发现"王亥的故事"之难,由此略见一斑。

通过上面的论述,我们完全有理由得出这样一个基本结论,即在顾颉刚之前,无论是王国维本人,还是容肇祖、余永梁、郭沫若等人,均未能在《周易》中发现"王亥的故事"。这一情况,直到顾颉刚才发生了变化。当然,顾颉刚之所以能够在《周易》中发现"王亥",确与王国维的《殷卜辞中所见先公先王考》密不可分,但决不能视之为"捡了大便宜",借用顾颉刚的"夫子自道",这是一个"新发现"②。

问题尚不止如此。若从写作的旨趣来讲,顾颉刚的《周易卦爻辞中的故事》与王国维的《殷卜辞中所见先公先王考》可谓是大相径庭。简而言之,顾文首要致力于将"时代意识不同,古史观念不同"的《周易》《易传》这两部书分别开来③,进而破坏《周易》"伏羲、神农的圣经的地位"④。与之相较,王文则旨在通过"地下之新材料"补正"纸上之材料",以证"《世本》《史记》之为实录"⑤,诚所谓"与其打倒什么,不如建立什么"。但是,承上所述,王文的若干结论却往往为顾文所用。

---

① 顾颉刚:《〈周易〉著作时代》,《顾颉刚读书笔记》第 2 卷,第 335 页。

② 1927 年 1 月 14 日,《顾颉刚日记》载:"作《周易中的古史》约三千余言","一作文即有新发见,何其快耶! 相形之下,在酬酢写信之中费去的时间更觉其不值得矣。"(顾颉刚:《顾颉刚日记》第 2 卷,第 6 页)此处所谓"何其快耶"的"新发见",与《周易卦爻辞中的故事》中的"甚快"相对照,具体所指即是"王亥的故事"之发现。

③ 顾颉刚:《周易卦爻辞中的故事》,《古史辨》第 3 册,第 25 页。

④ 顾颉刚:《自序》,《古史辨》第 3 册,第 1 页。

⑤ 王国维:《殷卜辞中所见先公先王考》,《观堂集林》,第 210 页。

第三节　王国维的古文字研究与钱玄同的经学研究

在"古史辨"派阵营中，除顾颉刚之外，时常以王国维的"新证"结论来论证自己"疑古"观点的学者，还有钱玄同。因此，讨论"疑古"与"古史新证"之间的复杂关系，不能忽视王国维与钱玄同的学术关联。①

在"古史辨运动"中，钱玄同主要致力的是经今古文问题研究。其基本立场是，主张打破"家法"观念，同时"觉得'今文家言'什九都不足信，但古文之为刘歆伪作，则至今仍依康、崔之说"②。不过，关于"古文之为刘歆伪作"，还存在进一步开拓的空间。因为，"康、崔二君所考明者，在年代之不符跟传授之伪造等等方面"，而没有充分注意到"关于文字上之问题"③。因此，如果想进一步论证"古文之为刘歆伪作"，除"康、崔二君所考明者"之外，还可以从文字入手。

承前所述，顾颉刚于1923年5月6日发表了著名的《与钱玄同先生论古史书》。这里要指出的是，其在该文的"附启"中表示，希望钱玄同发表"辨《说文》的文字"④。5月25日，钱玄同在《答顾颉刚先生书》中答复说，经康有为与崔适的证明，"壁中古文经"出于刘歆"向壁虚造"。"壁经"既伪，则其文字亦伪。许慎所记篆文，所释形体，大都与甲文金文不合，而《说文》中所谓"古文"，尤与甲文金文不合。至于《说文》中所谓"古文""奇字"，乃是刘歆辈依仿传误的小篆而伪造的，故与甲文金文的形体

---

① 有论者已指出，王国维之所以要撰写《桐乡徐氏印谱序》，主要是回应钱玄同对于《说文》及壁中古文经的质疑（李学勤：《王国维〈桐乡徐氏印谱序〉的背景与影响》，《清华大学学报（哲学社会科学版）》2005年第2期）。不过，该论者未能根据《钱玄同日记》（该日记影印本出版于2002年）及其他相关资料指出，钱玄同还以王国维的"新证"成果进一步论证了自己的"惑经"之论。

② 钱玄同：《论今古文经学及〈辨伪丛书〉书》，《古史辨》第1册，第41页。

③ 钱玄同：《论〈说文〉及壁中古文经书》，《古史辨》第1册，第198页。

④ 顾颉刚：《与钱玄同先生论古史书》，《古史辨》第1册，第80页。

相去最远。①

寻本溯源,钱玄同之所以认为《说文》中所谓"古文"尤与甲骨金文不合,与王国维的相关论述密切相关。②1916 年,王国维在《〈说文〉所谓古文说》中指出:"汉代鼎彝所出无多,《说文》古文又自成一系,与殷周古文截然有别,其全书中正字及重文中之古文,当无出壁中书及《春秋左氏传》以外者。"③ 对比之下,二者的观点基本一致。而最迟在 1922 年 9 月,钱玄同即阅读过《广仓学宭丛书》第一集④。《〈说文〉所谓古文说》即收录在该丛书中。由此而言,钱玄同之所以能够形成上述认识,主要是受到了王国维的影响。

当然,二人关于这一问题的认识并不完全一致。王国维虽然认识到壁中古文与殷周古文不合,但并不认为壁中古文是伪文字,而且提出了新的观点。1916 年,王国维在《〈史籀篇证〉序》中指出:"《史籀》篇文字、秦之文字,即周秦间西土之文字也。至许书所出古文,即孔子壁中书,其体与籀文、篆文颇不相近,六国遗器亦然。壁中古文者,周秦间东土之文字也。"⑤ 此后,王国维又在《战国时秦用籀文六国用古文说》中再次强调了这一观点,自许"此说之不可易",并进行了论证⑥。

不过,钱玄同认为,此说"不但可易",而且着实该"易"。1922 年 9 月 13 日,《钱玄同日记》载:

---

① 钱玄同:《答顾颉刚先生书》,《古史辨》第 1 册,第 88—89 页。

② 除了王国维之外,钱玄同之所以形成这一认识,还受到了罗振玉《殷商贞卜文字考》《殷墟书契考释》中相关论述的影响。参见杨天石主编:《钱玄同日记(整理本)》上册,第 321 页;钱玄同:《论〈说文〉及壁中古文经书》,《古史辨》第 1 册,第 198—199 页。

③ 王国维:《〈说文〉所谓古文说》,《观堂集林》,第 157 页。

④ 参见杨天石主编:《钱玄同日记(整理本)》上册,第 435 页。此外,可以作为佐证的是,钱玄同在《论〈说文〉及壁中古文经书》一文中转引了王国维的《〈说文〉今叙篆文合以古籀说》《〈说文〉所谓古文说》,然后说:"王氏说《说文》之古文无出壁中书及《春秋左氏传》以外者,我从各方面研究,知道这话极对。"钱玄同:《论〈说文〉及壁中古文经书》,《古史辨》第 1 册,第 198 页。

⑤ 王国维:《〈史籀篇证〉序》,《观堂集林》,第 124 页。

⑥ 王国维:《战国时秦用籀文六国用古文说》,《观堂集林》,第 151 页。

王君叙录中说"籀文"是西土文字，壁中古文是东土文字，他别有《汉代古文考》一篇畅发此论，其实大错。我以为"籀文"较"小篆"略古，"钟鼎文"较"籀文"略古，"龟甲文"又较"钟鼎文"略古，而实一体相承，为殷、周、秦三代的真字。那壁中古文则刘歆诸人所伪造者，其价值等于东晋伪《古文尚书》、《汗简》、《古文四声韵》中之古字而已，决不可以迷古。①

此后，钱玄同则在《论〈说文〉及壁中古文经书》一文中公开表达了这一观点，认为王国维不"敢怀疑于壁中书之为伪物"，于是将其目为"东土文字"，实为"无稽之谈"②。

钱文发表之后，虽然得到了王国维弟子容庚的支持，但却遭到了王国维的批驳。1926 年 8 月 18 日，王国维在写给罗福颐的信中说："近有人作一种议论，谓许书古文为汉人伪造，更进而断孔壁书为伪造，容希白亦宗此说。拟为一文以正之。"③ 所谓"近有人作一种议论"，指的便是钱玄同的上述论说。这一点还可以从王氏的另一封信中得到证实。八九月间，王国维在回复容庚的信中说："此段议论，前见《古史辨》中钱君玄同致顾颉刚书，实如此说。……钱君及兄所言，似未注意于战国时代多量之事实，且于文字演变之迹亦未尝注意也。"④

有论者指出："从王国维作出反应的时间来看，他恐怕没有读到最先刊出钱玄同书信的刊物，获知这些'议论'的途径当系 1926 年 6 月印行的《古史辨》第一册"⑤。这一点完全可以从上引第二封信中得到印证。这里可以略为补充的是，在《古史辨》第一册出版的第二天，即 1926 年 6 月 12 日，顾颉刚便将该书寄给了王国维。⑥ 不过，直到同年 8 月中旬，

---

① 杨天石主编：《钱玄同日记（整理本）》上册，第 435 页。
② 钱玄同：《论〈说文〉及壁中古文经书》，《古史辨》第 1 册，第 201 页。
③ 王国维：《致罗福颐》，《王国维全集》第 15 卷，第 899 页。
④ 王国维：《致容庚》，《王国维全集》第 15 卷，第 885—886 页。
⑤ 李学勤：《王国维〈桐乡徐氏印谱序〉的背景与影响》，《清华大学学报（哲学社会科学版）》2005 年第 2 期。
⑥ 参见顾颉刚：《顾颉刚日记》第 1 卷，第 800 页。

或由于弟子容庚的问难，王氏才做出了"拟为一文以正之"的决定，此文即是不久之后撰成的《桐乡徐氏印谱序》。

《桐乡徐氏印谱序》"是王国维在清华研究院撰作的有关古史与古文字的最后作品之一"①。在此文中，王国维再次重申了"战国时秦用籀文，六国用古文"之说，然后对并世学人的异说进行了如下批驳：

> 世人见六国文字，上与殷周古文、中与秦文、下与小篆不合，遂疑近世所出兵器、陶器、玺印、货币诸文字并自为一体，与六国通行文字不同；又疑魏石经、《说文》所出之壁中古文为汉人伪作，此则惑之甚者也。夫兵器、陶器、玺印、货币，当时通行之器也；壁中书者，当时儒家通行之书也。通行之器与通行之书，固当以通行文字书之。且同时所作大梁上官诸鼎字体亦复如是，而此外更不见有他体。舍是数者而别求六国之通行文字，多见其纷纷也。②

王国维自认为，"此文尚未能圆满"，但"此说当可成立"③。然而，此文不仅未能说服其弟子容庚，更没有说服钱玄同。最迟至 1927 年 1 月 3 日，钱玄同便读到了此文，并进行了批驳。《钱玄同日记》是日载：

> 六时倾访叔平，和他谈及王遗少驳我之言。他说，《三体石经》之字见于六国之玺印、钱币、陶器，不能斥为伪造。我谓此说适足证我之言。盖此实钟鼎正体之简体耳。文始于六国，而又出于玺印……，则孔子写经不用籀可知。汉人所见秦以前的古字，除大篆外，唯见此种，故伪造古文经，即用此字耳。④

---

① 李学勤：《王国维〈桐乡徐氏印谱序〉的背景与影响》，《清华大学学报（哲学社会科学版）》2005 年第 2 期。

② 王国维：《桐乡徐氏印谱序》，《观堂集林》，第 148 页。

③ 王国维：《致马衡》，《王国维全集》第 15 卷，第 835 页。

④ 杨天石主编：《钱玄同日记（整理本）》中册，第 685 页。

　　不过，这里应当指出的是，钱玄同并没有立即将这一与友人之间的私下学术交谈，行之于正式的文字之中。

　　直到 1931 年 5 月，钱玄同发表《〈左氏春秋考证〉书后》，公开了自己的学术观点。文章重申了之前的"疑古"之论，即自从读《新学伪经考》及《史记探源》以后，深信"孔壁古文经"确是刘歆伪造的，康、崔二君所辨，伪证昭昭，不容否认。此外，将殷之甲骨刻辞以及殷、周两代之钟鼎款识与《三体石经》中之"古文"相较，更了然于"孔壁古文经"中之字体，"一部分是依傍小篆而略变其体势，一部分是采取六国破体省写之字"，总之决非殷、周之真古字。由此来看，"'孔子书《六经》，左丘明述《春秋传》，皆以古文'之为谰言；而'孔壁古文经'本无此物，全是刘歆所伪造，实为颠扑不破之论也。"①

　　之后，钱玄同又借为《新学伪经考》作序之机，对王国维的《桐乡徐氏印谱序》进行了专门的答复。文章指出，刘歆写古文经所用的"古文"，王国维曾考明其来源，极为精确，并在转引了《桐乡徐氏印谱序》中的三段话之后说："王氏这几段话，明明白白告诉我们三件重要的事实"：第一，"壁中古文经的文字，与殷、周、秦的文字都不相合"；第二，"这种文字与六国的兵器、陶器、玺印、货币四种文字为一系"；第三，"这种文字的字体讹别简率，不能以六书求之"。而根据这三件事实，更可证实"孔子用古文写《六经》"之说确为伪造，足为康氏所考辨伪经加一重要证据。要而言之，"王氏最精于古代文字，以其研究所得证明壁中古文经为用六国时讹别简率之字体所写，适足以补康氏之阙；且得此重要证据，更足以见康氏考辨伪经之精确"。最后，钱玄同还不忘提及王氏对自己的批驳之言——世人"疑《魏石经》《说文》所出之壁中古文为汉人伪作，此则惑之甚者也"，并表示王氏有上述那么明确的好证据，但却说出这样一句话，实在是太可惜了②。

　　前已指出，王国维此文之作，一方面是重申"战国时秦用籀文，六国

① 钱玄同：《〈左氏春秋考证〉书后》，《古史辨》第 5 册，第 3 页。
② 钱玄同：《重论经今古文学问题》，《古史辨》第 5 册，第 52—53 页。

用古文"之说，另一方面是批驳钱玄同的"疑古"之论。然而，心理事实并不等于历史事实。王国维"古史新证"的这一结论，再次被钱玄同拿来反证康有为的"疑古"之说——"孔子用古文写六经"之说确为伪造。

第四节　王国维的古史研究与杨宽的"神话演变分化说"

在"古史辨"派阵营中，除顾颉刚和钱玄同之外，杨宽也善于将王国维的"古史新证"的结论拿来证明自己的"疑古"之说。因此，接下来还需要通过考察王国维与杨宽的学术关联，来讨论"疑古"与"古史新证"之间的复杂关系。

1941 年 6 月，《古史辨》第七册在上海开明书店出版。该书共分为上中下三编。其中，所占篇幅最多的即是杨宽的《中国上古史导论》。在此书中，杨宽提出了著名的"神话演变分化说"，主要认为"古史传说之来源，本多由于殷、周东西二系民族神话之分化与融合"①。而这一学说的建立，与王国维的"古史新证"有着密切的关系。

第一，在"神话演变分化说"的体系建构上，参照了王国维的《殷周制度论》。杨宽在《中国上古史导论》第一篇中指出："吾国古代民族，大别之实不外东西二大系"，故"其神话传说，实亦不外东西二系"。其中，殷、东夷、淮夷、徐戎、楚、郯、秦、赵等为东系民族，周、羌、戎、蜀等为西系民族。在论证这一东西民族划分的时候，杨宽转引了徐中舒的《从古书中推测殷周民族》、傅斯年的《夷夏东西说》《姜原》等文章。②而无论是徐中舒还是傅斯年，都主张古代民族分为东西二系。尤为值得指出的是，徐中舒、傅斯年的观点都渊源于王国维的《殷周制度考》。③王国维在《殷周制度论》中说："中国政治与文化之变革，莫剧于殷、周之际。

① 杨宽：《中国上古史导论》，《古史辨》第 7 册，第 67 页。
② 杨宽：《中国上古史导论》，《古史辨》第 7 册，第 55—57 页。
③ 周予同：《五十年来中国之新史学》，朱维铮编校：《周予同经学史论》，第 383 页。

都邑者，政治与文化之标征也。自上古以来，帝王之都皆在东方；……惟周独崛起西土。""以地理言之，则虞、夏、商皆居东土，周独起于西方，故夏、商二代文化略同。"① 此外，杨宽在该书第一篇还专门引用过王国维的《殷周制度论》。② 由此而言，我们有理由认为，杨宽之所以能够提出"吾国古代民族，大别之实不外东西二大系"，故"其神话传说，实亦不外东西二系"，在一定程度上可以说是受到了王国维《殷周制度论》的影响。

　　第二，在"神话演变分化说"的具体论证上，参考了王国维的《殷卜辞中所见先公先王考》。其中，最有代表性的例证是"帝俊与帝喾为一帝之分化"。杨宽在《中国上古史导论》第七篇中指出："《山海经》中帝俊之传说至繁，凡十六见"，以此观之，"帝俊实在古史神话中占有至高之地位"。③ 毕沅主张帝俊即帝喾。此后，王国维在《殷卜辞中所见先公先王考》考证高祖夒、帝俊与帝喾为一，主要证据有三。其一，《大荒东经》曰"帝俊生仲容"，《南经》曰"帝俊生季厘"，即《左氏传》之"仲熊季狸"，所谓"高辛氏之才子"。《海内经》曰"帝俊有子八人"，即《左氏传》之"有才子八人"。其二，《大荒西经》载"帝俊妻常仪"，传记所云"帝喾次妃娵訾氏女曰常仪"，三占从二。其三，《祭法》"殷人禘喾"，《鲁语》作"殷人禘舜"，舜亦当作夒，喾为契父，为商人所自出之帝，故商人禘之，卜辞称"高祖夒"④。此后，杨宽又补充了两个证据，然后断言："帝俊与帝喾之传说密合若是，其为一帝之分化无疑。"⑤ 以此而言，杨宽之所以认为"帝俊与帝喾为一帝之分化"，当是接受了王国维《殷卜辞中所见先公先王考》的看法。

　　不过，需要指出的是，杨宽的"神话演变分化说"虽然很大程度上借助了王国维的《殷周制度论》和《殷卜辞中所见先公先王考》，但二者的立意完全不一致。杨宽的《中国上古史导论》之作以及"神话演变分化说"

---

① 王国维：《殷周制度论》，《观堂集林》，第231—232页。
② 杨宽：《中国上古史导论》，《古史辨》第7册，第69页。
③ 杨宽：《中国上古史导论》，《古史辨》第7册，第130—131页。
④ 王国维：《殷卜辞中所见先公先王考》，《观堂集林》，第211页。
⑤ 杨宽：《中国上古史导论》，《古史辨》第7册，第140—142页。

之提出，旨在论证："古史传说之纷纭缴绕，据吾人之考辨，知其无不出于神话。古史传说中之圣帝贤王，一经吾人分析，知其原形无非为上天下土之神物。"①与之相反，王国维的《殷周制度论》之作，"原在阐明殷商时代社会的真相"；至于《殷卜辞中所见先公先王考》之作，则旨在论证"《世本》《史记》之为实录"。概而论之，在王国维看来，"上古之事，传说与史实混而不分。史实之中，固不免有所缘饰，与传说无异；而传说之中，亦往往有史实为之素地"②。要而论之，王国维的"古史新证"之作旨在从"传说"中挖掘出"史实"，杨宽的"疑古"之说则致力于将"传说"还原为"神话"，二者立意可谓大相径庭。

当然，二者的立意虽然存在尖锐的对立，但对立并不能否定关联。进言之，杨宽一方面摒弃了王国维"古史新证"的立场，但另一方面又借鉴了其"古史新证"的具体成果，从而进一步提出了"疑古"之大成的学说——"神话演变分化说"。

至此，我们可以得出这样一个结论，即作为"古史重建"派的开山大师，王国维向来对"古史辨"派及"古史辨运动"持批评态度，借用他的"夫子自道"，这一态度即是"与其打倒什么，不如建立什么"。然而，"心理事实"不等于"历史事实"，其苦心孤诣取得的诸多考古研究成果——《殷卜辞中所见先公先王考》《殷周制度论》《汉代文字考》《桐乡徐氏印谱序》等，均被以顾颉刚为代表的"古史辨"派"拿来"论证了自家的"疑古"之说。由此观之，王国维可以被视为"古史辨运动"中无法忽视的一位"被动参与者"。

而通过这一具体个案的讨论，还可以进一步重新认识"古史辨"派与"古史重建"派之间的学术关系。1941 年，周予同在《五十年来中国之新史学》一文中指出，无论是研究目的还是方法上，以顾颉刚为代表的"古史辨"派与以王国维为代表的"古史重建"派之间都存在较大的差异。而

---

① 杨宽：《中国上古史导论》，《古史辨》第 7 册，第 229 页。
② 王国维：《古史新证》，《王国维全集》第 11 卷，第 241 页。

且，"古史重建"派在研究方法上对"古史辨"派提出了"修正意见"。①
至 20 世纪 90 年代，呼吁"走出疑古"的学者，则主张以王国维的"二重
证据法"来纠正"古史辨"派"以古书论古书"的"不足之处"，从而"走
出疑古"，实现"古史的重建"②。这些观点均存在一定的问题。如前所述，
无论是顾颉刚、钱玄同还是杨宽，都未仅仅"以古书论古书"，反而都参
考了王国维的"新证"成果。而且，顾颉刚并没有局限于"疑古"，而是
在《中国上古史讲义》等文本中初步重建了中国上古史。③ 因此，这两大
学派之间在"方法"上虽然存在一定的差异，但"修正"之说与"纠正"
之说均不能成立。进言之，二者之间并非是前后递进的关系，而是左右平
行的关系，且存在一定的学术关联。

小引（二）

在"古史重建"派学术阵营中，继王国维之后的代表人物当属傅斯
年。④ 本来，傅斯年是"疑古"的"先锋队"，对顾颉刚的"疑古"更是
赞赏有加，但其从欧洲游学回国之后，便逐渐转向"古史重建"，不仅运
用"直接间接史料互相为用"的研究方法撰写了《夷夏东西说》《姜原》《周
东封与殷遗民》《论所谓五等爵》等一系列具有"突破性"与"创始性"的"第
一流的好文章"⑤，还带领史语所成功开展了安阳发掘、山东城子崖发掘等
集体考古工作。因此，傅斯年可以说是"古史重建"派阵营中名副其实的

---

① 周予同：《五十年来中国之新史学》，朱维铮编校：《周予同经学史论》，第 381—
383 页。

② 参见李学勤：《走出疑古时代》，《中国文化》1992 年第 2 期；李学勤：《谈"信古、
疑古、释古"》，《原道》第 1 辑，中国社会科学出版社 1999 年版，第 307—310 页。

③ 参见汤莹：《破坏与建设——顾颉刚古史学的双重面相》，山东大学 2020 年博士学
位论文，第 35—45 页。

④ 周予同认为，"考古"派的初期代表者是王国维，后期则是李济。周予同：《五十
来中国之新史学》，朱维铮编校：《周予同经学史论》，第 381 页。此说不无道理，但无论从
研究方法还是从学术影响的层面来讲，继王国维之后的此派代表者都应该是傅斯年。

⑤ 何兹全：《傅斯年的史学思想和史学著作》，《历史研究》2000 年第 4 期。

领军人物。

不过，与王国维的"遭遇"相近，走向"古史重建"的傅斯年虽然提出了若干与"古史辨"派针锋相对的观点，并率领史语所同仁开展了一些"重建"的工作，但这些"重建"的观点、工作及成果却往往为以顾颉刚为代表的"古史辨"派的进一步发展提供了动力，可以说间接地推动了"古史辨运动"。过往学界尚未就此展开专门的考察。因此，本章接下来拟从学术史的角度对二者之间的这一微妙关系进行一番系统的探讨。

第五节　傅斯年与顾颉刚在《古史辨》第二册中的 "相克相生"

1923 年 5 月 6 日，顾颉刚在《努力周报》所附月刊《读书杂志》第 9 期上发表了《与钱玄同先生论古史书》一文，并在该文的"按语"部分提出了著名的"层累说"。此说提出之后，遂引发了一场声势浩大的"古史辨运动"。

一般认为，自顾颉刚南下厦门、广州之后，《古史辨》第二册迟迟未能出版，"古史辨运动"遂进入了一个"沉寂期"①。但实际上并非完全如此，据时人齐思和观察："此后顾先生挟其学走闽、粤，所至学者响应，蔚然成风。"② 在"响应"顾颉刚的学者之中，昔日的同窗好友傅斯年即是颇具代表性的一位。

大约在 1924 年，尚在欧洲游学的傅斯年在读到《读书杂志》上刊载的顾颉刚等人的文字之后，"在当时本发愤想写一大篇"，参加这场古史大论战，"然而以懒的结果不曾下笔而《努力》下世"。直到 1926 年 10 月回国途中，傅斯年才将当时"如泉涌的意思"中的"尚能记得者"寄给了

---

① 胡家深：《又是一本下过苦工夫的古史辨》，《中国新书月报》1931 年第 1 卷第 3 号。

② 齐思和：《最近二年来之中国史学界》，《朝华月刊》1931 年第 2 卷第 4 期。

顾颉刚，此即《与顾颉刚论古史书》。在这封信中，傅斯年称赞道："层累地造成中国古史"堪称是"史学的中央题目"。"这一个题目，乃是一切经传子家的总锁钥，一部中国古代方术思想史的真线索，一个周汉思想的摄镜，一个古史学的新大成。"之后，傅斯年还谈了自己对于古史的意见，分为"试想几篇《戴记》的时代""孔子与《六经》""在周、汉方术家的世界中的几个趋向""殷、周的故事"《春秋》与《诗》"五章①。不过，这封信并没有写完。据顾颉刚说，由于傅斯年"不忙便懒，不懒便忙"，此信之后就没有了下文。

　　有论者则提出，此中缘由，并非如顾颉刚所认为的如此简单，真正的原因恐怕是傅斯年变了，不再走"疑古"的路子。进言之，傅斯年回国之后，便已树起了鲜明的"史学革命"的旗帜，和顾颉刚分庭抗礼了②。这一观点不能成立。支持这一点的文献不计其数，兹仅举一例。1926年11月9日，傅斯年在致罗家伦的信中说："我在柏林未走前，……接颉刚信，约去厦门"。"颉刚人既不是好开玩笑的，而言之又复如彼之切，故数思之后决于可去。""我所以有此决定者，因为我蓄志数年，欲害颉刚。换言之，我和颉刚一起，可以狼狈为善，S. P. D. Q. 之论，兄闻之熟矣。庄重言之，颉刚古史研究我有许多地方可以帮他忙，而我近中所作二部书，也有很多地方他很可以帮我忙。他不来，我尚愿挑之，而况自投罗网。"③所谓"S. P. D. Q."，具体所指即是《堂吉诃德》中的Sancho Panza和Don Quixote。二者"狼狈为善"的关系，由此略见一斑。

　　此外，这位论者为了论证傅斯年在回国之后便与顾颉刚分庭抗礼，还列举了傅斯年在1926年11月至12月间写给顾颉刚的论学信札——《评〈秦汉统一之由来和战国人对于世界的想像〉》《论孔子学说所以适应于秦汉以来的社会的缘故》《评〈春秋时的孔子和汉代的孔子〉》中的一些观点。④

---

①　傅斯年：《谈两件〈努力周报〉上的物事》，《古史辨》第2册，第211—218页。

②　杜正胜：《从疑古到重建——傅斯年的史学革命及其与胡适、顾颉刚的关系》，《中国文化》1995年第2期。

③　王汎森等编：《傅斯年遗札》第1卷，第70—71页。

④　杜正胜：《从疑古到重建——傅斯年的史学革命及其与胡适、顾颉刚的关系》，《中

这一论证同样不能成立。进言之，二者之间确实存在一定差异之处，但傅斯年之用意，诚如其"夫子自道"，"最好还是希望我们的想头不同，才有争论"①。而这一"争论"并非是"分庭抗礼"，而是"狼狈为善"。

这一点还可以从时人的观察中得到印证。比如，当载有《评〈秦汉统一之由来和战国人对于世界的想像〉》一文的《国立第一中山大学语言历史学研究所周刊》的第一集第二期出版之后，傅斯年将这份《周刊》寄给了时在中山大学任教的辛树帜，并告知下期将有自己的评文。辛树帜在收到这份《周刊》之后，给傅斯年写了一封信，信中说："兄等所办之周刊上，顾先生之'战国人心中之地理观念'一文极有胆量。弟曾未敢全同意，然对顾先生所用演化一法整理古学则佩服万分也（演化一义，达尔文首用之生物学，此后欧州各学皆用之。吾国之用此方法读古书者，兄与胡适及颉刚先生是其首唱也）。"②由此观之，在辛树帜看来，傅斯年与胡适、顾颉刚同是"首唱"用"演化之法"读古书者。又如，当收录这些文章的《古史辨》第二册出版之后，齐思和评价说，此书当为"必传之作"，较之《古史辨》第一册，"第二册所收之辨论则大有进步，同调者如傅斯年先生，探玄入微，不愧为钟期之听"③。此外，马鸿昌同样认为，胡适之、顾颉刚、钱玄同、傅斯年诸位先生在《古史辨》中的关系是"相吹相捧相克相生"④。如此来看，傅斯年的上述文字之作，决无与顾颉刚"分庭抗礼"之意。

不过，这里应当指出的是，当《古史辨》第二册于1930年9月出版之际，傅斯年已经走上了"古史重建"的道路。因此，与其将《古史辨》第二册出版之际的傅斯年视为顾颉刚的"钟期之听"，不如将之称为被动的"唱和"者。

国文化》1995年第2期。

① 傅斯年：《评〈春秋时的孔子和汉代的孔子〉》，《古史辨》第2册，第105页。

② 辛树帜：《辛树帜—傅斯年》，《国立第一中山大学语言历史学研究所周刊》1928年第2卷第16期。

③ 齐思和：《最近二年来之中国史学界》，《朝华月刊》1931年第2卷第4期。

④ 马鸿昌：《评现在之中国史学界》，《新社会杂志》1931年第1卷第2期。

第六节　傅斯年的"直接史料"论与顾颉刚的"移置说"

1928 年 10 月，傅斯年在《国立中央研究院历史语言研究所集刊》第一期发表《历史语言研究所工作之旨趣》，一场以"建设真的古史为职志"的学术活动就此展开。

而对"新材料"或"直接的史料"的强调则尤为其所重。傅斯年在《历史语言研究所工作之旨趣》中强调说："近代的历史学只是史料学，利用自然科学供给我们的一切工具，整理一切可逢着的史料，所以近代史学所达到的范域，自地质学以至目下新闻纸，而史学外的达尔文论正是历史方法之大成。"作为"史料学"的历史学有三个标准：第一，"凡能直接研究材料，便进步，凡间接的研究前人所研究或前人所创造之系统，而不繁丰细密的参照所包含的事实，便退步"。第二，"凡一种学问能扩张他所研究的材料便进步，不能的便退步"。第三，"凡一种学问能扩充他作研究时应用的工具的，则进步，不能的，则退步"①。要而言之，"研究所的宗旨"，一为"到处找新材料"，二为"用新方法（科学付给之工具）整理材料"②。

有论者指出，傅斯年这一过于强调"直接史料"或"新材料"的"旨趣"，"实有所针对，有特别的立意，多少带些故意说的成分"③。我们认为，以顾颉刚为代表的"古史辨"派无疑是其"针对"的对象之一。1927 年 10 月，傅斯年在中山大学讲授"中国古代文学史"时对"史料"进行了"略论"，认为"史料可以大致分做两类"，一类是"直接的史料"，即"未经中间人手修改或省略或转写的"史料，一类是"间接的史料"，即"已经中间人手修改或省略或转写的"史料。比如，"《周书》是间接的材料，《毛公鼎》则是直接的；《世本》是间接的材料，卜辞则是直接的；《明史》是间接的材料，明档案则是直接的"。因此，"后人想在前人工作上增高：第一，要

① 傅斯年：《历史语言研究所工作之旨趣》，《傅斯年全集》第 3 卷，第 3—8 页。
② 傅斯年：《致冯友兰、罗家伦、杨振声》，《傅斯年全集》第 7 卷，第 82 页。
③ 罗志田：《证与疏：傅斯年史学的两个面相》，《中国文化》2010 年第 2 期。

能得到并且能利用的人不曾见或不曾用的材料；第二，要比前人有更细密更确切的分辨力"。比如，"近年能利用新材料兼能通用细密的综合与分析者，有王国维先生的著作，其中甚多可为从事研究者之模范；至于专利用已有的间接材料，而亦可以推陈出新找到许多很有关系的事实者，则为顾颉刚先生之《古史辨》诸文"①。二者的分庭抗礼，由此略见一斑。

这一分庭抗礼之意在《史学方法导论》中就表现得更为明显了。傅斯年在该书第四讲《史料论略》中再次强调说，史料大致可以分作两类，一类是"直接的史料"，一类是"间接的史料"。在具体的例证上，傅斯年再次对王国维的著作表示了认同，将之视为"近年汉学中最大的贡献之一"，并进行了详细转引，之后又列举了与王国维的"治学的门径与取法"相一致的六个例子。但是，对于之前提及的"顾颉刚先生之《古史辨》诸文"，则只字未提。② 这一变化，可谓意味深长。

对于傅斯年的这一突出"直接史料"的"工作之旨趣"，顾颉刚当是十分清楚的。因此，在《古史辨》第三册出版之际，顾颉刚在《自序》中便对这一"直接史料"论进行了回应，文中说："从前人讲古史，只取经书而不取遗物，就是遗物明明可以补史而亦不睬，因为经里有圣人之道而遗物没有。"这个态度当然不对，不能复存于今日。然而，"现在人若阳违而阴袭之，讲古史时惟取遗物而不取经书，说是因为遗物是直接史料而经书不是"，这个态度同样不能采用。要而言之，"学术界的专制，现在是该打破的了"。我们研究史学的人，应当看一切东西都成史料，不管是直接的还是间接的；"只要间接的经过精密的审查，舍伪而存真，何尝不与直接的同其价值"③。

不仅如此，针对"间接的史料"中的"伪史料"，顾颉刚还提出了一个极有突破性的"移置"的观点。具体而言，"许多伪材料，置之于所伪的时代固不合，但置之于伪作的时代则仍是绝好的史料：我们得了这些史料，便可了解那个时代的思想和学术"。例如，《易传》，放在孔子时代自

---

①　傅斯年：《中国古代文学史讲义》，《傅斯年全集》第 2 卷，第 43 页。

②　傅斯年：《史学方法导论》，《傅斯年全集》第 2 卷，第 309—335 页。

③　顾颉刚：《自序》，《古史辨》第 3 册，第 4 页。

然错误，我们自然称为伪材料；但放在汉初就可以见出那时人对于《周易》的见解及其对于古史的观念来了。《诗》三百篇，齐、鲁、韩、毛四家将之讲得完全失去了原样，但是放在汉代却是"极好的汉代伦理史料和学术史料"。"荒谬如谶纬，我们只要善于使用，正是最宝贵的汉代宗教史料。逞口而谈古事如诸子，我们只要善于使用，正是最宝贵的战国社会史料和思想史料。"由此观之，"伪史的出现，即是真史的反映"①。

这一"移置"的观点提出之后，受到了学界的一致推崇。美国学者施奈德在《顾颉刚与中国新史学》一书中专列一节讨论这一观点，认为这是一种"重建"上古史的"认识论"②。中国学者许冠三在《新史学九十年》一书中则将这一"移置"的观点视为一种方法，并认为此法不仅是顾颉刚爱用的"独门武器"，更是其"辨伪学"的实质起点。③ 而承上所述，顾颉刚之所以在《古史辨》第三册《自序》中郑重地提出这一论点，主要是为了回应傅斯年的"直接史料"论。

第七节　傅斯年主持的殷墟发掘与顾颉刚的"三皇五帝"考

1928 年 10 月，傅斯年在《历史语言研究所工作之旨趣》一文中还提出三条"宗旨"，第一条是"保持亭林、百诗的遗训"，第二条是"扩张研究的材料"，第三条是"扩张研究的工具"。总之，"我们要科学的东方学之正统在中国"④。从历史之后的走向来看，这一"宗旨"并没有停留在"空

---

① 顾颉刚：《自序》，《古史辨》第 3 册，第 4—5 页。

② [美] 施奈德：《顾颉刚与中国新史学》，梅寅生译，华世出版社 1984 年版，第 223—225 页；原文参见 Laurence A.Schneider, *Ku Chieh-Kang and China's New History*,Berkeley,1971，pp.202—205。

③ 许冠三：《新史学九十年》，岳麓书社 2003 年版，第 205 页。

④ 傅斯年：《历史语言研究所工作之旨趣》，《傅斯年全集》第 3 卷，第 8—12 页。

谈"的层面，而是立即被付诸到了实践之中。

在这些实践之中，"安阳的调查"无疑是重头戏。1968 年 1 月，李济在《安阳发掘与中国古史问题》一文中说，傅斯年就职中央研究院历史语言研究所后，"拟定的第一课题，是提倡科学的考古"，"所做的最早的一件事，就是派编辑员董作宾到河南安阳小屯村去调查甲骨文的遗址"①。李济此言不虚。1928 年 8 月，董作宾到河南安阳县小屯村调查甲骨文字出土的情形。同年 10 月 7 日至 30 日，董作宾又对安阳小屯村进行了正式的发掘。诚如李济所言："此次董君挖掘，仍袭古董商陈法，就地掘坑，直贯而下，惟检有字甲骨，其余皆视为副品。"② 不过，"这一调查的开始，算是为安阳发掘建立了一处田野考古学的据点"③。

不仅如此，诚如有论者所指出的，胡适的古史观之改变与这次发掘有一定的关系。"1929 年 3 月 11 日，当胡适还在上海担任中国公学校长时，顾颉刚因辞了中山大学而顺道过访。"胡适说，自己的思想变了，"不疑古了，要信古了！"顾颉刚听完，"出了一身冷汗"，想不出胡适"为什么会突然改变的原因"。其实，"胡适这一重大转变应与殷墟发掘有关"。"1928 年秋天，董作宾率员在小屯发掘，已经发现不少重要东西。胡适不一定读过他的《民国十七年十月试掘安阳小屯报告书》，不过以他与傅斯年的关系及傅氏对安阳发掘之重视，他对发掘所得必有所知。"因此，在 1929 年 3 月 11 日，胡适"会告诉顾颉刚'我不疑古了'"。④

这位论者的观点大体可以成立，但不乏讨论的空间。这位论者根据《顾颉刚年谱》，将二人的谈话时间定在 1929 年 3 月 11 日，但核对原书，该书的编著者将上述二人的谈话时间系在了 1929 年 3 月 14 日，而仅说时间是顾颉刚 3 月"在沪时"⑤。实际上，顾颉刚"从广州中山大学脱离出

---

① 李济：《安阳发掘与中国古史问题》，《李济文集》第 4 册，上海人民出版社 2006 年版，第 538—539 页。

② 转引自王汎森：《中国近代思想与学术的系谱》，吉林出版集团有限责任公司 2011 年版，第 361—362 页。

③ 李济：《安阳发掘与中国古史问题》，《李济文集》第 4 册，第 539 页。

④ 王汎森：《中国近代思想与学术的系谱》，第 329—331 页。

⑤ 顾潮编：《顾颉刚年谱（增订本）》，中华书局 2011 年版，第 193 页。

来",到达上海的时间是在 3 月 1 日。翌日,顾颉刚即"到适之先生处"。
3 日,又"与履安到适之先生处"①。再根据《胡适日记》3 月 3 日所载:"顾
颉刚得着一册抄本《二馀集》,是崔东壁的夫人成静兰的诗集,我与颉刚
求之多年未见,今年由大名王守真先生抄来送他,他又转送给我。"② 合而
观之,在 3 月 2 日或 3 日,顾颉刚与胡适必谈到了"疑古"与"信古"的
问题。因此,我们有理由认为,顾颉刚在《我是怎样编写〈古史辨〉的?》
一文中言及的"我去看他"的时间当在 1929 年 3 月 2 日或 3 日。

此外,这位论者仅以胡适"与傅斯年的关系及傅氏对安阳发掘之重
视",便得出胡适"对发掘所得必有所知"的结论,不得不说有些牵强。
这里可以略作补充的是,胡适于 1929 年 1 月 19 日至 2 月 28 日曾有一次
北京之行,在"南归时"曾与"发现殷墟古物之科学家"有过一次聚会。
3 月 18 日,《胡适日记》附了这次聚会的照片。而在此日日记末尾,胡适
还附了一则剪报,"内容是当时在河南安阳殷墟考古发掘的重要发现",并
配有此次"发现殷墟古物之科学家:……此次发现的古物有雕刻、磁器、
铜模、白铜器和龟甲牛骨等"③。这次发掘应当就是前述的第一次殷墟发
掘。而正因"此次发现的古物",胡适才改变了古史的看法,并告诉顾颉
刚"我不疑古了"。

当然,当时的顾颉刚并没有想出胡适的思想"为什么会突然改变的原
因"。此外,关于胡适这一思想的改变,顾颉刚确实"出了一身冷汗",但
其"疑古"的态度并未因此而改变。恰恰相反,顾颉刚在"从广州中山大
学脱离出来"之后,任职于燕京大学,并"连续发表了数篇文章,详细阐
发三皇、五帝的考证及结论"④。进言之,1930 年 6 月,顾颉刚在《清华学
报》发表《五德终始说下的政治和历史》,详细地阐发了"五德终始之说"
的来源及演变,讲清了每一个帝王怎样被安排到这一体系中的来龙去脉,
从而"捉得了伪古史的中心"。因此,此文发表之后,一石激起千层浪,

①　顾颉刚:《顾颉刚日记》第 2 卷,第 257—258 页。

②　胡适:《日记(1927 ~ 1930)》,《胡适全集》第 31 卷,第 327 页。

③　胡适:《日记(1927 ~ 1930)》,《胡适全集》第 31 卷,第 339 页编者注。

④　顾颉刚:《中国史学入门》,《顾颉刚古史论文集》第 12 卷,第 473—474 页。

引起了钱穆、胡适、刘节、范文澜、陈槃、童书业等人的热烈讨论。① 至
1936 年 1 月，顾颉刚与杨向奎在《燕京学报》共同发表《三皇考》，又详
细地阐发了三皇的来源与三皇传说的演变，认为"三皇是战国末的时势造
成功的，至秦而见于政府的文告，至汉而成为国家的宗教"，"自从王莽们
厕三皇于经和传，他们的名称始确立了"②。可以说，经过这一番阐发，顾
颉刚基本解决了"三皇"问题。因此，此文发表之后，在当时学术界引起
了广泛的关注，受到了童书业、翁独健、孙海波高度的好评。③

　　由上可知，自《五德终始说下的政治和历史》与《三皇考》刊发之后，
"疑古"之风进一步在学术界蔓延开来，"古史辨运动"又向前推进了一程。
而承前所述，此两文"详细阐发三皇、五帝的考证"之作，胡适的思想之
改变是一个不可或缺的诱因。而胡适的思想之改变，又与傅斯年主持的殷
墟发掘密切相关。

第八节　傅斯年的《夷夏东西说》与杨宽的
"神话演变分化说"

　　自历史语言研究所成立之后，傅斯年不仅主持了一系列极有远见的田
野考古工作，更有本于这些"直接材料"而撰写了一系列旨在重建上古史
的论著。1933 年发表的《夷夏东西说》就是其中最有代表性的一篇文章。
傅斯年在此文中提出："历史凭借地理而生，这两千年的对峙，是东西而
不是南北。"进言之，"现在以考察古地理为研究古史的一个道路，似足以

　　①　详参李长银：《古史之中心题目：顾颉刚的〈五德终始说〉及其影响》，《史学理论
与史学史学刊》2016 年第 2 期。
　　②　顾颉刚：《三皇考》，《古史辨》第 7 册，第 278 页。
　　③　参见童书业：《三皇考·童序》，《古史辨》第 7 册，第 261—263 页；翁独健：《三皇
考·跋》，《古史辨》第 7 册，第 404 页；孙海波：《顾颉刚、杨向奎〈三皇考〉书评》，《图
书季刊》1936 年第 3 卷第 1、2 期。

证明三代及近于三代之前期，大体上有东西不同的两个系统。这两个系统，因对峙而生争斗，因争斗而起混合，因混合而文化进展。夷与商属于东系，夏与周属于西系"①。

此文是以"古史辨运动"为学术背景的。1923年，顾颉刚在《答刘、胡两先生书》中提出推翻"非信史"的四个标准，其中之一即是"打破民族出于一元的观念"，认为殷、周等种族并非出于一元，而是各有各的始祖②，从而打破了传统的"民族出于一元"论。傅斯年则在此前提下建立了一个古史多元观。因此，有论者指出，此文"是对顾颉刚《古史辨》的回应"③。进言之，"是顾颉刚摧毁了旧的大厦；而傅斯年的贡献在于用这些破碎的砖块重建起他的多元起源论"④。

值得关注的是，傅斯年在《夷夏东西说》中"不只批判性地运用文献，而且深受当时考古新发现的影响"⑤。所谓"当时考古新发现"，主要指的是山东城子崖的发掘。比如，傅斯年在《国立中央研究院历史语言研究所十九年度工作报告》中说，本年度发掘的城子崖遗址"颇多重要发现"，"如古城遗墓之版筑形状、古战士遗骸及与殷墟出土相类之卜用牛胛骨等，均有历史上重要意义，古代东西文化之关系，于此得一线索"⑥。又如，傅斯年在《〈城子崖〉序》中说："谈到这一个发掘工作所获取，本书之众位作者或不免'求仁得仁'之喜。到山东去作考古发掘，本是假定山东一带当有不同于陕甘及河南西部之文化系，已而发现很别致的黑陶，众多之情形使工作者不能不设定黑陶为一种文化系之代表，其作用一如彩陶之在黄河上游。"⑦ 由此可知，正是山东城子崖的发掘，证实了傅斯年"十余年前的

---

① 傅斯年：《夷夏东西说》，《傅斯年全集》第3卷，第181—182页。

② 顾颉刚：《答刘、胡两先生书》，《古史辨》第1册，第105页。

③ 王汎森：《中国近代思想与学术的系谱》，第308页。

④ 王汎森：《傅斯年：中国近代历史与政治中的个体生命》，生活·读书·新知三联书店2012年版，第113页。

⑤ 王汎森：《中国近代思想与学术的系谱》，第308页。

⑥ 傅斯年：《国立中央研究院历史语言研究所十九年度工作报告》，《傅斯年全集》第6卷，第196页。

⑦ 傅斯年：《〈城子崖〉序》，《傅斯年全集》第3卷，第238页。

见解"，并"鼓舞"了其发表《夷夏东西说》①。

由于《夷夏东西说》一文不仅据之以"间接史料"，还证之以"直接史料"，故此文之"中心意思"颇具说服力，一经问世，便在学术界产生了巨大的影响，"古代民族有东西二系的说法几乎成为定论了"②。

与本节密切相关的是，"古史辨"派的杨宽不仅接受了傅斯年的"夷夏东西说"，还进而提出了"神话演变分化说"。童书业在《古史辨》第七册《自序》中说，继顾颉刚之后，著有《中国上古史导论》的杨宽堪称集"疑古"之古史学大成的人。一言以蔽之，杨先生的古史学是一种民族神话史观，认为"夏以前的古史传说全出各民族的神话，是自然演变成的"，而非有人"有意作伪"。"这种见解，实是混合傅孟真先生一派的民族史说和顾颉刚先生一派的古史神话学而构成的。"③

童书业的这一论断并非空穴来风。杨宽在《中国上古史导论》中提出："吾国古代民族，大别之实不外东西二大系，其神话传说，实亦不外东西二系。"其中，殷、东夷、淮夷、徐戎、楚、郯、秦、赵等为东系民族，而周、羌、戎、蜀等为西系民族。在东夷民族尤其是殷民族问题上，杨宽说："殷为东系民族，在中国史学界已成定论。"比如，"傅斯年著《东北史纲》及《夷夏东西说》，更详考殷之之为东系民族，如殷神话谓'天命玄鸟，降而生商'，而东北民族神话中祖先之朱明，亦由鸟卵产生"④。在西系民族问题上，杨宽先是转述了傅斯年在《姜原》中提出的"姜羌为一字"的观点，此即"鬼方之鬼，在殷墟文字中或从人，或从女。照这个例，则殷墟文字中出现羌字之从人，与未出现从女之姜字，在当时或未必有很大的分别。到后来男女的称谓不同，于是地望从人为羌字，女子从女为姜字，沿而为二了"。之后又转引了此文的如下说法："周以姬姓而用姜之神话，

---

① 参见王汎森：《傅斯年：中国近代历史与政治中的个体生命》，第124—125页；[德]施耐德：《真理与历史：傅斯年、陈寅恪的史学思想与民族认同》，关山、李貌华译，社会科学文献出版社2008年版，第195页。

② 顾颉刚：《当代中国史学》，《顾颉刚古史论文集》第12卷，第432页。

③ 童书业：《自序二》，《古史辨》第7册，第18页。

④ 杨宽：《中国上古史导论》，《古史辨》第7册，第55—57页。

则姬周当是姜姓的一个支族，或者是一更大之族之两支。"① 杨宽的"神话演变分化说"与傅斯年的"夷夏东西说"之间的关系由此略见一斑。

然而，有必要指出的是，杨宽的"神话演变分化说"虽然在一定程度上得之于傅斯年的"夷夏东西说"，但二者的立意并不一致。比如，关于"夏后氏"，傅斯年在《夷夏东西说》中说："所谓夏后氏者，其名称甚怪，氏是族类，后为王号，何以于殷曰殷人，于周曰周人，独于夏曰夏后？意者诸夏之部落本甚多，而有一族为诸夏之盟长，此族遂号夏后氏。"② 但在杨宽看来，傅斯年此说"近于臆说"。实际上，"'夏后'即'下后'，本即下土之神，殷、周人神视先王，尊先王为'后'或'夏后'，'后'与'夏后'因此渐为人王之称号"③。仅此一例，足以证实二者立意之大相径庭。然而，承上所述，杨宽的"疑古"之说——"神话演变分化说"，在一定程度上借用了傅斯年的"夷夏东西说"这一"古史重建"的成果。

至此，我们可以得出这样一个结论，即傅斯年在走向"古史重建"之后虽然提出了若干与"古史辨"派针锋相对的观点，并率领史语所同仁开展了一些"重建"的工作，但历史吊诡的是，这些"重建"的观点、工作及成果却往往为"古史辨"派的进一步发展提供了动力，从而间接地推动了"古史辨运动"。因此，傅斯年可以被视为"古史辨运动"中不可轻视的一位"被动参与者"。

而通过这一具体个案的讨论，还可以进而重新认识"古史辨"派与"古史重建"派之间的关系。1941年，周予同在《五十年来中国之新史学》一文中指出，无论是在研究目的还是方法上，"古史辨"派与"古史重建"派之间都存在较大的差异。而且，"古史重建"派在研究方法上对"古史辨"派提出了"修正意见"。至20世纪90年代，提倡"走出疑古"的学者则主张以王国维的"二重证据法"来纠正"古史辨"派的"以古书论古书"的"不足之处"，从而"走出疑古"，实现"古史的重建"。这些观点都存

① 傅斯年：《姜原》，《傅斯年全集》第3卷，第52、47—48页。
② 傅斯年：《夷夏东西说》，《傅斯年全集》第3卷，第200页。
③ 杨宽：《中国上古史导论》，《古史辨》第7册，第171—172页。

在一定的偏颇。如前所述,顾颉刚、杨宽等"古史辨"派学人都没有忽视"地下的材料",还择取了傅斯年"古史重建"的研究成果。而且,顾颉刚并没有局限于"疑古",而是在《中国上古史讲义》等文本中初步重建了中国上古史。① 因此,"古史辨"派与"古史重建"派之间虽然存在一定的差异,但"修正"或"纠正"之说皆不能成立。进言之,二者之间并非是前后递进的关系,而是左右平行的关系,且存在一定的学术关联。

① 参见汤莹:《破坏与建设——顾颉刚古史学的双重面相》,山东大学 2020 年博士学位论文,第 35—45 页。

第八章　民国唯物史观派与"古史辨运动"

在中国现代史学上，除了包括"古史辨"派与"古史重建"派在内的实证主义史学之外，还有一个重要的学术形态——中国唯物史观派史学①。在相当大的程度上，这支学术力量可以说是在与实证主义史学的对抗与博弈中逐渐成长、发展起来的②。因此，有论者认为，这两大学术形态无论在研究旨趣还是研究方法上都存在巨大的学术差异，而且在实践中形成了"尖锐的对立"③。

此论基本正确，但存在过于绝对之嫌。仅就"古史辨"派与中国唯物史观派之间的学术关系而言，无论是作为唯物史观派主要开创者的李大钊，还是被视为唯物史观派开山的郭沫若，不仅与顾颉刚等"古史辨"派

① 周予同曾将此派概括为"释古"派。周予同：《五十年来中国之新史学》，朱维铮编校：《周予同经学史论》，第385—388页。不过，诚如时人指出的："唯物史观派，自然是地道的'史观'派。然而释古派一名称，却不应为唯物史观派所独占。因为在唯物史观派之前，已有梁任公、夏曾佑、胡适之诸人的进化论释古派。在唯物史观派之后，尚有从训诂学、民俗学、社会学、人类学或心理学诸方面求解答的释古学派。"张好礼：《中国新史学的学派与方法》，《读书青年》1945年第2卷第3期。因此，本书不取"释古"派，而代之以唯物史观派。

② 参见白寿彝：《六十年来中国史学的发展》，《史学月刊》1982年第1期；陈峰、汤艳萍：《唯物史观史学与实验主义史学的冲突——以李季为个案的考察》，《中共党史研究》2012年第12期。

③ 参见余英时：《中国史学的现阶段：反省与展望》，《文史传统与文化重建》，生活·读书·新知三联书店2004年版，第363—364页；王学典：《新史学和新汉学：中国现代史学的两种形态及其起伏》，《史学月刊》2008年第6期。

学人有着一定的学术交往，还存在着一定的内在或外在的学术因缘。因此，本章拟就此进行一次较为系统的再探讨，以期进一步开拓"古史辨运动"学术因缘的研究空间，并为重新审视中国实证主义史学与中国唯物史观派史学之间的关联提供具体而微的个案。

小引（一）

在中国唯物史观派史学上，最先应该提到的无疑是李大钊。1919 年，李大钊发表《我的马克思主义观》，率先对唯物史观进行了系统的介绍与阐释。此后，又先后发表《由经济上解释中国近代思想变动的原因》《唯物史观在现代史学上的价值》《史观》等系列文章，进一步阐述唯物史观的价值，并以此为指导对相关问题进行了解释。至 1924 年，李大钊出版《史学要论》，又以这一理论为主要指导，初步构建了中国唯物史观派史学的理论体系。因此，李大钊被公认为中国唯物史观派史学的主要开创者。

其实，李大钊的史学研究还对民国实证主义史学产生过一定的影响。"古史辨"派领袖顾颉刚的"疑辨"思想就曾在一定程度上受到了李大钊的启发。对此，过往学界已取得了一定的研究成果。[①] 但是，这些研究成果至少存在以下两个问题。第一，在观点上，无论是认为李大钊的"解喻"史观与顾颉刚的"疑古"思想之间存在"一种内在的因果照应"，还是认为二者的学术关联仅限于"古史观的共同性"，都不能成立。第二，在材料上，主要以《顾颉刚日记》为依据，未能参考《顾颉刚书信集》和《顾颉刚读书笔记》中的相关资料。因此，本章首先拟对李大钊与顾颉刚之间的学术关联进行一次较为系统的再探讨。

---

① 在这一课题的研究上，张京华先后发表过《顾颉刚与李大钊在北大二三事》（《史学史研究》2003 年第 2 期）和《顾颉刚与李守常》（《长沙理工大学学报（社会科学版）》2009 年第 3 期），之后又将这两篇文章修订收录于《古史辨派与中国现代学术走向》（厦门大学出版社 2009 年版）一书中。此后，周文玖以《顾颉刚日记》为基本资料，对李大钊与顾颉刚的学术关系进行了考察。参见周文玖：《顾颉刚与朱希祖、李大钊的学术关系——以〈顾颉刚日记〉为中心的探讨》，《淮阴师范学院学报（哲学社会科学版）》2013 年第 5 期。

第一节　李大钊与顾颉刚"不相为友"的人生交往

李大钊与顾颉刚的人生交往始于北京大学。1918 年 1 月，李大钊进入北京大学，接替章士钊，担任该校图书馆主任。在此之前，正在北大求学的顾颉刚即得到了这个人事变动的消息。1917 年 12 月初，顾颉刚在《读书笔记》中载："主任一职，今以章先生事冗，易李大钊（守常），未知其谋猷较章先生何如也。"① 同月 17 日，顾颉刚在致好友叶圣陶的信中说："行严先生未能忘情政治，政界中人亦不能忘先生，故虽在学校，而政务殷繁。初闻有南行之说，近已将图书馆主任开去，易以李守常，亦《甲寅》杂志记者也。"② 由此可知，顾颉刚比较关注李大钊接替章士钊的这次人事变动，故在自己的读书笔记与写给好友的信中专门提及。

关于李大钊与顾颉刚的交集，有论者首先注意到了顾颉刚的《上北京大学图书馆书》。具体而言，"1918 年 3 月，二年级的顾颉刚写了一篇《上北京大学图书馆书》的长文，在创刊不久的《北京大学日刊》上连载了十几天（1918 年 3 月 4 日至 16 日），专门批评图书馆工作"。此后，"到 1920 年 7 月，顾颉刚毕业后在北大求职，求职单位正是图书馆"。但是，"顾颉刚没有直接找李守常帮忙，而是转由胡适推荐，表明了他与李守常、胡适二人关系的远近之别"③。准此而言，顾颉刚在进入图书馆之前，与李大钊的关系并不密切，甚至还存在一些过节。

但事实上，这位论者的叙述尚需进一步讨论。首先，根据顾颉刚的《致〈北京大学日刊〉》与《西斋读书记第一册》，《上北京大学图书馆书》并非写于 1918 年 3 月，而是写于 1917 年 11 月。1917 年 10 月，章士钊"接任图书主任后，即下通告，谓馆章预备改订，所有阅书时间、书籍分类、

---

① 顾颉刚：《西斋读书记（一）》，《顾颉刚读书笔记》第 15 卷，第 363 页。

② 顾颉刚：《致叶圣陶·二一》，《顾颉刚书信集》第 1 卷，第 28 页。

③ 张京华：《古史辨派与中国现代学术走向》，厦门大学出版社 2009 年版，第 395—396 页。

取书方法及其他应行改良之处，学生诸君如有意见，尽可开列送交本馆，以便择取"。①10 月 21 日，"笃好书籍"的顾颉刚即在写给叶圣陶的信中表示自己要提出数种意见，一是"书籍一例出借"，二是"编目以时代分，于一时代中以学派分"，三是"添购图谱"，四是"学校出版书籍归图书馆管理"，五是"仿高等师范办法，以教员学生任购书之职"。② 至 11 月，顾颉刚便有本于上述意见写出了《上北京大学图书馆书》。只是直到 1918 年 3 月，这个意见书才被刊登在《北京大学日刊》上。是时，"图书馆中一切呆滞停顿的现象"已因顾颉刚在意见书中的"指摘"而"改变了样子"。③因此，顾颉刚专门于 3 月 6 日致函《北京大学日刊》记者，表示自己的《上图书馆书》"系去年十一月中所草"，并请其"将此函登入通信栏"，"以祛阅者之疑"。④ 要而言之，顾颉刚的《上北京大学图书馆书》写作时间并不是 1918 年 3 月，而是 1917 年 11 月，其写作意图决非是有意针对新上任的李大钊，而是响应前任图书馆主任章士钊的"通告"而作。

其次，在进入图书馆之前，顾颉刚与胡适、李大钊的关系确实有"远近之别"，但这个区别有待于解释清楚。第一，李大钊进入北大的职务是图书馆主任，故顾颉刚与其没有直接交往，用"远"来形容二人的关系似乎都有些牵强。第二，与李大钊相较，顾颉刚与胡适的关系略为密切。胡适进入北大不久，即接替陈汉章，讲授"中国哲学史"一门课，而顾颉刚正是讲台下面听课的学生，并受到了不小的启发，故二人有一定的师生之谊。⑤但是，在相当长的一段时期内，顾颉刚与胡适的关系并不是很"近"。一个显著的例证是，当顾颉刚毕业在北大找工作之时，即不是其亲自去找胡适帮忙，而是由罗家伦代为推荐。⑥ 如此来看，在李大钊进入北大图书

---

① 顾颉刚：《西斋读书记（一）》，《顾颉刚读书笔记》第 15 卷，第 362 页。

② 顾颉刚：《致叶圣陶·一九》，《顾颉刚书信集》第 1 卷，第 23 页。

③ 顾颉刚：《我所知道的蔡元培先生》，《宝树园文存》第 3 卷，第 390 页。

④ 顾颉刚：《致〈北京大学日刊〉》，《顾颉刚书信集》第 1 卷，第 162 页。

⑤ 顾颉刚：《自序》，《古史辨》第 1 册，第 20—21 页。

⑥ 顾颉刚：《致罗家伦·五》，《顾颉刚书信集》第 1 卷，第 243 页；顾颉刚：《致胡适·一》，《顾颉刚书信集》第 1 卷，第 278 页；顾颉刚：《致殷履安·一二四》，《顾颉刚书信集》第 4 卷，第 253 页。

馆之前，顾颉刚与李大钊的关系是相当的"远"，但与胡适的关系也不是很"近"。

1920 年 7 月，顾颉刚正式任职于北大图书馆，开始了与李大钊的交往。有论者根据《顾颉刚日记》对此进行了扼要的分析，认为顾颉刚在北大图书馆工作期间，对李大钊"很尊重"，在日记中一般称李大钊为"守常先生"。但是，"除了工作上的联系"，二人"似乎没有特别的私交和学术沟通"。此外，这位论者还对"《顾颉刚日记》所记的有关李大钊的内容"进行了分类。其一，"属于工作请示和工作安排"。其二，"对李大钊不满的记述"。其三，"对李大钊鼓吹革命，从事反对北洋政府活动的责备"。① 总之，顾颉刚在进入北大图书馆之后，虽然与李大钊有了直接交往，但也仅限于工作关系。

其实，较之《顾颉刚日记》，《顾颉刚书信集》更能反映出二人的微妙关系。《顾颉刚书信集》收录了顾颉刚致李大钊的四封书信。若仅从这四封书信来看，顾颉刚对李大钊还是颇为"尊重的"②，但是，这只是出于对同事的基本礼貌，并不能代表顾颉刚对李大钊的真实态度。值得关注的是，顾颉刚写给其他学者且言及李大钊的书信。根据这部分书信，二人的工作关系并不融洽。1921 年 3 月以来，顾颉刚在马幼渔、沈兼士的邀请下，参与筹建北京大学研究所国学门。国学门最初暂设在北京大学第一院四层楼。③ 但是，由于研究所一度"尚未布置就绪"，演讲、参考、办事都在研究所参考室，以致产生了一些纠纷。④10 月 7 日，顾颉刚发现四层楼上有两间尚空的且离研究所甚近的"十五号室"，于是便向李大钊"说明"，"拟取来做研究所事务室，把原拟做办事的廿一号室一间，改做研究所讲演室"。不过，李大钊表示："现代各系都要成立参考室，四层楼上怕

---

① 周文玖：《顾颉刚与朱希祖、李大钊的学术关系——以〈顾颉刚日记〉为中心的探讨》，《淮阴师范学院学报（哲学社会科学版）》2013 年第 5 期。

② 参见顾颉刚：《致李大钊》，《顾颉刚书信集》第 2 卷，第 1—3 页。

③ 董作宾记：《国立北京大学研究所国学门第二次恳亲会纪事》，《北京大学日刊》第 1506 号，1924 年 6 月。

④ 顾颉刚：《致沈兼士·八》，《顾颉刚书信集》第 1 卷，第 508 页。

没有空地方，你还不如把两间先贴上英文系参考室。”顾颉刚坚持说：“演讲必须有屋子”。李大钊依旧不以为是地说：“史学系的主任爱把参考室做讲演的地方，你让他去好了。”顾颉刚又争取说：“将来研究所书记须多用，一间办事室是不够的。”但是，李大钊仍然不同意，说：“国文系用的书记，该在国文参考室内抄写，史学系没有说要用书记，你们多用了，他们要不乐意咧。我劝你，办事的地方只要小些好了。”① 最后，李大钊没有同意顾颉刚的请求。顾颉刚因此非常生气，认为李大钊的这些话“不负责任，事事敷衍现状”，② 然后就此向研究所国学门的主事沈兼士进行了汇报。

　　二人的工作冲突还不止如此。1922 年 3 月 6 日，顾颉刚因其祖母病重，向李大钊提出，请同事黄文弼暂代，“以至暑假为止”，并请其代向校长蔡元培陈明。③ 李大钊当时“亦无异辞”④。不过，至 3 月 18 日，情况却发生了变化。是日，黄文弼向顾颉刚转达了李大钊的新答复：“代理事与蔡先生说过。蔡先生谓顾君请假期间薪水暂停。黄君既是本校职员，可请其尽义务。”黄文弼表示，自己“与顾君友谊上的关系，即不取薪水亦无妨”⑤。但是，顾颉刚认为，此意并非出于蔡元培，而是李大钊从中作梗，“出花样”⑥，于是专门给蔡元培写了一封信。在这封信中，顾颉刚首先陈述了此事的原委，然后申诉说：“尽义务之事，校中可以请人干，黄君可以自愿干，而自我荐以暂代之人则不应如此干。我当初请他代，原已向他说薪水之数；今校中骤然变卦，使我之言成为欺诳，使我如何安心？我请假延代，校中可以禁止。我延来替人，校中可以别择。若既许延代，又许以黄君为替，而乃停我之薪，迫黄君尽义务，则实非正当办法，刚不能无异议。”最后，顾颉刚表示：“使承认黄君可以于短时间内代替我的职务，

---

　　① 顾颉刚：《致沈兼士·八》，《顾颉刚书信集》第 1 卷，第 508 页；又参见顾颉刚：《顾颉刚日记》第 1 卷，第 168 页。

　　② 顾颉刚：《致沈兼士·八》，《顾颉刚书信集》第 1 卷，第 508 页；又参见顾颉刚：《顾颉刚日记》第 1 卷，第 168 页。

　　③ 顾颉刚：《致李大钊·三》，《顾颉刚书信集》第 2 卷，第 3 页。

　　④ 顾颉刚：《致蔡元培·五》，《顾颉刚书信集》第 1 卷，第 146 页。

　　⑤ 顾颉刚：《致蔡元培·五》，《顾颉刚书信集》第 1 卷，第 146 页。

　　⑥ 顾颉刚：《顾颉刚日记》第 1 卷，第 218 页。

则我的薪水应由黄君支取。使不承认黄君可以代替我的职务，请即函知，刚当转请黄君罢代。"① 蔡元培收信之后，将黄文弼暂代支取薪水事"安排妥帖"②。要而言之，顾颉刚认为在自己请黄文弼暂代事上，李大钊的答复"出花样"，于是专门向蔡元培进行了申诉。

除了上述具体工作事务上的冲突之外，顾颉刚还不满意李大钊的"行事"。1922年6月19日，顾颉刚给歌谣研究会会员刘经庵写了一封信，信中主要就"周作人不尽歌谣会之责"进行了指责，此外还谈到了李大钊。顾颉刚表示，自己在北大图书馆服务，主任是李大钊，他主张"布尔希维克主义"。而他既是主张"劳农"，必定痛恨"不劳而食"，不肯"敷衍职务，攫夺薪金"。换言之，"他既然主张这一种主义，自然他的性格是应当合于这一种主义"。但是，"一看他的行事，真使人悲观到极步。图书馆的事情，他什么都不做"。每逢"有人说图书馆里那件事不好"，他便吩咐几个事务员说："外边怎样说我们，我们还是改一下罢！"而"等到外边不说了，这件事就无形消灭了"③。要而言之，在顾颉刚看来，李大钊的"行事"与"主张"是不一致的，其在北大图书馆的工作是不称职的。

至1922年7月22日，顾颉刚致函李大钊，"正式请求解职"④。二人在北大图书馆共事的经历遂就此结束。此后，二人虽还均在北大工作，但见面的机会则越来越少⑤。

如上所述，顾颉刚与李大钊虽然有一段共事的经历，但二人的关系则是颇为疏远的。简而言之，顾颉刚在写给李大钊的信中对其还是较为"尊重的"，但实则对其工作与行事的评价基本上是负面的。若用一个习语来形容二人的关系，"不相为友"或是一个恰当的写照。

---

①　顾颉刚：《致蔡元培·五》，《顾颉刚书信集》第1卷，第145—146页。

②　顾颉刚：《致蔡元培·六》，《顾颉刚书信集》第1卷，第146页。

③　顾颉刚：《致刘经庵》，《顾颉刚书信集》第2卷，第113—114页。

④　顾颉刚：《致李大钊·四》，《顾颉刚书信集》第2卷，第3页。

⑤　根据《顾颉刚日记》，顾颉刚此后仅于1923年2月在上海北大旅沪同学会上见过李大钊两次，第一次是"讨论善后办法"，第二次是"论对付学潮事"。顾颉刚：《顾颉刚日记》第1卷，第324、327页。

第二节 李大钊的"打破黄金时代之说"与 顾颉刚的"古代非黄金世界"论

然而,工作关系并不等同于学术关系。有论者认为,李大钊的"解喻"史观与顾颉刚的"疑古"思想之间存在"一种内在的因果照应"①。另外一位论者则提出了质疑,主张二者之间"并没有直接的关联",但二者的古史观不乏"共同性"②。要而言之,关于李大钊与顾颉刚的学术关联问题,目前学界尚存在不小的争论。

从现有资料来看,李大钊的"解喻"史观与顾颉刚的"疑古"思想之间确实不存在"一种内在的因果照应"或"直接的关联",但认为二者的学术关联仅限于"古史观的共同性",则会产生类似过犹不及的问题。归纳起来,二者之间的这种微妙关系,可以划分为两个部分。

首先是对远古为"黄金时代"说的批判。有论者指出,李大钊不仅"创立了唯物史观为指导的中国马克思主义史学理论",还"首先将这一理论运用于历史研究,为后人作了示范"。仅就中国古史的研究而言,李大钊的研究主要有三方面,其中之一即是对远古为"黄金时代"说的批判。③

李大钊对"黄金时代"说的批判,主要体现在 1922 年 1 月的《今与古》一文之中。文章指出:"在历史学上进化、退化的问题亦成争论。""中国唐虞时代,今人犹称羡不置,一般崇古的人,总是怀想黄、农、虞、夏、文、武、周、孔之盛世,但此是伪造,亦与西洋所谓黄金时代相同。他们已经打破黄金时代之说,我们也须把中国伪造的黄金时代说打破,才能创

① 张京华:《古史辨派与中国现代学术走向》,第 403 页。

② 周文玖:《顾颉刚与朱希祖、李大钊的学术关系——以〈顾颉刚日记〉为中心的探讨》,《淮阴师范学院学报(哲学社会科学版)》2013 年第 5 期。

③ 武军:《李大钊与中国古史研究》,《史学理论研究》1999 年第 4 期。关于李大钊的古史研究,还可参见吴汉全:《李大钊与中国古代史研究》,《史学月刊》2002 年第 5 期。

造将来，力图进步。"① 由此来看，李大钊之所以敢于提出"打破黄金时代之说"，主要有赖于西方进化论的接受。

继李大钊之后，顾颉刚对"黄金时代"说进行了批判。1923 年 7 月 1 日，顾颉刚在《努力周报》所附月刊《读书杂志》第 11 期发表《答刘、胡两先生书》，在"层累说"的基础上进一步提出了推翻"非信史"的四个标准，其中第四点为"打破古代为黄金世界的观念"。文中说："古代的神话中人物'人化'之极，于是古代成了黄金世界。"实际上，春秋以前的人并没有"古代很快乐的观念"。而所谓的"五帝、三王的黄金世界原是战国后的学者造出来给君王看样的，庶可不受他们的欺骗"②。不难发现，这一"标准"与前引李大钊的观点如出一辙。进言之，二人均立足于进化史观，对远古为"黄金时代"说进行了批判。

那么，这是一种学术巧合吗？答案至少不是肯定的。李大钊的《今与古》最初是其在北京孔德学校的演讲，并由吴前模、王淑周笔记，发表在《晨报副刊》上。从现有资料来看，《晨报副刊》是顾颉刚时常看的一份刊物③，故我们有理由推定，顾颉刚之所以能够提出"打破古代为黄金世界的观念"，或从李大钊的论述中得到了一定的思想启发。

不过，顾颉刚的思考并不限于历史观的层面，还初步从历史文献辨伪的角度证明了"黄金时代"说的虚妄。文中说："所谓'王'，只有'贵'的意思，并无好的意思。自从战国时一班政治家出来，要依托了古王去压服今王，极力把'王功'与'圣道'合在一起，于是大家看古王的道德功业真是高到极顶，好到极处。"于是，"异于征诛的禅让之说出来了，'其仁如天，其知如神'的人也出来了，《尧典》《皋陶谟》等极盛的人治和德化也出来了。从后世看唐、虞，真是何等的美善快乐！"但是，"反看古书，不必说《风》《雅》中怨苦流离的诗尽多，即官撰的《盘庚》《大诰》之类，

---

① 李大钊：《今与古》，《李大钊全集（修订本）》第 4 卷，人民出版社 2013 年版，第 14—15 页。

② 顾颉刚：《答刘、胡两先生书》，《古史辨》第 1 册，第 106 页。

③ 仅在 1921 年至 1922 年期间，《顾颉刚日记》即有三处提及《晨报》。参见顾颉刚：《顾颉刚日记》第 1 卷，第 106、127、299 页。

所谓商、周的贤王亦不过依天托祖的压迫着人民就他们的轨范"①。由此观之，顾颉刚之所以提出"打破古代为黄金世界的观念"，与《尧典》《皋陶谟》等典籍的辨伪是密不可分的。

由上可知，顾颉刚对"黄金时代"的批判，不仅是"在历史观的层面讲的"，还立足于扎实的历史文献辨伪，故其提出的"打破古代为黄金世界的观念"，并非如有论者认为的，"不能抓住问题的本质所在"②，实则其深刻程度较之李大钊的论述，有过之而无不及。进言之，直到顾颉刚提出"打破古代为黄金世界的观念"，才从根本上打破了远古为"黄金时代"之说。

第三节　李大钊的"反孔"与顾颉刚的"黜圣"

实际上，关于李大钊与顾颉刚的学术关联，并不限于"打破黄金时代之说"，还体现在对于孔子问题的若干认识。

有论者指出，李大钊是新文化运动的主将之一，是著名的"反孔"斗士，"在推倒孔子之偶像上做出了自己独特的贡献"③。所谓"独特的贡献"，至少包括以下两个方面。第一，对"孔子之本身"与"孔子之偶像"进行了区分。1917 年 2 月 4 日，李大钊在《甲寅》日刊上发表《自然的伦理观与孔子》一文。文中说："孔子生于专制之社会"，其说"足以代表专制社会之道德"，"足为专制君主所利用资以为护符"。"历代君主，莫不尊之祀之，奉为先师，崇为至圣"。而"孔子云者，遂非复个人之名称，而为保护君主政治之偶像矣"。因此，"余之掊击孔子，非掊击孔子之本身，乃掊击孔子为历代君主所雕塑之偶像的权威"；"非掊击孔子，乃掊击专制政

---

① 顾颉刚：《答刘、胡两先生书》，《古史辨》第 1 册，第 106 页。
② 武军：《李大钊与中国古史研究》，《史学理论研究》1999 年第 4 期。
③ 林存光：《历史上的孔子形象：政治与文化语境下的孔子和儒学》，齐鲁书社 2004 年版，第 418 页。

治之灵魂"。① 由此而知，在李大钊看来，所谓"孔子"，一为"孔子的本身"，一为"历代君主所雕塑之偶像的权威"，二者决不能混为一谈。此后，李大钊还相继在《史学概论》《史学要论》等论著中将这一观点进一步系统化、学理化。②

第二，率先提出了"孔子的学说何以能支配中国人心有二千余年"的深刻问题，并从唯物史观的角度进行了回答。1920 年 1 月，李大钊在《由经济上解释中国近代思想变动的原因》一文中指出："凡一时代，经济上若发生了变动，思想上也必发生变动。"例如，孔子的学说之所以能支配中国人心有二千余年，不是"他的学说本身具有绝大的权威，永久不变的真理，配作中国人的'万世师表'"，而是在于"他是适应中国二千余年来未曾变动的农业经济组织反映出来的产物"，"他是中国大家族制度上的表层构造"，"经济上有他的基础"。换言之，"他的学说，所以能在中国行了二千余年，全是因为中国的农业经济没有很大的变动，他的学说适宜于那样经济状况的原故"。因此，"现在经济上发了变动，他的学说，就根本动摇，因为他不能适应中国现代的生活、现代的社会"③。

当然，李大钊在推倒孔子偶像上作出的贡献，决不限于上述这两方面，但这两方面足以奠定他在"反孔"乃至现代孔子研究史上的地位。

继李大钊之后，推进上述孔子问题认识的学者无疑是顾颉刚。1926年 10 月 3 日，顾颉刚在厦门大学作了一次题为"孔子何以成为圣人"的讲演，提出："春秋时的孔子是君子，战国的孔子是圣人，西汉时的孔子是教主，东汉后的孔子又成了圣人，到现在又快要成君子了。孔子成为君子并不是薄待他，这是他的真相，这是他自己愿意做的。我们要崇拜的，要纪念的，是这个真相的孔子！"④ 此外，顾颉刚还在原稿中说："孔子哪

---

①　李大钊：《自然的伦理观与孔子》，《李大钊全集（修订本）》第 1 卷，第 429 页。

②　参见李大钊：《史学概论》，《李大钊全集（修订本）》第 4 卷，第 463 页；李大钊：《史学要论》，《李大钊全集（修订本）》第 4 卷，第 523 页。

③　李大钊：《由经济上解释中国近代思想变动的原因》，《李大钊全集（修订本）》第 3 卷，第 185—192 页。

④　顾颉刚：《春秋时的孔子和汉代的孔子》，《古史辨》第 2 册，第 104 页。

里止两个，各时代有各时代的孔子，即在一个时代中也有种种不同的孔子呢。各时代的人，他们心中怎样想，便怎样说，孔子的人格也就跟着他们变个不歇。"①对于顾颉刚的这个看法，我们称之为"孔子变迁论"。此论提出来之后，在当时的学界引起了不小的反响。②

此后，顾颉刚并没有停止对孔子问题的思考。同年 11 月 12 日，顾颉刚给被称为"马列学者的怪物"——程憬写了一封信，后被题为《问孔子学说何以适应于秦汉以来的社会书》。在这封信中，顾颉刚开列了三个自己"对于孔子发生的问题"。第一，"孔子时因经济情状的改变，故政治和道德随之改变，而孔子以保存旧道德为职志，何以他反成了新时代的适应者？"第二，"秦汉以下直至清末，适用孔子一派的伦理学说，何以春秋时的道德观念竟会维持得这样长久？春秋时的时势与秦汉以下的时势毕竟不同，而终不能改变春秋时的道德，这是什么缘故？"第三，"战国以来，创新道德和新政治的人还不少，例如商鞅、王安石、永嘉学派等，何以他们终不能在新时代中立一稳固之基础？何以他们终给传统的儒者打倒了？"③此后不久，顾颉刚还就内容大体相近的问题请教了他的好友傅斯年。④对于顾颉刚的上述疑问，程憬、傅斯年给出了截然不同的答复。⑤或由于对二者的无所适从，顾颉刚于是先将这些论学信札发表在《中山大学语言历史学研究所周刊》上，后又将之收录在《古史辨》第二册之中，在当时学界引起了不小的关注。

通过上面的论述，不难发现，无论是"孔子变迁论"，还是"孔子学说何以适应于秦汉以来的社会"之问，均与前述李大钊对于孔子问题的认

---

① 顾颉刚：《春秋时的孔子和汉代的孔子》，《古史辨》第 2 册，第 99 页。顾颉刚在厦门大学的讲演稿，曾经尤伯熙"笔记"，发表在《厦大周刊》第 160—163 期，但并无此两句。

② 参见李长银：《在"穷变"中"立真"：顾颉刚的"孔子变迁论"及其影响》，《孔子研究》2017 年第 1 期。

③ 顾颉刚：《问孔子学说何以适应于秦汉以来的社会书》，《古史辨》第 2 册，第 111 页。

④ 参见顾颉刚：《问孔子学说何以适应于秦汉以来的社会书》，《古史辨》第 2 册，第 117 页。

⑤ 程憬：《答书》，《古史辨》第 2 册，第 113—116 页；傅斯年：《答书》，《古史辨》第 2 册，第 119—125 页。

识基本一致。

这就涉及一个问题，即二者之间有没有因果联系呢？从现有资料来看，顾颉刚是否看过李大钊的《史学概论》或《史学要论》尚不得考，但分别刊发《自然的伦理观和孔子》和《由经济上解释中国近代思想变动的原因》的《甲寅》和《新青年》则是其所熟知并经常翻阅的杂志①，故此两文应该在其阅读范围之内。如果这一推论大体不误，我们则可以得出这样一个结论，即顾颉刚之所以能提出"孔子变迁论"和"孔子学说何以适应于秦汉以来的社会"之问，与李大钊对于孔子问题的认识有一定的关联。

不过，这里还有必要指出的是，较之李大钊对于孔子问题的认识，顾颉刚的思考更加成熟、深刻了。就孔子的流变而言，李大钊虽然对"孔子之本身"和"孔子之偶像"进行了区分，但在此之前，梁启超已有一定的认识②，故不为空前。至于顾颉刚虽然也受到了前人的启发，但其提出的"孔子变迁论"，则有赖于现代的史学方法——"历史演进的方法"，故于今来看仍具有方法论上的意义。再就"孔子学说何以适应于秦汉以来的社会"之问而论，此论虽是李大钊率先在学界发问的，但并没有产生过多大的反响。直到顾颉刚，分别致函程憬、傅斯年，并将这些论学信札发表在学术刊物，此问题才在学界引起了不小的关注。

综上所述，李大钊虽然与顾颉刚在工作关系上较为疏远，但二者在学术上存在一定的关联。简而言之，二人皆立足于进化史观，对"黄金时代之说"进行了破坏。与此同时，二人还均认识到了关于孔子的流变以及孔子何以适应于秦汉以来的社会的问题。这些观点或看法无不是反传统的产物。更为关键的是，顾颉刚之所以能够提出这些"疑古"的观点，在一定程度上是受到了李大钊的启发和影响。而这些问题均与"古史辨运动"的兴起与发展存在紧密的关系。因此，仅从这个角度来讲，李大钊可以被视为这场学术运动的间接参与者。

---

① 顾颉刚：《致教育部清理战时文物损失委员会》，《顾颉刚书信集》第3卷，第259页。
② 参见梁启超：《保教非所以尊孔论》，《梁启超全集》第2册，第768页。

除了这一具体结论之外，通过这一个案的考察，我们还可以重新审查民国时期唯物史观派史学与实证主义史学之间的学术关联。早在 1946 年齐思和指出，在"今天我们的史学界"中，"颇占势力"的有两大学派，一派可称为"掌故派"，此派主要"选择一个窄深冷僻的题目作一到穷源竟流的探讨"；另一派可称为"社会史派"，此派主要"研究中国整个社会的进展"。而且，"这两派互相嘲笑攻击，彼此都各是其所是，各非其所非"①。当时学界持类似看法的还有邓嗣禹等②。此后，这一看法还逐渐被部分当代学者接受。这一"学以派分"的观点虽有一定道理，但不无过于绝对之嫌。如前所述，作为民国唯物史观派史学（社会史派）主要开创者的李大钊，便与中国实证主义史学（掌故派）的领军人物顾颉刚之间存在一定的学术关联。当然，我们并不是要否定二者之间的冲突与矛盾，而是要提示相关研究者，两派之间还存在一定的共同性和关联性。

小引（二）

在中国唯物史观派史学上，继李大钊之后的最具有代表性的学者无疑是郭沫若。1930 年，郭沫若出版《中国古代社会研究》，率先以唯物史观为指导，不仅对中国古史进行了批判式的清算，还对中国历史的发展规律进行了总结，从而推动了唯物史观派史学的兴起。此后，郭沫若又推出《甲骨文字研究》《青铜时代》《十批判书》等著作，继续带动着唯物史观派史学的发展。因此，郭沫若被称为当之无愧的中国唯物史观派史学的开山。

此外，郭沫若不仅与"古史辨"派学人有着交往③，还与"古史辨运

---

① 齐思和：《现代中国史学评论——掌故派与社会学派》，《大中》1946 年第 1 卷第 1 期。

② 邓嗣禹：《近 50 年的中国历史编纂学》，李扬眉、周国栋译，《山东社会科学》2004年第 6 期。

③ 在民国时期，郭沫若即与顾颉刚、杨宽、童书业等"古史辨"派学人有着交往。其中，郭沫若与顾颉刚的正式交往始于 1941 年 12 月。是月 27 日，顾颉刚参加教育部召开

动"有着密切的关系。当代学界或认为，郭沫若虽然曾在不同场合对顾颉刚等人的学术予以一定程度上的肯定，但二者之间仍然存在较大的学术分歧①，抑或认为郭沫若在对"古史辨"派进行"科学批判"的基础上实现了超越。② 这些观点或可成立，但无疑都是站在郭沫若的角度立言，而且存在若干需要商榷或未尽之处。其实，如果从"古史辨运动"的角度来讲，郭沫若虽然与"古史辨"派存在治学上的差异，但其无疑在一定程度上间接参与甚至推动了这场学术运动的发展。对此，当下学界尚无明确的认识。③ 因此，本章接下来拟从这个角度对二者之间的这一关系进行一次较为系统的再探讨。

的边疆教育委员会，晚间与郭沫若同席；翌年 1 月 17 日，顾颉刚还与辛树帜一起"到天官府访郭沫若"。顾颉刚：《顾颉刚日记》第 4 卷，第 621、631 页。1945 年 2 月 18 日，顾颉刚还专门给郭沫若写信，或为"文化界发表对时局进言"事。顾颉刚：《顾颉刚日记》第 5 卷，第 411、415—419、467 页。其与杨宽、童书业的交往略晚一些。1947 年，郭沫若住在上海虹口，离杨宽的工作单位上海市博物馆"很近"。郭沫若"曾多次来到博物馆交谈或借书"。其中就包括《古史辨》第七册。而杨宽与童书业也曾多次到郭沫若家中访问，"谈论考古和文物方面的问题"。杨宽：《历史激流：杨宽自传》，第 178 页。总之，郭沫若与顾颉刚等人有着一定的交往。

①　程鹏宇：《顾颉刚与唯物史观派在古史观上的分歧》，《云梦学刊》2017 年第 1 期。

②　杜蒸民：《郭沫若对顾颉刚和〈古史辨〉史学的科学批判》，《郭沫若学刊》2002 年第 1 期；周书灿：《郭沫若对〈古史辨〉的超越》，《郭沫若学刊》2009 年第 1 期。

③　当时学界对此虽无论证，但已有一定认识。1933 年，中国唯物史观派学者李季即指出："这个整理国故派建设信史的权威虽因事实上的表现和顾先生自己的宣言，完全没落，而疑古的学风不独未曾衰歇，并且愈加高涨起来了。"此中缘由，即在于以郭沫若为领袖的"新思潮派"继承了"他们的余绪而独树一帜，勇猛直前地担负这种工作了"。当然，"郭先生的确是比整理国故派进了一步，在批判之中，写出了殷周两代社会史的雏形"，但所谓"'批判'精神仍旧是整理国故派的疑古精神"。李季：《中国社会史论战批判序言》，《读书杂志》1933 年第 3 卷第 1 期。准此而言，郭沫若不仅继承了顾颉刚等人的"疑古"精神，更间接地助长了"疑古"的学风，推动了这场运动的发展。与李季的看法相近的还有部分"古史辨"派学人则颇将郭沫若视为"自己人"。1947 年，顾颉刚等人在回顾"古史辨"的学术工作时三次提及郭沫若的古史研究与古书考辨，颇有将其视为"古史辨"同道中人的意味。参见顾颉刚：《当代中国史学》，《顾颉刚古史论文集》第 12 卷，第 437、439、441 页。

第四节　郭沫若的古代社会研究与顾颉刚的
"疑古"观点

众所周知，"层累说"的提出是"古史辨运动"兴起的标志。1923年5月6日，顾颉刚在《与钱玄同先生论古史书》中正式提出了著名的"层累说"，并对此说的第一个意思进行了初步的阐述。文章从禹讲起，认为在西周中叶，"禹是上帝派下来的神，不是人"。到了鲁僖公时，禹成为了最古的人王。到孔子时有尧舜，到战国时有黄帝、神农，到秦有三皇，到汉以后有盘古等。总而言之，"时代愈后，传说的古史期愈长"。① 此说由于一反"自从盘古开天地，三皇五帝到于今"的传统上古史体系，故在当时学术界引发了一场你来我往的古史大讨论。

其中，禹是否有天神性是讨论的一个焦点。刘掞藜、胡堇人等就此对顾颉刚的观点进行了公开批评。刘掞藜指出，如果按照顾颉刚因《商颂》说"洪水茫茫，禹敷下土方……帝立子生商"的思路，那么，商契、后稷、文王、武王都不是人，而是神。因此，此说不能成立。② 胡堇人则指出，《诗经》的《信南山篇》《韩奕篇》《文王有声篇》等西周作品的记载，都"不曾把禹当天神般看待"。因此，顾颉刚的观点肯定是"完全错误"的。③ 不过，顾颉刚并未被二人说服，"依旧以为禹是一个神"④。刘掞藜则再次坚决反对，认为"禹确是人而非神"⑤。直到论战结束之后，双方始终都是各执一词，未能就此达成一致的见解。

此后，学界继续就此对顾颉刚进行了回应或批评。王国维即根据《秦

---

① 顾颉刚：《与钱玄同先生论古史书》，《古史辨》第1册，第75—79页。
② 刘掞藜：《读顾颉刚君〈与钱玄同先生论古史书〉的疑问》，《古史辨》第1册，第91—93页。
③ 胡堇人：《读顾颉刚先生论古史书以后》，《古史辨》第1册，第99页。
④ 顾颉刚：《讨论古史答刘、胡二先生》，《古史辨》第1册，第109页。
⑤ 刘掞藜：《讨论古史再质顾先生》，《古史辨》第1册，第155页。

公敦铭》《齐侯镈、钟》的记载，证明"春秋之世，东西二大国"皆信"禹为古之帝王"①。不料，顾颉刚却利用这些器物上的记载进一步证实了自己提出的春秋之时并没有黄帝、尧、舜，"最古的人王只有禹"的假设。②意识到王国维"失策"的还有陆懋德。但是，陆懋德同样不赞同顾颉刚的观点，其又根据《孟子》载"禹之声尚文王之声，……以追蠡"，认为"禹实有铜钟，在孟子时尚存"，故"禹有其人"。③ 对此，顾颉刚并无回应。要而言之，直到《古史辨》第一册出版之后，学界对于禹是否有天神性，依旧存在争议。

不过，经过上述论争之后，更多理性的学者逐渐趋向于接受顾颉刚的观点。其中郭沫若就是较有说服力的学者。1930 年 2 月，郭沫若在《中国古代社会研究》附录《追论及补遗》的第九则中明确表示，顾颉刚提出的"层累说"的确是一个"卓识"，然后根据《齐侯镈、钟》《秦公敦铭》等当时记载"禹"的"准实物的材料"，以及《山海经》《商颂·长发》等文献记载指出，"夏与禹确有关系"，"禹当得是夏民族传说中的神人"。④此论与顾颉刚提出的"禹与夏没有关系"略有不同，但二者一致主张"禹不是人"，而是天神或传说中的神人。更为关键的是，二者都是用此前王国维论证"禹是人"的《齐侯镈、钟》《秦公敦铭》，得出了禹是天神或传说中的神人的结论。

其实，除了已由郭沫若明确道及的"禹"的天神性之外，二者的一致性还体现在整个的推翻"非信史"上。承前所述，面对刘掞藜、胡堇人的批评，顾颉刚进行了回应。这里要补充的是，顾颉刚在第一次回应中开列了推翻"非信史"的四个标准。其一是"打破民族出于一元的观念"，认为中华民族并不是出于一元，而是各有各的始祖，至春秋之后，大国攻灭小国，民族日益并合，许多民族的传说才渐渐归到一条线上；其二是"打破地域向来一统的观念"，认为中国地域并非向来一统，本来商朝的天下

---

① 王国维：《古史新证》，《王国维全集》第 11 卷，第 245 页。
② 顾颉刚：《〈古史新证〉第一二章·附跋》，《古史辨》第 1 册，第 217 页。
③ 陆懋德：《评顾颉刚〈古史辨〉》，《古史辨》第 2 册，第 272—273 页。
④ 郭沫若：《中国古代社会研究》，第 291—296 页。

只是"邦畿千里",周比商进了一步,但始终未曾没收蛮貊的土地,春秋战国进一步扩大,郡县制度普及,直到秦并六国而始统一;其三是"打破古史人化的观念",认为"古人对于神和人原没有界限,所谓历史差不多完全是神话",直到"春秋末期以后,诸子奋兴,人性发达,于是把神话中的古神与古人都'人化'了";其四是"打破古代为黄金世界的观念",认为春秋以前的人并没有"快乐的观念",人民只是奴隶,永远被死亡的恐怖笼罩着,直到战国时一班政治家为了压服新王,造出了五帝三王的黄金世界。① 要而言之,这四个标准对"层累说"的形成进行了完善。

对于这四个"标准",刘掞藜只认同其第一、四两个标准,而反对第二、三两个标准②,陆懋德则认为第一个标准有"讨论之余地"③。但是,更多的学者对此持基本肯定态度。郭沫若即是其中的一位。④郭沫若在《中国古代社会研究》第三篇中指出,中国的古代传说主要可分为两种,一种是人为的传说,另一种是自然发生的传说。其中盘古,天、地、人三皇,有巢氏,燧人氏,伏羲氏,共工氏,神农氏等是"人为的传说",这个邃古的传说系统无疑是"周秦之际或其后的学者们所拟议的一种考古学般的推察"。黄帝以后的传说则与之不同。其中五帝和三王祖先的诞生是"自然发生的现象",但"五帝三王是一家,都是黄帝的子孙,那便完全是人为",这个传统主要"是在中国统一的前后为消除各种氏族的畛域起见所生出的大一统的要求"⑤。此外,郭沫若还在该书第二篇中谈到《禹贡》不可靠时指出:"中国古代的疆域只在黄河的中部,就是河南、河北、山西、

---

① 顾颉刚:《答刘、胡两先生书》,《古史辨》第1册,第105—106页。

② 刘掞藜:《讨论古史再质顾先生》,《古史辨》第1册,第138—144页。

③ 陆懋德:《评顾颉刚〈古史辨〉》,《古史辨》第2册,第270页。

④ 已有论者指出,郭沫若在批判地研究过顾颉刚的观点之后,表示了基本认同,并转引《十批判书》中的一段话为据。杜蒸民:《郭沫若对顾颉刚和〈古史辨〉史学的科学批判》,《郭沫若学刊》2002年第1期。但问题是,这段话虽然与顾颉刚提出的第三、四两个标准略微一致,但我们并不能据此认为郭沫若赞同顾颉刚提出的最关键的第一、二两个标准。而且,《十批判书》出版于1944年,"打破古史人化的观念"和"打破古代为黄金时代"两个标准早已成为学界的基本共识。因此,这位论者提供的证据并不能有效地证明自己的观点。

⑤ 郭沫若:《中国古代社会研究》,第212—213页。

陕西一部分的地方。河北、山西的北部是所谓北狄，陕西的大部分是所谓西戎，黄河的下游是所谓东夷，一直到周宣王的时候，长江流域的中部都还是所谓蛮荆，所谓南蛮，淮河流域都是所谓淮夷、徐夷。"① 对比之下，郭沫若与顾颉刚之前提出的打破"非信史"的四个标准虽然略有不同，但二者的观点基本一致。

由上所述，顾颉刚自提出"层累说"之时即认为禹是天神，继而补充了推翻"非信史"的四个标准。对于这些观点，肯定者有之，批评者亦有之，但始终都无定论。而郭沫若在《中国古代社会研究》中则直接或间接地对这些观点表示了肯定。这些肯定无疑使人们更加倾向于顾颉刚的"疑古"观点。

此外，这里有必要指出的是，二者的古史观有着本质的区别，顾颉刚的"层累说"与推翻"非信史"的四个标准无疑要在推翻传统的中国上古史体系，而郭沫若的《中国古代社会研究》则在于探明"中国古代的实际情形"②。但承前所述，该书的一些观点无疑起到了直接或间接推动"古史辨运动"的作用。

第五节　郭沫若的经书考辨与"古史辨"学人的经学研究

经书是记载上古史系统的主要载体，故上古史的问题在相当大的程度上导源于经学问题。因此，"古史辨"学人在推翻传统上古史体系的同时，又向传统经学发起了攻击。

首当其冲的是对今文《尚书》的质疑。1923 年 5 月，顾颉刚在《与钱玄同先生论古史书》中公开表示，《尚书》中的《尧典》《皋陶谟》《禹贡》

---

① 郭沫若:《中国古代社会研究》，第 88—89 页。

② 郭沫若:《中国古代社会研究》，第 7 页。

"靠不住"，认为这三篇成于《论语》之后。① 此后，在胡适"重提《尚书》的公案"的建议下 ②，顾颉刚对今文《尚书》的著作年代进行了全面的简要分析，认为除了《盘庚》等十三篇在"思想"与"文字"上"都可信为真"之外，其他如《甘誓》等篇均不可靠，尤其《尧典》《皋陶谟》《禹贡》一定是"战国至秦汉间的伪作"，并表示要写出两篇文字——《禹贡作于战国考》和《尧典皋陶谟辨伪》。③

上述观点提出之后，在学界引起了一定关注。钱玄同、丁文江对其中的观点持正面肯定态度。钱玄同在《答顾颉刚先生书》中表示，在今文《尚书》中，没有几篇有历史的价值，其中的《尧典》《皋陶谟》《禹贡》《甘誓》等篇"一定是晚周人伪造的"④。丁文江则表示，"《禹贡》系晚出的书，是没有疑问的"，或是"战国之书"。⑤ 但是，刘掞藜、陆懋德等人则持反对意见，认为顾颉刚提出的证据尚不能证明《尧典》出于《论语》之后 ⑥。要而言之，双方没有达成一致的观点。

但经过这次讨论，更多的新派学者趋向于认可顾颉刚、丁文江等人的观点。郭沫若在《中国古代社会研究》附录《追论及补遗》的第九则中就表示，丁文江提出的《禹贡》或为战国之书的观点与自己的观点"不期而同"，且先自己而发。⑦ 其实，除了这一明确表示之外，郭沫若还提出了一些与顾颉刚相近的观点。郭沫若在《中国古代社会研究》第二篇的《序说》中就明确表示，根据殷墟书契的研究，殷代末年的文字尚在构成途中，故今文《尚书》中的《虞书》与《夏书》"完全不可靠"。进而言之，其中的《尧典》《皋陶谟》《禹贡》是后世儒家"托古改制"的伪作，《甘誓》不是伪作，但应该归入《商书》。至于《商书》和《周书》则均应该"经过殷、

---

① 顾颉刚：《与钱玄同先生论古史书》，《古史辨》第 1 册，第 78—79 页。

② 胡适：《论帝天及九鼎书》，《古史辨》第 1 册，第 169 页。

③ 顾颉刚：《论今文尚书著作时代书》，《古史辨》第 1 册，第 171—172 页。

④ 钱玄同：《答顾颉刚先生书》，《古史辨》第 1 册，第 86 页。

⑤ 丁文江：《论禹治水说不可信书》，《古史辨》第 1 册，第 177 页。

⑥ 刘掞藜：《读顾颉刚君〈与钱玄同先生论古史书〉的疑问》，《古史辨》第 1 册，第 95—97 页；陆懋德：《评顾颉刚〈古史辨〉》，《古史辨》第 2 册，第 275 页。

⑦ 郭沫若：《中国古代社会研究》，第 290 页。

周的太史及后世的儒者的粉饰"①。由此来看，除了丁文江关于《禹贡》的看法之外，与郭沫若对于今文《尚书》尤其是《尧典》《皋陶谟》《禹贡》著作时代的观点"不期而同"的还有前述顾颉刚等的观点，且同样是先其而发②。当然，较之顾颉刚，郭沫若还证之以"殷墟书契的研究"。可以说，正是此举进一步证实了顾颉刚的"惑经"观点。

《古史辨》第一册出版之后，"古史辨运动"逐渐由古史考辨转向孔子与经学研究。《尚书》研究遂进一步具体化、专题化。1931年，顾颉刚在燕京大学开设"尚书研究"，编成《尧典著作时代考》一册，极为详尽地考察了《尧典》的著作年代，提出"今本《尧典》作于汉武帝时"。1934年，顾颉刚在《禹贡半月刊》发表《从地理上证今本〈尧典〉为汉人作》，将这一观点公之于世。此说提出之后，一方面遭到了叶国庆、童书业等学者的批评，另一方面则得到了张西堂等的肯定。③

不过，我们更为关注的是，顾颉刚曾重点参考了郭沫若的观点。1931年，郭沫若出版《甲骨文字研究》，其在该书第一篇《释祖妣》中指出：古人常语，"妣"与"祖"为配，"考"与"母"为配。"考妣连文为后起之事"。《尚书·帝典》载："放勋乃殂落，百姓如丧考妣三载。"其实，"不独百姓字古无有，三年之丧古无有，即此考妣二字连文"古亦无有。由此可知，"《帝典》诸篇为孔门所伪托"。④ 对于郭沫若的看法，顾颉刚颇为认可。其在《尚书研究讲义》的参考材料中直接摘录了郭沫若的上述看法，然后在按语中强调说："此虽仅证明《尧典》中一个名词之背谬，实不啻将《尧典》在战国以前之地位根本推翻。"因为，"如丧考妣"一语见引于《孟子》，当然为最可信者，而"考妣连文成一名词，尚不能为春秋时人所用，

---

① 郭沫若：《中国古代社会研究》，第88—93页。

② 先郭沫若而发的还有胡适。1919年，胡适在《中国哲学史大纲》中即强调说："《尚书》或是儒家造出的'托古改制'的书或是古代歌功颂德的官书"，"没有史料的价值"。胡适：《中国古代哲学史》，《胡适全集》第5卷，第214—215页。

③ 参见汤莹：《破坏与建设——顾颉刚古史学的双重面相》，山东大学2020年博士学位论文，第50—64页。

④ 郭沫若：《甲骨文字研究》，《郭沫若全集·考古编》第1卷，科学出版社1982年版，第19—21页。

更遑论虞、夏"。因此，此篇当作于战国以下。① 由此可见，郭沫若的《尧典》为孔门所伪托之说，为顾颉刚进一步提出"今本《尧典》作于汉武帝时"之说提供了一定的证据支撑。

除《尧典》之外，"古史辨"学人还对《洪范》的著作年代进行了深入研究。1928 年，刘节在《东方杂志》发表《〈洪范〉疏证》，对《洪范》为周初箕子所传的传统看法提出了质疑，认为该篇的著作年代当在战国之末。第一，《洪范》"二五事"章的"肃、乂、晢、谋、圣"盖出于《诗·小雅·小旻》，显然"袭诗"。第二，《洪范》"几全篇协韵"，如"四五纪"章的"协韵"与《诗经》不合，而是战国时协韵之通例。第三，《墨子·兼爱篇》称引"王道荡荡"等四句称《周诗》，如果此数句在《洪范》中，墨子决名之为诗。第四，"在春秋战国之前，皇决无训王、训君之说"，但今《洪范》的"惟皇作极""皇则受之"皆作王字解。② 刘节的观点提出之后，受到了学界的好评，尤其是得到了钱玄同、顾颉刚等"古史辨"学人的基本认可。③

刘节的这一"惑经"的观点甚至影响了郭沫若。1930 年，郭沫若在《中国古代社会研究》第二篇中曾表示，《洪范》总不会是伪书，就算不是箕子所作，"但也不会是东周以后的儒者所假造"④。但是，最迟至 1935 年，郭沫若便改变了上述看法，其在《先秦天道观之进展》中强调说，《洪范》并不是商书。⑤ 因为，《墨子·兼爱篇》引周诗曰"王道荡荡"等句，"这分明是《洪范》中语，而称为'周诗'"。《吕氏春秋》则不同，已经出现了《洪范》的名字。因此，《洪范》出世的时间在《墨子》之后、《吕氏春秋》之前。⑥ 此外，郭沫若还提出："《洪范》的根本思想是以中正为极，和《中

---

① 顾颉刚：《尚书研究参考资料》，《顾颉刚古史论文集》第 8 卷，第 321—322 页。

② 刘节：《〈洪范〉疏证》，《古史辨》第 5 册，第 227—236 页。

③ 钱玄同：《重论经今古文学问题》，《古史辨》第 5 册，第 55 页；顾颉刚：《五德终始说下的政治和历史》，《古史辨》第 5 册，第 237 页。

④ 郭沫若：《中国古代社会研究》，第 126—127 页。

⑤ 已有论者指出，郭沫若是在对"古史辨"派的成果进行批判性的研究之后，才改变了看法。杜蒸民：《郭沫若对顾颉刚和〈古史辨〉史学的科学批判》，《郭沫若学刊》2002 年第 1 期。此说基本正确，但尚显笼统。

⑥ 郭沫若：《先秦天道观之进展》，《郭沫若全集·历史编》第 1 卷，第 323—324 页。

庸》一篇正相为表里",故此篇应该是子思(氏之儒)所作。① 由此可见,郭沫若证实新观点的一个证据与前述刘节的观点完全一致。因此,我们有理由认为,郭沫若之所以改变之前的看法,显然是受到了刘节的影响。当然,郭沫若的新观点与刘节并不相同,但二人的指向无疑是一致的。

除了《尚书》之外,"古史辨"学人还重点对《周易》进行了讨论。最早公开对《周易》进行讨论的是钱玄同。钱玄同在《答顾颉刚先生书》中提出,孔子与易无关;原始的易卦"是生殖器崇拜时代的东西";《易经》的作用是卜筮;《易传》中的《彖》《象》《系辞》《文言》是孔子以后的儒者所作,《说卦》是焦、京一流人所作,《序卦》出自"浅人",《杂卦》出自"学究"。② 此后,余永梁、容肇祖进一步讨论了《周易》的性质及成书年代。余永梁强调说,"《易》本来只是一部卜筮之书",并通过对卦爻辞中"帝乙归妹""王用亨于岐山""箕子之明夷""康侯用锡马蕃庶"等"史事"的考证,推定卦爻辞作于成王时。③ 容肇祖则认为,"《周易》只是占筮家的参考书",并通过对"(王亥)丧羊于易""高宗伐鬼方""帝乙归妹""箕子之明夷""王用亨于岐山""康侯用锡马蕃庶"等故事的认识,认定今本《周易》最早不过在成、康的时候。④ 如此一来,钱玄同等人不仅初步破坏了"伏羲、神农的圣经的地位",还初步建立了"其卜筮的地位"。

其实,与之一道的还有郭沫若。郭沫若在《中国古代社会研究》第一篇中指出,八卦的根柢是"古代生殖器崇拜的孑遗",《易经》是"古代卜筮的底本",根据"帝乙归妹""高宗伐鬼方""王用亨于岐山""箕子之明夷"等"史实",卦爻辞当成于"殷、周之际",《易传》是否为孔子所作还是问题,但无疑的是孔子研究过《易经》。⑤ 对照之下,除了"孔子是否研究过《易经》"之外,郭沫若的《周易》观点与钱玄同、余永梁、容肇祖的观点"不期而合",且是先其所发。不过,我们更想指出的是,郭

---

① 郭沫若:《先秦天道观之进展》,《郭沫若全集·历史编》第1卷,第323、367页。
② 钱玄同:《答顾颉刚先生书》,《古史辨》第1册,第85—86页。
③ 余永梁:《〈易·卦爻辞〉的时代及其作者》,《古史辨》第3册,第102—103、107页。
④ 容肇祖:《占卜的源流》,《古史辨》第3册,第163页。
⑤ 郭沫若:《中国古代社会研究》,第33—37、65—66页。

沫若的观点无疑进一步佐证了钱玄同等人的“惑经”观点。

二者的学术因缘并不限于此。继余永梁、容肇祖之后，顾颉刚、李镜池、钱玄同、马衡等人对《周易》进行了专门讨论，并达成了几个基本共识。第一，《易经》是卜筮之书。第二，《易经》成于西周初叶。第三，《易传》非孔子所作。第四，《易传》非一人一时之作，其中《彖传》《象传》《系辞》《文言》年代在前，《说卦》《序卦》《杂卦》是较晚的作品，在昭宣后。可以说，这四个共识的达成在相当大的程度上恢复了《周易》的本来面目。

此次讨论在当时的学术界引起了广泛的关注。1935 年，郭沫若即推出《〈周易〉之制作时代》，由探讨《周易》时代的社会生活转向对《周易》经传的作者及其时代进行了“通盘的检定”。具体观点如下：第一，“八卦是既成文字的诱导物”。第二，“《周易》非文王所作”。第三，“孔子与《易》并无关系”。第四，“《易》之作者当是馯臂子弓”。第五，在《易传》中，《说卦传》《序卦》《杂卦》是秦以前的作品，《彖》《系辞》《文言》是荀子楚国的门徒所作，《象》是秦汉之际齐鲁间的儒者所作。①

有论者指出，郭沫若在《〈周易〉之制作时代》中提出的观点与在《中国古代社会研究》中的观点发生了变化。比如，郭沫若之前认为《易经》作于“殷、周之际”，此后则认为制作于“战国初年”。而这一转变是受到了顾颉刚《论〈易·系辞传〉中观象制器的故事》的影响。② 但实际上，郭沫若关于《易经》制作时代的观点虽然发生了转变，但转变的观点并未受顾颉刚的直接影响，而是自己新提出的一家之言，反倒是转变的观点与顾颉刚在《周易卦爻辞中的故事》中提出的《易经》作于西周初年的观点更为接近。因此，此说不能完全成立。

但是，这并不是说郭沫若没有受到“古史辨”学人的影响。经过对比，其提出的第二、三点与前述“古史辨”学人的观点基本一致，第五点则部分一致。而且，郭沫若在文中曾明确表示，顾颉刚在《论〈易·系辞传〉

① 郭沫若：《〈周易〉之制作时代》，《郭沫若全集·历史编》第 1 卷，第 377—404 页。
② 杜蒸民：《郭沫若对顾颉刚和〈古史辨〉史学的科学批判》，《郭沫若学刊》2002 年第 1 期。

中观象制器的故事》中提出的"观象制器"的故事是汉人所伪托的观点、钱玄同的"疑坤字出于所谓'古文'《易》，是刘歆所造"的观点，以及李镜池在《〈易传〉探源》中提出的《象》是秦汉之际齐鲁间的儒者所作的观点，都是正确的。① 此外，郭沫若之所以认为"孔子与《易》并无关系"，应当主要是直接承袭了钱玄同、李镜池等人的观点。② 但换个角度来看，郭沫若的进一步申论，无疑为"古史辨"学人的观点增添了一份力量。

第六节　郭沫若的诸子考辨与"古史辨"
学人的"诸子丛考"

在某种意义上，如果想弄明白儒家的地位与测量出经书的全体，"不得不从诸子入手"③。因此，在顾颉刚的授意与支持下，罗根泽编著《古史辨》第四册，进行诸子丛考。诚如顾颉刚当时预计的，此书出版之后，"研究诸子学的风气又推进了一层"。

在诸子丛考中，关于老子其人其书的年代是中心议题之一。自古以来，一般认为孔子问礼于老子，《道德经》为老子所作。当然，虽然有叶

---

① 郭沫若：《〈周易〉之制作时代》，《郭沫若全集·历史编》第1卷，第378、379、396页。

② 有学者指出，郭沫若与李镜池一样，训《论语》中的"易"为"亦"，从而认定"孔子与《易》并无关系"（杨庆中：《二十世纪中国易学史》，第109页）。这里可以补充的是，郭沫若提供的孟轲等不曾提及此事以及《系辞传》有好些"子曰"等证据，虽然可以追溯到欧阳修或崔述，但都可以在李镜池的《易传探源》中找到。但是，无论是李镜池还是郭沫若提供的训"易"为"亦"，其实都是承袭了钱玄同的观点。此外，郭沫若不因《论语》中的"不恒其德，或承之羞"与《周易·恒卦》九三的爻辞相同而认定卦爻辞为孔子所作，同样与钱玄同的观点一致（钱玄同：《答顾颉刚先生书》，《古史辨》第1册，第85页）。而且，郭沫若在《中国古代社会研究》附录《追论及补遗》中表示看过钱玄同的《答顾颉刚先生书》，并与其提出的一些观点"不期而同"。因此，郭沫若之所以认为"孔子与《易》并无关系"，至少受到了钱玄同、李镜池两个人的影响。

③ 顾颉刚：《顾序》，《古史辨》第4册，第9页。

适、毕沅、汪中、崔述等人对此提出了质疑，但由于缺乏充分的证据，旧说依旧牢不可破 ①。胡适在《中国哲学史大纲》中即仍旧如是说。直到1922 年 3 月，梁启超在《评胡适〈中国哲学史大纲〉》中提出，《老子》作于战国之末，并开列了六项较为“确凿”的证据。② 此说一经问世，在当时的学术界引起了强大的震动。其中，钱玄同、顾颉刚、钱穆、冯友兰、张寿林、张季同、罗根泽等人基本支持此说。不过，张煦、马叙伦等人则持反对意见。此外，唐兰提出了折中的观点，主张老子在孔子前，《道德经》是老聃的遗言。因此，罗根泽将老子其人其书的讨论作为重点部分收录到了《古史辨》第四册中。

　　此书出版之后，这场讨论进一步引起了时人的关注。郭沫若在看过《古史辨》第四册等文献之后，即积极地加入了讨论。1935 年，郭沫若在《老聃·关尹·环渊》中主张，“老子确是孔子之师老聃”，《老子》的性质与《论语》和《墨子》相类似，是老聃的语录。而且，根据《史记老子传》的“老子乃著书《上下篇》”与《孟荀传》中的环渊“学黄老道德之术，因发明序其旨意……著《上下篇》”。因此，集成这部语录的当是楚人环渊。③

　　郭沫若的观点与“古史辨”学人密切相关，而且形成了学术互动。郭沫若曾在文中坦白说，其观点与唐兰相近。进言之，其是在唐兰的基本观点与材料的基础上进一步提出了一家之言。当然，郭沫若的这一家之言，并非像有论者指出的比唐兰的观点“完善”，更非“解决了一千多年的学者疑虑”④，但无疑得到了罗根泽、顾颉刚等“古史辨”学人的高度重视。罗根泽专门将郭沫若的文章收录到了《古史辨》第六册，并在该书的《自序》中予以简要的介绍，认为其与同样“以辩证法唯物论著称”的叶青不一样，能够做到不惮其烦地寻找证据。⑤ 此后，顾颉刚则专门在《当代中

---

① 罗根泽：《自序》，《古史辨》第 6 册，第 9—13 页。
② 梁启超：《论〈老子〉作于战国之末》，《古史辨》第 4 册，第 207—208 页。
③ 郭沫若：《老聃·关尹·环渊》，《古史辨》第 6 册，第 415—421 页。
④ 叶桂生：《评郭沫若的老子考》，《郭沫若学刊》1998 年第 1 期。
⑤ 罗根泽：《自序》，《古史辨》第 6 册，第 20—21 页。

国史学》中将郭沫若与唐兰作为"折中派"的代表性意见。①

　　除了关于老子其人其书的年代讨论之外，能够体现二者诸子学因缘的还有《韩非子·初见秦》的作者考证问题。这一问题直接导源于容肇祖。1927 年 11 月，容肇祖在《韩非的著作考》中对《韩非子》中各篇是否为韩非所作进行了全面的考证，认为该书第一篇《初见秦》中"说的亡韩与《存韩》所记韩非说秦存韩的事实相冲突"，故此篇作者是张仪。退一步讲，此篇"决不是韩非所作"②。此论遭到了邓思善的反对。1928 年 4 月，邓思善在《读容肇祖先生〈韩非的著作考〉志疑》中指出，《初见秦》篇所记有秦昭王时事，而张仪死于秦武王二年；而从学说上可推证此篇为韩非所作。③ 同年 12 月，容肇祖又发表《〈韩非子·初见秦篇〉考》，予以回应。文章指出，《初见秦》篇中所说皆张仪死后事，故此篇非张仪作；而此篇又与《存韩》篇在观点上矛盾，而且篇中"累称大王"，当是秦昭王，而韩非于始皇十三年入秦，故又非韩非所作；此外，此篇言"谋臣不为"暗指范雎，故此篇非范雎所作。或言是蔡泽所作，但问题是"蔡泽是由范雎进用的，似乎初见秦时不当即数范雎之短"。总之，"《初见秦》篇或是一位不大著名的人"。④

　　是时，与容肇祖观点相近的有刘汝霖⑤。1929 年 6 月，刘汝霖在《〈韩

－－－－－－－－－－

①　顾颉刚：《当代中国史学》，《顾颉刚古史论文集》第 12 卷，第 441 页。

②　容肇祖：《韩非的著作考》，《古史辨》第 4 册，第 442 页。

③　邓思善：《读容肇祖先生〈韩非的著作考〉志疑》，《古史辨》第 4 册，第 447—449 页。

④　容肇祖：《〈韩非子·初见秦〉考》，《古史辨》第 4 册，第 451—454 页。

⑤　对于二人是否存在学术因缘，郭沫若进行了推测。郭沫若认为，仅就《古史辨》第四册而言，由于刘文没有标出写作年月，二人或是各不相谋地所谓"英雄所见略同"。但由于刘氏是从正面提出蔡泽说，容氏则从反面来提出的，故"照情理上推测，或许是刘文在前而曾为容氏所见"。郭沫若：《〈韩非子·初见秦篇〉发微》，《郭沫若全集·历史编》第 1 卷，第 576—577 页。但是，罗根泽在《古史辨》第四册《自序》中明确表示，该书的编排次序，"儒、墨、道、法四类，则先以本类诸子的年代为序，再以论文的发表年代为序；惟两文有关系者则连比排次"。具体到两文的顺序，则是容文在前，刘文在后，且并未"连比排次"。而且，根据罗根泽在《古史辨》第六册《自序》的提示，可知刘文出自其自著的《周秦诸子考》第十八篇《韩非》，只是文字略有改动。刘汝霖：《周秦诸子考》，文化学社 1929 年版，第 454—460 页。而此书出版于 1929 年 6 月。当然，据刘氏的《自序》，该书初稿最迟在 1927 年已经完成。因此，容氏是否见过刘文，尚需进一步调查取证，但仅就"论文的

非子·初见秦篇〉作者考》中提出，《初见秦》篇"历举秦人的失策，最后说到长平之战，连五次称大王"，"可以知道这篇著作的时代必在秦昭王时"。而且，此篇还说到前 257 年围邯郸的事，故此篇"必作于前 257 年以后"。而在前 257 年到秦昭王之死的七年中，"东方说客到秦国而见于史书的"，仅见到蔡泽一人。因此，此篇最可能是蔡泽或蔡泽之徒所作。①此论提出之后，得到了钱穆的基本认可。②

要而言之，在《初见秦》篇作者的考证上，容肇祖、刘汝霖都否定了过往的作于张仪、韩非或范雎说，并提出了各自的新看法。这些考证发表或出版之后，引起了罗根泽的关注，故其便将这几篇文章收录到了《古史辨》第四册之中。

《古史辨》第四册出版之后，郭沫若即关注到了这个问题的讨论。1943 年，郭沫若在《〈韩非子·初见秦篇〉发微》中首先转述了容肇祖和刘汝霖的观点，认为二人否定《初见秦》篇作于张仪、韩非或范雎的观点是"很精确的"，但二人从正面或反面提出可能是蔡泽所作的观点"依然不正确"。之后，郭沫若在二人的基础上进一步将《初见秦》的绝对时间定在秦昭王 51 年的头三四个月。但是，蔡泽入秦不早于昭王 52 年。而吕不韦在秦昭王 50 年与 51 年之间曾入秦。当然，吕不韦在 51 年的入秦虽然不是第一次，但是初见秦王，其身份符合《初见秦》篇中的"臣"。是时，吕不韦由邯郸脱围，了解赵国的现状与军事活动，这与《初见秦》作者的条件相应。此外，《初见秦》篇中的"并不反战，而却主张戒慎"以及屡言"王霸"而隐隐反对"强"的主张，与《吕氏春秋》所表现的思想基本一致。因此，《初见秦》篇的作者当是吕不韦。③由此来看，郭沫若无疑是在容肇祖、刘汝霖等人的基础上提出了自己的一家之言。这一观点

发表年代"来讲，无疑是容文在前，刘文在后。

    ① 刘汝霖：《〈韩非子·初见秦篇〉作者考》，《古史辨》第 4 册，第 458—459 页。

    ② 1935 年 12 月，钱穆在《先秦诸子系年》中则表示，《初见秦》篇的作者，"近人有疑为蔡泽或泽之徒为之者"，"殆或近是"。钱穆：《先秦诸子系年》，《钱宾四先生全集》第 5 册，第 553 页。所谓"近人"，当指的是刘汝霖。

    ③ 郭沫若：《〈韩非子·初见秦篇〉发微》，《郭沫若全集·历史编》第 1 卷，第 573—584 页。

是否如有论者认为的，比其他几种观点"更能够自圆其说，令人信服"①，可以再讨论。② 但我们要说的是，郭沫若的加入，无疑进一步佐证了容肇祖、刘汝霖等"古史辨"学人的研究结论——《初见秦》篇既非张仪、韩非，又非范雎所作。

由上所述，受"古史辨运动"的影响，郭沫若不仅主动参与了老子其人其书与《初见秦》著作的讨论，更在"古史辨"学人的基础上提出了自己的看法。反过来说，郭沫若的加入，又在一定程度上推动了"古史辨运动"中的诸子丛考。

第七节　郭沫若的禅让制新解与顾颉刚的 《禅让传说起于墨家考》

在"古史辨运动"的发展历程中，虽然一度由古史考辨转向经学研究与诸子丛考，但最终的指向无疑都是古史考辨。自 1935 年《古史辨》第五册出版之后，这场运动即正式向古史考辨回归。而这一回归仍然与郭沫若的古史研究有着一定的学术因缘。

"尧舜禹禅让传说"是这一时期古史考辨的议题之一。在一定意义上，"尧舜禹的关系"与禅让传说密切相关。因此，早在 1923 年 5 月，顾颉刚在《与钱玄同先生论古史书》中就对此说进行了破坏，认为"先有了禅让的学说，而后有《尧典》《皋陶谟》出来，当作禅让的实证，禅让之说是儒家本了尊贤的主义鼓吹出来的"③。此后，顾颉刚又在《讨论古史答刘、胡二先生》中强调说："禹是西周中期起来的，尧舜是春秋后期起来

---

① 赵国华：《谈郭沫若对韩非子的研究》，《华中师范大学学报（人文社会科学版）》1992 年第 5 期。

② 直到当下，这一问题仍然未能盖棺定论。有学者即认为，《初见秦》中的"臣"最有可能是蔡泽。窦兆锐：《〈韩非子·初见秦〉篇作者考》，《史学月刊》2019 年第 9 期。

③ 顾颉刚：《与钱玄同先生论古史书》，《古史辨》第 1 册，第 79 页。

的，他们本来没有关系。他们的关系是起于禅让之说上；禅让之说乃是战国学者受了时势的刺激，在想像中构成的乌托邦。"① 对于顾颉刚的这个观点，刘掞藜虽然在两篇驳文中未进行明确反驳，却在此后的文章中坚持主张，尧舜禹禅让之事实真，并非儒家"托古改制"②。此后，"尧舜禹禅让"是否为真即成为了学界需要解决的一个问题。

　　1930 年，郭沫若在《中国古代社会研究》中即以恩格斯的"辩证唯物论"与摩尔根的人类学理论为指导就这一问题提出了一个全新的观点。简而言之，郭沫若认为，商代以前是氏族社会，古史传说中还保存着一些氏族社会的影子。比如，根据《尧典》，"尧、舜、禹都是由众人公选出来的"，而"四岳""十二牧"九官二十二人的"推选"就是"一些各姓的酋长军长在开氏族评议会，在推选新的酋长或军长"③。因此，"禅让制"是真实存在的，就是氏族社会的民主推选制度。此后，一些唯物史观派学者在郭沫若的基础上对这一问题进行了探讨。④

　　然而，顾颉刚对此无疑持反对意见。1936 年 4 月，顾颉刚发表《禅让传说起于墨家考》，其首先在"绪言"批评说，"自从历史家有了社会学的观念"，于是便"有人"用了唯物史观来解释故事，认为"禅让说是原始共产社会里酋长选举制的反映"。然后，顾颉刚提出了自家的看法，即"禅让说是墨家为了宣传他们的主义而造出来的"，尧舜禅让的故事是墨家创造的，舜禹禅让的故事大约是儒家添出来的。最后，顾颉刚再次对"研

---

　　① 顾颉刚：《讨论古史答刘、胡二先生》，《古史辨》第 1 册，第 125 页。

　　② 刘掞藜：《为疑尧舜禹史事者进一解》，《时事新报·学灯》1923 年 12 月 20、21 日连载；刘掞藜：《儒家所言尧舜禹事，伪耶，真耶？》，《史地学报》1924 年第 2 卷第 8 期。今按此两文的内容基本一致。诚如作者在第一篇文章中坦言的，此文作于 1922 年，针对的对象主要是胡适在《中国哲学史大纲》中主张的《尚书》为儒家所造以"托古改制"以及周秦诸子争称道尧、舜、周公馆，亦莫非"托古改制"之言。不过，刘掞藜的第一篇文章正好发表在《讨论古史再质顾颉刚先生》之后，第二篇文章则发表在"南高史地学派"向"古史辨"派主动发起反击的前一期。如此一来，这两篇文章除了针对胡适之外，就兼具了批评顾颉刚的指向。

　　③ 郭沫若：《中国古代社会研究》，第 20 页。

　　④ 吕振羽：《史前期中国社会研究》，河北教育出版社 2000 年版，第 116—126 页；吴泽：《中国原始社会史》，文化供应社 1943 年版，第 72—77 页。

究社会史的人们"进行了批评，希望他们看了此篇之后，暂时不要提起唐虞时代的社会性质。① 今按有人无疑主要指的是郭沫若②。其针锋相对之意遂由此略见一斑。但换个角度来讲，正是郭沫若的新说，在一定程度上"逼出"了顾颉刚的《禅让传说起于墨家考》。

当然，我们并不能夸大这个外在作用。承前所述，顾颉刚之所以要研究禅让说，是因为要弄清楚《尧典》的著作年代以及尧舜禹之间的关系。而至1931年9月，顾颉刚在燕京大学开设"尚书研究"一课，"因讲《尧典》，联带讨论到禅让的故事"③，并编成《尧舜禹禅让问题》，提出"禅让之说由尚贤来，尚贤之义由墨氏出而流入于儒家"④。因此，顾颉刚之所以撰写《禅让传说起于墨家考》，是有着自身的学术内在理路，郭沫若等人的观点主要是起到了一定的促进作用。

对于禅让说的探讨，郭沫若与"古史辨"学人的学术因缘并不仅于此。承前所述，郭沫若在《中国古代社会研究》中提出，禅让制是氏族社会的民主推选制度。但数年之后，其观点一度发生了改变。1935年，郭沫若在《先秦天道观之进展》中指出，"陶唐氏即是后帝"，"高辛氏帝喾据上述帝俊传说知即帝舜，帝舜在儒家的经典上是受了陶唐氏的禅让而为人

---

① 顾颉刚：《禅让传说起于墨家考》，《古史辨》第7册，第509—549页。

② 有论者认为，顾颉刚的主要批评对象是吕振羽，主要证据是童书业在一篇《评〈史前期中国社会研究〉》中批评说，吕振羽提出的尧舜禹禅让说是"部族联合的民主制度"。程鹏宇：《顾颉刚与唯物史观派在古史观上的分歧》，《云梦学刊》2017年第1期。但问题是，童书业紧接着说，这是"拾的郭先生已完全丢弃的余唾"。而且，根据《顾颉刚日记》等资料，顾颉刚在写完《禅让传说起于墨家考》之前，并没有看过吕振羽《史前期中国社会研究》的记载，反倒是早在1930年11月便研读了郭沫若的《中国古代社会研究》，并点了其中的"评论《古史辨》之文"（顾颉刚：《顾颉刚日记》第2卷，第450、458页）。然后，至1931年下半年，顾颉刚便提出了"禅让传说起于墨家"的观点。此外，杨向奎、杨宽等"古史辨"学人都指出，以为尧舜禅让是一种氏族社会中的酋长选举制的代表性学者是郭沫若，而没有提及吕振羽。杨向奎：《禅让传说起于墨家考·书后》，《古史辨》第7册，第552页；杨宽：《读〈禅让传说起于墨家考〉》，《古史辨》第7册，第556页。当然，顾颉刚的批评对象可能包括吕振羽，但主要批评对象当是率先提出这一观点的郭沫若。

③ 顾颉刚：《禅让传说起于墨家考》，《古史辨》第7册，第552页。

④ 顾颉刚：《尚书研究讲义》，《顾颉刚古史论文集》第8卷，第323页。

王的，但照传说上看来，这禅让的一幕史剧是应该演在天上的”①。由此观之，诚如童书业观察到的，郭沫若一度“丢弃”了此前的看法②，而认为“禅让”应该是演在“天上”的“一幕史剧”。

郭沫若的新观点提出之后，引起了学界的一定关注。其中最值得一提的是杨宽。1939 年 4 月，杨宽在《读〈禅让传说起于墨家考〉》中指出，顾颉刚的《禅让传说起于墨家考》“对于禅让传说的前因后果考得十分精详”，“较可信服”，“尧舜禅让故事的内容，渗入了不少墨家思想的成份，确是显明的事实”，但此文并未进一步探讨“禅让说的真正来源”，以致还有一半问题没有解决。然后，杨宽转引了前述郭沫若的观点——“禅让”应该在“天上”的，认为“这说法真是个可宝贵的发现”，并提供了“充分的证据”。比如，《国语·周语下》说：“……星与日辰之位，皆在北维，颛顼之所建也，帝喾受之。”这一记载的意思是，“上帝颛顼造好了星与日辰之位后来授给帝喾，当然是让帝喾来做上帝”。而“尧是颛顼的分化，舜是帝喾的分化”。因此，“尧舜禅让的故事”当然即是“颛顼与帝喾授受‘星与日辰之位’的神话的演变”。此外，《鲁语上》说：“帝喾能序三辰以固民”，“这是说帝喾把日月星辰排列成次序了”。显而易见，“这便是演在天上的一幕上帝禅让的趣剧”。最后，杨宽还推测，“上帝禅让的神话”当是“东西民族混合的结果”③。总之，正是在郭沫若的直接启发下，杨宽提出了禅让说“一定是出于神话”的观点。

第八节　郭沫若的古史研究与杨宽的“神话演变分化说”

除对“禅让说”等具体古史传说问题进行考辨之外，“古史辨”学人

---

① 郭沫若：《先秦天道观之进展》，《郭沫若全集·历史编》第 1 卷，第 328 页。
② 童书业：《评〈史前期中国社会研究〉》，《图书展望》1937 年第 2 卷第 8 期。
③ 杨宽：《读〈禅让传说起于墨家考〉》，《古史辨》第 7 册，第 555—559 页。

还对古史传说进行了综合性的分析。其中，最有代表性的学者无疑是杨宽。杨宽在《中国上古史导论》中不仅提出了"神话演变分化说"——"主张古史上的人物和故事，会得在大众的传述中由一化二化三以至于无数"①，更以此说为理论对中国古史传说进行了系统的考辨。

杨宽此说的证成，离不开过往学人取得的具体古史研究成果。而郭沫若的古史研究成果即是重要的学术资源之一。二者的学术关联主要体现在以下几个方面。

其一，"帝俊、帝喾、帝舜为一帝之分化"。根据《山海经》记载，帝俊在古史神话中占有至高之地位。杨宽在《中国上古史导论》第七篇中指出，毕沅、王国维等人则证明帝俊即帝喾，不过直到郭沫若著《中国古代社会研究》才进一步推定"舜与帝俊帝喾为一"。其证有三：第一，帝俊妻娥皇、羲和即帝舜妻娥皇、倪皇，帝俊妻常羲、常仪即帝舜妻女英、女莹。女英、女莹即常羲、常仪之音变。因此，"帝俊与帝舜当为一人"。第二，《礼记·祭法》"殷人禘喾而郊冥，祖契而宗汤"，而《鲁语》则云"商人禘舜而祖契"。因此，帝喾与帝舜为一人。第三，"《楚辞·天问篇》叙舜事于夏桀之后，于殷先公先王之前"，"二女之下复言瑶台，瑶台当是简狄事"，"言简狄之下复言女娲，而均系于舜事"，可知"舜即帝喾"②。对于郭沫若的这一说法，杨宽认为"甚是"，并补充了三个证据。③由此而言，杨宽之所以认为"帝俊、帝喾、帝舜为一帝之分化"，主要是接受了郭沫若的研究结论。

其二，"少昊与契为同一传说分化"。"少昊是今古文纠缠不休的重点"④。对此，杨宽在《中国上古史导论》第八篇中则认为，"少皞实亦契之分化，《世本》尝明言之"。⑤现代以来，主张此说的有郭沫若。郭沫若在《中国古代社会研究》中即指出："少昊金天氏帝挚，其实当即是契，

---

① 童书业：《自序二》，《古史辨》第7册，第18页。
② 郭沫若：《中国古代社会研究》，第214—215页。
③ 杨宽：《中国上古史导论》，《古史辨》第7册，第135—136页。
④ 王汎森：《古史辨运动的兴起》，第286页。
⑤ 杨宽：《中国上古史导论》，《古史辨》第7册，第149页。

古挈契同部，挈之母常仪，契之母简狄，实系一人。"① 紧接着，杨宽又转述了陈梦家的类似主张及证据。② 以此来讲，杨宽之所以认为"少皞与契为同一传说分化"，与郭沫若的研究结论密切相关。

其三，"陶唐即高辛、高阳"。自古以来，陶唐被认为是尧之国号。而郭沫若在《先秦天道观之进展》中则提出："陶唐即是后帝。"③ 杨宽在《中国上古史导论》第九篇中首先转引了此说，认为"此说甚是"，但"犹未能辨其本末"。其实，"陶唐即高辛、高阳，而为高阳之音转"，"是亦上天天帝之义"。④ 由此而言，杨宽之所以能够提出此说，在一定程度上得益于郭沫若的启发。

其四，"陆终即祝融"。《史记·楚世家》载，祝融与陆终为二人，为楚之远祖。郭沫若在《金文丛考》中则认为："祝融疑即陆终。"⑤ 对此，杨宽在《中国上古史导论》第十一篇中直接转引了郭沫若的说法与证据，认为此说"近是"，"可备一说"⑥。

其五，"禹生于石之说出于社神高禖之神话"。"禹之传说，最怪者莫若生于石之说"。对此，杨宽在《中国上古史导论》第十四篇中指出，"古者祀社神或用石"，"又古有高禖之祠，亦即社祠"。《墨子·明鬼篇》云："燕之有祖，当齐之社稷，宋之桑林，楚之云梦也。此男女之所属而观也。"⑦ 郭沫若在《释祖妣》中谓"祖""社稷""桑林""云梦"即诸国之高禖。⑧ 对此，杨宽认为此说"甚是"，并据此进一步指出，"齐，姜姓，本羌族，齐之社稷即齐之高禖，则羌之社祭亦即羌之高禖，禹为羌之社神，则禹亦羌之高禖神"。此外，杨宽还根据孙作云的《中国古代的灵石崇拜》指出，"古者社用石，高禖亦用石"。因此，"禹为社神兼高禖神，古皆用石，则

① 郭沫若：《中国古代社会研究》，第 218 页。
② 杨宽：《中国上古史导论》，《古史辨》第 7 册，第 149—150 页。
③ 郭沫若：《先秦天道观之进展》，《郭沫若全集·历史编》第 1 卷，第 328 页。
④ 杨宽：《中国上古史导论》，《古史辨》第 7 册，第 159—160 页。
⑤ 郭沫若：《金文丛考》，《郭沫若全集·考古编》第 5 卷，第 43—44 页。
⑥ 杨宽：《中国上古史导论》，《古史辨》第 7 册，第 184—185 页。
⑦ 杨宽：《中国上古史导论》，《古史辨》第 7 册，第 210 页。
⑧ 郭沫若：《甲骨文字研究》，《郭沫若全集·考古编》第 1 卷，第 55—64 页。

禹生于石之说出于社神高禖神之神话"①。由此而言，杨宽之所以能够提出"禹生于石之说出于社神高禖之神话"，主要是受到了郭沫若的启发。

当然，杨宽在证明"神话演变分化说"时提出的具体观点，并非都与郭沫若的研究结论基本一致。比如，"后"。郭沫若在《中国古代社会研究》中提出，"毓字乃母权之孑遗，母权时代宗长为王母，故以母之最高属德之生育以尊称之。毓字在古当读后，父权逐渐成立，则此字逐渐废弃，故假借为先后之后"②。杨宽在《中国上古史导论》第十篇中则认为此说"殊无当矣"，实则"后为下土之神或人王，下后处下阴，故借此'后'字以名之。后世尊王曰帝，尊妃曰后者，即沿此义也"③。当即不过，如上所述，杨宽之所以能够证成"神话演变分化说"，无疑在一定程度上受益于郭沫若的若干古史研究成果。

综上所述，"古史辨运动"的兴起与发展与郭沫若存在一定的学术关联。④ 在运动兴起之际，郭沫若在《中国古代社会研究》中对顾颉刚提出的"层累说"与推翻"非信史"的四个标准予以了肯定或支持。运动由古史考辨转向经学研究与诸子丛考之后，其又主动介入其中的讨论，并在"古史辨"学人的基础上提出了关于《尚书·尧典》《尚书·洪范》《周易》经传以及《老子》《韩非子·初见秦》等书或书中篇章著者及其年代的一家之言，进而支援了运动的发展。最后，运动又由经学研究与诸子丛考转回古史再考辨，顾颉刚在其"禅让说"新解的"刺激"下撰写了《禅让传说起于墨家考》，杨宽则不仅在其"禅让"是天上的一幕史剧的启发下提

① 杨宽：《中国上古史导论》，《古史辨》第 7 册，第 210 页。
② 郭沫若：《中国古代社会研究》，第 221 页。
③ 杨宽：《中国上古史导论》，《古史辨》第 7 册，第 167 页。
④ 其实，若仅就郭沫若与顾颉刚的学术关系而言，二人的因缘并不局限于古史的"破坏"与经子的考辨。1938 年 12 月至 1939 年 6 月，顾颉刚讲学于云南大学，开设"中国上古史"，并编写了一部较为完整的讲义，从而初步重建了中国上古史。而顾颉刚明确交代，该讲义第三部分《德治的创立和德治学说的开展》的大意取于郭沫若《先秦天道观之进展》第二章《天的观念之利用》。顾颉刚：《中国上古史讲义（云南大学）》，《顾颉刚古史论文集》第 4 卷，第 466—467 页，注释 1。由此而言，二人在古史的"重建"上还存在一定关联。

出禅让"一定是神话"的观点，还进一步以其对于古史人物的具体结论论证了自己的"神话演变分化说"。因此，郭沫若可以被视为"古史辨运动"中的一位重要外援参与者。

除了这一具体结论之外，通过这一个案的考察，我们还可以重新审查民国时期唯物史观派史学与实证主义史学之间的学术关联。前已指出，早在 20 世纪 40 年代，齐思和、邓嗣禹就指出，二者之间互相鄙视或互相嘲笑攻击。此后，这一观点愈演愈烈。余英时即认为，在现代中国史学的发展过程中，影响最大的主要有两派，一派可称之为"史料学派"，此派"以史料搜集、整理、考订与辨伪为史学的中心工作"；另一派可称之为"史观学派"，此派"以系统的观点通释中国史的全程为史学的主要任务"。从理论上来讲，"史料学与史观根本是相辅相成，合则双美，离则两伤的"。但是，在实践中这两派"由于各趋极端，竟不幸而形成了尖锐的对立"①。此后，有论者进一步证实了这一学术判断②。这一观点虽不无道理，但不乏过于绝对之嫌。如前所述，郭沫若与顾颉刚等人虽然在历史观念与史学研究法上存在较大差异，但彼此之间并未"互相鄙视"，甚至还"通力合作"。准此而言，民国时期的中国唯物史观派史学与实证主义史学之间虽然存在较大的差异，但二者之间并非没有"任何内在关联"，而是存在一定的共同性和关联性。③进而言之，正是二者之间的冲突与互动，共同构成了民国史学的基本图景。

---

① 余英时：《中国史学的现阶段：反省与展望》，《文史传统与文化重建》，第 363—364 页。

② 参见王学典：《新史学和新汉学：中国现代史学的两种形态及其起伏》，《史学月刊》2008 年第 6 期。

③ 当前学界对此虽无具体的论证，但已有一定的总体认识。参见戴逸：《世纪之交中国历史学的回顾与展望》，《历史研究》1998 年第 6 期；胡逢祥：《中国现代史学史研究三题》，《探索与争鸣》2014 年第 5 期。

结　语

承"引言"所述，"古史辨运动"的兴起与发展是中国学术转型史上的一件大事。因此，弄清这场运动的学术因缘无疑具备了较为重要的学术史价值。

当然，关于这一课题，过往学界已经根据顾颉刚等历史当事人的现身说法与相关资料进行了较为深入的考察与分析。不过，无论从研究思路还是从具体研究内容上，仍存在一定的开拓空间和辨正的必要。因此，本书对这一课题进行了系统的再探讨。而根据系统的再探讨，我们可以得出这样一个简要的结论，即这场学术运动之所以能够取得如此重大的突破性成就，不仅得益于域外之学尤其是西方汉学的直接"刺激"与日本汉学的间接影响，更与宋明文献辨伪学、清代乾嘉考据学、晚清今文经学、清末民初"新史学"等学术形态的学术启发以及民国"古史重建"派、民国唯物史观派的间接助力密不可分。要而言之，"古史辨运动"的兴起与发展可以说是"中外交汇"的一个学术产物。

当然，"古史辨运动"对上述学术形态既有承继，又有扬弃。其中，于域外汉学取其学术启发，去其"略而不具"；"宋学取其批评精神，去其空谈；清代经学取其考证法，去其墨守汉儒说；今文经学取其较早的材料，去其妖妄与迷信"①；清末民初"新史学"取其批判意识，去其矛盾之处；民国"古史重建"派取其合理的研究成果，去其"信古"的成分；民国"唯

---

① 顾颉刚：《崔东壁遗书序一》，《顾颉刚古史论文集》第 1 卷，第 166 页。

物史观"派取其相近的研究成果,去其"不确凿"的解释。因此,"古史辨运动"才得以在中国学坛迅速崛起,进而掀起了一场影响深远的学术革命。

此外,通过对这一课题的系统再探讨,本书还得出了一些关于近现代学术史叙事的新认识。简而言之,有部分学者认为,无论是清末民初"新史学",还是民国唯物史观派史学,都与民国实证主义史学相去甚远,甚至没有任何内在关联。此说过于绝对。仅就本书所讨论的,作为形塑民国实证主义史学的重要力量,"古史辨运动"的兴起与发展,不仅得益于以梁启超、夏曾佑为代表的清末民初"新史学"的启发,还与以李大钊、郭沫若等为代表的民国唯物史观派的间接助力密不可分。准此而言,这些学术形态之间虽然存在较大的学术差异,但不乏相通之处。

与上述认识相近,还有部分学者认为,无论在目的还是方法上,"古史辨"派与"古史重建"派存在很大的差异;而且,后者对前者是一种"修正""纠正"的前后递进关系。但如本书所讨论的,以顾颉刚、杨宽等人为代表的"古史辨"派学人不仅没有忽视以王国维、傅斯年为代表的"古史重建"派的研究成果,反而进行了有效的利用,进而推动了"古史辨运动"的兴起与发展。而且,"古史辨"派学人并没有囿于"疑古",而是在"疑古"的前提下开始了"重建"。由此可知,这两大学术流派之间虽然存在不小的差异,但"修正""纠正"之说不能成立。进言之,二者之间并非前后递进的关系,而是左右平行的关系,且存在一定的学术关联。

最后,这里必须坦率地交代,本书的旨趣绝不仅在于澄清上述人们往往认为已知但实则所知不详甚至不确的学术客观事实,更在于以此来明确表达作者对研究对象的主观"同情"。众所周知,自顾颉刚于1923年发表《与钱玄同先生论古史书》,继而编著出版《古史辨》第一册以来,虽然得到了部分学者的支持和认可,但与此同时也遭到了部分学者乃至社会各界人士的尖锐批驳,甚至人身攻击。面对这些批评,顾颉刚不得不在各种不同的文本中一再强调,自己的学术思想以及"古史辨运动"并非是一时兴起,而是不仅受到了域外学术的启发,更是直接承袭宋代以来的"疑古"与"辨伪"的思想与成果。

事实证明,这些强调起到了一定的效果。顾颉刚对尹达的回应就是一个显著的例证。1955 年，尹达曾当面批评顾颉刚说："日本人在封建社会中不敢疑古史，今在美帝卵翼之下乃敢疑古史，可见疑古运动有其科学的一面，亦有其为帝国主义服务之一面。汝之《古史辨》，出于半殖民地之社会，理亦尔也。"对此一批评，顾颉刚"颇不服"。因为，自己的"疑古"思想"首先植根于姚际恒、康有为、夏曾佑之书；其后又受崔述、朱熹、阎若璩诸人之启发。康、夏、崔之时代固较后，而朱、阎、姚、崔则生于纯封建之时代，其时尚未有帝国主义"。于是，当尹达于 1959 年"重申此说"时，顾颉刚即"诘曰"："我之学术思想悉由宋、清两代学人来，不过将其零碎文章组织成一系统而已。要批判我，是否先须批判宋、清两代之疑古思想？"尹达闻此，"未能答"①。

不过，最让人始料未及的是，顾颉刚先生于 1980 年逝世之后，对他本人以及"古史辨运动"的批评不仅没有停止，反而愈演愈烈。尤其自 20 世纪 90 年代初以来，学界开始呼吁"走出疑古时代"，认为"疑古"思潮虽然起到了思想解放的作用，但也产生了很大的副作用，不仅在古史上造成了历史的空白，还在古书上造成了很多"冤假错案"。更有甚者则认为顾颉刚、钱玄同的"疑古"思想直接抄袭了日本学者白鸟库吉的"尧舜禹抹杀论"，充当了日本侵略者的帮凶。时至当下，有学者甚至竟然大张旗鼓地倡议要"终结疑古"。

斯人已逝，但学术的正义从不会缺席。笔者不揣鄙陋，只想在顾颉刚先生的基础上再次申辩："古史辨运动"虽然得益于域外学术的历史观、治史方法以及研究成果的启发，但从来没有为帝国主义服务；而且，自宋代以来，"疑古"与"辨伪"思想便开始在历代学界流传开来，这场学术运动不仅"顺承其流"，更有所突破；此外，民国"古史重建"派与民国唯物史观派的部分学者也主动或被动地参与甚至推动了这场学术运动的兴起与发展。因此，对于"古史辨运动"，我们决不能非历史地予以片面否定，而是应当正视它的时代性与正当性。

---

① 顾颉刚：《疑古思想由于封建势力之下降而产生》，《顾颉刚读书笔记》第 9 卷，第 206—207 页。

附　录　学术媒介与"古史辨运动"的兴起

在相当大的意义上，"古史辨运动"的兴起，可以说改变了中国传统学术的面貌。一般认为，这场运动之所以能够在中国学坛崛起，首要在于顾颉刚在《与钱玄同先生论古史书》中提出了著名的"层累说"，从而打破了三皇五帝的传统古帝系谱。此后，"古史辨"学派在古史大论战中采取了"疑古"的观念，在方法上侧重于史料批判，从而战胜了南高史地学派。最后，顾颉刚将这些论战文章编辑成为《古史辨》第一册出版发行，而该书具备诸多成为经典的品质，以至于一经出版发行，便风行一时。就这样，一场以"层累说"为中心理论的"古史辨运动"便登上了现代中国学术界的舞台。

可以说，这一内在学术考察基本厘清了这场运动的兴起历程。但诚如有学者已经认识到的，这场学术运动的兴起，与《努力周报》所附月刊《读书杂志》《北京大学研究所国学门周刊》《古史辨》第一册的发行机构朴社等学术媒介存在一定的关联①。不过，或由于资料的限制，这些研究成果基本停留在这些学术媒介本身，而未能将其与论战主体联系起来进行考察，以致未能挖掘出学术媒介与这场学术运动之间的深层次关联。有鉴于此，本书拟根据《顾颉刚日记》《顾颉刚书信集》等相关资料，在过往研究成果的基础上将这一问题的讨论稍微向前推进一步，以期为还原出一个

---

① 参见左玉河：《学术期刊与中国史学研究的发展》，《河北学刊》2008 年第 5 期；程文标：《新传媒与近代史学的转型》，南开大学出版社 2015 年版，第 134—142 页。

较为完整的历史现场。

一、《努力周报》的舆论影响与《与钱玄同先生论古史书》的发表

1923年5月6日，顾颉刚在《努力周报》所附月刊《读书杂志》发表《与钱玄同先生论古史书》，从而拉开了"古史辨运动"的序幕，产生了如"原子弹"般的影响。

那么，《与钱玄同先生论古史书》为什么一经发表便产生了如此巨大的反响呢？顾颉刚认为："中国人的头脑里向来受着'自从盘古开天地，三皇五帝到于今'的定型的教育，忽然听到没有盘古，也没有三皇、五帝，于是大家不禁哗然起来"①。进而言之，顾颉刚在《与钱玄同先生论古史书》中指出，这一传统上古史体系并不是真实存在的，而是"层累地造成的"，是出自后人的捏造。如果这个假设能够成立，那么，传统的上古史体系就不能成立了。更为严重的是，建筑在这个上古史体系之上的"圣道王功"都将失去存在的"合法性"根据②。因此，此文一经发表，整个人文学界"一片哗然"。

应该说，这一学术内在解释有效地回答了我们的问题，但这并非是答案的全部。我们至少还需要回答这样一些基本问题，即《与钱玄同先生论古史书》是如何传到那些读者（阅者）手中的？而且，读者（阅者）又为何如此的多，甚至多到弥漫了整个人文学界呢？这就需要从学术外在的角度去解释。所谓外在解释，就是在"文本—读者"这一传播路径中充当载体的报刊媒介。具体而言，即是刊载《与钱玄同先生论古史书》的报刊媒介——《努力周报》。因此，我们有必要对这一报刊加以简要的介绍。

《努力周报》是五四运动之后中国知识界一份著名的政治与文艺综合性刊物。1922年5月7日创刊于北京，1923年10月31日终刊，共出版75期，

---

① 顾颉刚：《我是怎样编写〈古史辨〉的?》，《顾颉刚古史论文集》第1卷，第164页。

② 参见王学典、孙延杰：《顾颉刚和他的弟子们》，山东画报出版社2000年版，第2页。

一度每期印 9000 份 ①，另有增刊《读书杂志》，共计出版 18 期。该刊物由胡适主编，努力周报社出版发行，核心作者群有胡适、丁文江、张蔚慈、陈衡哲、任鸿隽、高一涵、徐志摩、陶孟和等一大批自由主义知识分子。这批知识分子就以这个刊物为主要阵地，与其他群体进行了多次有影响的讨论，比如著名的“好人政府”的讨论、制宪问题的讨论、玄学与科学的讨论，等等。要而言之，《努力周报》在当时的学界乃至社会各界有着较为广泛的舆论影响。

　　众所周知，顾颉刚是胡适当时最得力的弟子，又是《努力周报》的一员，可以说对《努力周报》的舆论影响一清二楚。因此，当胡适让他主持《努力周报》所附月刊《读书杂志》之后，顾颉刚立刻选择将《与钱玄同先生论古史书》发表在这个刊物上，以期引起《努力周报》“阅者的教导和讨论”。不仅如此，顾颉刚还特意请钱玄同在《努力周报》上发表辨伪的意见。1923 年 4 月 28 日，顾颉刚在致与钱玄同的信中明确地说：“我们说起了辨伪已有三年了，却没有什么成绩出来，这大原故由于没有什么发表，可以引起外界的辨论，和自己的勉励。”因此，“我很希望先生把辨伪的见解多多在《努力》上发表”。而顾颉刚之所以希望钱玄同也“把辨伪的见解多多在《努力》上发表”，主要在于“《努力》销路很好，可以造成风气”②。

　　事实证明，确如顾颉刚所观察到的：“《努力》销路很好，可以造成风气”。第一，“销路很好”。刊载《与钱玄同先生论古史书》的这期《努力周报》出刊之后，迅速被销售到各地，仅就参加古史大论战的学者们所在的地域而言，就包括了北京、江苏南京、安徽绩溪等地。由此可见，《努力周报》的确“销路很好”。第二，“可以造风气”。《与钱玄同先生论古史书》发表之后，不仅使得“人们不禁哗然起来”，更为关键的是，《与钱玄同先生论古史书》还引起了《努力周报》“阅者的教导和讨论”，比如，钱玄同第一时间发表《答顾颉刚先生书》，公开支持顾颉刚③；而刘掞藜第一时间

---

① 参见吴虞：《吴虞日记》下册，四川人民出版社 1986 年版，第 69 页。

② 顾颉刚：《致钱玄同·九》，《顾颉刚书信集》第 1 卷，第 548 页。

③ 参见钱玄同：《答顾颉刚先生书》，《古史辨》第 1 册，第 81 页。

发表《读顾颉刚君〈与钱玄同先生论古史书〉的疑问》，胡堇人则发表《读顾颉刚先生论古史书以后》，对顾颉刚进行了尖锐批评。① 而正是这些文章发表之后，引起了人们对中国古史问题的广泛关注，进而打造出了顾颉刚期盼已久的辨伪之"风气"。以此可见，《努力周报》"可以造成风气"。

由上可知，《与钱玄同先生论古史书》之所以能够产生如此大的初始反响，不仅要归功于该文本身的"破坏力"，还要归功于《努力周报》这一报刊媒介"文本—读者"路径中所起到的作用。换言之，正是两者的有机结合，才使得《与钱玄同先生论古史书》发表之后，整个人文学界不禁哗然起来，进而将"古史辨运动"推上了现代中国的学术舞台。

二、《读书杂志》等报刊的运作与古史大论战

承前所述，《与钱玄同先生论古史书》发表之后，整个人文学界不禁"哗然起来"。而最集中的表现无疑是古史大论战的发生。可以说，正是这场古史大论战的开展，进一步推动了"古史辨运动"的兴起。

这场论战主要分为两轮，第一轮论战是顾颉刚引发的。顾颉刚在发表《与钱玄同先生论古史书》之后，钱玄同最先公开发表《答顾颉刚先生书》，认为"层累说"真是"精当绝伦"；刘掞藜、胡堇人则对顾颉刚进行了尖锐批驳。此后，双方又各自发表文章，进行论战。直到1924年，胡适在《努力周报》所附月刊《读书杂志》上发表《古史讨论的读后感》，从学术史的角度对这场古史大论战进行了定位，之后又从观念和方法的层面对这场论战进行了评判。② 简单地说，胡适与顾颉刚站在了一起，对刘掞藜进行了批驳。此文发表之后，第一轮论战暂告一段落。

1924年6月，柳诒徵在《史地学报》上发表《论以〈说文〉证史必先知〈说文〉之谊例》，对顾颉刚的观点进行了讽刺挖苦，从而引发了第二轮论战。

---

① 参见刘掞藜：《读顾颉刚君〈与钱玄同先生论古史书〉的疑问》，《古史辨》第1册，第91—98页；胡堇人：《读顾颉刚先生论古史书以后》，《古史辨》第1册，第99—101页。

② 参见胡适：《古史讨论的读后感》，《古史辨》第1册，第163—168页。

不过，顾颉刚等人并没有立即予以回应①。直到 1926 年 1 月末，顾颉刚、钱玄同、魏建功、容庚等人才同时在《北京大学研究所国学门周刊》上发表文章，从不同的角度对柳诒徵的文章进行了反驳。是时，柳诒徵正在北京女子大学任教，并兼任北京高等师范学校历史教授，但当他看到这几篇文章后却表示："不再去辩论这个是非"②。至此，第二轮古史大论战正式结束。

总之，在这场论战中，顾颉刚、钱玄同、刘掞藜、胡堇人、胡适、柳诒徵、魏建功、容庚等八位学者先后登台亮相，主要围绕上古史的"中心人物"——禹及相关问题，进行了你来我往的激烈辩论。就像胡适总结的，这场古史论战的规模之大、声势之强，完全可以与此前著名的"科玄论战"相比肩媲美。

如果进一步归纳，那么，这些参战人员主要可以划分为两大阵营、两大学术流派。一派是以胡适、钱玄同、顾颉刚等人为代表的"古史辨"学派，他们以《读书杂志》和《北京大学研究所国学门周刊》为主要阵地；另一派则是以柳诒徵、刘掞藜为代表的南高史地学派，他们以《史地学报》为主要阵地。简而言之，这场古史大论战并不是一场毫无头绪的乱战，而是"古史辨"学派与南高史地学派之间进行的一场学术较量。③

至于论战的结局，如果从解决问题的角度来看，论战双方谁也没有说服谁。因此，这场古史大论战可以说是无果而终。但是，如果从此后学术走向的角度来看，"古史辨"学派无疑取得了论战的胜利，笑到了最后。

那么，"古史辨"学派是如何战胜南高史地学派的呢？根据历史当事人的自述与过往的研究成果，主要原因在于"古史辨"学派采用了科学的观念与方法，南高史地学派则恰恰相反。首先，在观念上，"古史辨"学

---

① 有学者认为："柳诒徵对顾颉刚的批评和责难，在当时也引起了不少反响。顾即刻写了《答柳翼谋先生》一文。"田旭东：《二十世纪中国古史研究思潮概论》，中华书局 2003 年版，第 139—140 页。这种叙事显然不符合历史事实。

② 柳诒徵：《自传与回忆》，柳曾符、柳佳编：《劬堂学记》，上海书店 2001 年版，第 18 页。

③ 参见沈卫威：《〈史地学报〉及其文化立场》，《史学月刊》2004 年第 3 期。

派认同的是"疑古"的观念，南高史地学派则倾向于"信古"。而众所周知，怀疑是做学问的基础，"大疑则大悟，小疑则小悟"；恰恰相反，"信古"根本就不是做学问的态度。其次，在方法上，"古史辨"学派侧重于史料的审定与批判，南高史地学派则侧重于主观的情与理。而众所周知，史料的审定与批判是现代史学的重要标志之一，主观的情与理则是传统的史学方法，非常的危险。① 因此，无论从观念还是从方法层面来看，"古史辨"学派无疑都略胜一筹。

但是，这种学术内在的分析并不能解释一切。"古史辨"学派之所以能够战胜南高史地学派，还在于其更好地利用了报刊媒介。先来看古史大论战的第一轮论战。承前所述，这一轮论战主要是在《努力周报》所附月刊《读书杂志》上进行的。而《读书杂志》又是"古史辨"学派的一个学术阵地。这就为顾颉刚等人在第一轮论战中取得胜利提供了先天的平台优势。那么，顾颉刚是如何将这个先天的优势转化为后天的胜利的呢？

首先，向学有成就且志同道合者约稿，以壮大自己的声势。首先向钱玄同约稿。在一定意义上，一个刚刚走向学术殿堂的年轻学子，最缺乏的可能并非是所谓的学术理论与研究方法，而是一种来自内心深处的学术自信。毋庸讳言，顾颉刚在发表《与钱玄同先生论古史书》之时并没有这种足够的学术自信。于是，顾颉刚首先费尽心机地邀请自己的"盟友"钱玄同发表有关辨伪的意见。支持这一观点的证据有两点：第一，从文章的标题来看，顾颉刚直接以《与钱玄同先生论古史书》为题。用顾颉刚自己的话说，这个做法的用意无疑就是想逼迫钱玄同发表批评②，从而引起人们的关注。第二，从文章的"附启"来看，顾颉刚在这个地方又"略施狡猾"。所谓"略施狡猾"，就是他不仅仅希望钱玄同针对正文的古史内容进行讨论，还希望钱玄同发表"有辨《说文》的文字"③。不仅如此，顾颉刚在写完这个"附启"的当天，又给钱玄同写了一封信，如实交代了"略施狡猾"

　　① 　参见胡适：《古史讨论的读后感》，《古史辨》第 1 册，第 163—168 页。

　　② 　顾颉刚：《自序》，《古史辨》第 1 册，第 30 页；顾颉刚：《我是怎样编写〈古史辨〉的?》，《顾颉刚古史论文集》第 1 卷，第 164 页。

　　③ 　顾颉刚：《与钱玄同先生论古史书》，《古史辨》第 1 册，第 75—80 页。

的事,然后再次希望钱玄同"把辨伪的见解多多在《努力》上发表"①。而就是在顾颉刚这样热忱的态度下,生性有点懒散的钱玄同这才提起手中的笔,撰写了著名的《答顾颉刚先生书》。

承前所述,钱玄同在这篇文章中对顾颉刚的观点大加赞赏。而钱玄同不仅是章太炎学派的"五大天王"之一,还是新文化派的一位"文化明星",在当时的中国学界有着广泛的影响。②因此,钱玄同的文章一经发表,"疑古"阵营的声势随之一振。退一步讲,顾颉刚至少从钱玄同的答文中获得了一种学术自信。支持这一判断的证据莫过于,顾颉刚在《古史辨》第一册《自序》中还特意提到,钱玄同十分"赞同我的对于古史的意见,更把六经的真相和孔子与六经的关系说了许多从来未有的实话"③。一个年轻学子获得学术自信时的那份激动与喜悦之情溢于言表。

除钱玄同外,顾颉刚还向胡适约稿。在相当大的程度上,顾颉刚是在胡适的直接引导和鼓励下,逐渐走上"疑古"之路的。但是,在顾颉刚发表《与钱玄同先生论古史书》之后,胡适虽然与他有书信上的交流,但始终没有在公开场合表明自己的态度。直到1923年10月,胡适在《努力周报》发表《一年半的回顾》,指出:"《努力》里最有价值的文章恐怕不是我们的政论,而是我们批评梁漱溟、张君劢一班先生的文章和《读书杂志》里讨论古史的文章。"而这两组关于"思想革命"的文章,将决定《努力》在中国思想史上的地位。④在这里,胡适将古史大论战与"科玄论战"相提并论,其对这场论战的评价之高由此略见一斑。顾颉刚很快就看到了这篇文章,然后立刻致信胡适:"《努力》上辨论之两问题,其已由先生批评了,古史问题如能即由先生批评一下,那是最好的结束了。"⑤胡适接信之后,这才撰写了著名的《古史讨论的读后感》。

---

① 顾颉刚:《致钱玄同·九》,《顾颉刚书信集》第1卷,第548页。

② 参见陈以爱:《中国现代学术研究机构的兴起》,江西教育出版社2002年版,第17—20页。

③ 顾颉刚:《自序》,《古史辨》第1册,第30页。

④ 胡适:《一年半的回顾》,《努力周报》第75期,1923年10月21日。

⑤ 顾颉刚:《致胡适·六九》,《顾颉刚书信集》第1卷,第410页。

承前所述，胡适在这篇文章中对顾颉刚大加赞誉，而对刘掞藜进行了批评。再结合当时的学术思想语境来讲，胡适已然成为中国学术界的领袖之一，甚至被视为"科学"的代言人。因此，胡适的这篇文章发表之后，"疑古"阵营的声势又为之一振。

其次，延期刊发对方稿件，在舆论层面上予以压制。这还得从一个尘封已久的历史细节说起。1926 年，顾颉刚在《古史辨》第一册《自序》中对古史大论战进行过简单的回顾："自从《读书杂志》上发表了我和玄同先生两篇文字之后，刘楚贤、胡堇人二先生就来书痛驳。"[①] 然后，就发生了古史大论战。由于这个回顾属于当事人的现身说法，故后来的研究者在描述这场大论战的来龙去脉时，都接受了这个说法[②]。

但事实上，这段回顾并不完全符合历史事实。从时间上来看，钱玄同的《答顾颉刚先生书》成文于 1923 年 5 月 25 日，发表于 1923 年 6 月 10 日。而刘掞藜、胡堇人的批判文章发表在 1923 年 7 月 1 日，但是，刘掞藜的文章成文时间是 1923 年 5 月 13 日，并最迟于 5 月 22 日之前便从胡适的手中转到了顾颉刚的手里[③]；而胡堇人的《读顾颉刚先生论古史书以后》则成文于 6 月 2 日。简而言之，在钱玄同发表《答顾颉刚先生书》之前，刘掞藜、胡堇人的批驳文章皆已成文。因此，更符合历史真相的描述应该是，自从顾颉刚在《读书杂志》上发表《与钱玄同先生论古史书》之后，立即引起了轩然大波，一方面钱玄同撰写了《答顾颉刚先生书》，予以支持和鼓励；另一方面，刘掞藜、胡堇人则来书予以痛驳。古史大论战遂就此展开。

这一历史细节被"发现"后，随之而来的是这样一个问题：为什么成文在钱玄同文章之前的刘掞藜的文章被延期刊发了呢？答案应当是顾颉刚的有意为之。简单地说，如果先发刘掞藜的文章，再发钱玄同的文章，一部分读者就会先入为主地误认为，顾颉刚的观点是站不住的，刚提出来就

---

① 顾颉刚：《自序》，《古史辨》第 1 册，第 30 页。

② 参见刘起釪：《顾颉刚先生学述》，第 102—105 页；顾潮、顾洪：《顾颉刚评传》，第 61—62 页；田旭东：《二十世纪中国古史研究思潮概论》，第 131 页。

③ 参见顾颉刚：《顾颉刚日记》第 1 卷，第 361 页。

遭到了严重的质疑，这就会失去一定的舆论优势。恰恰相反，如果先发钱玄同的文章，再发刘掞藜的文章，一部分读者就会先入为主地认为顾颉刚的观点是站得住的，因为这一观点得到了钱玄同的支持。至于刘掞藜的批评，也会大打折扣。这样一来，顾颉刚就会取得舆论上的优势。因此，顾颉刚选择了后者，就是先发钱玄同的支持文章，再发刘掞藜的文章。这个推论还可以从此后的论争中得到佐证。1923 年 9 月，顾颉刚在写给钱玄同的信中说："《读书杂志》十一月期，如先生无文，请嘱江先生将刘君再质一文续登。"① 简而言之，只要钱玄同有文章，一定要先行发表，至于刘掞藜的文章，则要延期发表，从而在舆论层面保证论争的优势。

由上所述，作为《读书杂志》的实际主持者，顾颉刚一方面向学有成就者约稿，另一方面则延期刊发对方稿件。如此一来，顾颉刚等人即在舆论上占据了上风。

不过，在古史大论战进入第二轮论战后，论战走势一度发生了转变。承前所述，刘掞藜是南高史地学派的成员，这一学派以《史地学报》为主要阵地。而这一次论战，史地学派即以这一刊物为阵地，对"古史辨"学派发起了反击。这一反击主要体现在以下两个方面。

首先，请出知名学者柳诒徵，壮大自己的声势。自从刘掞藜参与这场论战之后，史地学派就非常关注这场论战。② 其中，最值得注意的就是刘掞藜的老师柳诒徵。但是，柳诒徵在开始的时候"并未参加"论战。直到胡适发表《古史讨论的读后感》之后，柳诒徵才挺身而出，在《史地学报》上发表《论以〈说文〉证史必先知〈说文〉之谊例》，对顾颉刚进行了毫不留情的批评。而众所周知，柳诒徵是南高史地学派的精神领袖，在当时的学术界有着较高的声望。③ 因此，柳诒徵的文章发表之后，南高史地学派的声势为之一振。

其次，转引论战文章时，有意调整了之前的顺序。1924 年 6 月，《史

---

① 顾颉刚：《致胡适·一一》，《顾颉刚书信集》第 1 卷，第 550 页。

② 参见柳诒徵：《自传与回忆》，柳曾符、柳佳编：《劬堂学记》，第 18 页。

③ 参见吴宓：《吴宓自编年谱》，生活·读书·新知三联书店 1995 年版，第 228 页；张其昀：《吾师柳翼谋先生》，柳曾符、柳佳编：《劬堂学记》，第 112 页。

地学报》第 3 卷第 1、2 合期出刊发行。除了刊发柳诒徵的文章之外，这期还在"研究"专栏转载了此前在《读书杂志》上发表过的论战文章。但顺序与此前发生了变化。《读书杂志》的顺序是，第 9 期刊发顾颉刚的《与钱玄同先生论古史书》，第 10 期是钱玄同的《答顾颉刚先生书》，第 11 期是刘掞藜、胡堇人的批评文章，然后依次刊登。但是，《史地学报》却颠倒了这个先后顺序，先是转载了刘掞藜的《读顾颉刚君〈与钱玄同先生论古史书〉的疑问》，然后把顾颉刚的《与钱玄同先生论古史书》、钱玄同的《答顾颉刚先生书》以及顾颉刚的《答刘、胡两先生书》作为"附录"。此后，《史地学报》还专门开设"古史讨论"专栏，继续用这种颠倒原有顺序的方式转载论战文章。由此一来，一般读者便会认为史地学派在这场论战中取得了最终的胜利。

　　由上可知，自 1924 年 6 月到 1925 年 5 月的一年时间里，以柳诒徵、刘掞藜为代表的南高史地学派凭借着对《史地学报》的运作，对以胡适、钱玄同、顾颉刚为代表的"古史辨"学派进行了强有力的反驳，甚至可以说一度成功地夺取了古史大论战的主战场。

　　那么，顾颉刚接下来是如何应对这个被动的局面的呢？从学术外在媒介的角度，顾颉刚主要是以《北京大学研究所国学门周刊》为学术阵地，对柳诒徵进行了强有力的回应。那么，顾颉刚是如何回应的呢？

　　第一，约请志同道合的学者，对柳诒徵进行批判。根据相关资料，顾颉刚写完《答柳翼谋先生》之后，立刻交给了钱玄同。[①] 此举用意显而易见，一来是希望钱玄同给自己的文章把关，二来便是请钱玄同撰写回应文章。对于顾颉刚的用意，钱玄同自然是心领神会，于是马上撰写了《论〈说文〉及壁中古文经书》。不久之后，容庚前往顾颉刚的住处，见到了柳诒徵、顾颉刚以及钱玄同的三篇文章，但读了之后，觉得柳诒徵的文章"所举颇有违失"，于是撰写了《论〈说文〉谊例代顾颉刚先生答柳翼谋先生》。[②] 此后，钱玄同弟子、顾颉刚的好友魏建功在看了钱玄同和顾颉刚的两篇文

---

① 　钱玄同：《论〈说文〉及壁中古文经书》，《古史辨》第 1 册，第 195 页。
② 　容庚：《论〈说文〉谊例代顾颉刚先生答柳翼谋先生》，《古史辨》第 1 册，第 213 页。

章之后，又撰写了《新史料与旧心理》。① 要而言之，顾颉刚为了更有力地回应柳诒徵，除了自己撰文之外，又约请了钱玄同、容庚及魏建功等三位学者。

第二，开设“《说文》证史讨论号”，对柳诒徵对集体围剿。按照一般的逻辑，顾颉刚在写完《答柳翼谋先生》之后，便可以先行将文章发表在《北京大学研究所国学门周刊》上，然后再陆续刊发钱玄同等人的文章。但问题在于，柳诒徵是享有学界盛誉的著名学者，这样单篇单篇地回应，并不足以给他造成致命的一击。而正是出于这种考虑，顾颉刚在写好文章之后，没有马上选择发表，而是等到自己阵营中的同志都把文章写好之后，拿出《北京大学研究所国学门周刊》一整期，专门针对柳诒徵开设了“《说文》证史讨论号”，对其进行了集体围剿。俗话说，一拳难敌四手。柳诒徵在看到这期刊物之后，表示“鄙语无足齿数”，而诸公“详加详究”，“犹垂意及之，商量加遂，获益孔多”。其中，“尊论仅属假设之词，且以《说文》为副料，则许书义例自无讨论之必要”；而“容君箴纠违失，转从许书补充鄙说，读之使人心开”②。至此，古史大论战第二轮论战结束。

由上所述，在中国古史大论战中，论战双方皆以学术报刊为主要阵地——更具体一点说，“古史辨”学派以《读书杂志》《北京大学研究所国学门周刊》为主要阵地，南高史地学派以《史地学报》为主要阵地，但由于以顾颉刚为代表的“古史辨”学派更能充分利用学术报刊的媒介作用，从而击退了来自南高史地学派的反击。而正是这一场古史大论战，进一步推动了“古史辨运动”的兴起。

三、朴社的经营与“《古史辨》不胫走天下”

如所周知，顾颉刚在古史大论战获胜之后并没有停止不前，而是进一步编著出版了《古史辨》第一册，从而最终推动了“古史辨运动”的兴起。

---

① 魏建功：《新史料与旧心理》，《古史辨》第 1 册，第 203、207 页。
② 《学术通讯·柳诒徵—顾颉刚》，《国立中山大学语言历史学研究所周刊》第 1 卷第 5 期，1927 年 11 月。

那么，顾颉刚为什么要编著这样一本书呢？承前所述，因《与钱玄同先生论古史书》的发表而引发的古史论战，一度通过学术报刊的传播让上古史问题成为了当时学术界乃至社会各界关注的一个焦点。但是，若想让世人对这个问题予以更多的、更加持久的关注，进而深入地开展研究工作，将学术报刊上登载的辩论文章编著成书，无疑是非常必要的。

这一看法决不是我们的猜测。早在 1924 年 2 月 25 日——更具体地说是《读书杂志》第 18 期刊出胡适《古史讨论的读后感》一文的第三天，顾颉刚在致与胡适的信中即表示，自己"颇想俟此问题讨论得一段落后"，将这些文字"编成一册"。① 不过，顾颉刚当时并没有立即着手进行编辑。直到一年之后，《古史辨》第一册的编辑工作才被提到日程上来。因为，1925 年 6 月，曹聚仁在上海梁溪图书馆出版了一本题为《古史讨论集》的书，收录了此前古史大论战中的辩论文章。这本书出版之后，产生了一定的反响，但缺点也很多，比如"印本错字很多，印刷很粗劣"。而且，此书出版之后，朴社同人纷纷"埋怨"顾颉刚。② 鉴于这些情况，顾颉刚这才决定立刻编著《古史辨》第一册。最迟 1925 年 8 月 22 日，顾颉刚即开始着手编辑《古史辨》③；同年 9 月初便已集得上编三万字、中编九万字、下编四万字④；1926 年 1 月中旬开始做《自序》，又历两个月；至同年 6 月 11 日，《古史辨》第一册正式出版⑤。

《古史辨》第一册正式出版之后，再次引发了整个人文学界乃至社会各界的震荡。该书仅仅问世半年左右，人文学界便发表了至少六篇关于该书读后感或书评的文章。以时间为序，分别是周予同的《顾著〈古史辨〉的读后感》、孙福熙的《〈古史辨〉第一册》、王伯祥的《读〈经今古文学〉和〈古史辨〉》、胡适的《介绍几部新出的史学书》、恒慕义的《〈古史辨〉第一册——关于中国古史的讨论》以及陆懋德《评顾颉刚〈古史辨〉》。在

---

① 顾颉刚：《致胡适·七四》，《顾颉刚书信集》第 1 卷，第 413 页。
② 顾颉刚：《自序》，《古史辨》第 1 册，第 1 页。
③ 参见顾颉刚：《顾颉刚日记》第 1 卷，第 656 页。
④ 顾颉刚：《致胡适·九六》，《顾颉刚书信集》第 1 卷，第 426 页。
⑤ 参见顾颉刚：《顾颉刚日记》第 1 卷，第 756 页。

这六篇文章之中，击节称赞者有之，驳难商榷者亦有之。然而，无论是赞成还是反对，均有力地证明了一个学术事实，即《古史辨》第一册一经出版，便成为了当时人文学界不可绕开的巨大客观存在。

该书的出版数据更能说明这一点。1926 年 6 月 11 日，《古史辨》第一册发行，初印 2000 册 ① ；同年 9 月，《古史辨》第一册再版发行，共 3000 册 ② ；同年 11 月，《古史辨》第一册三版发行；次年 1 月，《古史辨》第一册四版发行。概而言之，仅仅半年左右的时间内，《古史辨》第一册共计发行四版，10000 册左右。在当时的出版界，这个数字已经是一个学术奇迹了。

那么，《古史辨》第一册为什么能在问世伊始便产生了如此巨大的反响呢？该书的内在学术价值无疑是主要原因。归纳起来，该书的内在学术价值至少有四点。第一，在编纂体例上，书前冠有一篇长达六七万言的《自序》，揭示了中国近三十年中的思潮变迁。第二，在学术理论上，提出了一个极富学术含量的“层累说”，从而引起了一场影响深远的“史学革命”。第三，在研究方法上，示范了“历史演进的方法”，开拓了中国古史研究的新路径。第四，在学术气度上，勇于接受批评，提倡真理愈辩愈明。一般来讲，如果一部书能够做到上述四点中的任何一点，就足以成为一部学术名著。《古史辨》第一册则兼而得之。因此，该书出版之后，立即引起了人文学界的广泛关注。

不过，《古史辨》第一册的成功发行，除了上述自身的内在学术价值之外，还离不开学术外在要素。所谓外在因素，主要指的是该书的出版及发行机构，即出版媒介。但事实上，《古史辨》第一册的出版及成功发行离不开它的出版机构朴社这一出版媒介。诚如当事人顾颉刚晚年强调的：“讲《古史辨》的如何出世，就不能不提到朴社。”③

朴社是民国时期一批知识分子创办的一家较为成功的出版机构。1923 年 1 月，朴社在上海由郑振铎、顾颉刚等发起成立；1924 年 9 月，朴社因

---

① 参见顾颉刚：《顾颉刚日记》第 1 卷，第 773 页。

② 参见顾颉刚：《顾颉刚日记》第 1 卷，第 759 页。

③ 顾颉刚：《我是怎样编写〈古史辨〉的？》，《顾颉刚古史论文集》第 1 卷，第 167 页。

齐卢之战等原因本部移到北京，顾颉刚当选为总干事；1925 年 10 月，朴
社又在北京开设景山书社；1937 年 12 月，朴社因"七七事变"爆发而停
业。据不完全统计，在朴社经营的 15 年中，共出版书籍 66 种，分为哲学、
文学、国学、史学、子学、社会学、生物学、笔记、小说、戏曲等 16 类，
而这一数量在已知民国时期 27 家书社中位列第一①。以此而言，由顾颉刚
等人发起的朴社在当时出版界中具有一定的影响。

当然，这里必须指出的是，朴社在《古史辨》第一册出版之前在当时
的出版界并没有较高的声誉。但是，这一事实并不妨碍朴社为该书的成
功发行提供了比其他书肆便利的诸多条件。归纳起来，这些条件共计有
四点：

第一，张贴《古史辨》第一册出版广告。1926 年 6 月 10 日，《顾颉刚
日记》载："拟《古史辨》广告"②。这份广告后作为附录，载于《古史辨》
第一册正文后面，主要开列了与《古史辨》第一册相关的十三项内容，不
仅向世人公开宣布《古史辨》第一册的出版，还全面地向世人介绍了与《古
史辨》相关的研究工作的进展情况。

第二，出版不同价位的《古史辨》第一册。价位共计三种，分别是甲
种洋宣纸布面精装本二元四角、乙种洋宣纸平装本一元八角、丙种瑞典纸
平装本一元二角③。由此一来，不同消费人群的读者即可以购买不同价位
的书籍，《古史辨》第一册的读者群遂由此扩大。

第三，利用朴社的销售网点，销往北京及外地。在民国时期，朴社虽
然只是一个中等规模的书社，但在当时不仅有北京总部、上海分部，更有
北京、上海、厦门三处经理部，而这三处销售网点恰能链接成一个覆盖中
国东部的销售网，从而保证了《古史辨》第一册在外埠的销售。

第四，拿出部分《古史辨》，赠予社会各界人士。根据统计，《古史
辨》第一版共发行 2000 册，而就在第一册出版之后的第二天，作为朴社

---

① 参见刘洪权：《顾颉刚与朴社》，《出版史料》2002 年第 2 期；李雅：《顾颉刚与朴社》，
《出版科学》2010 年第 1 期。

② 顾颉刚：《顾颉刚日记》第 1 卷，第 755 页。

③ 《新书介绍：〈古史辨〉一册》，《中华图书馆协会会报》1926 年第 1 卷第 6 期。

主事者的顾颉刚即拿出 246 册赠予学术界乃至社会各界人士。其中，有蔡元培、胡适、钱玄同、沈兼士、沈士远、马裕藻等师辈，有梁启超、王国维等学界前辈，有傅斯年、毛子水、郑介石、俞平伯、周予同、王伯祥、孙伏园、孙伏熙等友朋或同事，有柳诒徵、刘掞藜、胡堇人、李玄伯等论敌，有陶孟和、李济之、徐志摩、郁达夫、金岳霖等其他学科的学者，有博晨光、恒慕义、钢和泰等外国学者，还有华文学校图书馆、京师图书馆、师大图书馆等机构。① 简而言之，但凡在学术界乃至社会各界有一定声望者，几乎人手一册《古史辨》第一册，此书遂广泛为各界知名人士所知。而且，正是这一大批名单中的周予同、孙福熙、王伯祥、胡适、恒慕义等在阅读该书之后，率先撰写了书评，对该书进行了高度评价。

由上可知，《古史辨》第一册的成功发行，除了有赖于该书的本身学术价值之外，还离不开其出版媒介——朴社。而正是二者的有机结合，《古史辨》出版之后，便受到了社会各界的广泛关注。诚如钱穆所指出的："《古史辨》不胫走天下，疑禹为虫，信与不信，交相传述，三君者（胡适、钱玄同、顾颉刚——引者注）或仰之如日星之悬中天，或畏之如洪水猛兽之泛滥纵横于四野，要之凡识字之人几于无不知三君名。"②

综上所述，"古史辨运动"之所以能够在中国学坛崛起，除了过往已经认识到的学术内在因素之外，还与外在学术媒介有着一定的关联。首先，《与钱玄同先生论古史书》之所以能够一经发表，便引起了"阅者的教导和讨论"，在于顾颉刚将该文发表在了"销路很好，可以造风气"的《努力周报》所附月刊上。此后，"古史辨"学派之所以能够在古史大论战中取得胜利，在于顾颉刚利用了主持《读书杂志》《北京大学研究所国学门周刊》的先天优势，采取了主动邀请志同道合的同志参战、延期刊发论敌文章等手段。最后，《古史辨》第一册之所以能够风行一时，在于顾颉

---

① 参见顾颉刚：《顾颉刚日记》第 1 卷，第 799—802 页。
② 钱穆：《〈崔东壁遗书〉序》，《钱宾四先生全集》第 22 册，第 432 页。

刚将该书交给朴社出版发行，采取了发行不同价格的书籍、向社会各界名流赠书等方式，从而成功地扩大了这本书的阅读范围。简而言之，在"古史辨运动"兴起的历程中，学术媒介扮演了一个不可或缺的角色。

参考文献

一、研究对象资料（古代部分）

（宋）欧阳修：《欧阳修全集》，中华书局 2001 年版。

（宋）刘恕：《通鉴外纪》，《四部丛刊初编》本，商务印书馆 1932 年版。

（宋）郑樵：《诗辨妄》，朴社 1933 年版。

（宋）叶适：《习学记言序目》，中华书局 1977 年版。

（宋）朱熹：《朱子全书》，上海古籍出版社 2002 年版。

（宋）王柏：《鲁斋集》，中华书局 1985 年版。

（明）宋濂：《诸子辨》，朴社 1927 年版。

（明）胡应麟：《四部正讹》，朴社 1929 年版。

（清）惠栋：《九经古义》，《丛书集成初编》本，商务印书馆 1937 年版。

（清）戴震：《戴震全书》，黄山书社 1995 年版。

（清）赵翼：《赵翼全集》，凤凰出版社 2009 年版。

（清）阮元：《揅经室集》，中华书局 1993 年版。

（清）崔述撰，顾颉刚编订：《崔东壁遗书》，上海古籍出版社 1983 年版。

（清）汪中撰，李金松校笺：《述学校笺》，中华书局 2014 年版。

二、研究对象资料（近现代部分）

姜义华、张荣华编校：《康有为全集》，中国人民大学出版社 2007 年版。

崔适:《史记探源》,中华书局 1986 年版。

崔适:《春秋复始》,《民国时期经学丛书》第 5 辑第 36 册,文听阁图书有限公司 2013 年版。

崔适:《论语足徵记》,《民国时期经学丛书》第 1 辑第 51 册,文听阁图书有限公司 2008 年版。

崔适:《五经释要》,《民国时期经学丛书》第 4 辑第 1 册,文听阁图书有限公司 2009 年版。

梁启超:《梁启超全集》,北京出版社 1999 年版。

夏曾佑:《中国古代史》,河北教育出版社 2003 年版。

杨琥编:《夏曾佑集》,上海古籍出版社 2011 年版。

季羡林主编:《胡适全集》,安徽教育出版社 2003 年版。

钱玄同:《钱玄同文集》,中国人民大学出版社 1999 年版。

杨天石主编:《钱玄同日记》,北京大学出版社 2014 年版。

顾颉刚等:《古史辨》,海南出版社 2005 年版。

顾颉刚:《顾颉刚全集》,中华书局 2011 年版。

张西堂:《穀梁真伪考》,知识产权出版社 2016 年版。

张铭恰主编:《长安学丛书·张西堂卷》,三秦出版社 2011 年版。

朱维铮编校:《周予同经学史论》,上海人民出版社 2010 年版。

钱穆:《钱宾四先生全集》,联经出版事业公司 1998 年版。

王国维:《观堂集林》,河北教育出版社 2003 年版。

欧阳哲生主编:《傅斯年全集》,湖南教育出版社 2003 年版。

中国李大钊研究会编:《李大钊全集(修订本)》,人民出版社 2013 年版。

郭沫若:《中国古代社会研究》,河北教育出版社 2000 年版。

郭沫若:《郭沫若全集·历史编》,人民出版社 1982 年版。

[美] 迈尔:《迈尔通史》,黄佐廷译,山西大学堂译书院,1905 年版。

Hirth F., *The Ancient History of China*, New York, Columbia University Press, 1908.

[瑞典] 安特生:《中华远古之文化》,袁复礼节译,文物出版社 2011 年版。

[瑞典] 高本汉:《左传真伪考》,陆侃如译,新月书店 1927 年版。

[日] 白鸟库吉:《中国古传说之研究》,黄约瑟译,刘俊文主编:《日本学者研究中国史论著选择》第 1 卷,中华书局 1992 年版。

[日] 内藤湖南:《中国史通论》,夏应元等译,社会科学文献出版社 2004 年版。

[日] 内藤湖南:《中国史学史》,马彪译,上海古籍出版社 2008 年版。

[日] 内藤湖南:《尚书稽疑》,《内藤湖南全集》第 7 卷,筑摩书房 1970 年版。

三、当代研究著作

林庆彰:《明代考据学研究》,学生书局 1983 年版。

刘起釪:《顾颉刚先生学述》,中华书局 1986 年版。

许冠三:《新史学九十年》,香港中文大学出版社 1986—1988 年版。

王汎森:《古史辨运动的兴起———一个思想史的分析》,允晨文化事业股份有限公司 1987 年版。

刘起釪:《古史续辨》,中国社会科学出版社 1991 年版。

彭明辉:《疑古思想与现代中国史学的发展》,商务印书馆 1991 年版。

陈志明:《顾颉刚的疑古史学——及其在中国现代思想上的意义》,商鼎文化出版社 1993 年版。

王俊义、黄爱平:《清代学术与文化》,辽宁教育出版社 1993 年版。

李学勤:《走出疑古时代》,辽宁大学出版社 1994 年版。

顾潮、顾洪:《顾颉刚评传》,百花洲文艺出版社 1995 年版。

王仲孚:《中国上古史专题研究》,五南图书出版有限公司 1996 年版。

吴锐:《钱玄同评传》,百花洲文艺出版社 1996 年版。

邵东方:《崔述与中国学术史研究》,人民出版社 1998 年版。

漆永祥:《乾嘉考据学研究》,中国社会科学出版社 1998 年版。

杨绪敏:《中国辨伪学史》,天津人民出版社 1999 年版。

刘俐娜:《顾颉刚学术思想评传》,北京图书馆出版社 1999 年版。

杨庆中:《二十世纪中国易学史》,人民出版社 2000 年版。

王学典、孙延杰:《顾颉刚和他的弟子们》,山东画报出版社 2000 年版。

路新生:《中国近三百年疑古思潮研究》,上海人民出版社 2001 年版。

熊铁基:《二十世纪中国老学》,福建人民出版社 2002 年版。

蔡长林:《论崔适与晚清今文学》,圣环图书股份有限公司 2002 年版。

吴少珉、赵金昭主编:《二十世纪疑古思潮》,学苑出版社 2003 年版。

田旭东:《二十世纪中国古史研究主要思潮概论》,中华书局 2003 年版。

吴锐:《中国思想的起源》,山东教育出版社 2003 年版。

林存光:《历史上的孔子形象——政治与文化语境下的孔子与儒学》,齐鲁书社 2004 年版。

余英时:《文史传统与文化重建》,生活·读书·新知三联书店 2004 年版。

余英时:《重寻胡适历程:胡适思想与生平再认识》,广西师范大学出版社 2004

年版。

夏传才：《二十世纪诗经学》，学苑出版社 2005 年版。

杨世文：《走出汉学——宋代经典疑辨思潮研究》，四川大学出版社 2008 年版。

林甘泉等：《孔子与 20 世纪中国》，中国社会科学出版社 2008 年版。

王学典、陈峰：《二十世纪中国历史学》，北京大学出版社 2009 年版。

张京华：《古史辨派与中国现代学术走向》，厦门大学出版社 2009 年版。

桑兵：《国学与汉学——近代中外学界交往录》，中国人民大学出版社 2010 年版。

林庆彰：《中国经学研究的新视野》，万卷楼图书股份有限公司 2012 年版。

陈壁生：《经学的瓦解：从"以经为纲"到"以史为本"》，华东师范大学出版社 2014 年版。

李孝迁：《域外汉学与中国现代史学》，上海古籍出版社 2014 年版。

刘巍：《中国学术之近代命运》，北京师范大学出版社 2014 年版。

黄海烈：《顾颉刚"层累说"与 20 世纪中国古史学》，中华书局 2016 年版。

林庆彰：《顾颉刚的学术渊源》，万卷楼图书股份有限公司 2017 年版。

陈勇：《钱穆与 20 世纪中国史学》，九州出版社 2017 年版。

[美] 施耐德：《顾颉刚与中国新史学——民族主义与取代中国传统方案的探索》，梅寅生译，华世出版社 1984 年版。

[日] 神田喜一郎：《敦煌学五十年》，高野雪等译，北京大学出版社 2004 年版。

四、当代研究论文

李洪岩：《夏曾佑及其史学思想》，《历史研究》1993 年第 5 期。

林甘泉：《二十世纪的中国历史学》，《历史研究》1996 年第 2 期。

王煦华：《试论顾颉刚的疑古辨伪思想》，《中国哲学》1996 年第 17 辑。

廖名春：《试论古史辨运动兴起的思想来源》，《原道——文化建设论集》1998 年第 4 辑。

戴逸：《世纪之交中国历史学的回顾与展望》，《历史研究》1998 年第 6 期。

刘重来：《中国二十世纪文献辨伪学述略》，《历史研究》1999 年第 6 期。

赵利栋：《胡适与康有为：学术联系的一个初步探讨》，《学术研究》2000 年第 1 期。

赵利栋：《〈古史辨〉与〈古史新证〉——顾颉刚与王国维史学思想的一个初步比较》，《浙江学刊》2000 年第 6 期。

张利：《顾颉刚对崔述古史辨伪学说的继承和超越》，《浙江学刊》2001 年第 2 期。

刘贵福：《论钱玄同的疑古思想》，《史学理论研究》2001 年第 3 期。

杜蒸民：《郭沫若对顾颉刚和〈古史辨〉史学的科学批判》，《郭沫若学刊》2002 年第 1 期。

李扬眉：《“疑古”学说“破坏”意义的再估量——“东周以上无史”论平议》，《文史哲》2006 年第 5 期。

陈文采：《老子年代问题在民初（1919—1936）论辩过程的分析研究》，[台湾]《台南科技大学学报》2007 年第 26 期。

谢明宪：《论顾颉刚对于〈书序〉作者的质疑》，[台湾]《汉学研究》2007 年第 25 卷第 2 期。

姚继斌：《启蒙之史——〈中国古代史〉与清末民初学子》，《暨南学报（哲学社会科学版）》2008 年第 4 期。

陈以爱：《胡适对王国维“古史新证”的回应》，《历史研究》2008 年第 6 期。

周书灿：《郭沫若对〈古史辨〉的超越》，《郭沫若学刊》2009 年第 1 期。

李锐：《疑古与重建的纠葛——从顾颉刚、傅斯年等对三代以前古史的态度看上古史重建》，《清华大学学报（哲学社会科学版）》2009 年第 1 期。

张京华：《顾颉刚与李守常》，《长沙理工大学学报（社会科学版）》2009 年第 3 期。

李锐：《经史之学还是西来之学：“层累说”的来源及存在的问题》，《学术月刊》2009 年第 8 期。

李孝迁：《日本“尧舜禹抹杀论”之争议对民国古史学界的影响》，《史学史研究》2010 年第 4 期。

朱浩毅：《论顾颉刚对崔适“终始五德”学说的推阐与修正》，[台湾]《中国历史学会史学集刊》2011 年第 43 期。

李孝迁：《域外汉学与古史辨运动——兼与陈学然先生商榷》，《中华文史论丛》2013 年第 3 期。

刘贵福：《钱玄同与顾颉刚、傅斯年、胡适有关〈春秋〉性质的学术讨论》，《史学史研究》2013 年第 3 期。

周文玖：《顾颉刚与朱希祖、李大钊的学术关系——以〈顾颉刚日记〉为中心的探讨》，《淮阴师范学院学报》2013 年第 5 期。

陈壁生：《今文经学的变异与“古史辨”的兴起》，《中原文化研究》2014 年第 3 期。

林辉锋：《崔适生平事迹述略》，《史学史研究》2015 年第 1 期。

刘雪平：《顾颉刚致罗根泽信札十通》，《文献》2016 年第 4 期。

秦素银：《钱玄同致胡适信、片四十七通》，《鲁迅研究月刊》2016 年第 12 期。

汤莹：《顾颉刚的“民族不出于一元论”及其影响》，《史学月刊》2017 年第 8 期。

陈勇：《钱穆与老子其人其书的考证》，《厦门大学学报（哲学社会科学版）》2018年第 4 期。

崔庆贺：《崔适〈五经释要〉的思想宗旨》，《近代史学刊》2019 年第 1 期。

后　记

这是我在完成博士学位论文之后写出来的一本小册子。2016 年 7 月，我在毕业之后满怀着对"诗与远方"的美好憧憬走上了工作岗位。然而，心理预期往往会有现实落差。在此后的岁月中，近乎残酷的工作生态将我的身心击打得遍体鳞伤。此中艰辛和无奈，或许只有与我有类似遭遇的人才能感同身受，就不在此回忆与诉说了。反过来，我还要真诚地感谢此番"历劫"，让我快速地成长起来。

当然，我更要感谢给予我及这本小册子支持的各位师长。给予我帮助最大的无疑是我的导师王学典教授。先生不仅在我申请项目、发表论文的过程中给予指导和支持，更帮助我走出了人生低谷。特别感谢的还有中国社会科学院吴英研究员。吴老师不仅在本领域的权威期刊上刊发了这本小册子中的三篇文章，还盛情为我写了这本小册子的项目推荐书。此外，我还要感谢李振宏、凌兴珍、徐庆文、侯德彤、黄晓军、廖吉广等期刊编辑老师在文章发表过程中给予的支持以及人民出版社翟金明老师的关照。可以说，没有各位师长的提携，就没有这本小册子的出版。

我还要感谢杨帆、孙海鹏、杨豪等几位新结识的、志趣相投的好朋友。我们彼此之间，无话不谈，他（她）们对我可以说是有求必应，甚至和我一起上过"战场"。令我们倍感欣慰的是，我们虽然在几场"战斗"中几乎全线溃败，已然溃不成军，但我们不忘初心，砥砺前行，最后还是艰难地取得了"胜利"。所以，对我而言，他们不仅仅是我的好朋友，更是我的战友。此外，我还要感谢李佳、张佳星、刘立磊等几位小朋友。他

（她）们时常带着喜欢独处的我去莲花池、狼牙山等景点游览，或去关汉卿大剧院、帐篷剧社观看话剧演出，或到学校食堂、北街解决吃饭问题，或到学校操场一起散步聊天。坦白地说，正是这群好朋友与小朋友的关照和鼓励，让身心疲惫的我在那段时间还能勉强维持着亚健康的状态。

我最后要感谢我的爱人汤莹以及我们的家人一直以来对我的包容和照顾，让我能够安心地沉浸在书斋里，坚持自己的学术初衷，继续追寻着遥远的"诗与远方"。

2023 年 6 月

责任编辑：翟金明

封面设计：石笑梦

图书在版编目（CIP）数据

中外交汇："古史辨运动"的学术因缘研究／李长银 著 . —北京：
人民出版社，2023.10

ISBN 978－7－01－025878－2

I.①中…　II.①李…　III.①史学流派－研究－中国　IV.①K092

中国国家版本馆 CIP 数据核字（2023）第 177931 号

中外交汇

ZHONGWAI JIAOHUI

——"古史辨运动"的学术因缘研究

李长银　著

人民出版社 出版发行

（100706　北京市东城区隆福寺街 99 号）

北京九州迅驰传媒文化有限公司印刷　新华书店经销

2023 年 10 月第 1 版　2023 年 10 月北京第 1 次印刷

开本：710 毫米 ×1000 毫米 1/16　印张：18.75

字数：282 千字

ISBN 978－7－01－025878－2　定价：88.00 元

邮购地址 100706　北京市东城区隆福寺街 99 号

人民东方图书销售中心　电话（010）65250042　65289539